Schirner Verlag

Das Buch

Die Lichtsprache stammt von einer Linie der Curanderos, mexikanischer Schamanen, deren zahllose bahnbrechende Methoden zur Energiearbeit in den Traditionen der Mayas und Azteken wurzeln. Sie ist eine Sprache aus Heiliger Geometrie und Farben sowie eine Manifestationstechnik.

Wenn wir mit der Lichtsprache arbeiten, fügen wir bestimmte Formen der Heiligen Geometrie zu Sequenzen zusammen, die »Grids« genannt werden. Grids können für praktische Themen wie das Finden eines neuen Jobs eingesetzt werden, aber auch für mentale oder emotionale Themen wie die Erhöhung des Selbstwertgefühls.

Die Lichtsprache geht über eine »Bestellung« beim Universum hinaus. Da jede Existenz, jedes Sein auf Heiliger Geometrie basiert, führen uns ihre Formen in spirituelle Dimensionen, zu denen wir ohne sie nicht so schnell und leicht Zugang finden würden. Allein schon die Beschäftigung mit den Formen eröffnet uns hohe spirituelle Bereiche. Durch den Umgang mit der Lichtsprache vertieft und beschleunigt sich unsere Entwicklung auf allen Ebenen.

Dieses Buch gibt einen profunden Einblick in die Lichtsprache und ihre metaphysischen Grundlagen. Zudem beinhaltet es 36 Lichtsprache-Grids.

Die Autorin

Gabriele S. Bodmer studierte Psychologie, Kunstgeschichte und Archäologie. Seit zehn Jahren arbeitet sie international als metaphysische Trainerin und Seminarleiterin. Ihre spirituellen Lehrer waren unter anderem Pat Angove, Selena Rodriguez und Starr Fuentes. Seit drei Jahren ist sie Europa-Co-Repräsentantin einer Linie von mexikanischen Schamanen, der Curanderos,[1] sowie der Starr Fuentes-Schule für Energie- und Lichtarbeit, in deren wegweisenden Methoden sie auch ausbildet. Seit vielen Jahren unterrichtet sie zudem verschiedene Techniken energetischer Psychologie sowie den Umgang mit Energie in all ihren Ausprägungen. Gabriele S. Bodmer bietet auch Einzelsitzungen an. Weitere Informationen unter www.light-language.de

Gabriele S. Bodmer

Heilige Formen des Lichts

Das Geheimnis der Lichtsprache-Grids

Schirner Verlag

ISBN 978-3-8434-0877-6

Gabriele S. Bodmer:
Heilige Formen des Lichts
Das Geheimnis der Lichtsprache-Grids

Schirner Verlag, Darmstadt

Umschlag: Silja Korsmeier, Schirner,
unter Verwendung des Fotos # 10742636
von Gordon Bussiek, www.fotolia.de
Redaktion: Tamara Kuhn, Schirner
Satz: Michael Zuch, Frankfurt am Main
Printed by: FINIDR, Czech Republic

www.schirner.com

2. Auflage 2011

Inhalt

Danksagung

Ich danke all meinen Lehrerinnen und Lehrern, insbesondere Selena Rodriguez, Starr Fuentes und Pat Angove.

Ich danke meiner Kollegin Kirke vom Scheidt für die geteilte Verantwortung bei der Repräsentanz der Starr Fuentes-Schule für Energie- und Lichtarbeit. Vielen Dank auch an Jerry Pegden für seine bedingungslose, geduldige Hilfe dabei, die Grids in eine optimale Druckqualität zu bringen und die entsprechende Software dafür zu entwickeln. Mein Dank geht auch an Joyce Ann Stech für die spontane Bereitstellung einer ihrer Royal Gem-Pyramiden.

Meine lieben Freundinnen und Kolleginnen Nicole Orr und Margarita Mrkwiczka waren mir stets eine aufmerksame und herzliche Unterstützung. Tamara Kuhn, Lektorin im Schirner Verlag, und Michael Zuch, der das Layout gestaltete, danke ich für ihren engagierten und kompetenten Einsatz.

Mein Dank geht auch an die Organisator/innen meiner Seminare und ihr von Herzen kommendes Engagement bezüglich der Verbreitung der Lehren.

Vorwort von Selena Rodriguez

Kreieren Sie Ihre Realität mit Farbe und Form

Auf der tiefsten Ebene sind wir alle eins, und diese Einheit kann in den Tiefen unserer Seele gefühlt werden. Werden alle Farben miteinander vermischt, dann werden auch sie eins. Im Bereich des Lichtspektrums ist dies die Farbe »Weiß«. Wenn Sie sich selbst, andere Menschen und die Welt anschauen, was sehen Sie? Alles, was auf unserer physischen Ebene existiert, wird durch Farbe und Form reflektiert – die Menschen in unserem Leben, die Natur, die uns umgibt, die Gebäude und die Möbel in unserem Zuhause. Sogar unsere Zellen haben eine Form und Farben. Jeder ist, im Innen wie im Außen, von einer unendlichen Vielfalt an Möglichkeiten umgeben, so, wie es die Form der Kugel veranschaulicht. Ohne Farbe und Form gäbe es nichts, was wir sehen, fühlen, hören oder riechen könnten. Farbe und Form bilden die Basis, sie sind die Grundlage, auf der wir unser Leben leben.

Wie oben, so unten. Unser »Unten«, also unsere physische Ebene, ist voller Farben und Formen. Es stellt die Spiegelung des »Oben« dar (unsere energetische oder spirituelle Ebene), die ebenso mit Farben und Formen gefüllt ist. Diese sind heilig und haben unsere Realität so, wie sie sich im Moment darstellt, gefärbt und geformt. Auf den energetischen Ebenen gibt es auch ungeformte energetische »Schmiere«, die sich im Leben in Verwirrung ausdrückt, in einem Mangel an Klarheit, einem »Feststecken« in der Vergangenheit oder Zukunft, in körperlichen Dysbalancen und all diesen »Wie-auch-immer«-Angelegenheiten, die scheinbar uneingeladen in unserem Leben auftauchen. Diese »Schmiere« besitzt keine ausgeprägte Form, sie ist nicht klar, und sie ist im Leben durch Erfahrungen auf der physischen Ebene manifestiert, die ebenfalls nicht klar sind. Heilige Grids, in Ausrichtung auf das höchste Wohl, entsorgen diese »Schmiere«, die den Weg zur Manifestation verstopft.

Unser Energiefeld ist multidimensional. Innerhalb des Feldes eines jeden Wesens existiert eine Matrix, die uns in jede Richtung mit Dimensionen und einer Vielzahl von parallelen Universen verbindet, in denen wir gleichzeitig verschiedene Variationen von Realitäten leben, die wir im »Oben« ko-kreiert[1] und ins »Unten« übersetzt haben. Wenn Sie Ihre Aufmerksamkeit einmal auf diese Verbindungen richten, dann stellen Sie fest, was für ein unermessliches Wesen Sie wirklich sind! Die Möglichkeiten sind endlos, weil sich ein riesiges Meer auftut von allem, was war, ist und sein wird … die Schöpfung ist unbegrenzt. Auf der Grundlage dieser Grenzenlosigkeit liegt es in Ihrer Macht, Wunder zu ko-kreieren, ebenso wie das Profane, indem Sie eine Form erschaffen und die Energie dieser Form färben, um auf der physischen Ebene Manifestation zu bewirken. Sie können diese Formation wählen und Ihr Leben färben, indem Sie zum aktiven Mitschöpfer des Geistes (der Schöpfung) werden.

Jede Energie verläuft in Form einer Welle. Leben ist Energie, es ist voller Gipfel und Täler. Wenn Ihnen etwas wichtig ist, dann wird es zu Materie.[2] Wenn es Ihnen wichtig ist, recht zu haben, dann wird Selbstgerechtigkeit zu Materie. Wenn es Ihnen wichtig ist, sich schuldig zu fühlen und Sie stark an diesem Glauben festhalten, dann wird das Thema Schuld in Ihrem Leben reichlich vorhanden sein. Wenn es Ihnen wichtig ist, liebevoll und fürsorglich zu sein, dann wird Ihre Realität mit Liebe angefüllt sein, und andere werden für Sie da sein und für Sie sorgen. Wenn es Ihnen wichtig ist, wohlhabend zu sein, dann wird Ihr Leben von Wohlhabenheit in vielen Farben und Formen erfüllt sein.

Was Ihnen wichtig ist, unterscheidet sich von dem, was Sie denken, dass es Ihr Wunsch sei. Wenn Sie Reichtum anstreben und tausendmal am Tag denken, dass Sie ja Rechnungen zu bezahlen haben und dass das Leben »so unfair« ist, so wird dies nicht zu Reichtum führen, denn mit Ihren Gedanken bestätigen Sie kontinuierlich, dass das, was Ihnen wirklich wichtig ist, die Tatsache ist, dass Sie Rechnungen bezahlen müssen oder dass Sie »Opfer eines ungerechten Lebens« sind.

Ihr Fokus ist machtvoller als Ihre Absicht. Was also wollen Sie wirklich? Zeigen Sie dem Universum, was Ihnen wirklich wichtig ist? Heilige Grids sind ein schöner Weg, das destruktive Geschwätz der Gedanken zu umgehen. Indem Sie heilige Grids einsetzen, öffnen Sie sich für die Welt von Farbe und Form, also für eine Realität, die weit über das Reich Ihrer Gedanken hinausgeht.

Farben und Formen stehen Ihnen jetzt, in jedem Bereich Ihres Lebens, zur Verfügung. Traurigerweise leben viele Menschen ihr Leben, ohne sich ihrer profunden Schönheit und der Tiefe ihrer Existenz bewusst zu sein. Als Bewusstsein haben wir Menschen bisher kaum auch nur die Oberfläche berührt. Je mehr Menschen sich mit den Formen und Farben ihres eigenen Lebens verbinden und sich ihrer bewusst werden, und je mehr Menschen Verantwortung übernehmen und zum aktiven Mitschöpfer werden, umso schneller kann das allgemeine, kollektive Bewusstsein wachsen. Wie oft erlauben Sie sich, Ihr Tempo so zu reduzieren, dass Sie darauf achten können, ob das vor Ihnen Liegende richtig ist und darauf, was in Ihnen richtig ist? Bemerken Sie, beobachten Sie, fühlen Sie. Lauschen Sie den Geräuschen um Sie herum, und riechen Sie die Düfte in der Luft. Genau das ist die Realität, die Sie angezogen haben, die Sie kreiert haben. Sie haben es erschaffen, in dieser Wirklichkeit zu sein, mit Ihren Gedanken, mit Ihren Seelenverträgen, mit Ihren Absichten und mit dem Begehren Ihrer Seele, sich durch das Karma zu arbeiten. Sie, ja, Sie haben bewusst und unbewusst die Energien auf den höheren Ebenen so »gesetzt«. Sie haben sie so oft in Ihren Gedanken gespiegelt, in Ihren Worten, Ihrem Glauben und mit Ihren Aktionen, dass Sie sie auf die »Bühne« Ihres Lebens gebracht und damit in die Form der Jetztzeit übertragen haben.

Das Schöne ist, dass Sie Ihre Realität ändern können, indem Sie lernen, mithilfe der Sprache des Lichts zu kommunizieren. Heilige Grids »setzen« die Energie so, dass eine tiefere Ebene der Existenz kreiert und manifestiert wird. Das bloße Betrachten eines Grids rührt etwas in unserem tiefsten Inneren auf. Auf der fortgeschrittenen Ebene transformiert ein Grid unsere DNS auf eine völlig magische Weise. Sind Sie bereit, die Formen und Farben Ihres Lebens zu verändern und/oder neue Formen in Ihrem Leben zu kreieren, auf einer höheren Ebene von Farbe und Schwingung? In diesem Buch nimmt Gabriele S. Bodmer Sie mit auf eine Reise, die Sie mit sich selbst, mit Ihrer Seele und mit Ihrer ursprünglichen Blaupause verbinden wird. Während Sie mehr über feinstoffliche Energien und die mit Licht erfüllte Macht von Heiliger Geometrie und Farbe lernen, werden sich neue Kanäle in Ihnen auftun, damit Sie die Essenz kreativer Energie berühren und ausdrücken können.

In Licht und Schönheit
Selena Rodriguez

Einleitung

Dies ist ein Buch über die Lichtsprache. Die Lichtsprache ist eine ätherische Sprache aus Formen der Heiligen Geometrie, die mit farbigem Licht kombiniert sind. Mit dieser Sprache können wir, einfach ausgedrückt, Botschaften an das Universum senden und ihm kommunizieren, wie wir unser Leben kreieren möchten. Sie ist uns von den Curanderos überliefert worden. Die außergewöhnlichen energetischen Methoden dieses kleinen Stammes mexikanischer Schamanen wurzeln in den Traditionen der Mayas und Azteken. Die Lichtsprache und die Curanderos sind untrennbar miteinander verbunden. Die derzeitige Halterin einer Linie von Curanderos ab der 23. Generation, die spirituelle Meisterlehrerin Starr Fuentes, lernte die Lichtsprache während ihrer dreijährigen Studienzeit bei ihrer Meisterin Esperanza. Anschließend brachte sie die Lehren in die USA. Über ihre Meisterschülerin, Selena Rodriguez, sind sie nach Europa gelangt.

Die Lichtsprache basiert auf den Prinzipien der universellen Gesetze. Die universellen Regeln sind in jedem Moment unseres Daseins wirksam. Wenn wir uns ihrer bewusst sind, haben wir nicht nur ein besseres Verständnis für die Zusammenhänge in unserem Leben, sondern wir besitzen auch einen Wegweiser für unser persönliches und spirituelles Wachstum. Wie jedes spirituelle Prinzip ist auch die Lichtsprache Ausdruck dieser Gesetze.

Wenn Sie dieses Buch in den Händen halten, gehören Sie zu den Menschen, die ein tief gehendes Interesse an der eigenen Entwicklung haben. Die Kraft, die Wachstum aktiviert, ist Bewusstheit. Wenn wir bewusst sind, begeben wir uns in die Position des Beobachters – wir wechseln die Rolle. Wir entfernen uns vom Verhalten eines automatisch (re-)agierenden, emotionsverstrickten, fremdgesteuerten Spielers und werden stattdessen zum losgelösten, weitgehend urteilsfreien Beobachter der Szenerie. In dieser Position sind wir in der Lage, unsere Muster zu erkennen – unser Urteil über uns selbst, das Leben und andere. Wir vermögen, unsere Angst und unseren Schmerz wahrzunehmen und zuzulassen. Auf diese Weise entwickeln wir nicht nur mehr Verständnis für uns selbst, sondern auch für andere. Wir erkennen, was Menschen antreibt und werden uns bewusster über ihre Verhaltensweisen. Das Grundgefühl aller Menschen ist Angst. Ob arm oder reich, unbedarft oder klug, berühmt oder unbekannt, die Angst bewegt unser Leben von Grund auf. Es gehört zum Wachstum, die Furcht in tiefes Mitgefühl für sich und andere zu wandeln, das bekanntlich auf dem Humus der Liebe gedeiht – der anderen Seite dieses Pols.

Ein weiterer Ausdruck von Wachstum besteht darin, dass wir uns, vorsichtig ausgedrückt, als weitaus omnipotentere Persönlichkeiten erkennen, als wir es bisher getan haben. Die Macht, die wir alle aufgrund unserer Fähigkeiten und Möglichkeiten besitzen und die uns durch unsere Verbindung mit den Schöpfungskräften zugänglich ist, haben bisher Institutionen wie die Kirchen für sich in Anspruch genommen. Wie auch immer man darüber denken mag – vermutlich waren die meisten Menschen noch nicht reif für dieses Wissen. Es beinhaltet, dass wir uns als Teil der Schöpfung erkennen, der mit göttlichen Schöpferkräften ausgestattet ist, ebenso wie die Existenz, die wir als Gott bezeichnen. Wachstum bedeutet, dieses Verständnis nicht nur intellektuell aufzufassen, sondern es auf allen Ebenen zu integrieren, die Kräfte in Liebe und Demut bewusst zu entfalten und sie dem höchsten Wohle aller zukommen zu lassen. Spirituelles Wachstum artet in mancher Etappe des Weges in eine Gratwanderung zwischen Gefühlen des völligen Unwertseins und Größenwahn aus. In dem Moment, in dem unser Herzchakra heilt, sich ausdehnt und öffnet, seine zentrale Rolle als Transformator und Verfeinerer der Energien ausfüllt, ist eine gesunde Balance der Extreme möglich.

Wachstum ist das, was unsere Seele anstrebt. Heutzutage gibt es viele Seelen, die keinen anderen Weg mehr akzeptieren. Sie machen sich deutlich bemerkbar, und wir können ihren Wunsch nicht länger ignorieren. Erfreulicherweise steht uns in dieser aufregenden Zeit eine immense Vielfalt an Möglichkeiten offen, mit denen wir uns in unserer Entwicklung unterstützen können. Eine davon ist die Lichtsprache, der Umgang mit Heiliger Geometrie und Farben. Die Lichtsprache ist eine Sprache, die die Seele unmittelbar berührt. Mit der Lichtsprache kommunizieren wir auf der Seelenebene.

In diesem Buch wird von erstaunlichen Phänomenen berichtet. Sie mögen für viele zunächst einmal unglaublich und wundersam erscheinen. Wir Menschen möchten gern *be-greifen* können. Um Dinge für wahr halten zu können, wollen wir sie materiell *er-fassbar* machen. Sie müssen physisch präsent, *greif-* und *sicht-bar* sein. Wir möchten, dass unser Verstand sie *auf-fassen* und mit dem in Verbindung bringen kann, was er bereits kennt und zu verstehen glaubt. Vieles, von dem hier die Rede ist, wird nicht für jeden auf dieser Ebene verständlich sein. Es handelt sich um Dinge *meta-physischer* Natur – also um Besonderheiten, die jenseits dessen liegen, was auf der Grundlage eines rein materiellen Weltbildes erklärbar ist. Der Zugang zu ihrem Verständnis liegt eher im Bereich der Quantenphysik, auf deren bahnbrechende Erkenntnisse ich hier jedoch nicht näher eingehen werde. Ab und zu verweise ich zwar, zugegebenermaßen sehr verkürzt, auf die ein oder andere wissenschaftliche Meinung, die sich mit den Lehren der Curanderos oder überhaupt metaphysischem Verständnis in Verbindung bringen lässt. Nicht weil ich es für notwendig halte, bisher »unbeweisbares« Wissen »vernünftig« erklärbar zu machen, sondern weil ich die Zusammenhänge einfach spannend finde. Ich muss die Technik des Kühlschranks nicht verstehen, um meine Lebensmittel zu kühlen, und so muss ich auch die Lichtsprache nicht auf einer ausschließlichen Verstandesebene erfassen können, um in den Genuss ihrer Wirkung zu kommen. Wir waren ohnehin viel zu lange auf das physisch Wahrnehmbare fokussiert. Von Einstein soll sinngemäß die Aussage stammen: Wenn wir nicht die Ebenen ändern, auf denen wir unsere Probleme lösen, werden wir auch immer wieder dieselben Probleme produzieren. Das haben wir sehr lange Zeit so gemacht, und es hat uns als Menschheit in ein Stadium der Ratlosigkeit geführt. Die materielle, verstandesmäßige Ebene, auf der wir uns so sicher fühlen, stellt nur einen winzigen Ausschnitt der »Wirklichkeit« dar, nämlich den, der für uns sichtbar ist. Wie lange wollen wir uns noch vor dieser Tatsache verschließen? Wir sind aufgefordert, bisher ignorierte Bereiche zu erschließen und Fähigkeiten zu aktivieren, die wir alle besitzen, die jedoch in unserer Entwicklung nicht gefördert wurden.

Wir leben in einer herausfordernden neuen Zeit. Alte Strukturen zerbrechen und neue, lebensbejahende müssen sich erst formieren. Um diesen Ansprüchen zu begegnen und uns selbst neu zu erschaffen, haben wir immense Möglichkeiten erhalten. Die Voraussetzung ist, dass wir uns dafür öffnen, neues Terrain zu betreten und uns auf Unbekanntes und, an alten Maßstäben gemessen, Unerklärliches einzulassen. »Neue Wege« ist der Titel und damit auch die Absicht eines der Lichtsprache-Grids im zweiten Teil dieses Buches. Er ist insbesondere für die Menschen gedacht, die sich auf neue, spannendere Pfade begeben möchten. Das englische Wort »Grid« bedeutet »Gitter«. Ein Grid ist eine energetische Sequenz aus Formen der Heiligen Geometrie in ausgewählten Farben, die erstellt wird, um konkrete Ziele zu erreichen oder das Energiefeld neu auszurichten.[1]

Der erste Teil des Buches widmet sich den Grundlagen der Lichtsprache; im zweiten finden Sie 36 Grids, also angewandte Lichtsprache, zu ausgewählten Themen. Wenn Sie die Grids benutzen möchten, finden Sie sie auch im Anhang. Die Grids unterstützen Sie bei der

Entfaltung der grundlegenden Kräfte, die Sie benötigen, wenn Sie sich ernsthaft Ihrem Wachstum und der Aktivierung Ihres Potenzials verpflichten. Jede dieser Energien ist einzeln einsetzbar, in ihrer Gesamtheit jedoch unterstützen und verstärken sie einander.

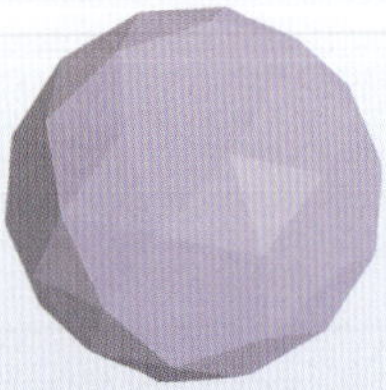

Mit Licht, als der ursprünglichen kosmischen Energiequelle, baut sich auf und erhält sich alles Leben, das pflanzliche, tierische und menschliche. Auch der Denkprozess des menschlichen Gehirns wird von dieser Energiequelle gespeist, so dass also der menschliche Geist, unser Bewusstsein, die höchste, sublimste energetische Umwandlungsstufe von Licht darstellt. Wir sind Lichtwesen, das ist nicht nur eine mystische Erfahrung, auf die das Wort Erleuchtung und die Bedeutung des Lichts in vielen Religionen hinweist, sondern auch eine naturwissenschaftliche Erkenntnis.

Albert Hofmann[1]

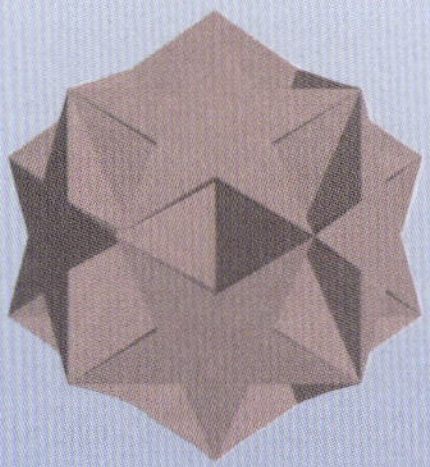

Teil I

Das Geheimnis der Lichtsprache-Grids

Begegnung mit

der Lichtsprache

Im Herbst 1999, also kurz vor der Jahrtausendwende, befand ich mich in einer mir damals nur zu gut bekannten Verfassung: Ich langweilte mich. Mein Job ödete mich an, und mein Leben ermüdete mich. Ich trat auf der Stelle. In jüngeren Jahren hatte ich solche Zustände leicht vertuschen können: Ausgehen, Liebesdramen, Sport, berufliche Schwierigkeiten und sonstige Angelegenheiten und Mühsal, die das Leben so mit sich bringt, hielten mich auf Trab. Nun aber fühlte ich mich der platten, banalen Schalheit meines Daseins einfach ausgeliefert. »Schaden wird es nicht«, dachte ich, während ich mein Anliegen ans Universum richtete: »Ich bitte um Führung.«

Daraufhin geschah zwei Monate lang nichts. Aber dann flatterte ein kleiner, unscheinbarer Flyer in mein Leben. Er warb für ein Seminar über »Lichtsprache«. Die Lichtsprache sollte zum ersten Mal in Europa unterrichtet werden, und zwar in meiner Heimatstadt München. Dass dieser außergewöhnliche Umgang mit Heiliger Geometrie die Wende in mein Leben bringen würde, stand nicht auf dem Zettel.

Nichtsdestoweniger war er der Auslöser dafür, dass sich meine gesamte Existenz innerhalb der nächsten beiden Jahre grundlegend ändern sollte. Allerdings hatte ich noch keinen inneren Raum für die Lichtsprache. Ich wollte eine private Verabredung nicht platzen lassen. Daher schnupperte ich zunächst in das Abendseminar im Vorfeld. Wir wurden in drei der 144 Dimensionen der Curanderos eingeführt, mit dem Resultat, dass die meisten Teilnehmer wie aus dem Nichts den feinstofflichen Bereich der Menschen, zumindest teilweise, erkennen konnten, darüber hinaus vergangene Leben der einzelnen Personen sowie geistige Führer. Obwohl ich sehr beeindruckt war, verweigerte ich danach noch immer meine Teilnahme an dem Seminar. Die Organisatorin konnte mich in einem langen Gespräch schließlich eines Besseren überzeugen: »Wie lange willst du noch so weitermachen? Wohin hat es dich gebracht?« Ihre Fragen trafen meinen wunden Punkt. Die Wahrheit war, dass ich keine Idee hatte, wie ich meinem Leben eine Wende geben könnte. Dann traf ich eine Entscheidung, sagte die Verabredung ab und meldete mich für das Seminar an.

Das Seminar war intensiv, der Verlauf streckenweise chaotisch. Das lag nur zum Teil am Unterrichtsstoff. Die Arbeit mit der Heiligen Geometrie erzeugte eine so ungewohnte und hohe Schwingung, dass es vielen Teilnehmern schwerfiel, sich auf die Sache zu konzentrieren und in ihrem Körper zu bleiben.[1]

Nebenbei bemerkt geschah auch etwas, was wir als Wunder bezeichnen können. Unter dem Stuhl von Selena Rodriguez, der Lehrerin, fand sich ein Tumor. Ein physisch existenter, mit Überlichtgeschwindigkeit aus dem Körper beförderter Tumor. Die Organisatorin nahm die schwärzliche Geschwulst auf ein Taschentuch und präsentierte sie jedem der Teilnehmer mit einem triumphierenden Lächeln. Alle sollten sich von der Echtheit überzeugen. Ich muss sagen, ich war schockiert. Mittlerweile wissen wir, zum Beispiel durch Filme wie die von Clemens Kuby,[2] dass es schamanische Methoden gibt, Tumore im Körper zu bewegen bzw. sie auch aus dem Körper herauszubefördern. Das hat mit der Schwingung zu tun, die eine Person zu betreten fähig ist. Wenn ein starker Schamane bzw. Heiler diese Schwingung kennt, das heißt, sie in seinen Ebenen verinnerlicht hat, und es im Sinne des höchsten Wohles einer Person ist, dann braucht er nichts weiter zu tun, als einfach zu sein, um ein solches Ereignis zu bewirken. Dies hat nur am Rande mit Lichtsprache und viel mehr mit einer anderen Methode der Curanderos, genannt »Divine Intervention« (Göttliche Intervention), zu tun.[3] Selena Rodriguez war jedenfalls in dieser Schwingung – und es sollte wohl so sein, dass dieses »Wunder« geschah.

Heute bin ich der Ansicht, dass das Wunder nicht in der Tatsache liegt, dass es Menschen gibt, die Tumore allein durch Schwingungsveränderung aus Körpern herauszubefördern können, ohne physisch in diesen einzugreifen. Das vielmehr tragische Wunder ist, dass wir immer noch glauben, ein solcher Vorgang sei nicht möglich oder, wenn überhaupt, dann nur wenigen Auserwählten vorbehalten. Wir verharren großteils immer noch in unserer Begrenzung der letzten Jahrtausende, obwohl wir uns derzeit im Schlaraffenland der energetischen Möglichkeiten befinden. Diese Möglichkeiten sind in einer unermesslichen Fülle vorhanden und jedem zugänglich, nicht nur einem kleinen, auserlesenen Teil der Menschheit. Darüber hinaus liefern uns beispielsweise Quantenphysik und Psychoneuroimmunologie sogar die sehnlich gewünschten Erklärungen für so gut wie alle erstaunlichen Phänomene.

Der Vollständigkeit halber möchte ich bezüglich der Tumorlösung hinzufügen, dass diese noch nicht die endgültige Heilung bedeuten muss. Das Gewächs kann sich in kurzer Zeit wieder neu bilden, wenn die Ursache dafür nicht geheilt wird.

Das Chaos des Seminars wurde im darauf folgenden, das im Frühjahr 2000 stattfand, noch überboten. Es ist kaum vorstellbar, was damals vor sich ging. Menschen hyperventilierten, schrien, weinten, mussten getröstet und in den Armen gehalten werden[4] – einzig und allein aufgrund der ungewohnten Schwingung der Formen und Farben, die im Raum vibrierte.

Es war für Selena Rodriguez überaus schwer, das Unterrichtsmaterial weiterzugeben, weil die Hauptaufgabe erst einmal darin bestand, sich um all die verwirrten Teilnehmer zu kümmern. Aber nicht nur die Menschen gerieten unter dem Einfluss der ungewohnten Energie außer sich, auch technische Geräte reagierten überfordert. Es war zu dieser Zeit kaum möglich, in angemessener Zeit vernünftige Ausdrucke des schriftlichen Materials zu erstellen. Rechner stürzten ab, Drucker funktionierten nicht mehr. Mittlerweile passieren solche Dinge eher selten. Die Schwingung von Lichtsprache ist nach Jahren des Unterrichts in das »deutsche« morphogenetische Feld[5] integriert.

Die Lichtsprache

Wie bereits angesprochen, stammt die Lichtsprache von einem kleinen Stamm mexikanischer Schamanen, den Curanderos. Das Wissen der Curanderos wurzelt in der uralten Weisheit der Mayas und Azteken. Die Lichtsprache ist eine Sprache aus Heiliger Geometrie, genauer gesagt, dreidimensionalen Polyedern[1] und Farben. Sie ist eines der grundlegenden energetischen Werkzeuge der Curanderos. Die Curanderos gehen davon aus, dass jeder Gedanke, jede Emotion, jede Art von Energie eine Form von Licht darstellt. Für Menschen, die Dinge logisch begreifen möchten, ist es vielleicht eine Brücke, wenn sie an die Biophotonenforschung von Professor Albert Popp denken. Er stellte fest, dass das Medium, mit dem unsere Zellen miteinander kommunizieren, Licht ist, das in der DNS gesammelt wird. Es mag daher vorstellbar sein, dass der feinstoffliche, ätherische Teil unserer bewussten und unbewussten Kommunikation ebenfalls durch Licht geschieht. Licht ist frei fließendes Wissen, sagen die Curanderos, das alle heiligen Prinzipien und Informationen über das Leben enthält.

Dieses Licht besteht nach Auffassung der Curanderos in seiner ätherischen Essenz aus Formen der Geometrie in unterschiedlichen Farbschwingungen. Heilige Geometrie ist sozusagen der kleinste gemeinsame Nenner der Lichtenergie. Mit jedem Gedanken (Licht) strahlen wir demgemäß geometrische Formen aus.

Bei der Lichtsprache geht es um den daraus folgenden Umkehrschluss: Wenn wir auf der unbewussten Ebene mittels geometrischer Formen kommunizieren, dann muss es konsequenterweise auch möglich sein, geometrische Formen bewusst einzusetzen. Wir ordnen sie in bestimmte Sequenzen, um sozusagen klare Botschaften an die Schöpfung zu richten. Botschaften mit der Bitte um Revitalisierung oder mit der Absicht, Ziele zu verwirklichen, Veränderungen in unserem Leben, in dem anderer oder dem der Gemeinschaft zu bewirken. Bestimmte Formen der Geometrie werden mit ausgewählten Farben kombiniert und in einer Sequenz so angeordnet, dass konkret und zielgenau formulierte Absichten manifestiert werden können.

Auch wenn es nicht zur Lichtsprache-Terminologie gehört, werde ich die Kombination einer geometrischen Form mit einer Farbschwingung im Folgenden der Kürze halber als »FFK« (Form-Farb-Kombination) bezeichnen. Abfolgen mehrerer FFKs werden, wie bereits erklärt, als »Grid« bezeichnet.

Lichtsprache ist also der Terminus für eine geometrische Symbolsprache. Wir setzen sie ein, um die Dinge in unserem Leben bewusst nach unseren Vorstellungen auszurichten, immer zum höchsten Wohle aller.

Die Curanderos

Rein begrifflich bezeichnet das Wort »Curandero« einen Heiler (in der lateinischen Sprache bedeutet das Wort »curare« »heilen«). Es gibt acht verschiedene Schulen des Curanderismus in Mexiko: Die Schule der Kräuter, der Geburt, der Geschichten, des Tanzes, des Rituals und der Gemeinschaft. Die Lichtsprache und alle weiteren der starken energetischen Methoden der Curanderos entstammen den zwei Schulen, die sich mit den verschiedenen Formen von Energieübertragung befassen.

Die Curanderos, die dieser Richtung verpflichtet sind, arbeiten mit und in 144 verschiedenen Dimensionen. Außer der Dimension, die wir als irdische »Realität« bezeichnen, gibt es also noch 143 weitere. In jeder dieser Dimensionen können verschiedene Erfahrungen gemacht werden, die vor dem Aufkommen der Quantenphysik für gänzlich unmöglich gehalten worden wären. So kann man sich in Schwingungen begeben, die es erlauben, den feinstofflichen Bereich eines Wesens zu sehen, in Frequenzen, die den Blick in den physischen Körper ermöglichen und in die schon erwähnte Schwingung, in der wir devitalisierte Energien aus dem Körper bewegen können. Während der Zugang zu einigen dieser Dimensionen für das Gros der Menschen einfach sein kann, erfordert es verständlicherweise mehr Übung und spirituelle Entwicklung, sich auch in den anderen erfolgreich zu bewegen.

Die Aktivierung der 12-Strang-DNS gehört ebenfalls zur Energiearbeit der Curanderos. Wie viele metaphysische Kulturen gehen auch die Curanderos davon aus, dass der Mensch ursprünglich zwölf DNS-Stränge in seinem physischen Körper hatte. Nur zwei davon sind erhalten geblieben und bilden die uns bekannte Doppelhelix. Die restlichen zehn Stränge sind nach Auffassung der Curanderos jedoch immer noch präsent – sie ruhen deaktiviert in unseren feinstofflichen Bereichen.[1] Das Ziel ist es, wieder alle DNS Stränge in den physischen Körper zu bringen. Erst wenn sie erneut dort verankert sind, haben wir Zugriff auf unser gesamtes Potenzial. So unterrichten die Curanderos Methoden, mit denen sich diese Stränge reinigen, aktivieren, neu kodieren und so weit wie möglich dem physischen Körper nähern lassen. Dadurch soll die künftige Wiederverbindung erleichtert werden.

Darüber hinaus arbeiten die Curanderos mit einer Fülle von weiteren ebenso faszinierenden wie kraftvollen, energetischen Methoden und Techniken. Die Basis der Arbeit der Curanderos ist jedoch der Umgang mit der Lichtsprache.

Die Grundlagen

der Lichtsprache

Der Schöpfungscode

Es ist nicht übertrieben, wenn wir die Geometrie als den Ausdruck der göttlichen Weisheit seit Anbeginn der Zeiten bezeichnen. Sie gilt als der Schlüssel zum Aufbau des Universums und der Materie. Die Geometrie ist Form gewordener Ausdruck der energetischen Informationsmuster, die beidem zugrunde liegen. Sie ist die Grundlage jeder Existenz und verbindet die Moleküle und Kristalle. »Im Wissen der Heiligen Geometrie ist ein Modell der kontinuierlichen Schöpfung verschlüsselt, also der ständigen Verdichtung von Energie und feinstofflichen geistigen Schwingungen zu dichteren Formen bis hin zur Materie«.[1] Wenn wir uns die Natur anschauen, finden wir, wo auch immer wir hinsehen, geometrische Formen. Sei es die Spirale der DNS , das Gehäuse des Nautilus, der Blütenstand der Sonnenblume, die feine hexagonale[2] Symmetrie der Schneeflocken, Bienenwaben oder die Struktur von Gestein. Die Geometrie ist Baustein bzw. die Matrix[3] allen Seins, sie ist Ausdruck der Göttlichkeit und dessen, was wir als »göttliche Ordnung«[4] bezeichnen. Der indische Guru Siva Baba (Sri Siva) betont, dass der machtvollste Weg, ein

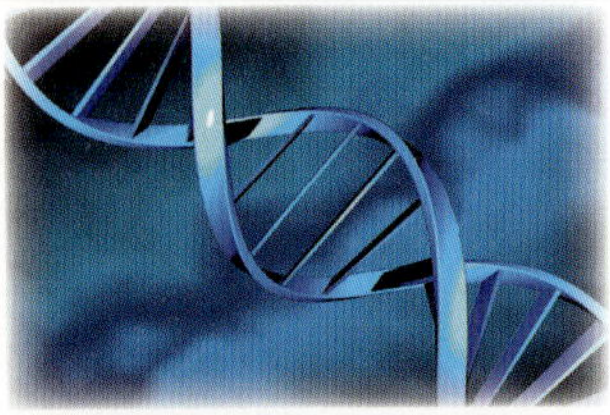

göttliches Wesen anzurufen, der über sein Mandala sei.[5] Ein Mandala ist eine Kreisform, die weitere geometrische Figuren beinhaltet. Es repräsentiert eine höhere Dimension von Energie. Das Sri Yantra Mandala der indischen Göttin Lakshmi ist beispielsweise eine geometrische Formation aus 43 Dreiecken innerhalb mehrerer Kreise, umgeben von Vierecken.

Die Heilige Geometrie spielt auch in der Alchemie eine bedeutende Rolle: Labor- und Aufbewahrungsgefäße haben spezielle regelmäßige Formen mit fünf, sechs oder acht Ecken. Gläser werden geometrisch angeschliffen, um die »astralen« Kräfte zu konzentrieren. Die heiligen Formen, Verhältnisse und Rhythmen (Goldener Schnitt) sind dankbar begrüßte Verstärker alchemistischer Kraft, weil durch sie die energetischen Prozesse intensiviert und sogar gezielt beeinflusst werden können.[6] Im Kleinen wie im Großen: Wahre Wunderwerke, die durch und durch auf Heiliger Geometrie »bauen«, sind die gotischen Kathedralen und ganz besonders die immer noch viele Geheimnisse bergende Kathedrale von Chartres,[7] in deren Grundriss die »Blume des Lebens« (Abb. rechts) versteckt sein soll. Die »Blume des Lebens« ist eine der zentralen Formen der Heiligen Geometrie, quasi das Urmuster, das Grundlage jeglichen Schöpfungs- und Entstehungsprozesses ist.[8] Aber nicht nur in der europäischen, auch in der arabischen und altägyptischen Baukunst spielt die Heilige Geometrie eine tragende Rolle. Mit all diesen Beispielen ist die Reichweite ihrer Verbreitung nur mikroskopisch angedeutet.

Heilige Geometrie, so Siva Baba, »gehört zur Sprache des Göttlichen«.[9] Bereits die griechischen Philosophen Platon und Pythagoras postulierten, dass die Geometrie die Ursprache der Schöpfung sei. In diesem Sinne äußerte sich auch der Mathematiker und Astronom Johannes Kepler im Jahr 1619: »Die Geometrie ist vor der Erschaffung der Dinge gleich ewig wie der Geist; ist Gott selbst [...] und hat ihm die Urbilder für die Erschaffung der Welt geliefert [...]«[10] Platon soll überdies geäußert haben, dass wir nur über die Geometrie unsere Wahrheit betrachten können. Rund 2500 Jahre später bestätigt der heute lebende spirituelle Meister Drunvalo Melchizedek mit seiner Ansicht, dass die Heilige Geometrie die Struktur und Ordnung sei, die ausnahmslos allem zugrunde liege, was wir als Realität bezeichnen, das Postulat des griechischen Weisen.

All diesen Äußerungen zufolge ist die Geometrie der Code, mit dem die Schöpfung kreiert, sie ist die Repräsentation des Geistes in einer Form. Die geometrischen Strukturen und Formen bergen die lange Zeit wohlgehüteten und natürlich längst nicht voll erfassten, komplexen metaphysischen Geheimnisse des Universums und der Schöpfung. Aus gutem Grund wird die Geometrie daher als »heilig« bezeichnet. Wer sich mit Heiliger Geometrie befasst, betreibt Studien über die Schöpfung, wer Heilige Geometrie anwendet, betätigt sich als Mitschöpfer.

Bei all dem erstaunt es nicht, dass wir mit der Lichtsprache eines der stärksten und schnellsten Systeme zur spirituellen Entwicklung überhaupt zur Verfügung haben. Obendrein ist sie noch überaus einfach einzusetzen. Wenn wir die Lichtsprache benutzen, geben wir uns bewusste Zielvorgaben, setzen klare Prioritäten, übersetzen dies in den Code der Schöpfung und beschleunigen auf diese Weise unsere Entwicklung. Aufgrund ihrer Schöpfungsenergie ist die Lichtsprache ein Medium, das uns in schnellen Kontakt mit unserer Seele bringt. In ausgerichteter, wahrnehmbarer Verbindung mit der Seele zu sein, ist vordringliches Bedürfnis vieler Menschen in unserer Zeit und Treibstoff für unser Wachstum.

Meine Bekannte Sabine war verwirrt. Sie wohnte in München, war aber in einen Mann aus Paris verliebt. In München befanden sich alle ihre Bezugspunkte: ihr Job, ihre Eigentumswohnung, ihre Freunde. Sabine zweifelte, ob sie das alles aufgeben sollte, um zu ihrer Liebe in ein Land zu ziehen, dessen Sprache sie weder sprach noch verstand. Ein Grid für Klarheit sorgte binnen kürzester Zeit für eine wahrhaft umwälzende Entscheidung. Sie verkaufte ihre Wohnung, gab ihren Job auf und zog zu ihrem Freund nach Paris. Die Worte, mit denen Sabine dies beschrieb, waren diese: »Ich gehe also tatsächlich nach Frankreich, und plötzlich ist alles klar und deutlich. Es ist, als ob jemand die durcheinandergewürfelten Kegel in meinem Kopf wieder klar aufgestellt hätte … Mich plagen keinerlei Zweifel.« Jetzt, sieben Jahre später, haben sie geheiratet.

Schneller als Licht

Die Curanderos vertraten über die Jahrhunderte die Auffassung, dass sich Gedanken um ein Vielfaches schneller als mit Lichtgeschwindigkeit bewegen. In seiner Relativitätstheorie sah Einstein eine Geschwindigkeit schneller als die des Lichts noch als unmöglich an. Mittlerweile wurde in der modernen Physik festgestellt, dass es durchaus Geschwindigkeiten gibt, die superluminal, also schneller als Licht sind.[1] Das heißt, die ätherischen geometrischen Formen bewegen sich schneller als mit Lichtgeschwindigkeit, also unvorstellbar schnell.

Aufgrund dessen ist es nicht notwendig, diese Formen in der metaphysischen Anwendung lange und ausgiebig zu visualisieren. Im Gegenteil – das ist sogar kontraproduktiv. Wir setzen eine klare Absicht, und die Formen erreichen ihr Ziel – schneller als Licht. Diese hervorragende Eigenschaft der Polyeder wird übrigens gern von Leuten genutzt, die schneller vorankommen möchten: Sie senden dazu geeignete FFKs aus, um beispielsweise in einem Stau schneller voranzukommen.

Geist und Erde verbinden

Viele Menschen sind immer noch der Ansicht, spirituell-energetische Praktiken oder Metaphysik[1] seien weitgehend getrennt von unserem Alltagsleben anzusiedeln. Quasi hinter verschlossenen Türen meditiert und betet man, überträgt Energien, befasst sich mit magischen Praktiken. Wenn sich die Türen wieder öffnen, beginnt der normale Alltag, ein anderer Alltag, wohlgemerkt. Menschen, die sich spirituell betätigen, aber nicht genug Geld verdienen, ihren Körper ablehnen, mit den Herausforderungen des Alltags nicht umgehen können, Schwierigkeiten im Beruf und in Beziehungen haben, sich fehl am Platze fühlen, sich in andere Welten sehnen etc., leben in dieser Spaltung. Die Kunst des Lebens besteht darin, Spiritualität und Alltag in Einklang zu bringen. Es ist die Verbindung von Himmel und Erde, die die Manifestation eines erfüllten Lebens ermöglicht. Erst wenn sich diese beiden Energien in harmonischem Bündnis austauschen, sind wir in der Lage, ein engagiertes, weitgehend von uns selbst bestimmtes Leben zu führen. Dies ist die Grundvoraussetzung dafür, ein kraftvoller Mitschöpfer zu sein. Lichtsprache ist ein hervorragendes Werkzeug, um Geist und Erde miteinander zu vereinen. Wir haben den Code der Schöpfung zur Verfügung, mit dem wir unseren Alltag in (eine von uns gewählte) Form bringen können.

Bericht einer Anwenderin

Wir haben einen landwirtschaftlichen Betrieb mit 120 Milchkühen und deren Nachzucht. Zudem haben wir Ackerfutterbau, und dabei wird auch Mais angebaut. Noch bevor Gabriele uns im Seminar erklärte, wie man einen Grid erstellt, hatte ich in der Nacht nach einem Seminartag einen geschrieben. Bei uns wurde der Mais im Zuge eines schweren Gewitters von Hagel geschädigt. Das Thema des Grids war »Heilung von Mais«. Der Mais erholte sich gut, und es gab einen normalen Ertrag.

Bei den Tieren gibt es öfter Probleme. Da fast jede Kuh einmal im Jahr kalbt, kommt es auch zu Komplikationen. Mit Lichtsprache kann ich Geburtshilfe leisten und auf diese Weise dazu beitragen, dass Kälber lebend geboren werden. Das war nicht immer der Fall; vorher hatten wir bis zu 10% Totgeburten. Ich verwende Formen und Farben durch Ausstrahlen, das bedeutet, ich stelle mir die entsprechende farbige Form und den Ort vor, zu dem sie gehen soll. Das ist alles. Wenn die Geburt begonnen hat, gebe ich die Form in die Aura der Kuh und teile ihr medial mit, sich an dem zu bedienen, was sie benötigt. Wenn ich weiß, dass die Geburtswege zu eng sind, strahle ich die entsprechende Form oder Formenkombination direkt dorthin. Hat eine Kuh eine Wehenschwäche, weiß ich, mit welcher Kombination ich die Geburt wieder in Gang bringen kann. Ist das Kalb dann geboren, aber sehr schwach, gebe ich ihm Formen, die ihm dabei helfen, sich aufzurappeln. Manchmal schicke ich solche Formen auch schon prophylaktisch in der Austreibungsphase.

Auch sonst ist mir die Lichtsprache eine außergewöhnliche Hilfe. Manchmal hat eine Kuh Verdauungsstörungen, was zu einer Labmagenverlagerung führen kann. Dieser ist dann mit Gas gefüllt und steigt im Bauchraum auf. Ohne Behandlung kann dies zum Tod führen. Auch für diese Schwierigkeit habe ich erfolgreich einen Grid geschrieben. Der Labmagen entlässt sein Gas und kehrt an seinen Platz zurück.

Im Kälberstall haben Grids uns auch gute Dienste geleistet. Im Winter haben die Kälber oft Grippe. Hier habe ich einen Grid im Stall aufgehängt. Unsere Auszubildenden haben sich schon sehr darüber gewundert, dass so etwas Wirkung zeigen soll. Aber es hat die Gesundheit der kleinen Tiere stabilisiert und somit den Einsatz von Antibiotika reduziert. Bei Euterentzündungen, Stoffwechselstörungen oder Knochenproblemen zeigen Grids ebenfalls eine gute Wirkung.

Bei der täglichen Arbeit, so beispielsweise beim Melken, setze ich die Lichtsprache auch gern ein. Nach dem Melkvorgang entspannen sich Kühe gern und koten in den Melkstand. Für den Melker in der Grube ist das denkbar unangenehm, und er muss schnell zur Seite springen. Ich sende daher oft schon prophylaktisch eine bestimmte hemmende Form auf den Darmausgang, sodass der Vorgang aufgehalten wird, bis die Kuh den Melkstand verlassen hat. Eine sehr erstaunliche Erfahrung machte ich mit dem Vertreiben von Krähen. Diese machten sich regelrecht einen Sport daraus, unsere Silagehaufen zu zerpicken. Mit der Lichtsprache konnte ich sie fernhalten.

Energetische Methoden in meinem Umgang mit Tieren und dem gesamten Hofalltag sind für mich selbstverständlich. Es ist wunderbar und erstaunlich, was mir dabei alles zur Verfügung steht. Ich bin dankbar dafür, und es macht mir große Freude, diese Methoden einzusetzen …

Mitschöpfung

Eines der Schlüsselworte der Curanderos ist »Mitschöpfer«. Wir sind ein Teil der Schöpfung, die uns hervorgebracht hat. Und genau wie diese schöpfen auch wir. So wie die Schöpfung im Kreislauf von Werden und Vergehen unablässig kreiert, so erschaffen auch wir. Wir schöpfen gemeinsam mit anderen Menschen, Wesen, der Natur.

Mitschöpfer sind wir immer, ob wir uns darüber im Klaren sind oder nicht. Wir erschaffen mit unseren Gedanken, Emotionen und Aktionen. Wenn wir kochen, schöpfen wir eine Mahlzeit, wenn wir Sport treiben, wirken wir auf unsere Gesundheit und unseren Körper ein, mit Gedanken der Minderwertigkeit kreieren wir, wie wir uns fühlen und wie die Menschen mit uns umgehen werden. Für gewöhnlich agieren wir unbewusst. Eine Putzfrau, die eine Wohnung reinigt, erschafft Sauberkeit. Sie wird ihre Tätigkeit sicherlich nicht als Schöpfungsakt verstehen wollen, aber genau darum handelt es sich. Ein Lehrer, der einem Kind mitteilt, dass aus ihm wohl nie etwas werden wird, ist gerade dabei, das Leben dieses Kindes zu formen – und das seine. Es ist ihm vielleicht nicht bewusst, aber in diesem Augenblick betätigt er sich als machtvoller Mitschöpfer.

Auf dem Weg in unsere Kraft und Macht entwickeln wir uns vom unbewussten zum verantwortungsbewussten Mitschöpfer. Wir erlauben Klarheit über die eigenen Taten und ihre Auswirkungen. Wir erkennen die großartigen Fähigkeiten und Möglichkeiten, die wir besitzen, und setzen diese Kraft bewusst zum eigenen wie zum höchsten Wohle aller ein.

Ein bewusster Mitschöpfer begreift, dass es nicht seine Rolle ist, resigniert abzuwarten, was das Schicksal als Nächstes mit ihm vorhat. Wir sind weder der Information unserer Gene[1] noch dem Verhalten anderer Menschen ausgeliefert. Wir haben alle Fäden in der Hand, als Kreatoren unseres Lebens zu agieren und damit seinen Verlauf weitgehend selbst zu bestimmen.

Die Lichtsprache ist eines der herausragenden metaphysischen Mittel, die uns gegeben wurden, damit wir uns als Mitschöpfer auf einer hohen Ebene in einer hohen Schwingung betätigen können. Lichtsprache hilft uns dabei, unsere Schätze zu heben und in großem Maße selbstbestimmt zu sein. Wir gehen damit über eine Rolle als passiver Besteller beim Universum hinaus, denn wir formen uns unsere Umstände in Kooperation mit der Schöpfung. Sie stellt uns mit der Lichtsprache ihr Mittel zur Verfügung. »Wie oben, so unten«, heißt ein universelles Gesetz, auf das ich später noch eingehen werde. Es bedeutet: So, wie Gott oder die Schöpfung schöpft, so schöpfen auch wir als Menschheit mit den grenzenlosen Möglichkeiten, die uns zur Verfügung stehen und auf die wir zugreifen können.

Das Wissen um die eigene Kraft und das eigene Schöpfertum wurde in den letzten 2000 Jahren weitestgehend unterdrückt. Mittlerweile können wir alle auf immense Informationen zugreifen, auf Kenntnisse, die zuvor nur verschlüsselt und in bestimmten Kreisen erfahrbar waren. Diese Weisheit ist in der Lichtsprache enthalten.

Um es noch einmal zu sagen: Die Grundlage unserer Existenz beruht auf Heiliger Geometrie. Dies ist in unserem Unterbewusstsein verankert und Teil unserer tiefen inneren Weisheit. Die Curanderos lehren uns, dieses Wissen zu aktivieren und uns ins Bewusstsein zu rufen.

Nach meinem ersten Lichtsprache-Seminar begann ich sofort, mit dieser faszinierenden Technik zu arbeiten. Meine erste »Klientin« hieß Maria und war eine Arbeitskollegin. Maria hatte Ärger mit ihren Nachbarn in der anderen Doppelhaushälfte. Aus unerfindlichen Gründen machten diese Leute seit acht Jahren mutwillig Lärm. Das heißt, Maria kam nach Hause, und die Nachbarn fingen – nach Marias Auffassung ohne jeden Anlass – an, zu hämmern oder zu bohren. Sie renovierten und reparierten nichts. Außerdem verstellten sie mit ihrem Wagen grundsätzlich den Eingang vor Marias Haus. Mehr als skeptisch sagte ich zu Maria: »Es wird zwar auch nichts nutzen, aber ich schreibe dir einen Grid.« In dem Moment, in dem ich den Grid erstellte (»Maria lebt in Harmonie mit den Nachbarn«), überkam Maria ein ungewohntes Gefühl inneren Friedens. Kaum war der Grid fertig, fuhren die Nachbarn in Urlaub. Als sie zurückkamen, war und blieb Ruhe. Marias Tür wurde nicht mehr zugeparkt.

Die Neue Zeit

Viele Jahrtausende lang kursierte das Wissen ethnischer Kulturen wie das der Curanderos ausschließlich innerhalb der Stämme. Es wurde von Generation zu Generation weitergegeben. So zirkulierten die bahnbrechenden Lehren dieser Schamanen einzig und allein unter ihnen. Die teilweise hochkomplexen Formen der Lichtsprache übertrugen die Lehrer auf medialem Weg über das dritte Auge und damit in das Bewusstsein des Empfängers. Erst seit wenigen Jahrzehnten öffnen sich die Curanderos, ebenso wie andere Stämme, dafür, ihr heiliges Wissen auch an Lichtarbeiter zu übertragen, die nicht der eigenen Blutslinie angehören. Wie kam es zu dieser Wandlung? Die ethnischen Völker wollen uns an ihrer Weisheit teilhaben lassen, damit wir mit den Herausforderungen der neuen Zeit umgehen können. Je mehr Menschen sich in einer hohen Schwingung befinden, Zugang zu ihrem tiefen inneren Wissen haben und in der Lage sind, ihre Schöpfungskräfte einzusetzen, desto eher hat die Menschheit eine Chance zur Wandlung und damit zum Überleben.

Die Menschheit und ihr Planet nähern sich einem neuen Zeitalter. Die bevorstehende Zeitenwende ist von vielen alten Kulturen schon vor langer Zeit angekündigt worden. Die Prophezeiungen der Hopi besagen zum Beispiel, dass die vier menschlichen Rassen, rot, schwarz, weiß und gelb, in Zukunft zusammenkommen könnten, um ihr Wissen zu teilen und eine neue globale Zivilisation zu schaffen. Die Zeitenwende ist auch Gegenstand zahlloser Channelings der letzten Jahrzehnte. Ein genaues Datum für diese Transformation finden wir im Maya-Kalender, der aktueller denn je zu sein scheint. Die Mayas waren wie besessen davon, die Geheimnisse der Zeitzyklen zu ergründen und es scheint, als sei ihnen dies in der Tat gelungen.[1] Der Maya-Kalender besagt, dass im Jahr 2012 eine etwa 26 000-jährige Epoche zu Ende geht und eine neue beginnen wird. Wir beenden einen Zeitabschnitt und betreten einen neuen Zyklus, der die Menschheit für die nächsten 2 000 Jahre prägen wird, und es gibt wohl kaum jemanden, der nicht den Eindruck hat, dass er »seinen Schatten« schon lange vorausgeworfen hat.

Die Resonanzfrequenzen der Erde, Schumann-Resonanzen[2] genannt, intensivieren sich. Für uns Menschen ist das insofern von Belang, als dass das menschliche Hirn mit den Erdschwingungen in Resonanz geht. Das heißt, seine Schwingung passt sich an die der Erde an. Nun hat sich die Schwingungsintensität unseres Planeten seit den 1960er-Jahren kontinuierlich verstärkt [3], und auch die Bandbreite der Frequenzen scheint sich erweitert zu haben. Das Gehirn ist daher immer mehr gezwungen, sich in einem Spektrum von Wellen einzurichten, die zwischen Beruhigung und hoher Aktivität anzusiedeln sind. Verkürzt ausgedrückt bedeutet dies: Der Prozess ist beschwerlich, weil das Gehirn mit einer umfangreichen Neuorganisation seiner inneren Schaltkreise reagieren muss, was zu einem, wie wir sehen werden, Stress fördernden Unruheeffekt führt. Es ist anzunehmen, dass dieses Geschehen auch mit einer Änderung auf Zellebene einhergeht.Dies erstaunt letzten Endes nicht, denn später werden wir erfahren, dass aktuelle Lebensumstände auf die Gene einwirken[4]. Dieser komplexe und anstrengende Vorgang mündet auf der anderen Seite jedoch in einen klareren, höheren Bewusstseinszustand. Dadurch erklärt sich unter anderem die Tatsache, dass viele Menschen in den letzten Jahren medialer geworden sind, heilerische Fähigkeiten entwickeln und sich für metaphysische Themen öffnen. Mag dies auch eine positive Erscheinung sein, so stellt der Anpassungsprozess an die Frequenzvielfalt, den wir Erdenbewohner durchlaufen müssen, enorme Anforderungen an unser System. Beeinträchtigte Organe oder blockierende Emotionen machen es schwer, die eigene Schwingung der steigenden Erdfrequenz anzupassen. Vielleicht schwingt der spirituelle Körper[5] einer Person schon sehr hoch, sie meditiert, befasst sich mit spirituellen Praktiken, aber ihr Emotionalkörper[6] kann nicht mithalten. Der Grund dafür mag sein, dass sie ein altes Trauma immer noch nicht verwunden hat. Diese Diskrepanz zwischen ihren Ebenen verursacht ihr Schwierigkeiten, die sich auf unterschiedliche Weise ausdrücken können wie beispielsweise durch Schlafstörungen, Erschöpfung, Antriebslosigkeit, Hektik bis hin zu physischen Krankheiten etc.

Schwingungserhöhung bedeutet, dass mehr Licht in ein System kommt. Die hohe Schwingung trifft auf niederfrequentere Energien, sprich, weniger lichtvolle – mit der Folge, dass diese an die Oberfläche gelangen und Chaos verursachen. Dies geschah bei dem zu Beginn beschriebenen Ereignis, als die Seminarteilnehmer mit der ungewohnt hohen Schwingung der geometrischen Formen, die den Raum erfüllte, nicht zurechtkamen. Licht traf mit einer solchen Wucht auf die Blockaden der Menschen, dass diese unmittelbar damit konfrontiert wurden. Es passierte so plötzlich und »unvorbereitet«, dass die meisten davon völlig überwältigt waren.

In meiner Praxis begegnen mir oft Menschen, die erstaunt feststellen, dass frühere Schwierigkeiten, längst in jahrelanger Therapie bearbeitet und überwunden geglaubt, auf einmal wieder machtvoll Aufmerksamkeit fordern. Beispielsweise kommen oft noch unerlöste Anteile von Wut und Angst mit nie gekannter Wucht ans Tageslicht. Umso schmerzvoller ist dies für Menschen, die gedacht hatten, dass diese Themen längst vollkommen geheilt seien. Einige werden sicherlich auch bemerkt haben, dass sie bis vor einigen Jahren ein bestimmtes ungesundes Verhalten noch anstandslos aufrechterhalten konnten. Vielleicht pflegte eine Person das Muster, sich als unschuldiges Opfer bindungs-unwilliger Partner zu sehen. Sie konnte stets auf tief empfundenes Mitleid und Bedauern vonseiten der Freunde und Bekannten bauen. Auf einmal sieht sie sich jedoch im Stich gelassen: Ihre

Umgebung fühlt sich einfach nur noch gelangweilt von ihren immer wiederkehrenden stereotypen Schuldzuweisungen und Anklagen. Sie ist also gezwungen, auf einer tieferen Ebene an ihre Schwierigkeiten heranzugehen. Hinzu kommt, dass es auch mit immer mehr Schmerz einhergeht, ein schädliches Muster weiter beibehalten zu wollen.

Die neue Zeit bringt es mit sich, dass Unwahrheiten und Manipulationen schneller durchschaut werden. Das betrifft sowohl Unehrlichkeit im Umgang miteinander als auch die Tatsache, dass unlautere Machenschaften schneller auffliegen bzw. sich selbst entlarven. Der Bankenskandal ist nur ein Beispiel dafür, dass skandalöse Zustände immer mehr zu zerbrechen beginnen. Auch ist offensichtlich, dass immer weniger Völker dazu bereit sind, sich totalitären Systemen unterzuordnen.

Die hohe Schwingung auf dem Weg in ein neues Zeitalter bewirkt, dass wir unmittelbar mit unseren Schatten konfrontiert werden. Wir sind gezwungen, unsere Augen zu öffnen und uns mit unseren Selbsttäuschungen zu befassen. Es mag hart klingen, aber genau das ist der notwendige Schritt für unsere weitere Entwicklung: Ohne dass wir uns für unsere Schatten öffnen, ist kein Wachstum möglich.

Anders ausgedrückt: Wir befinden uns in einer Zeit des Erwachens. Untersuchungen zeigen, dass die Hirnfrequenz kurz vor dem Aufwachen bei 7,8 Hertz liegt. 7,8 Hertz betrug die Resonanzfrequenz der Erde bis in die 60er-Jahre. Wir haben gehört, dass sich diese Schwingung laufend erhöht und 13 Hertz und mehr erreichen soll. Schwingungen zwischen 13 und 40 Hertz herrschen im Wachzustand des Gehirns vor. Die Menschheit bewegt sich also von einem Zustand der Schläfrigkeit in den Wachzustand.

Das Befinden kurz vor dem Aufwachen ist leicht nachvollziehbar: Ein Mensch, der noch nicht ganz erwacht in seinem Bett liegt, befindet sich in einem halb betäubten, weitgehend unbewussten Zustand einer »Teil-Ohnmacht«, was keine Bewertung darstellen soll, sondern einfach die Beschreibung einer Tatsache ist. Genau dies ist das Stadium, in dem sich das Gros der Menschen die längste Zeit befunden hat, und aus dem wir nun in den Wachzustand hinüberwechseln. Sich dagegen zu wehren, führt zu Kampf und damit Schmerz. Wer weiterdösen will, bekommt massive Schwierigkeiten. Der Vorgang des Erwachens ist gleichzusetzen mit dem Weg der Bewusstwerdung. Er geht einher mit verstärkter Selbstverantwortung, der Anerkennung des eigenen Schöpferpotenzials mitsamt all seinen Auswirkungen, der Entwicklung zum losgelösten Beobachter, der Aktivierung der Lichtsinne, also der Sinne, die die mediale Spiegelung unserer fünf materiellen Sinne darstellen und der Erweiterung der Liebesfähigkeit … Es versteht sich, dass eine solche Entwicklung nicht im benebelten Zustand gemütlicher Schlaftrunkenheit möglich ist.

Der Prozess wird zwar durch die veränderte Schwingungslage der Erde angestoßen, beruht jedoch auch, wie ich meine, auf dem Seelenwillen der Menschheit. Es handelt sich um einen elementaren Transformationsprozess. So, wie es ein Kraftakt der Raupe ist, ihre Form vollkommen von einem erdgebundenen in ein leichtes, schwebendes Wesen der Luft zu verändern, so erfordert es auch von uns vollen Einsatz, damit wir unsere Wandlung ebenso erfolgreich durchlaufen können.

Es findet also, nicht nur in unserer äußeren Welt, sondern gerade in den tiefsten Ebenen unseres Bewusstseins, eine radikale Umwälzung statt. Jeder nimmt diesen Vorgang anders wahr. Ich selbst wurde mir einer Veränderung vor vielen Jahren bewusst, ohne sie in einen größeren Zusammenhang einordnen zu können: Ich arbeitete im gleichen Raum mit einer jüngeren (unangenehmen) Arbeitskollegin, deren Verhalten ich aufmerksam beobachtete, bis mir blitzartig auffiel, dass sie mich spiegelte. Sie benahm sich sehr rebellisch dem Chef gegenüber, war geradezu chronisch wütend und fühlte sich als ausgebeutetes Opfer. Sie »war« ich. Dies war nicht nur eine intellektuelle Erkenntnis, sondern ein tief empfundenes Gefühl. In diesem Moment erkannte ich mich selbst auf einer tieferen Ebene. Ich erinnerte mich nur zu deutlich daran, dass ich mich bis wenige Jahre zuvor genau wie die junge Frau verhalten hatte. Ich sah die Erkenntnis als eine Botschaft, die mir deutlich machen sollte, dass alles in allem enthalten ist, dass wir alle eins sind und dass in jedem Menschen alle möglichen Anteile und damit wirklich alle möglichen Polaritäten enthalten sind.

In letzter Zeit wurde die alte Weisheit des Ho'oponopono (wieder-)entdeckt.[1] Die kurze Einsicht alter hawaiianischer Schamanen beruht auf der Annahme (bzw. dem universellen Gesetz), »dass alles eins ist in der Welt, auch wenn wir uns getrennt fühlen. Aufgrund dieser Einheit kann nichts in der eigenen Welt geschehen, ohne dass es nicht auch eine Resonanz in dem Betrachter dazu gäbe. Man kann Probleme im Außen nur dann ändern, wenn man die innere Resonanz dazu heilt.«[2] In anderen Worten: Jeder trägt zu jedem Geschehen auf dem Erdball bei. Den Kern, aus dem schreckliche Vorkommnisse entstehen können, bergen wir alle in uns und sind daher *mit-verantwortlich*. Jeder trägt alle Anteile in sich, die Auslöser solcher Vorgänge sind. Wenn wir uns diesem Schatten stellen und ihn in uns selbst heilen, heilen wir die Ursache für die furchtbaren Dinge, die auf der Welt geschehen. Die eigene Heilung ist unser notwendiger Beitrag. Denn: Wir sind alle eins.

Selbstverständlich haben meine Wahrnehmungen mit meinem persönlichen Prozess zu tun. Nichtsdestoweniger bemerke ich immer mehr Menschen, die »urplötzlichen« Erhellungen folgen, die ihnen bis dahin fremd waren. Das sind beispielsweise all die Computerfachleute, Finanzdienstleister, Art-Direktoren und Köche, die mehr oder weniger heimlich zu spirituellen Sitzungen kommen, die sie wenige Monate zuvor womöglich noch heftig abgelehnt hätten. Eine meiner Klientinnen kaufte eine Karte mit einem Grid zur Abschirmung vor Elektrosmog. Ihr Mann, der sich mit Spirituellem gar nicht befasste, und den sie auch nicht davon überzeugen wollte, »entwendete« ihr die Karte, meinte, er schlafe hervorragend mit ihr in seiner Nähe, und seine Kunden seien freundlicher zu ihm. Sie musste noch zwei weitere Grids bestellen, weil er an jedem wichtigen Ort einen deponieren wollte.

Unser altes Denken, unser von sichtbaren und materiell existenten Dingen abhängiges Weltbild, wandelt sich – zwangsläufig. Untrennbar damit verbunden ist, dass viele der alten Strukturen, auf deren Grundlage die Gesellschaft funktionierte, zerfallen oder sich schon aufgelöst haben, wie zum Beispiel die altgediente Rollenverteilung von Mann und Frau. Dadurch gewinnen wir alle deutlich mehr Entwicklungsspielraum. Das ist prickelnd und beschwerlich zugleich. Wir müssen flexibler sein und unsere multiplen Fähigkeiten weitaus mehr bemühen, um mit den schnellen Veränderungen, die wir ja wiederum selbst verursachen, mitgehen zu können. Im Zuge dieses Voranschreitens sind wir gefordert, Talente zu aktivieren, die wir über die Jahrhunderte hinweg haben verkümmern lassen. Die neue Freiheit zwingt uns regelrecht zur Ausbildung unseres vollen Potenzials.

Dazu gehören auch lang ignorierte und vernachlässigte Anlagen wie Intuition und das Wahrnehmen der inneren Stimme. Denn genau diese Qualitäten sind unabdingbar, um in der Vielfalt von Möglichkeiten oder im Zugzwang der Not schnell den geeigneten Weg zu erspüren. Das Ziel dieses Prozesses ist unsere »Entpuppung«, die Entfaltung aller in uns angelegten Möglichkeiten, die Transformation in unsere Ganzheit. Auf der anderen Seite bringt jedoch genau dieser Akt der Befreiung aus alten, jedoch vertrauten Limitierungen eine Art Orientierungslosigkeit mit sich. Die bekannten Systeme, auf die wir uns lange Zeit verlassen konnten, wie zum Beispiel auch die Tatsache, dass eine gute Berufsausbildung Sicherheit für ein ganzes Leben garantiert, haben uns ja auch Halt und Stabilität gegeben.

Es haben sich also neue Räume aufgetan, und wir tasten uns auf unbekannten Wegen in eine unberechenbare Zukunft. Erschwert wird dieser Gang obendrein durch ein immer weniger zu verleugnendes Gefühl von Leere, Sinnlosigkeit und tiefer Einsamkeit, entstanden dadurch, dass wir wichtige Werte aus unserem Leben ausgeklammert haben. Es sind Teile von uns selbst, die wir ignoriert haben, verleugnete Fähigkeiten, die nur auf dem fruchtbaren Boden eines multidimensionalen Bewusstseins gedeihen können, die Stimme unseres tiefsten Selbstes, unserer sehnsüchtigen, entwicklungshungrigen Seele, die Wünsche und Bedürfnisse hat, die um Aufmerksamkeit bittet. Sich für sie zu öffnen, bedeutet, das Geröll, das uns den Weg zu unserer Ganzheit versperrt, beiseitezuräumen.

Während sich für manche fast wie aus dem Nichts ein Pfad auftut, der sie in Kontakt mit ihrem tiefsten Inneren bringt, suchen andere immer noch im Dunkeln nach neuen Impulsen und Lösungen und wissen nicht, wo sie zu finden sein könnten oder dass sie überhaupt auf der Suche sind. Kurzum, wir brauchen jede erdenkliche Hilfe. Wir benötigen Unterstützung in dieser Zeit der Transformation. Die Curanderos und andere weise, alte Kulturen schenken sie uns. Sie bieten uns ihre Schätze, damit wir sie benutzen können, um uns (wieder) zu finden.

In Kontakt mit der Seele

Viele Menschen spüren heute, dass eine bisher unbeachtete und intellektuell nicht fassbare Kraft in ihnen eine andere Richtung anvisiert als die, in die sie sich bisher bewegt haben. Aber wie können wir mit dieser Dimension unseres Seins in bewussteren Kontakt treten?

Jede Seele verfolgt andere Ziele. Sie wählt den Erdenweg in einem physischen Körper, um sich zu entwickeln, zu wachsen und diese Erfahrung schließlich in das universelle Bewusstseinsfeld[1] einzubringen. Ihre Informationen dienen der weiteren Entfaltung und dem Wachstum dieses Feldes und damit wiederum den einzelnen Seelen, die darauf Zugriff haben, also auch der Menschheit. Jede Seele trägt demnach zum kontinuierlichen Prozess der Selbsterfahrung und Weiterentwicklung des Kosmos bei. Alles ist miteinander verbunden.

Vielleicht erstaunt es, dass der Kosmos in Entwicklung begriffen sein soll und nicht ein vollkommenes Ganzes ist, wie viele sicherlich annehmen. Ist Gott etwa nicht perfekt? Der Physiker John Wheeler vertritt die These des »teilnehmenden« Universums.[2] Er sieht das Universum als etwas in ständiger Veränderung Begriffenes an, das in steter Wechselwirkung mit dem Bewusstsein entsteht und gleichzeitig wiederum auf dieses einwirkt. Bewusstsein und Seele – sie sind untrennbar miteinander verknüpft. Die Erfahrungen dieser Einheit aus Bewusstsein und Seele sind es, die dem Hyperfeld Informationen für seinen weiteren Reifungsprozess vermitteln.

Unsere Seele hat Bedürfnisse, die wir oft genug ignorieren. Die Stimmen von Zweifel und Angst sind es, die den zarten Klang der inneren Wahrheit übertönen. Der Wunsch der Seele ist identisch mit unserer inneren Wahrheit. Die leise Stimme der Seele ist es, die uns die Weisungen erteilt, die unserem Heil und höchsten Wohl dienen, Hinweise zu Beziehungen, unserer Gesundheit und dem optimalen Weg.

Die Seele möchte sich entwickeln. Sie hat sich für diese Inkarnation bestimmte Aufgaben gestellt, die sie durchlaufen und an denen sie wachsen möchte. Die Seele ist alles andere als träge. Sie sehnt sich danach, während ihres irdischen Daseins so viel wie möglich zu er-leben. Ist eine Erfahrung abgeschlossen, drängt es sie zur nächsten. Oder sie erfährt sich gleich in vielen, simultan stattfindenden Ereignissen zu unterschiedlichen Themen. Wachstum ist die Devise. Die Seele will es für gewöhnlich interessant und spannend haben, und sie möchte in Zusammenhang mit den physischen Gegebenheiten Genuss erfahren. Denn in einem physischen Körper inkarniert zu sein, ist ja genau die Erfahrung, die sie machen möchte. Gerade diese Konstellation bietet ihr die Voraussetzung, bestimmte Herausforderungen durchlaufen zu können und auch Freuden zu erleben, die nur in dieser Verbindung für sie erfahrbar sind.

Anders ausgedrückt: Die Seele möchte, vielleicht nicht allein in dieser einen Inkarnation, aber in der Gesamtheit aller, die in allen feinstofflichen Ebenen angelegten Qualitäten zu vollendeter Reife bringen.[3]

Es ist ausgeschlossen, die Stimme unserer Seele wahrzunehmen, wenn wir einzig auf unseren Intellekt fokussiert sind. Ja, wir sollten ihm freundlich für seine Bemühungen danken und ihn bitten, eine Zeit lang Urlaub zu nehmen. Um uns auf unsere tiefe innere Wahrheit einschwingen zu können, benötigen wir die bedingungslose Bereitschaft, in uns hineinzufühlen, hineinzuhören und hineinzuschauen, auch und gerade auf die Gefahr hin, in unangenehmen Kontakt mit unserem Schatten zu kommen. Dann erhalten wir Zugang zu den zarten Lauten in uns. Sie erinnern uns an unsere tiefsten Wünsche.

Das Begehren der Seele leuchtet in den Ideen auf, die sich für uns gut, richtig und aufregend anfühlen. Und das ist oft nicht das, was leicht umsetzbar erscheint. Der Weg der Seele ist durchaus nicht immer der einfachste. Er mag zunächst beschwerlich erscheinen, meist deshalb, weil wir lange Zeit in eine völlig andere, bequemere Richtung gegangen sind.

Manche Leute auf dem spirituellen Weg beschließen, sich nur noch auf Dinge einzulassen, die »wie von selbst« funktionieren. Die Leichtigkeit soll als Beweis dafür dienen, dass sie auf dem richtigen Pfad sind. Das klingt vernünftig, ist aber oft ein Vermeidungsverhalten. Eine meiner Freundinnen hatte große Anfangsschwierigkeiten mit Verantwortlichen der Firma, bei der sie sich beworben hatte. Sie bewegte sich aber durch die Problematik hindurch und hat nun eine gut bezahlte Tätigkeit, die ihrer Entwicklung dient, mit einer für sie passenden Arbeitszeit und Kollegen, mit denen sie hervorragend klarkommt. Eine andere Frau hatte die Absicht, ein Buch über ihr Leben in einem fremden Land zu schreiben. Dabei kamen schmerzhafte und schwer zu ertragende Erinnerungen in ihr hoch. Sie wollte das Projekt aufgeben, weil sie fürchtete, es sei zu hart für sie. Sie verstand aber schließlich, dass der Prozess, den sie mit diesem Buch durchmachte, einen wesentlichen Schritt für ihren inneren Heilungsprozess bedeutete. Vielleicht besucht eine Frau ein längeres Seminar und muss während dieser Zeit das Zimmer mit einer unangenehmen Mitbewohnerin teilen. Genau dieses konfliktträchtige Zusammentreffen könnte gleichwohl Chance für einen Prozess bieten, mit dem sich eine alte karmische Beziehung endgültig in Harmonie auflösen wird.

Es ist wichtig, den angemessen Zeitpunkt für die Realisierung eines Projektes zu finden. Wenn wir in Kontakt mit unserer Seele sind, wird sie uns darauf hinweisen, wann es soweit ist. Auf unsere Führung ausgerichtet, werden wir »zur richtigen Zeit am richtigen Ort« sein. Der richtige Zeitpunkt ist jedoch nicht immer der, zu dem etwas leichtfällt. Oft erscheinen uns Dinge zunächst mühsam, doch wenn wir uns konsequent, aber mit einem offenen Ohr für unsere innere Stimme, durch sie hindurchbewegen, machen wir Quantensprünge in unserer Entwicklung.

Wir öffnen uns den Anregungen unserer Seele, wenn wir uns zunächst einmal erlauben, ihre Impulse überhaupt wahrzunehmen. Wenn sie sich gut und richtig anfühlen, dann sollten wir uns ernsthaft an die Umsetzung dieser Impulse machen. Wie gesagt, es muss nicht leicht sein. Für viele Künstler ist es ein existenzieller Prozess, ihre Bilder zu malen – es ist ein aufreibender Akt, der die gesamte Bandbreite von Emotionen offenlegen kann, bis hin zu extremer Wut, Verzweiflung, Minderwertigkeitsgefühlen, Selbsthass und Zerstörung. Aber es ist der Weg, den sie gehen wollen und müssen, es ist der Weg ihrer Seele, die genau diese Erfahrungen machen will.

Wenn wir ängstlich auf das schauen, was von uns erwartet wird, vor dem Fernseher »festkleben«, unsere Gefühle ignorieren, uns in Sicherheit wiegen möchten, uns an unsere Lebensumstände gefesselt fühlen, dann wird uns dies den Zugang zu unserer inneren Stimme erschweren. Wir hören sie, wenn wir unsere Gefühle, auch die schwärzesten und unannehmbarsten, erlauben und wahrnehmen. In jedem Moment haben wir Gefühle. Wir achten nur meist nicht auf sie, weil wir anderes zu tun haben und weil wir in Wirklichkeit auch gar nicht so sehr in Kontakt mit uns selbst sein möchten. Wir würden uns des inneren Aufruhrs bewusst werden, der eigenen Verwirrung, und das wäre das Ende der Bequemlichkeit.

»Ich bin wütend auf Egon«, »Ich habe Angst, Anja betrügt mich«, »Ich fühle gerade dieses merkwürdige Kribbeln in meinem Magen«, »Wie herrlich der Duft dieser Blume ist«, »Ich hasse es, meine Mutter schon wieder anrufen zu müssen«, »Ich fühle mich zutiefst unfähig«, »Hoffentlich merkt Anton nicht, wie er mich anödet«, »Ich beneide Christine, wieso ist sie mit allen Vorzügen gesegnet, und ich habe es so schwer«, »Ich wünschte, ich wäre hochbegabt« …

Wir möchten[4] alle Gefühle wahrnehmen, wunderbare wie hässliche, aber wir haben Angst vor ihnen und vor dem, was sie mit uns machen. Das wirklich Traurige dabei ist, dass wir uns dadurch auch den schönen Empfindungen verschließen. Eine meiner Klientinnen erzählte: »Vor vielen Jahren stand ich morgens im Badezimmer und fühlte mich glücklich. Einfach so. Da dachte ich: Es gibt keinen Grund, glücklich zu sein. Ich bin arbeitslos und habe keinen Partner! Statt für dieses herrliche Gefühl dankbar zu sein, gab ich ihm zu verstehen, dass es fehl am Platze sei.« Auf diese Weise verpasst man seiner liebevollen Seele, die einen gerade zärtlich umarmt, einen Tritt. So etwas würden Sie nie machen?

Wenn wir es endlich wagen, uns wahrhaft Aufmerksamkeit zu schenken, dann öffnen wir uns für die Botschaften unserer inneren Stimme, unserer Seele. Statt wichtige Anteile von uns selbst – weil inakzeptabel – zu ignorieren und damit auch unsere Seele ins Abseits zu manövrieren, möchten wir uns erlauben, die ungeliebten Teile von uns wirklich wahrzunehmen, und, mehr noch, sie als Teil von uns anzuerkennen. Vielleicht sind wir enttäuscht und traurig über unsere Schattenseiten. Es hilft uns jedoch, wenn wir uns in die Position des losgelösten Beobachters begeben. Wenn wir ein urteilsloser Zeuge unserer selbst, der anderen, der Umstände sind, ein interessierter Zuschauer, freundlich, aufmerksam, zugewandt, aber dennoch mit Abstand zum Geschehen.

Wenn wir uns erlauben, auf diese Weise offen, ehrlich und liebevoll mit uns umzugehen, werden wir mehr und mehr in der Lage sein, unsere innere Stimme überall wahrzunehmen, auch außerhalb von uns. Wir sehen, hören, riechen und fühlen sie. Wie gesagt, indem wir diese Stimme empfangen, kommen wir unserer Seele näher. Sie hält ihre Botschaften überall für uns bereit. Eine der Mitteilungen, die ich erhalte, bekomme ich in Form von bestimmten Zahlenkonstellationen. Fast jedes Mal, wenn ich auf die Uhr schaue, sehe ich »regelmäßige« Zahlen wie 21:21, 10:10, 01:11 usw. Ich erkenne sie als Botschaften meiner Seele an, und in Kontakt mit ihr finden sich auch Wege, sie zu entschlüsseln. Die innere Stimme begegnet uns überall. Vielleicht hören oder lesen Sie dreimal in kürzester Zeit das Wort »Diabetes« und lassen sich untersuchen. Eine meiner Klientinnen wurde innerhalb weniger Tagen mit mehreren Berichten über verirrte Seelen konfrontiert und besuchte dann eine entsprechende Sitzung. Ich war einmal im Zweifel, ob ich ein wichtiges Seminar auf Ibiza besuchen sollte, bis ich im Radio das Lied »I am going to Ibiza« hörte. Das half mir dabei, eine Entscheidung zu treffen.

Erlauben wir uns, die Botschaften, die wir empfangen, ernst zu nehmen und das Risiko einer »Fehlinformation« einzugehen, öffnen wir uns unserer inneren Führung. Wenn wir »Quatsch, Zufall, das kann es nicht sein« sagen, entfernen wir uns wieder von der inneren Stimme und verschließen das Tor zu unserer Seele. Hören wir nicht auf das sachte Klopfen unserer Seele, kann es sein, dass sie den Knüppel nimmt. Man nennt das dann einen »Weckruf«. Der sanfte Weg ist angenehmer.

Lichtsprache ist der direkte Draht zur Seele. Indem wir mit den FFKs arbeiten, öffnen sich neue Tore, neue Möglichkeiten, neue Verbindungen zu unserer inneren Welt. Lichtsprache ist die Brücke zu bislang verborgenen Bereichen, sei es in uns oder außerhalb von uns. Lichtsprache ist ebenso das Medium, mit dessen Hilfe wir mit den ungeliebten Seiten in uns ins Einvernehmen kommen.

Kommentar einer Anwenderin

Rückblickend betrachtet, ist mir bewusst geworden, dass ich, seit ich bewusst bin, von dieser Möglichkeit geträumt habe, sie jedoch nicht ausdrücken konnte. Somit stellt für mich die Lichtsprache einen Meilenstein auf dem Weg der Erfüllung dar. Mein Leben hat dadurch mehr Licht und Fülle erhalten …

Prinzipien der

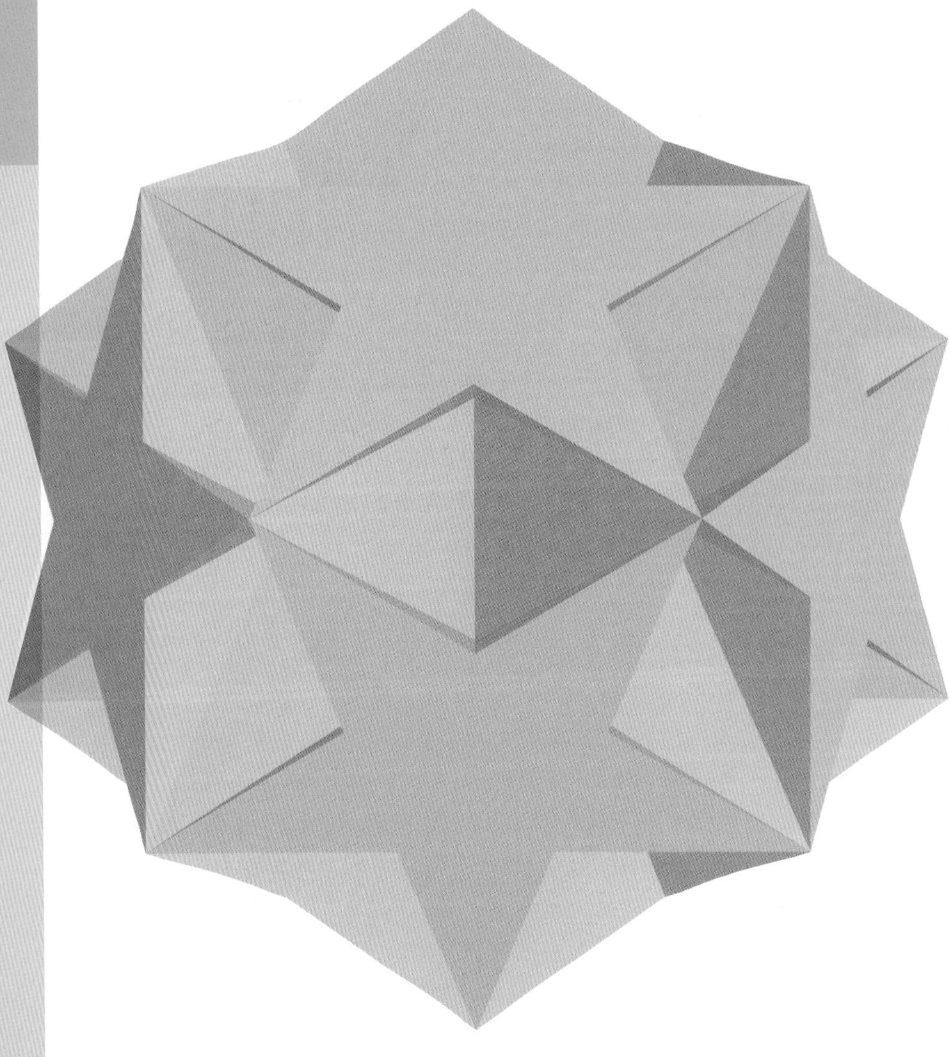

Curanderos

Die Curanderos vermitteln uns Prinzipien, die für ihre Arbeit und damit auch für den Umgang mit Lichtsprache von grundlegender Bedeutung sind. Einige davon seien hier genannt:

I Makellosigkeit

Zur Makellosigkeit gehören Ordnung, Reinlichkeit, Pünktlichkeit, Integrität und die Aufrechterhaltung des heiligen Raumes, um ein hohes, unterstützendes energetisches Niveau zu gewährleisten. Eine der geometrischen Formen, die den Spitznamen »Heilender Lehrer« trägt, symbolisiert die Maxime der Curanderos, vorbildliches Verhalten *vor-zu-leben*, nach dem Motto »Lebe, was du lehrst.« Es versteht sich von selbst, auch eine tadellose Einstellung bezüglich des Gridschreibens zu haben: zum höchsten Wohle aller.

II Dienst

Dienst bedeutet, Achtung zu kultivieren und den Weg jedes Wesens zu ehren. Indem wir andere honorieren, durch ein Kompliment, ein

Lächeln, Anerkennung, Dankbarkeit etc., dienen wir. Als Curanderos dienen wir dem Weg des höheren Selbstes bzw. der Seele der Person, die zu uns kommt, nicht ihrer Persönlichkeit. Wir forschen also danach, warum die Seele eines Menschen ihn zu uns geführt hat und lassen sein Ego unbeachtet. Übertragen auf den Umgang mit Lichtsprache bedeutet das: Hat ein Anwender den Eindruck, dass ein bestimmter Manifestationswunsch keinen Sinn macht oder nicht zum höchsten Wohle der Person ist, wird er ihr dabei helfen, in die Tiefe zu gehen und eine andere Absicht zu wählen.

Dienst besteht auch darin, sein eigenes Licht durch Arbeit an der eigenen Entwicklung, Bewusstheit, Authentizität, Aufmerksamkeit, Freundlichkeit, Verantwortlichkeit, Selbstachtung, also wiederum Makellosigkeit, strahlen zu lassen. Andere bemerken dieses innere Strahlen und fühlen sich unbewusst dazu aufgefordert, ihrem eigenen Licht gleichfalls Achtung zu schenken.

Es ist ein universelles Gesetz, dass wir für alles, was wir bekommen, auch etwas geben sollen. Geben und Nehmen möchten in Balance sein. Die Curanderos halten uns dazu an, für jede Arbeit, die wir für uns selbst verrichten, auch etwas für die Gemeinschaft zu tun. Ein Grid für den Klienten, einer für die Gemeinschaft.

III Nachtschule

Bereits zwei Jahre bevor ich auf meine Lehrerin traf, genoss ich nachts wunderbare Visionen. In den Momenten kurz vor dem Einschlafen sah ich die herrlichsten farbigen Muster und Formen vor meinem inneren Auge ineinanderfließen, verschmelzen, sich verändern, sich neu formieren. Diese Schauspiele waren von so überwältigender Schönheit, dass ich keine Worte finde, die ihrer überirdischen Anmut auch nur annähernd gerecht würden. Ich hatte damals keine Ahnung, dass ich mich in der Nachtschule befand.

Die Nachtschule ist keine neue Idee. Wie so vieles esoterische Wissen blühte sie als jahrtausendealtes Geheimnis bis zum Ende der 90er-Jahre des letzten Jahrhunderts im Verborgenen. Wir lernen in der Nachtschule. Unser mentaler Körper und unser Astralkörper[1] besuchen sie, während wir schlafen. Die Nachtschule findet auf der Astralebene statt. Sie ist die Ebene, auf der unser Unterbewusstsein »erzogen« wird und der Raum, in dem die Vorbereitung dessen geschieht, was wir auf der materiellen Ebene manifestieren möchten.

Die Themen, die in der Nachtschule behandelt werden, richten sich nach den Interessengebieten der Einzelnen, und dementsprechend sind sie für jede Person unterschiedlich. Die Nachtschule dient als eine Art Training, um uns auf Gespräche, auf Aktionen und Ereignisse einzustimmen, die später auf der Erdebene wichtig sein werden. Sie bereitet die Schritte für künftige Materialisierung vor. Je nachdem, worauf der Fokus liegt, geschieht dies für jeden anders. Einem Künstler wird die Nachtschule dazu dienen, sich in seiner Kunst weiterzubilden. Vielleicht wird er zu Techniken geführt, die es ihm einfacher machen, seine Ideen umzusetzen. Möglicherweise wird ihm auch offenbart, wie er mehr Menschen mit seiner Kunst erreichen kann.

Eine spirituelle Person entscheidet sich höchstwahrscheinlich für eine spirituell geprägte Nachtschule. Man kann einen lebenden Meister in der Nachtschule aufsuchen oder ein Wesen, das nicht inkarniert ist, zum Beispiel einen aufgestiegenen Meister. Je weiter fortgeschritten die Entwicklung einer Person ist, desto eher bewegen sich die Ideen der Nachtschule in ihr Bewusstsein. Man empfindet etwas als großartige eigene Idee – entwickelt hat sie sich jedoch aus den Lehren der Nachtschule.

Die Nachtschule ist beispielsweise auch dann im Spiel, wenn sich Seminarteilnehmer am folgenden Tag in ähnlicher Kleidung wiedertreffen. Da kann es sein, dass acht von zehn Leuten türkis gekleidet sind. Man trifft während der Nachtschule Absprachen. Die Wahl der Kleidungsfarbe ist eine der offensichtlichen. Manchmal hat man auch das Gefühl, jemanden, der einem eigentlich gänzlich unbekannt ist, bereits zu kennen (nicht nur im Seminarzusammenhang) – dies rührt daher, dass man sich bereits in der Nachtschule getroffen hat.

Es gibt im astralen Bereich viele Lehrer. Um in den Genuss der Nachtschule zu kommen, kann man einen bereits physisch präsenten Lehrer fragen, ob man an seinen Lehrveranstaltungen teilnehmen darf. Es ist aber auch möglich, sich in die Nachtschule eines Lehrers – inkarniert oder nicht – einzuklinken, weil man eine Verpflichtung seinen speziellen Lehren gegenüber eingegangen ist. Es ist deswegen eine gute Idee, sich mit Bildern der Personen und Wesen zu umgeben, von denen man etwas Bestimmtes lernen möchte, quasi als Übertragungsmedium, um sich klarer auf den Kontakt einstimmen zu können.

Wie gesagt, je höher die Schwingung ist, desto einfacher ist es, sich die Lehren der Nachtschule ins Bewusstsein zu bringen. Die Nachtschule ist auch ein Ort, in dem wir selbst es sind, die Hilfestellung geben. Vielleicht arbeitet eine »Klasse« in einer Nacht an der Heilung einer Person mit »gebrochenem Herzen«. Nach Katastrophen wie Tsunamis, Flugzeugabstürzen, Anschlägen, Erdbeben etc. arbeiten Tausende von »Nachtschülern« zur Traumzeit mit den betroffenen Seelen. Dann legen viele Lehrer ihre Nachtschulen zusammen, weil riesige Aufgaben zu bewältigen sind. Die Schüler halten die Seelen, begleiten sie ins Licht, kümmern sich speziell um Einzelne, wie beispielsweise Kleinkinder. Eine solche Arbeit kann monatelang dauern. Wir werden also in der Nachtschule erzogen, und dort, wo Hilfe notwendig ist, setzen wir uns ein. Wenn jemand morgens wie erschlagen aufwacht, mag es daran liegen, dass er in der Nachtschule schwer gearbeitet hat.

Eine der Grundvoraussetzungen, um Lichtsprache zu erlernen, ist die Teilnahme an der Nachtschule. Sobald sich jemand verpflichtet hat, an einem Seminar teilzunehmen, ist er Schüler dieser Schule. Oft finden sich Lehrer und Schüler, wie in meinem Fall, bereits jahrelang zuvor auf der Astralebene und arbeiten zusammen.

IV Die aufgefangene Lehre

Die Lehren der Lichtsprache werden, wie alle anderen Unterweisungen der Curanderos, über die sogenannte »aufgefangene Lehre« weitergegeben. Zur aufgefangenen Lehre zählt auch die bereits erwähnte Nachtschule.

Die technische Vorgehensweise für den Umgang mit Grids wird im Rahmen eines Seminars natürlich präzise erklärt. Dieser Teil des Unterrichts macht jedoch nur 10 % der gesamten Lehren aus. Intellektuelle Übertragung des Wissens allein ist jedoch nicht das Mittel, um die Methoden so zu übergeben, dass der Schüler auch erfolgreich damit arbeiten kann. 90 % des Wissens wird über den feinstofflichen Bereich vermittelt. Der Lehrer strahlt das Wissen aus seiner Aura aus, und der Schüler »fängt« es buchstäblich mit seinen Subtilkörpern und seinem Unterbewusstsein auf. Von dort kann er es dann immer wieder abrufen. Dieses aufgefangene Wissen ist wie ein »Download« energetischer Informationen, die benötigt werden, damit man mit den Lehren auf einer tiefen Ebene wirksam arbeiten kann. Es nutzt also nichts, ein Video über Lichtsprache zu sehen oder ein Buch darüber zu lesen. Um sie wirklich zu erlernen, muss man sich in der Gegenwart eines autorisierten Lehrers befinden. Selbstverständlich können die Grids im Anhang des Buches ohne »aufgefangene Lehre« benutzt werden, denn, um es noch einmal zu betonen, diese ist nur dann notwendig, wenn man lernen möchte, Grids selbst zu erstellen.

In früheren Zeiten lernte man den Umgang mit energetischen Methoden über viele Jahre bei einem Meisterlehrer. Auf der bewussten Ebene erfuhren die Schüler dort in den ersten Jahren oft keine Einweihung in die Lehren. Man kann sich vorstellen, dass diese Vorgehensweise vom Adepten eine enorme Geduld forderte. Seine Aufgabe bestand zunächst darin, zu dienen. Er sorgte für die alltäglichen Belange des Lehrers und der anderen Mitglieder der Gemeinschaft. Was in dieser Zeit jedoch unbemerkt geschah, war die Übertragung des Wissens als »aufgefangene Lehre«.

Starr Fuentes erzählte einmal, dass einer ihrer Lehrer sie nach langer, frustrierender Zeit des Dienens dazu aufforderte, eine bestimmte Heilarbeit zu leisten. Verstimmt und zweifelnd, weil sie ja »nichts gelernt« hatte, machte sie sich an die Arbeit – und konnte sie zu ihrem Erstaunen erfolgreich ausführen.

Aufgrund der veränderten Erdschwingungsfrequenzen haben wir heute die enorme Chance, Wissen, für das wir früher – in der Regel unter extremen, alles andere als komfortablen Bedingungen – jahrelangen Dienst bei einem Lehrer hätten leisten müssen, innerhalb eines Wochenendes zu erlernen. Heute lernen wir sozusagen bei Kaffee und Kuchen. Selten machen wir uns klar, wie privilegiert wir dadurch sind. Diese Erleichterung ist eines der Geschenke der Neuen Zeit.

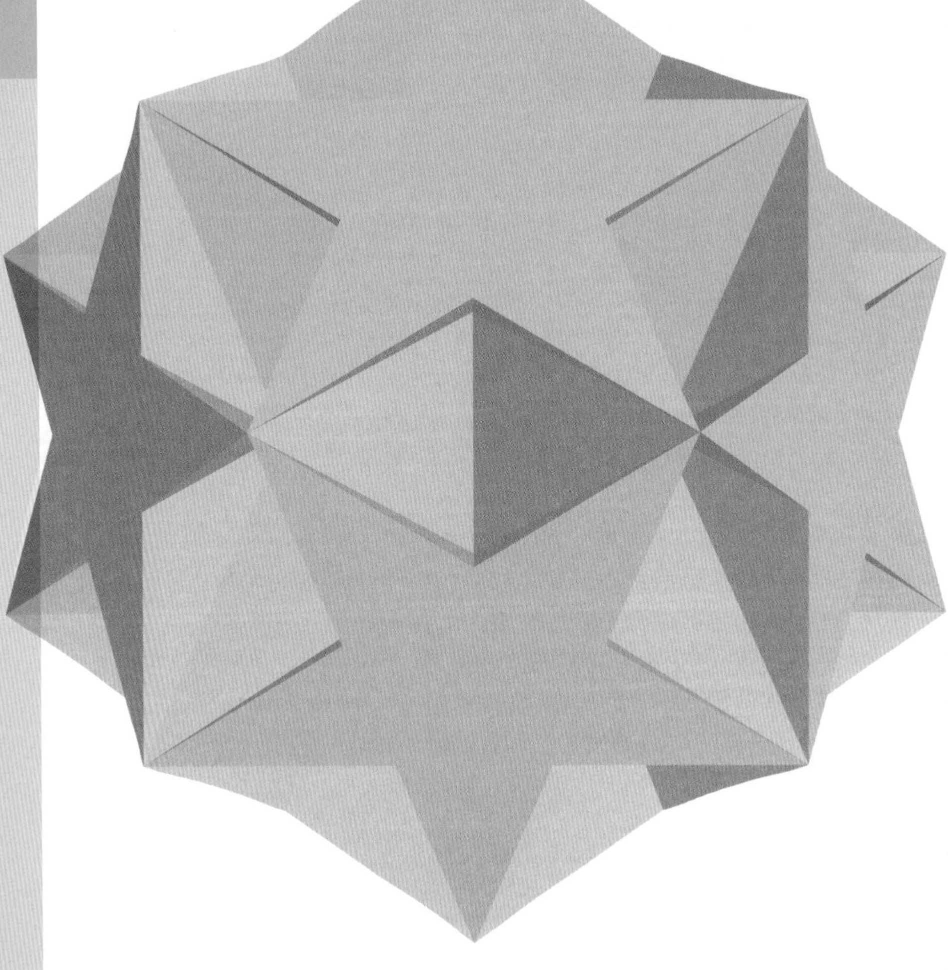

Die universellen

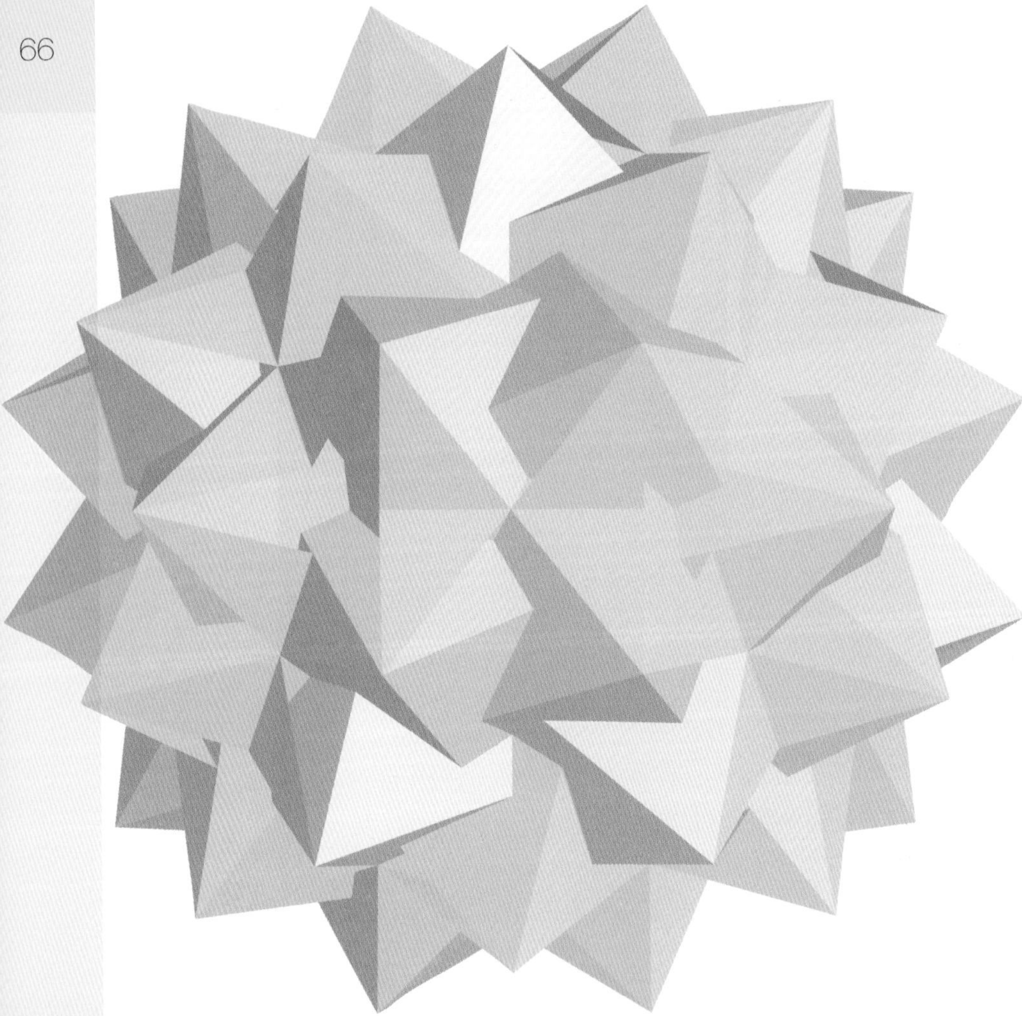

Prinzipien

Um mit Lichtsprache erfolgreich umgehen zu können, müssen wir nicht an einen Gott glauben. Es genügt das Bewusstsein für eine Ordnung im Universum. Ich persönlich bezeichne diese Ordnung als Schöpfung. Man könnte sie je nach Geschmack auch Quelle, Göttin, Höchste Macht oder Geist nennen.

Die göttliche Ordnung wird durch die sogenannten universellen Prinzipien oder Gesetze beschrieben. Um zu verstehen, wie Lichtsprache funktioniert, sollten wir zumindest über vier dieser Prinzipien Klarheit besitzen:

∞ Deine Gedanken erschaffen deine Realität.
∞ Du bist zu 100 % für deine Gedanken verantwortlich.
∞ Wie oben, so unten.
∞ Alles schwingt.

Die Wissenschaft ist geteilter Meinung darüber, wie das Universum entstanden ist, aber über eines ist man sich einig: dass eine Ordnung herrscht. Das griechische Wort »Kosmos« bedeutet »Ordnung«. In den universellen Gesetzen ist diese Ordnung dargelegt. Wenn wir in

Einklang mit ihnen leben, dann besitzen wir als Mitschöpfer genau die Klarheit, die wir benötigen, um das kreieren zu können, was wir zu unserem höchsten Wohl brauchen. Wenn wir damit nicht in Übereinstimmung sind, wenn wir ein Gesetz gebrochen haben und somit Unordnung herrscht, erhalten wir deutliche Botschaften.

Deine Gedanken erschaffen deine Realität – Das Gesetz der Resonanz

Das Gesetz der Resonanz besagt: Gleiches zieht Gleiches an. Jeder Gedanke und jedes Gefühl strahlt aus und kommt in der ihm entsprechenden Qualität wieder zu uns zurück. Das Postulat »Unsere Gedanken kreieren unsere Realität« ist eine verkürzte Version der Tatsache: Unsere Gedanken und die damit verbundenen Emotionen, Entscheidungen und Aktionen kreieren unsere Realität.

Wenn ein Kleinkind zu seiner Mutter in die Küche möchte, diese aber gerade ein Glas hat fallen lassen und »Bleib draußen!« ruft, kann das Kind diese Aussage auf zweierlei Weisen interpretieren:

∞ Mami will mich nicht.
∞ Mami hat Angst, dass ich mir wehtue.

Ist das Auffassungsvermögen noch nicht so weit entwickelt, dass das Kind die Situation verstehen kann, wird womöglich die erste Variante gewählt. Auf diese Weise kann sich der Glaube entwickeln: »Mami will mich nicht bei sich haben.« Eine solche Interpretation wiederum kann die Basis für eine grundlegende Einstellung sein: »Man mag mich nicht. Ich bin Außenseiter.« Bei folgenden, wie auch immer gearteten, aber im weitesten Sinne »ähnlichen« Situationen wird sich die Tendenz herauskristallisieren, die Wahrnehmung eher auf ein »Nicht-gemocht-werden« einzustellen. So wird es ein Leichtes sein, immer wieder neue »Beweise« zu finden, dass Mami, oder wer auch immer, einen nicht mag. Wie wird sich ein Mensch später verhalten, und was wird er für Erfahrungen machen, wenn er unbewusst davon ausgeht, dass für ihn wichtige Menschen ihn nicht mögen? Dieses Beispiel veranschaulicht, dass es nicht die Erfahrungen als solche sind, die bestimmte Verhaltensweisen auslösen, sondern die persönlichen Interpretationen der Erfahrungen, also die Reaktionen darauf.

Die Ausbildung der persönlichen Weltanschauung beginnt jedoch schon weitaus früher. Es gibt wissenschaftliche Untersuchungen der Reaktionen ungeborener Kinder auf das Verhalten ihrer Eltern, zum Beispiel, wenn diese eine Auseinandersetzung haben.[1] Nimmt ein ungeborenes Kind atmosphärisch (aufgrund der Schwingungen) wahr, dass seine Eltern sich emotional extrem aufregen, dass sie vielleicht Angst haben, es nicht ernähren zu können, sich um ihre eigene Existenz Sorgen machen müssen etc., so kann hier der Ursprung zu späteren Glaubenssätzen liegen, die da heißen können: »Die Welt ist ein unsicherer und gefährlicher Ort«, »Es ist schwer, zu überleben«, »Es gibt nicht genug für mich«, »Ich mache Schwierigkeiten.«

Unsere Gedanken kreieren unsere Realität. Dies rufen uns auch die Vertreter des positiven Denkens immer wieder ins Gedächtnis. Mache dir deine Gedanken bewusst, und ändere sie. Das hört sich gut an. Wer aber glaubt, dies sei mal eben durch eine mentale Umentscheidung möglich, wird in der Regel die Erfahrung machen, dass es so einfach nicht ist. Um eine Sichtweise korrigieren zu können, müssen wir in der Regel tiefer gehen. Die Absicht allein ist meist nicht ausreichend, wenn auch der erste Schritt dazu. Die einem Glaubenssatz zugrunde liegenden vergrabenen, unerlösten Emotionen sind es, die ihn fixieren. Hat jemand einmal verinnerlicht, ein Versager zu sein, der es nie zu etwas bringen wird, dann ist es unnütz, wenn er sich das

Gegenteil sagt. Er wird es nicht glauben, es sei denn, er wiederholt es Tausende von Male am Tag. Mehr noch, sein Unterbewusstsein, das fest davon überzeugt ist, ihm mit diesem Glauben zu dienen, wird sich mit allen ihm zur Verfügung stehenden Mitteln gegen die Affirmation sträuben. Es wird gewissermaßen im Stillen sagen »Ja, aber …« Noch mehr Widerstand entsteht. Das ist einer der Gründe, weshalb die herkömmliche Art der Bejahung kaum Wirkung zeigt.

Gedankenformen, ganze Glaubenssysteme, alles ist in unserer Aura gespeichert. Da alles Energie ist und Energie schwingt,[2] besitzen auch diese Einstellungen eine Schwingung, die sich ausbreitet. Nach dem Gesetz der Resonanz verbindet sie sich mit ähnlichen Frequenzen. Das heißt, sie zieht Schwingungen an, die in Übereinstimmung mit ihr sind. Hat nun eine Person die Überzeugung, nicht gut genug oder nicht liebenswert zu sein, so wird sie Menschen und Ereignisse in ihr Leben ziehen, die ihr das bestätigen. Der Ehemann, der ihr immer wieder bedeutet, wie ungeschickt sie ist, wurde durch diese Gedankenform in ihrem Leben erschaffen, ebenso wie die mobbenden Kollegen oder die Tatsache, dass sie bereits zweimal durch die Fahrprüfung gefallen ist.

Hier kommt Lichtsprache ins Spiel. Um eine positive Resonanz in unserem Energiefeld erzeugen zu können, ist es nötig, die sabotierenden Glaubensmuster aufzulösen. Wir möchten andere, ermächtigende Frequenzen ausstrahlen. Gemeinhin dienen uns therapeutische Methoden zur Transformation der blockierenden Gedanken und festgefahrenen Emotionen. Da besonders effektiv, weise ich in diesem Zusammenhang auf die unter dem Begriff »Energetische Psychologie« zusammengefassten Methoden hin, die ebenfalls zu den brillanten Hilfen gehören, die uns in der Neuen Zeit gegeben werden.

Wir haben mit Lichtsprache jedoch noch einen weiteren beeindruckenden Trumpf in der Hand. Wie wir später sehen werden, dienen die Symbole, die wir in die Aura senden, dazu, einen Prozess in Gang zu setzen, der das sabotierende Programm transformieren kann. Die Formen bringen eine Neuausrichtung des Energiefeldes mit sich. Lichtsprache kann in diesem Zusammenhang allein eingesetzt werden oder in Verbindung mit anderen energetisch-therapeutischen Methoden, um diese zu unterstützen und zu verstärken. Spannend am Einsatz von Heiliger Geometrie ist zudem, dass sie spirituelle Komponenten hoher Dimensionen ins Spiel bringt, die wir, aller Wahrscheinlichkeit nach, allein durch die üblichen Methoden nicht vermitteln können.

Manifestation

Das Gesetz der Resonanz ist eines der grundlegenden Gesetze der Manifestation. Wir manifestieren unablässig. Bewusst und unbewusst. Natürlich möchten wir die Dinge manifestieren, die uns erfreuen. Wir wollen unsere Kraft, unsere Möglichkeiten, unsere Talente leben, lieben, gesunde Beziehungen haben, vitale Kinder aufziehen, erfüllender Arbeit nachgehen, uns wert fühlen, uns entwickeln, lernen, heilen, gesund sein, Gutes tun, Geld besitzen usw. Wir möchten uns am Leben freuen, mit allem, was es zu bieten hat.

Auch Lichtsprache dient auf vielfältige Weise der Manifestation. Daher liegt es nahe, sich im Zusammenhang mit dem Schöpfungscode die Prinzipien der Manifestation einmal näher anzusehen:

I

Jede bewusste Manifestation beginnt mit einer Absicht. Schöpferische Kraft entwickelt sich dann, wenn ein Gedanke völlig ausgereift ist, also Klarheit darüber herrscht, was man erreichen will. Im besten Falle sieht man das Ergebnis deutlich vor sich und ist überzeugt, dass es genau das ist, was man erlangen möchte. Um erfolgreich zu manifestieren, ist es also unabdingbar, in klarer Übereinstimmung mit einem Ziel zu sein. Wenn ich nicht weiß, was ich will, oder hin und her schwanke zwischen »Ja, wäre schön« und »Eigentlich nicht so wichtig«, bekomme ich genau diese Qualität geliefert: »Wischi-Waschi«, also irgendetwas Beliebiges.

Beliebige Vorkommnisse entstehen dementsprechend durch unkonkrete Absichten oder auch »neutrale« Energien. Über neutrale Energien sind wir uns am wenigsten im Klaren. Meist wird von positiven und negativen Energien gesprochen, und daher werden wir uns ihrer eher bewusst. In neutralen Energien indes befinden wir uns in der Regel den größten Teil des Tages. Das bereits gefallene Wort »beliebig« wäre ein anderer Ausdruck dafür. Sie halten uns in einer Art »Niemandsland«. In diesem Niemandsland findet Entwicklung höchst zögerlich statt. Neutrale Energien manifestieren »zufällige« Ergebnisse. Neutrale Energien produzieren wir in Zuständen von »Gedankenlosigkeit«, wobei das Wort ein Widerspruch in sich ist. Gedankenlosigkeit beschreibt eine Verfassung, in der wir unseren Gedanken sogar ganz besonders ausgeliefert sind, denn es sind immer Gedanken vorhanden. Wir sind also vielmehr »in Gedanken« oder noch besser »gedankenverloren«, also in einer entrückten Verfassung, ohne Absicht und Ausrichtung. Wir sind in unseren Gedanken verloren, die Bewusstheit über unsere Gedanken ist uns abhandengekommen. Zum Beispiel ist dies der Fall, wenn wir Geschirr spülen und die Gedanken schweifen lassen, ohne uns darüber klar zu sein, (an) was wir denken.

Eine andere Verhaltensweise in Niemandsland ist beispielsweise die, auf eine Frage wie »Willst du italienisch oder chinesisch essen?« zu antworten »Wie du willst.« Wenn wir also »Es ist mir egal« äußern, so ist das ebenfalls Ausdruck eines neutralen Zustandes. Für gewöhnlich befinden wir uns mehr in negativen und neutralen als in klar bewussten, positiven bzw. auf ein Ziel ausgerichteten Zuständen.

Wenn wir die meiste Zeit eine unbewusste, gedankenverlorene oder »Wie auch immer«-Stimmung zulassen, dann haben wir herzlich wenig Einfluss auf das, was in unserem Leben geschieht. Es wird dieses oder jenes gute, schlechte oder unbedeutende Ereignis eintreten. Das Leben wird in stetem Auf und Ab vorüberfließen. Wir lassen es »über uns ergehen« und lenken es nicht selbst.

Das Geheimnis besteht darin – wenn nicht jeden Moment, dann doch den größten Teil der Zeit –, die Gedanken bewusst auszurichten. Die Person, die Geschirr spült, könnte zum Beispiel beabsichtigen, durch das Spülen mehr Klarheit in ihr Leben zu bringen und/oder einfach vollkommen auf ihre Tätigkeit konzentriert zu sein. Die Antwort auf die Frage Chinese oder Italiener ist eindeutig: »Ich möchte zum Italiener.«

Ohne konkrete Absicht wird in der Regel das manifestiert, was wir uns nicht wünschen. Es ist absolut nicht damit getan, von Zeit zu Zeit gewisse Vorstellungen zu äußern wie »Ja, ich hätte gern einen neuen Job oder 10 kg weniger auf den Rippen.« Wir benötigen eine dauerhaft konsequente, klare Ausrichtung der Gedanken, Vorstellungen und Aktionen. Um in schöpferischer Schwingung zu leben, bedarf es eines konstant bewusst gelenkten Verhaltens. Beim Aufstehen können wir zum Beispiel die Absicht setzen, bestimmte Aufgaben bis zum Mittag erledigt zu haben. Eine vor dem Schlafengehen ausgesprochene Bitte um Heilung in der Nachtschule hat eine nicht zu unterschätzende Kraft, den Heilungsvorgang während der Nacht anzuregen. Beim Kochen wiederum können wir uns über die Energien im Klaren sein, die wir unserem Essen hinzufügen möchten … usw.

Ein neutraler Zustand ist wie ein leerer Raum, in den jeder eintreten kann, ob befugt oder nicht. Er lädt geradezu alle Arten von beiläufigen Energien ein, sich dort zu tummeln, ihn zu füllen und die Führung zu übernehmen. Ein von bewussten Vorstellungen geprägter Raum ist bereits ausgefüllt und daher nicht von unerwünschten Kräften einnehmbar. Es ist ein heiliger Raum. Das eigene Verhalten in diesem Sinne immer wieder zu überprüfen, ist unerlässlich für einen Menschen, der sich erfolgreich als bewusster Mitschöpfer betätigen möchte.

Noch einmal: Manifestation beginnt mit einer klaren Absicht. Schwanke ich, mein Ziel betreffend, kann ich die Lichtsprache einsetzen, um Klarheit zu erlangen.

II

Der nächste wichtige Schritt ist, der Einstellung, die dem Ziel zugrunde liegt, Aufmerksamkeit zu schenken. Wenn ich aus einem Gefühl des Mangels heraus Geld manifestieren möchte, was selbstredend mit Angst einhergeht, so wird das Vorhaben aller Voraussicht nach nicht von Erfolg gekrönt sein. Der Fokus liegt in diesem Fall nämlich nicht auf dem Ziel »Geld«, sondern auf dem Ausgangspunkt »Mangel« – dort wird er aufgrund der Emotion »Angst« quasi magnetisch hingezogen. Denn Emotion ist die Kraft, die bei einem Manifestationsvorhaben als Verstärker wirkt. Eher vermehren sich also Mangel und Angst, als dass das eigentliche Ziel realisiert wird. Um ein weiteres Beispiel anzuführen: Die Sorge, allein dazustehen und eine »alte Jungfer« zu werden, ist bei der Suche nach dem Mann fürs Leben ebenso kontraproduktiv. Die beste Voraussetzung für erfolgreiche Manifestation ist gelassene Entspanntheit.

III

Ganz besonders hemmend wirken sich auch mehr oder weniger unbewusste Gedanken aus, die dem Ziel entgegenstehen. Diese könnten in Bezug auf Geld beispielsweise lauten »Ich habe es nicht verdient«, »Ich werde meine Freunde verlieren, wenn ich reicher bin« etc. Die Aufzählung aller möglichen Sätze könnte an sich ein Buch füllen. Um solche Blockaden zu beseitigen, empfiehlt sich wiederum der Einsatz von Lichtsprache.

IV

Schließlich ist, wie bereits erwähnt, das Aufladen des Zielgedankens mit positiver Emotion essenziell. Siva Baba, der bereits erwähnte indische Weise, der seine Schätze großzügig im Internet-Videoportal

YouTube verbreitet, mahnt uns: Um Gewünschtes zu manifestieren, benötigen wir wahres Begehren (»desire«).[1] Dieses tiefe Sehnen ist nicht zu verwechseln mit Gier. Es handelt sich um ein wirkliches Verlangen aus ganzem Herzen. Wann haben Sie das letzte Mal ein solches Verlangen empfunden? Es kann dann entstehen, wenn wir wirkliche Liebe für das Gewünschte empfinden. Das ist in dem Moment möglich, in dem wir die Blockaden und Ängste (siehe Abschnitt III), die damit in Zusammenhang stehen, transformiert haben.

V

Nicht zuletzt ist es noch ein guter Tipp, seinen Wunsch zu kommunizieren. Man erzählt also möglichst vielen Leuten, was man möchte. Einfach ausgedrückt: Wenn niemand weiß, dass ich einen Fernseher benötige, wird mir auch niemand seinen schenken können.

Sich ausgiebig über seinen Wunsch zu äußern, ist die treibende Kraft, die ihn über die physische Ebene hinaus in die Dimensionen hebt. Er erreicht das universelle Bewusstseinsfeld und kann von dort aus genau von der Energie abgerufen werden, die ihn erfüllen kann. Einschränkend möchte ich allerdings hinzufügen: Ein großes Vorhaben sollte im Anfangsstadium nur der Schöpfung und, außer den direkt daran Beteiligten, nur auserlesenen, zugewandten Menschen mitgeteilt werden. Tendiert man dazu, mit ängstlichen und zweifelnden Kommentaren und Gedanken in Resonanz zu gehen, könnte das Vorhaben blockiert werden.

Zusammenfassend verlangt bewusste Mitschöpfung also

- ∞ eine klare Absicht mit ausgeprägter Zielvorstellung, als wäre das Gewünschte bereits Wirklichkeit.
- ∞ eine gelassene Einstellung.
- ∞ die Auflösung der zugrunde liegenden limitierenden Glaubenssysteme.

- ∞ die Elektrisierung des Zielgedankens durch wahres Begehren oder ein intensives Gefühl, Freude und/oder Dankbarkeit etc.
- ∞ das Kommunizieren des Wunsches.

Alle genannten Punkte können wir berücksichtigen, wenn wir einen Lichtsprache-Grid für ein konkretes Ziel erstellen. Der erste Schritt – Klarheit über die Absicht – ist in der schriftlichen Titelformulierung dokumentiert. Alles andere übersetzen wir in eine geometrische Symbolsprache. Damit kommunizieren wir unseren Wunsch nicht nur direkt und mit Überlichtgeschwindigkeit in das universelle Bewusstseinsfeld, sondern erhalten durch die »Sprache der Schöpfung«, mit der wir uns mitteilen, Beistand aus übergeordneten Bereichen und Dimensionen, die unserem Bewusstsein höchstwahrscheinlich bislang verborgen geblieben sind.

Nun noch ein abschließender Gedanke zum Gesetz der Resonanz bzw. zur Manifestation: Wie zuvor ausgeführt, besagt das Prinzip, dass alles, was wir ausstrahlen, in derselben Qualität zu uns zurückkommt. Gehen Dinge in meinem Leben schief, so stellt sich demnach die Frage: »Welche Schwingung sende ich aus, die diese Vorkommnisse ermöglicht?« Die Frage könnte aber auch lauten: »Welche Energie besitze ich nicht, damit die Dinge rund laufen?« Diese Überlegung ist auch dann angebracht, wenn mir offensichtlich etwas fehlt, beispielsweise Geld: »Welche Schwingung ist nicht stark genug in meinem Feld vertreten, damit die gewünschte Energie angezogen wird?« Fehlt es in meinem Leben an Liebe, dann könnte es sein, dass ich selbst in bestimmten Bereichen mit Liebe geize. Empfange ich nicht genug Wertschätzung, besteht die Möglichkeit, dass ich in irgendeinem Zusammenhang selbst Wertschätzung vermissen lasse. Mangelt es an Geld, bin ich vielleicht geizig (gebe zum Beispiel wenig Trinkgeld) oder möchte auf einer anderen Ebene nicht geben. Vielleicht will ich »nichts von mir geben«, also mich nicht zeigen, mich nicht einbringen als die Person, die ich bin. Ich verstecke mich lieber hinter meiner Maske. Unter Umständen möchte ich auch keine Ideen geben, keine Flexibilität oder keine Kreativität. Hier darf man sich als Forscher betätigen und getrost und mutig in die eigenen »Abgründe« schauen.

Bericht einer Anwenderin

Auf die Frage nach einem Erfahrungsbericht über ihre Arbeit mit der Lichtsprache schreibt sie:

Da wäre zunächst ein Oldtimer-Liebhaber, der auf der Suche nach einem ganz bestimmten Auto war – einem Porsche Carrera 3,0, Baujahr 1977. Ehrlich gesagt war ich ziemlich skeptisch: »Wo soll denn plötzlich ein Fahrzeug herkommen, das diese Anforderungen erfüllt?« Doch kaum hatte ich den Grid geschrieben, war ein solcher Porsche auch schon gefunden. Nicht in der gewünschten Farbe, sondern in einer noch viel schöneren – Schokoladenbraun!

Das Gesetz von Ursache und Wirkung – Du bist zu 100 % für deine Realität verantwortlich

Viele Menschen stimmen dieser Aussage gern zu … bis zu dem Moment, in dem eine persönliche Katastrophe auf sie hereinbricht. Das ist verständlich. Es fällt uns schwer, auszumachen, wie wir sie in unser Leben gebracht haben sollen. Tatsächlich ist das auch nicht immer möglich. Der Grund kann in längst vergessenen Verhaltensweisen oder in einem Vorleben liegen.

Wir unterliegen dem Gesetz von Ursache und Wirkung. In jedem Moment des Lebens handeln wir – auch in den passiven. Jeder Gedanke, jede Aktion verursacht eine Wirkung, ob wir wollen oder nicht. Unsere Zukunft wird von den Entscheidungen beeinflusst, die wir in jedem Augenblick unseres Lebens zwangsläufig treffen. Wenn ich den ganzen Tag im Bett liege, um diesem Gesetz zu entkommen, wird die Wirkung die sein, dass ich dick und unbeweglich werde. Beschimpfe ich die Callcenteragentin der Telefongesellschaft, wird dies, je nach ihrer Resonanz auf dieses Verhalten, Auswirkungen auf sie haben, aber auch auf mich selbst – von den möglicherweise daraus resultierenden Kettenreaktionen ganz zu schweigen.

Mit anderen Worten: Alles, was wir in unserem Leben erfahren, ist von uns selbst initiiert. Auch Verhaltensweisen eines Vorlebens können sich in der aktuellen Inkarnation auswirken. Wir beginnen in dem Moment, Verantwortung zu übernehmen, in dem wir uns den Zusammenhang von Ursache und Wirkung klar machen und unsere Gedanken und Handlungen bewusst beobachten.

Im Fall eines weniger erfreulichen Lebens mag sich der Gedanke unangenehm anfühlen, selbst für diesen Zustand verantwortlich zu sein. Die angenehme Seite davon ist die schlichte Tatsache: Wenn ich etwas kreieren kann, dann kann ich dies auch wieder rückgängig machen. Diese Erkenntnis erinnert uns wieder an unseren bewussten Mitschöpfer: Wir kreieren, wir entlassen etwas, je nachdem. In diesem Geschehen haben wir immer die Wahl, auf welche Qualitäten wir Gewicht legen. Die Energie, die wir einbringen, bekommen wir an anderer Stelle in derselben Qualität wieder zurück. Das ist es auch, was wir als Karma bzw. als Dharma[1] bezeichnen.

Die Curanderos gehen noch einen Schritt weiter: Sie sind der Auffassung, dass sich Seelen vor der Inkarnation zielgerichtet die Eltern aussuchen, die ihnen genau die Erfahrungen bescheren werden, die sie für ihre angestrebte weitere Entwicklung benötigen. Sie wählen also, in die DNS eines Genpools einzusteigen, von dem sie glauben, dass sie ihrem Wachstum am meisten dient. Realität wird also nicht nur während der Inkarnationen kreiert, sondern auch in der Zwischenzeit, auf Seelenebene. Die Seele schafft sich eine Ausgangssituation, die ihr alle Gelegenheiten bietet, mit den Schwierigkeiten konfrontiert zu werden, die sie für notwendig hält, damit sie sich mit ihnen auseinandersetzen und sie letztlich überwinden kann.

Auch in diesem Zusammenhang dient uns die Lichtsprache als Medium, um zum höchsten Wohle aller zu kreieren bzw. das zu dis-kreieren, was nicht mehr tauglich ist.

Das Gesetz der Entsprechung – Wie oben, so unten, wie außen, so innen

Der Mikrokosmos ist ein Abbild des Makrokosmos. Unsere äußere Welt ist ein Abbild unserer Innenwelt, die Außenwelt spiegelt sich wiederum in unserem Inneren. Die Schöpfung ist in uns, und wir sind in der Schöpfung. Sie befindet sich auch außerhalb von uns, um uns herum, als Umwelt. So, wie die Schöpfung (oder Gott) auf ihrer (oder seiner) Ebene schöpft, so schöpfen wir auf der unseren. Unsere Zellen befinden sich im physischen Körper, unsere Aura außerhalb. Sowohl in der Zelle als auch im feinstofflichen Bereich sind dieselben Informationen gespeichert. Wie innen, so außen und umgekehrt. Unser physischer Körper ist durch ein Zusammenspiel physischer Komponenten und Abläufe lebensfähig. Das ätherische Abbild dieses Zusammenspiels befindet sich außen, in unserem Ätherkörper usw.

Die Lichtsprache ist ein Prozess, der sich von außen nach innen bewegt. Mit der Lichtsprache wirken wir zunächst auf die Außenbereiche ein, auf die Subtilkörper. Wir kodieren unsere Aura mit Formen der Geometrie. Die neue Information wirkt und manifestiert sich schließlich auf der physisch-materiellen Ebene, zum Beispiel durch einen besseren Job als Resultat eines gestärkten Selbstbewusstseins.

Susanne war froh, in ihrem Alter noch einen Freund gefunden zu haben. Sie schloss sich den Entscheidungen des Freundes automatisch an, ohne auf ihre eigenen Wünsche zu achten. Sie besuchten seine Mutter, trafen Leute zum Kegeln – Susanne war mit allem einverstanden. Sie verdrängte jeden eigenen Wunsch. Schließlich entschied sie sich für einen Grid für mehr Selbstwert. Das Resultat dieses Prozesses: Es kam Leben in die Beziehung. Der Freund war verwirrt darüber, dass Susanne plötzlich eigene Vorschläge äußerte. Das statische Gefüge der Beziehung geriet ins Wanken.

Wenn ein Partner in einer Beziehung oder eine Person in einer Gemeinschaft eine Wandlung durchläuft, versteht es sich von selbst, dass die anderen sich ebenfalls umstrukturieren müssen. Die alten Verhaltensweisen »funktionieren« nicht mehr. Die Gesetze der Entsprechung und der Resonanz zeigen hier ihre Wirkung. Wenn jemand andere Informationen als bisher aussendet, wird dies neue Energien anziehen bzw. alte abstoßen, sollten diese mit der Veränderung nicht mehr kompatibel sein.

Alles schwingt – Das Gesetz der Schwingung

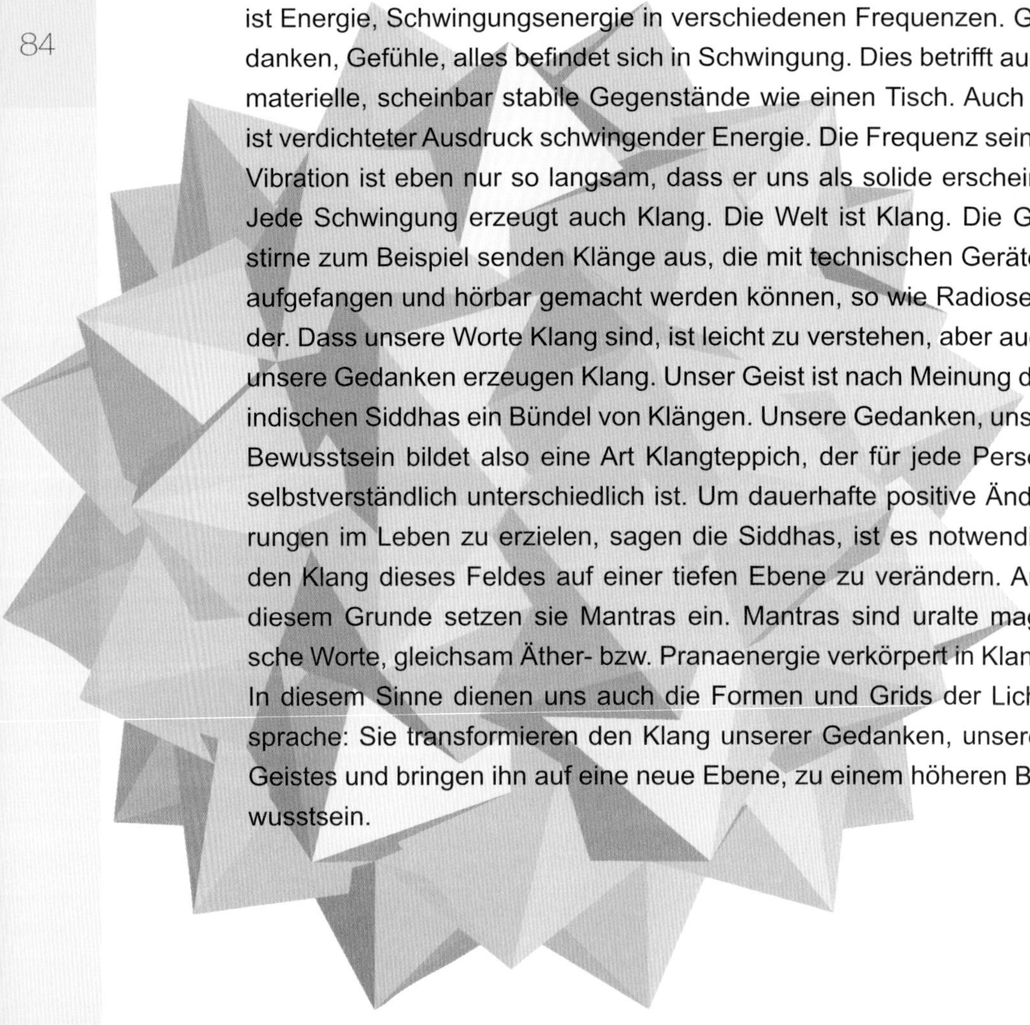

Im Universum herrscht Dynamik. Alles ist in Bewegung, angefangen von den Atomelementen bis hin zu den Gestirnen. Alles im Kosmos ist Energie, Schwingungsenergie in verschiedenen Frequenzen. Gedanken, Gefühle, alles befindet sich in Schwingung. Dies betrifft auch materielle, scheinbar stabile Gegenstände wie einen Tisch. Auch er ist verdichteter Ausdruck schwingender Energie. Die Frequenz seiner Vibration ist eben nur so langsam, dass er uns als solide erscheint. Jede Schwingung erzeugt auch Klang. Die Welt ist Klang. Die Gestirne zum Beispiel senden Klänge aus, die mit technischen Geräten aufgefangen und hörbar gemacht werden können, so wie Radiosender. Dass unsere Worte Klang sind, ist leicht zu verstehen, aber auch unsere Gedanken erzeugen Klang. Unser Geist ist nach Meinung der indischen Siddhas ein Bündel von Klängen. Unsere Gedanken, unser Bewusstsein bildet also eine Art Klangteppich, der für jede Person selbstverständlich unterschiedlich ist. Um dauerhafte positive Änderungen im Leben zu erzielen, sagen die Siddhas, ist es notwendig, den Klang dieses Feldes auf einer tiefen Ebene zu verändern. Aus diesem Grunde setzen sie Mantras ein. Mantras sind uralte magische Worte, gleichsam Äther- bzw. Pranaenergie verkörpert in Klang. In diesem Sinne dienen uns auch die Formen und Grids der Lichtsprache: Sie transformieren den Klang unserer Gedanken, unseres Geistes und bringen ihn auf eine neue Ebene, zu einem höheren Bewusstsein.

Wir können über Gedanken und Absichten Schwingung bewusst ausstrahlen und lenken – jederzeit und überallhin –, zum Beispiel als eine Heilung anregende Energie. Wir vermögen also, sie zielgerichtet zu fokussieren, ja auch zu verstärken und sogar zu formen. Genau dies ist der Grund, weshalb wir zur Energieübertragung zahllose unterschiedliche Techniken einsetzen. Die Vielfalt dient uns dazu, die Energie je nach Bedarf und Beschwerdebild des Wesens, für das sie gedacht ist, zu lenken und zu modellieren, damit sie auf angemessene und optimale Weise ihre Wirkung tun kann.

Es gibt viele Varianten, Energie zu übertragen. Menschen, die mit ihren Pflanzen sprechen, um sie zum Gedeihen zu bringen, tun es mit Worten. Die Pflanzen registrieren die liebevollen Herzschwingungen und reagieren darauf. Andere verwenden Kristalle, wieder andere bedienen sich ihrer Gedanken in Kombination mit verschiedenen Mudras,[1] als Lichtsprache-Anwender benutzen wir die Formen der Lichtsprache …

Schwingung prägt die DNS

Die Curanderos weisen uns darauf hin, dass wir mit der Schwingung unserer Gedanken und Emotionen sogar unsere DNS beeinflussen. Normalerweise gehen wir mehr oder weniger davon aus, dass die Gene auf eine festgelegte Weise funktionieren. Die Curanderos behaupten jedoch: Unsere Gene reagieren auf unser aktuelles Leben. Will heißen: Wir selbst prägen unsere Gene im Alltagsgeschehen durch unsere Reaktionen, Gedanken, Gefühle, und Entscheidungen. Wir nehmen also Einfluss auf unsere DNS – in jedem Augenblick unseres Lebens.

Jüngere neurobiologische Forschungen bestätigen mittlerweile diese These der alten Schamanen: »Individuelle Erfahrungen bilden im Organismus Reaktionsmuster, die dann wiederum Einfluss auf die Genaktivität in zukünftigen Situationen haben«, formuliert es Joachim Bauer, Professor für Psychoneuroimmunologie.[1]

Wir beeinflussen unsere Gene in jedem Moment – auch durch Reaktionen auf Erfahrungen. Dies vor Augen, möchten wir uns einmal vorstellen, wie oft wir anderen Menschen und Situationen erlauben, auf unsere Gene einzuwirken. Das passiert immer dann, wenn wir besonders emotional reagieren, wenn wir »unsere Knöpfe drücken lassen«. Bringt uns ein bestimmtes Verhalten des Chefs, eines Kollegen, der Ehefrau etc. immer und immer wieder auf die Palme, haben wir ihnen den Zugriff auf unsere DNS gestattet.

Es ist erschütternd, wie viel Macht wir anderen Menschen und Situationen damit über uns einräumen – meist ohne es zu wissen, versteht sich. Das zeigt uns wieder einmal, wie lebenswichtig es ist, unser Verhalten ständig zu überprüfen und uns um die Heilung unserer Emotionen zu kümmern. Viel zu oft gehen wir in spontane, stereotype Reaktionen auf eine Situation oder das Gebaren anderer. Je öfter wir dieselbe reaktive Verhaltensweise wiederholen, umso stärker prägt sie unsere DNS. Ziel sollte es sein, die Rolle des impulsiv reagierenden Teilnehmers im Drama nach und nach abzustreifen und sich einmal mehr verstärkt als losgelöster Beobachter zu positionieren. Entfesselung aus den ungesunden Verstrickungen ist die Devise.

Neben unserem reaktiven Verhalten sind es auch unsere eigenen Worte, auf die wir achten dürfen. Ein Bekannter erzählte mir von seiner alten Mutter und ihren Schwierigkeiten, sich aus ihrem Sessel zu erheben. Er sagte zu mir: »Gabriele, so wird es uns auch einmal gehen!« In diesem Moment hatte er dieses Schicksal seiner DNS kommuniziert. Meiner natürlich auch, aber da ich um die Zusammenhänge weiß, lasse ich solche Aussagen nicht auf mich wirken. Es wird nicht weiter von Belang sein, wenn es sich um eine einmalige Äußerung handelt. Wenn er seine Vision jedoch öfter wiederholt und durch Angst verstärkt, wird seine DNS sie verinnerlichen. Sagen wir also: »Klar, dass ich in meinem Alter nicht mehr so fit bin«, »Bitte entschuldige die dumme Frage«, »Die Steuererklärung macht mich krank«, »Ich kann das nicht«, »Ich hasse meinen Körper«, »Ich werde nie mehr als 3 km am Stück joggen können« usw., dann »hört« unsere DNS sehr genau hin. Die aktuelle Programmierung der DNS durch unsere Einstellungen kann so tief gehen, dass diese in der Tat sogar weitervererbt werden.

Natürlich ist auch Geometrie Energie und damit Schwingung. Jede geometrische Form hat ihre eigene spezifische Ausstrahlung und damit ihre eigene Frequenz und Wirkung. Wie alle Energien, deren Schwingung wir bewusst senden können (Gedanken, Gefühle, Mineralien, Heilkräuter, Licht, Farben etc.), kann geometrische Schwingungsenergie ebenfalls zielgerichtet übertragen werden. Wir können die unermessliche Schöpfungsenergie der Formen für jedes Vorhaben einsetzen, also auch dafür, uns unserer impulsiven Reaktionen bewusster zu werden und mehr Abstand zu gewinnen, um uns dadurch in besagte Position des losgelösten Beobachters begeben zu können. Die Formen der Lichtsprache haben überdies die Kraft, über das aurische Feld bis auf DNS-Ebene zu wirken und hier positive, ermächtigende Informationen einzuschwingen.

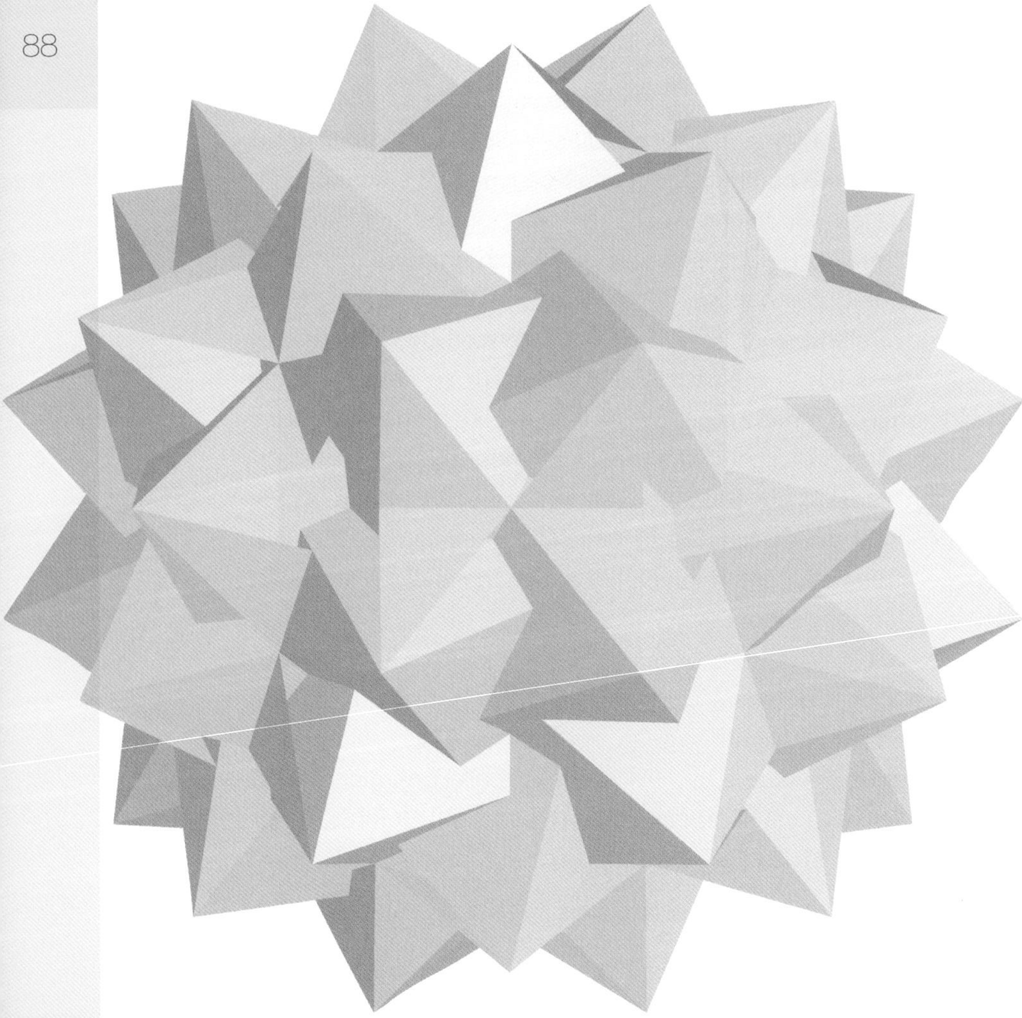

Universelle Gesetze im Volksmund

Die universellen Gesetze sind jedermann bekannt. Sie sind Bestandteil des kollektiven (Un-)Bewussten, was sich ganz offensichtlich, wie so oft, in Redewendungen und Sprichwörtern dokumentiert. Idiome wie »Wie man in den Wald hineinruft, so schallt es heraus«, »Was du nicht willst, das man dir tu, das füg auch keinem andern zu«, »Was du säst, das wirst du ernten« oder »Jeder ist seines Glückes Schmied«, dokumentieren mehr als eindeutig, dass es sich bei den universellen Gesetzen um keine im Verborgenen blühenden Geheimnisse handelt, sondern um allgemein zugängliches, ethisches Wissen.

Die feinstofflichen Ebenen des Menschen

Hatten Sie schon einmal den Eindruck, dass jemand hinter ihnen steht, ohne dass Sie bemerkt haben, dass jemand in den Raum gekommen ist? Fühlen Sie sich nach dem Besuch eines Kaufhauses zuweilen ausgelaugt? Hatten Sie schon einmal den Blick eines Menschen auf sich ruhen gefühlt, noch bevor Sie in seine Richtung sahen? Haben Sie das Empfinden, dass Sie sich nach manchen Telefonaten geschwächt fühlen? Oder gestärkt?

Jeder von uns macht täglich solche Erfahrungen. Sie erklären sich dadurch, dass jeder eine Aura hat. Die feinstofflichen Felder der Menschen, Tiere und Pflanzen treten, wie oben beschrieben, auf verschiedene Weisen in Interaktion. Unser physischer, sichtbarer Körper ist ohne seine feinstofflichen Bereiche nicht lebensfähig. Sie sind manifestiert durch die Chakren, Subtilkörper, also die Aura und schließlich die feinstofflichen Energieleitbahnen, die Meridiane, auf die ich in diesem Zusammenhang nicht näher eingehen werde.

Jeder nimmt den feinstofflichen Bereich der Wesen anders wahr. Es kommt darauf an, wo die besondere mediale Fähigkeit einer Person liegt. Manche sehen die Aura, andere spüren sie, wieder andere hören sie, und einige »wissen« sie. Man darf sich sicher sein, dass jeder Mensch medial wahrnimmt. Wenn Sie eine der oben aufgeführten Fragen bestätigen konnten, dann aufgrund Ihrer medialen Wahrnehmungsfähigkeit.

Die Lichtsprache setzt an den feinstofflichen Ebenen des Menschen (Wesens, Objektes, Ortes) an. Wir vermitteln ihm durch die Symbole neue Informationen und Anregungen, die bewirken, dass sich der gesamte aurische Bereich neu einrichtet. Man kann es auch als »Neuverdrahtung« des Systems bezeichnen. Um diesen Prozess nachvollziehen zu können, bedarf es eines Basiswissens über den feinstofflichen Bereich des Menschen.

Die

Chakren

Die Chakren sind feinstoffliche, in unterschiedlichen Schwingungen und gegensätzliche Richtungen kreisende Energiewirbel. Oft mit Blütenblättern verglichen, reichen sie durch die verschiedenen Schichten des menschlichen Energiefeldes bis in den Körper hinein.

Die Anzahl der Chakren im menschlichen Körper unterscheidet sich in den verschiedenen Traditionen. Grundsätzlich geht man von sieben Hauptchakren aus. Durch die Chakren wird feinstoffliche, universelle Lebensenergie aufgenommen. Man bezeichnet sie auch als »Prana«, »Chi« oder »Ki«. Diese Ätherenergie wird über die Chakren im feinstofflichen Bereich und im Körper verteilt. Die Chakren haben also die Aufgabe, das Gesamtsystem Körper mit Lebensenergie zu versorgen. Sie stehen daher auch mit jeder Art von geistiger oder körperlicher Erkrankung in Zusammenhang. Jedes der sieben Hauptchakren steht mit einer endokrinen Drüse in Verbindung. Ihr Zustand hat also auch einen starken Einfluss auf unser Hormonsystem.

Die Chakren nehmen nicht nur Energie auf, sondern geben sie auch ab. Durch die natürliche Wechselbeziehung zwischen Ausstrahlen und Aufnehmen stehen wir in ständigem Energieaustausch mit unserer Umgebung, das heißt, mit anderen Menschen, Tieren und Pflanzen, ja sogar auch mit Objekten (die ja wiederum Träger der Energien sind, die sie von Menschen aufgenommen haben).

Man spricht von »offenen« und »geschlossenen« Chakren. Wenn Chakren offen sind, dann ist ihre Energie sehr hoch, was bedeutet, dass sie sich schneller drehen. Geschlossene Chakren finden wir vor, wenn bestimmte unerlöste Themen dort Blockaden verursachen. Dann ist ihre Energie schwächer, und sie rotieren langsamer. Je mehr ihrer Themen eine Person also geheilt hat, desto schneller schwingen ihre Chakren. Gewaltsames Öffnen der Chakren ist verständlicherweise nicht das Mittel der Wahl. Es könnte zuviel Material freigesetzt und eine Person davon völlig überwältigt werden. Das Wurzelchakra kreist am langsamsten. Je weiter wir nach oben kommen, also zur Ebene des Geistes, desto schneller drehen sich die Chakren.

Wir haben das Glück, in einer Zeit zu leben, in der moderne Wissenschaft und Technik die Existenz von Energiefeldern aller Lebensformen bestätigen kann. So wurde in Untersuchungen festgestellt, dass die Chakren in der Tat unterschiedlich starke Pulsationen aussenden können.[1] Bei spirituell praktizierenden Menschen sind die Wellen generell stärker. Geübte und Erfahrene können die Chakren im meditativen Zustand auch gewollt einzeln noch kräftiger vibrieren lassen.

Die Chakren stehen in Zusammenhang mit unseren Lebensthemen. Grundsätzlich sind in jedem Chakra alle Aspekte aller anderen reflektiert. Darüber hinaus hat jedes einzelne seinen eigenen konkreten Themenschwerpunkt. Dies betrifft ebenso die spezifische Farbschwingung, die jedes Chakra charakterisiert. In jedem der Energiezentren sind alle Farben enthalten, doch eine bestimmte Farbe überwiegt. Sie steht in Zusammenhang mit dem jeweils spezifischen Thema des Chakras.

Für ein ganzheitliches Verständnis der menschlichen Existenz ist es erforderlich, zu wissen, welche Lebensthemen in den einzelnen Chakren repräsentiert sind. Bei einem konkreten Problem können wir dann auch das beteiligte Chakra direkt in die Behandlung einbeziehen. Hierfür dienen uns auch die FFKs der Lichtsprache. Eine oder mehrere spezielle, in Bezug zur Problematik ausgewählte FFKs oder ganze Grids dienen uns dann dazu, die Chakren entsprechend ihrer individuellen Problematik zu klären, zu stimulieren und auszugleichen.

Chakren des Seinsbereiches Erde

Das erste Chakra – Wurzelchakra

Lage	Ende der Wirbelsäule, Dammbereich
Drüsen	Keimdrüsen (Eierstöcke und Hoden), Nebennieren
Lebensthema	Leben und Überleben auf der physischen Ebene, Sex, Geld, Sicherheit
Einflussbereich	Ausscheidungsorgane, Dickdarm, Mastdarm, Knochen, Steißbein, Geschlechtsorgane, Beine, Füße, Lymphe, Blut, Zellaufbau
Ausgewogener Zustand	Lebenskraft, Freude am Leben, Vitalität, Gesundheit, Urvertrauen, Erdung, gutes Körpergefühl
Störung	mangelnde Lebenslust, Antriebslosigkeit, Ängste, Aggressionen, »kein Bein auf die Erde bekommen«, Ablehnung der Körperlichkeit
Farbe	Rot
Bedeutung der Farbe	Rot ist eine heiße Farbe; sie steht für Aktivität, Schnelligkeit, Vitalität, Lebendigkeit und Sex.

Kommentar: Viele spirituelle Leute vernachlässigen die Bedeutung der unteren Chakren und konzentrieren sich auf die Entfaltung der oberen. Sie halten diese für wichtiger, weil in ihnen der geistige Aspekt des Menschen repräsentiert ist. Eine wirklich kraftvolle Verbindung mit der Schöpfung ist allerdings erst dann gegeben, wenn sich auch die unteren Chakren in Harmonie befinden.

Im Wurzelchakra geht es naturgemäß um höchst irdische Themen wie die Frage »Wie überlebe ich auf der physischen Ebene?« Es geht um die archaischen Grundbedürfnisse wie das Essen und Trinken, den Schutz vor Wärme und Kälte und die Arterhaltung. Bevor wir uns um höhere, geistbezogene Bereiche kümmern können, muss zumindest für Nahrung gesorgt sein sowie für Schutz durch Kleidung und eine Unterkunft.

Viele Menschen sind auch nicht im Einverständnis damit, auf der physischen Ebene zu leben. Sie sehnen sich nach ihrem »Stern«, haben Schwierigkeiten mit den Finanzen, lehnen ihre Körperlichkeit ab, akzeptieren nicht, dass sie sich mit alltäglichen Dingen wie der Steuererklärung und der defekten Waschmaschine auseinandersetzen müssen. Wir leben aber nun einmal auf der irdischen Ebene. Schließlich ist es der Wille der Seele. Wenn wir bewusst im Körper sind, ihn also anerkennen und Frieden mit ihm und den anderen Herausforderungen des irdischen Daseins geschlossen haben, dann trägt dies zweifellos zu einer erheblichen Schwingungserhöhung im Wurzelchakra bei, was gleichbedeutend mit mehr Leichtigkeit im Leben ist.

Das zweite Chakra – Sakralchakra

Lage	etwas unter dem Bauchnabel
Drüsen	Nebennieren, Keimdrüsen
Lebensthema	Schöpferkraft, Mitschöpfung, Kreativität, Fortpflanzung, Erotik, Finanzen, Selbstwert
Einflussbereich	Keimdrüsen, Geschlechtsorgane, Beckenbereich, Unterbauch und unterer Rücken
Ausgewogener Zustand	Teamgeist, Kreativität, Manifestationsfähigkeit, Freude, Genussfähigkeit, Sinnlichkeit
Störung	Schuldgefühle, Scham, Geldmangel, Impotenz, Frigidität, Ideenlosigkeit, Ablehnung von Körperlichkeit

Farbe	Orange
Bedeutung der Farbe	Orange repräsentiert Erotik und Geld; die Farbe steht auch für überschäumende Lebensfreude, Teamgeist, Sinnlichkeit, Mitschöpfung und Kreativität.

Kommentar: Das Sakralchakra ist unser sinnliches Chakra. Es repräsentiert Sinnenfreude in jeder Ausprägung, steht also für jede Form von Genuss: Genuss von Erotik, Genuss von Essen, Genuss von Gefühlen, Genuss von Geld, Genuss des Dufts einer Blume, des Anblicks blühender Wiesen, des samtigen Fells einer Katze … Das Chakra steht für Genuss an sich selbst, also auch an der eigenen Person. Es repräsentiert Lebensfreude und Begeisterung an den schönen Aspekten des Lebens. Als Hort der Sinnenlust steht das »orange« Chakra auch in Zusammenhang mit Fortpflanzung in jeder Form, wie der »Erschaffung« von Kindern oder Projekten. Es ist unser Mitschöpfer-Chakra, hier schöpfen wir, gemeinsam mit anderen und mit der Schöpfung. Wir erschaffen und bringen unsere ganze Kreativität in diesen Prozess ein. Auch Geld wird im zweiten Chakra kreiert.

Mit der überwältigenden Lebensbejahung, die in diesem Chakra repräsentiert ist, haben wir oft unsere Schwierigkeiten. Es ist das am meisten blockierte Chakra in der westlichen Welt. Statt genussvoll zu essen, überessen wir uns oder verweigern uns die Freude daran. Anstatt uns mit sinnlichen, erotischen Freuden zu beglücken, haben wir Schwierigkeiten mit unserer Sexualität. Statt die Kraft gemeinschaftlicher Kreation zu feiern, ziehen wir uns zurück. Statt uns am Geld zu erquicken, haben wir Angst, nicht genug davon zu haben, lehnen es aber gleichzeitig ab und erlauben uns nicht, es in unser Leben zu lassen. In der blockierten Ausprägung dieses Chakras »kreieren« wir hier all unsere Glaubenssysteme über Geld: »Geld stinkt«, »Reiche sind Betrüger«, »Ich habe es nicht verdient« etc.

Scham kombiniert mit Schuldgefühlen ist ebenfalls in einem blockierten zweiten Chakra angesiedelt. Klar, dass der Spielverderber des

Sinnengenusses die Scham ist.[1] Meine Lehrerin Selena Rodriguez pflegte, wenn sie über das Sakralchakra sprach, seine Qualitäten auf einen kurzen Nenner zu bringen: »Sex and Cash!« Wie gesagt, beides sind immer noch große Tabuthemen in der »zivilisierten« Welt. Kaum zu glauben? Täglich sind wir einer Überflutung an »Informationen« zu diesen Themen ausgesetzt: Genau diese Tatsache und die Art des Umgangs damit bezeugen den Konflikt, in dem wir uns mit ihnen befinden.

Wenn wir immer wieder auf dieselben Methoden zurückgreifen, zum Beispiel, um Geld zu kreieren, dann werden wir immer wieder dieselben Ergebnisse erzielen. Also ist unsere Flexibilität gefragt, wenn wir den Einkommensfluss erhöhen wollen. Um mehr Kreativität hinsichtlich der Geldmanifestation zu entwickeln, empfiehlt es sich, bei der Erotik zu beginnen. Wohlgemerkt gehört beides zum selben Chakra. Eine Änderung eingefahrener erotischer Gepflogenheiten bringt nicht nur mehr Spannung und Freude ins Liebesleben, sondern regt gleichzeitig eine neue Ideenvielfalt zur Erschaffung neuer Geldmöglichkeiten an. Dieser Hinweis ist banal und albern? Nein, effizient. Scheinbar unpassende Zusammenhänge herzustellen, bedeutet, auf kreatives Potenzial zurückzugreifen, um eingefahrene Muster und Schablonen zu überwinden. Man bezeichnet dies auch als Querdenken.

Wenn Sie neuen Schwung in Ihr Leben bringen wollen, aber nicht wissen, wie Sie vorgehen sollen, dann beginnen Sie damit, scheinbar bedeutungslose Gewohnheiten zu modifizieren: Wählen Sie eine andere Joggingstrecke, stellen Sie Ihr Zahnputzglas rechts neben die Zahnseide, statt wie üblich links davon, trinken Sie morgens den Kaffee nicht vor dem Duschen, sondern danach. Oder verpflichten Sie sich, für eine bestimmte Zeit auf lieb gewordene Gewohnheiten zu verzichten: sieben Wochen kein Alkohol oder Fernsehen oder eine Woche lang nichts lesen … Sie bringen damit Bewegung in Ihr Energiefeld, und diese Umstrukturierung wird sich automatisch anregend auf ihr Leben auswirken.

Das dritte Chakra – Solarplexuschakra

Lage	oberhalb des Nabels, im Magenbereich
Drüsen	Bauchspeicheldrüse
Lebensthema	mentale Fähigkeiten, Intelligenz, Fokus, Macht, Intuition
Einflussbereich	Leber, Bauchspeicheldrüse, Magen, Milz, Galle, Dünndarm, Oberbauch, Mitte des Rückens
Ausgewogener Zustand	tiefes Gefühlsleben, Klarheit, klarer Verstand, Akzeptanz der eigenen Macht und Kraft, Intuition, ausgewogener Umgang mit Emotionen
Störung	Konfusion, Dominanz, Machtbesessenheit, Verstandesbetontheit, Ablehnung von Gefühlen, »Graue-Maus-Syndrom«
Farbe	Gelb
Bedeutung der Farbe	Klarheit, Richtung, Fokus, Bauchgefühl, Macht

Kommentar: Wenn dieses Chakra in einem ausgewogenen Zustand ist, dann haben wir unsere Emotionen »im Griff«. Wir werden nicht von Gefühlen wie exzessiver Wut oder Panik bestimmt. In diesem Chakra fühlen sich die meisten Leute am sichersten, weil es sich um die mentale Ebene, also die des Verstandes handelt. In diesem Chakra sind wir »klar«. Wir wissen, was wir wollen, haben einen ausgerichteten Fokus. Wir sind uns der Tatsache bewusst, dass wir Einfluss auf die Dinge nehmen und sie in unserem Interesse regeln können. Dabei sind wir gleichzeitig in Verbindung mit unserem Bauchgefühl, auf das wir hören und das in Einklang mit unserem Verstand eine stimmige Richtung vorgibt, die wir auch einschlagen.

Bei einem blockierten dritten Chakra übernimmt unser Verstand die Führung. Seiner Rolle wird in einem solchen Fall zu viel Bedeutung beigemessen; das Bauchgefühl und andere Gefühle werden ignoriert. Auch das Thema Macht kann hier eine ungesunde Richtung einschlagen, nämlich dahingehend, andere Menschen beherrschen und dominieren zu wollen. Ein Angeber verfügt über ein überaktives Solarplexuschakra: »Meine Frau, mein Pferd, mein Haus!!!« Bei einer »grauen Maus« ist dieses Chakra unteraktiv, sie hält sich im Hintergrund und hofft, nicht bemerkt zu werden.

In der heutigen Zeit »retten« sich viele Leute in dieses Chakra, allerdings unter Betonung des Verstandes. Das heißt, das Chakra ist nicht ausbalanciert. Die Verstandesbetontheit fühlt sich für die meisten Menschen eben einfach sicher an. Sie hält uns jedoch von vielen neuen Erfahrungen, möglichen Richtungsänderungen und damit von Entwicklungen ab.

Es gibt, wie wir in diesem Buch nur zu deutlich bemerken, Dinge, die allein über die mentale Ebene nicht erfassbar sind. Wenn uns der Zugang zu ihnen dennoch wichtig ist, müssen wir nicht einmal die Ebenen wechseln. Wir können im selben Chakra bleiben, unseren Fokus jedoch bewusst vom Verstand mehr in Richtung Intuition wenden, also unser Bauchgefühl verstärkt in das Zentrum des Interesses stellen. Eine klare Absicht ist alles, was dazu notwendig ist. Vielleicht macht es uns das Bewusstsein, dass wir bei diesem Vorgang ja im selben Energiefeld bleiben »dürfen«, leichter, uns mehr für unsere Intuition zu öffnen.

Schmelztiegel der erd- und geistbezogenen Chakren

Das vierte Chakra – Herzchakra

Das vierte Chakra liegt genau in der Mitte zwischen den drei erdbezogenen und den drei geistbezogenen Chakren. Es verbindet die Ebenen Erde und Geist und hat somit eine »Sonderfunktion« im Chakrensystem. Die Liebe ist das Elixier, das beide Ebenen miteinander vereint. Wenn wir kraftvolle Manifestatoren sein wollen, möchten wir Erde und Geist harmonisch verknüpfen. Die verstärkte Ausrichtung auf eines der beiden bringt Ungleichgewicht oder, in anderen Worten, Existenzschwierigkeiten mit sich. Das Herz ist die Brücke, die Erde und Himmel zueinanderführt. Ohne Liebe und ohne Liebe für beide Seiten wird immer ein Bereich mehr genährt werden als der andere.

Lage	in der Mitte der Brust auf der Höhe des Herzens
Drüsen	Bisher ordnete man dieses Chakra der Thymusdrüse zu; diese gehört jedoch zu einem weiteren Chakra, das sich im Laufe der persönlichen Evolution öffnet, dem Thymuschakra; nach neueren Erkenntnissen wird auch das Herz als Drüse bezeichnet – ich schließe mich dem hier an.[1]
Lebensthema	Liebe, Selbstliebe, Selbstakzeptanz
Einflussbereich	Herz, Lunge
Ausgewogener Zustand	Liebesfähigkeit, Selbstliebe, Mitgefühl, Freundlichkeit, Wärme
Störung	Helfersyndrom, Bedingungen in der Liebe, Selbstsucht, Kälte
Farbe	Grün/Rosa
Bedeutung der Farbe Grün	Liebe, Heilung, neues Wachstum

Bedeutung der Farbe Rosa	Leichtigkeit, süße Unschuld, Nettigkeit, Trost

Das Rosa des Herzchakras weist einmal mehr auf die Verbindung von Erde und Geist im Herzen hin: Rosa entsteht aus der Verschmelzung der roten Farbschwingung des Wurzelchakras mit der weißen des Kronenchakras. Ein Überschuss an »rosa Energie« kann zu viel Nettigkeit verursachen. Starr Fuentes' Definition von »nett«: »Gerade so viel Wahrheit sagen, um nicht anzuecken, der Rest ist Lüge.« Die Farbe Rosa ist auf der anderen Seite gleichwohl eine Schwingung, die mehr Leichtigkeit ins Leben bringt und daher wunderbar hilfreich sein kann, wenn einem die Dinge zu schwer erscheinen.

Kommentar: Das Herzchakra ist der Sitz der Liebe – der Liebe zu sich selbst, der Liebe zu anderen und der Liebe zu allem, was ist. Das Herzchakra verkörpert jedoch nicht einzig eine personen- oder objektbezogene Liebe, sondern auch die Liebe an sich. Diese Liebe wurde im Altgriechischen als »Agape« bezeichnet. Im Unterschied übrigens zu »Eros« (Zweites Chakra) und »Phileo« der freundschaftlichen Liebe. Phileo und Agape sind Themen des Herzchakras. Agape nun ist, wie gesagt, eine Art Ur-Anwesenheit von Liebe, die kein Ziel benötigt. Der Terminus bezeichnet die Tatsache, dass wir einfach Liebe empfinden können – Liebe, die an kein Objekt gebunden ist und sich auf kein anderes Wesen bezieht. Weiter vorne war von einer Frau die Rede, die Glück empfand, ohne einen Grund dafür ausmachen zu können. Genauso funktioniert Agape: Sie ist existent, man kann darin aufgehen, aber es muss kein Anlass dafür vorhanden sein. Liebes- und Glücksempfinden sind wie eineiige Zwillinge; sie drücken denselben Seinszustand aus. Wenn jemand liebt, ist er glücklich, wenn jemand glücklich ist, hat er liebevolle Gefühle. Glück ist die Liebe zum Leben. Oder, wie Dan Millman sagt: »Dein Herz zu erwecken bedeutet, ohne Grund und Verstand glücklich zu sein.«[2]

Agape fühlen wir also, wenn unser Herzchakra in einem offenen und ausgewogenen Zustand ist. Liebe ist unsere wahre Natur. Sie ist unsere Grundessenz, unser göttlicher Funke oder auch ursprünglicher Ausdruck unserer Seele.

Agape kann geübt werden. Um das Gefühl dauerhaft in sich erzeugen zu können, empfiehlt Werner Ablass,[3] sich immer wieder zu sagen: »Ich liebe«, ohne von einer bestimmten Erwartung auszugehen, wie sich diese Empfindung anfühlen muss. In der Tat dürfte es wohl die größte und ultimative Heilung sein, sich für jeden Ausdruck seiner Existenz lieben zu können. Empfohlen hat dies Thaddeus Golas zu Beginn der 70er-Jahre des letzten Jahrhunderts: »Liebe dich für alles, was du tust.«[4] Der Grund ist einfach: Liebe ist die höchste Schwingung. Wenn man sich für etwas verachtet, zum Beispiel dafür, gelogen zu haben, wenn man Angst hat, wütend ist, sich Vorwürfe macht … dann sinkt die Schwingung zwangsläufig. Klar, dass es sich empfiehlt, die Frequenz augenblicklich wieder zu erhöhen. Aber wie? Es funktioniert, indem wir uns sofort in die Schwingung der Liebe bewegen. Das heißt, wir lieben uns ausdrücklich für das, was gerade nicht zu funktionieren scheint. Unspirituell? Unmöglich? Nein, eine überaus pragmatische und erfolgreiche Methode. Sie bringt Spaß und öffnet unser Herz für uns selbst. Die Anwender von EFT,[5] einer höchst wirksamen »Meridian-Klopfmethode«, mit der sich Blockaden lösen lassen, verwenden genau dieses Mittel in ihrem Behandlungsablauf – und zwar im Auftaktsatz: »Auch wenn ich dieses Problem habe, liebe und akzeptiere ich mich so, wie ich bin.« Diese Feststellung ist es, die die Widerstände mindert, die verhindern, dass wir ein Problem transformieren können. Die darauf folgende Behandlung ist erfolgreicher.

Das Herzchakra ist der Ort des Mitgefühls.[6] Auch wenn wir Handlungsweisen von Menschen nicht begreifen können, werden wir über ein offenes Herzchakra in der Lage sein, sie zu akzeptieren. Im Herzchakra »üben« wir Vergebung,[7] und im besten Falle tun wir es tatsächlich. Wir vergeben anderen und uns selbst natürlich auch. Optimalerweise, siehe oben, lieben wir uns obendrein für unser »Vergehen«.

Im blockierten Herzchakra haben wir Angst, nicht so viel zurückzuerhalten, wie wir durch unsere Zuwendung oder das, was wir darunter verstehen, »eingebracht« haben. Und tatsächlich haben wir unter Umständen viel mehr gegeben als zurückbekommen, denn eine solche Blockade geht auch mit einem Widerstand zu empfangen einher. Menschen mit einer derartigen Überfunktion des Herzchakras fällt es einfach leichter, zu geben als zu empfangen. Auf einer anderen Ebene wiederum tendieren sie zur Zurückhaltung. Sie weigern sich, von sich selbst zu geben. So sagen sie zum Beispiel ihre Meinung nicht, oder sie zeigen ihre Gefühle nicht, sie offenbaren sich also nicht. Auch diese Form des »Geizes« beruht auf einer Funktionsstörung des energetischen Herzbereichs.

Das Herzchakra ist der Ort, an dem sich emotionale Gegensätzlichkeiten treffen: Liebe und Hass, Trauer und Hoffnung, Groll und Vergebung, Bitterkeit und Vertrauen … Dies kann dazu führen, dass man sich in seinen eigenen Gefühlen verstrickt. Dann erlaubt man keinen gesunden Menschenverstand zum Schaffen von Klarheit. Wenn wir also von einem blockierten Herzchakra aus handeln, dann tendieren wir dazu, unseren verwirrten Gefühlen die Entscheidungen zu überlassen. Das ist genauso ungesund wie dem Kopf zu erlauben, die Führung zu übernehmen. Ein blockiertes Herzchakra hält uns in den Emotionen fest. Es kann passieren, dass der »emotionale Halbwüchsige« das Ruder übernimmt: »Er hat mich verlassen, also gebe ich jetzt das ganze Geld für Klamotten aus, um mich zu trösten!« Oder wir durchlaufen einen großen emotionalen Prozess und sehen dies als »Freibrief«, zehn Margaritas zu trinken. In diesem Fall antworten wir nicht auf eine Herausforderung, sondern reagieren darauf. Ich erinnere daran, dass die DNS solche Dinge registriert.

In spirituellen Kreisen wird manchmal angenommen, man müsse alle Menschen lieben. Dies ist ein ehrenwertes, aber unrealistisches Vorhaben. Ich meine, es gibt so gut wie niemanden auf dem Planeten, dem das gelingt. Wenn ja, wird ein solches Wesen umgehend die

Inkarnation beenden. Die Aufgabe ist erfüllt. Vielleicht existieren einige aufgestiegene Meister, die sich aus Unterstützungsgründen inkarniert haben und zu 100 % liebesfähig sind, aber bei allen anderen ist jeder Zweifel begründet … Wenn wir uns verpflichtet fühlen, alle und jeden zu lieben, geht das mit der Verleugnung des eigenen Schattens einher. Wir können uns dann nicht eingestehen, dass wir Wut auf unsere Mutter haben oder manche Leute schlichtweg abstoßend finden … Wir haben alle Hände voll zu tun, diese Seiten in uns zu unterdrücken und, nebenbei bemerkt, jeder wird es merken. Besser als die rosa Energie der Nettigkeit zu kultivieren, ist es, sich mit allen Aspekten seines Seins ins Benehmen zu setzen. Sie fühlen sich nicht gut an? Dafür lieben wir uns!

Chakren des Seinsbereichs Geist

Das fünfte Chakra – Halschakra

Lage	Kehlkopf
Drüsen	Schilddrüse
Lebensthema	Kommunikation, Selbstausdruck, Verbindung
Einflussbereich	Hals, Schilddrüse, Luftröhre, Atmung, Stimme, Halswirbelsäule
Ausgewogener Zustand	Kommunikationsfähigkeiten, Rhetorik, gesunder Selbstausdruck, Entspanntheit, Wahrnehmen der inneren Stimme, Selbstwert
Störung	Schüchternheit, Sprachschwierigkeiten, Angst, vor Menschen zu sprechen, Tyrannei
Farbe	Blau
Bedeutung der Farbe	Kommunikation, Selbstausdruck, Entspannung, Revitalisierung, Sprache, Ruhe, Weite, Unendlichkeit, Stille, Kühle, parallele Universen

Kommentar: Das Halschakra ist das Chakra des Selbstausdrucks. Hier übernehmen wir Verantwortung für die eigenen Bedürfnisse. Wir nehmen sie wahr und stehen für sie ein. Aber nicht nur das – wir stehen zu uns selbst als die Person, die wir sind: dick, dünn, klug, dumm, alt, jung … Wir können klar und flüssig sprechen und lassen unsere Gedanken fließen. Gleichzeitig sind wir fähig, nicht nur anderen zuzuhören, sondern überhaupt zu »hören«. Nicht nur die Worte, auch die »Zwischentöne«. Das Kehlkopfchakra ist unser Kommunikationszentrum. Wir kommunizieren auf vielfältige Weise, nicht nur mit Worten. Wir teilen uns durch Mimik, Gestik, Gerüche und mediale Botschaften mit.

Ein Mensch mit einem ausgewogenen Halschakra fühlt einen inneren, unerschütterlichen Frieden – er ist mit sich im Reinen. Diese Stärke bleibt auch dann erhalten, wenn die Umstände schwierig sind. Das gesunde Halschakra verkörpert die Fähigkeit des »In-sich-Ruhens«.

Im blockierten Zustand haben wir Probleme damit, unsere Bedürfnisse zu kommunizieren. Wir halten sie vielleicht für unwichtig, wollen niemanden belästigen, haben Angst vor Zurückweisung. Angst, vor Menschen zu sprechen, weist auf eine Unterfunktion in diesem Bereich hin. Auch Sprechschwierigkeiten wie Stottern oder extreme, zum Beispiel schrille Stimmen, sind Ausdruck einer Blockade. Beispiel einer Überfunktion ist die berühmte »Drama Queen«, die alle Aufmerksamkeit auf sich zieht und viel »Wind« macht.

Das Halschakra ist ein Ort, der uns mit parallelen Universen verbindet. Unter dem Konzept der parallelen Universen ist die Annahme zu verstehen, dass neben dem uns bekannten noch weitere Universen existieren – mit Raum und Zeit, Materie, Galaxien, Sternen, Planeten und Lebewesen. Ein paralleles Universum ähnelt also dem unseren, ist vielleicht sogar sein Duplikat, aber mit anderen Realitäten. Das Halschakra ist also ein äußerst geheimnisvoller Bereich und gerade bei vielen Frauen heilungsbedürftig.

Das sechste Chakra – Drittes Auge

Lage	mittig oberhalb der Augenbrauen
Drüsen	Hypophyse/Epiphyse
Lebensthema	Weisheit, Spiritualität, Medialität
Einflussbereich	Gehirn, Gesicht, Gleichgewicht des Stoffwechsels
Ausgewogener Zustand	Zugang zu tiefem inneren Wissen, Weisheit, Intuition, universale Erkenntnis, Medialität, rationale Denkfähigkeit, Gedankenkraft
Störung	Fanatismus, Stumpfheit, Ausweglosigkeit
Farbe	Lila

Bedeutung der Farbe	Medialität, Spiritualität, tiefe Weisheit, Verbindung mit altem Wissen, Königlichkeit, Ehre

Kommentar: Das Dritte Auge ist der Ort geistiger und spiritueller Fähigkeiten. Hier fühlen wir uns geistig inspiriert. Das sechste Chakra steht auch mit intellektuellen Kapazitäten wie Lernen und Begreifen in Verbindung. Die Qualitäten, die bereits im Solarplexuschakra ausgebildet sind, treten hier verfeinert auf. Dieses Chakra bringt uns mit unserer tiefen inneren Weisheit in Kontakt, der Weisheit unserer Seele, der Weisheit unserer Inkarnationen. Natürlich ist es auch der Ort unserer Hellsichtigkeit und medialen Gaben und steht daher in Zusammenhang mit der Fähigkeit des Visualisierens.

Auf einen blockierten Zustand kann exzessives Denken hinweisen. Leben in der Vergangenheit und Zukunftsängste sind ebenfalls Indizien für Unausgewogenheit in diesem Bereich. Im blockierten Dritten Auge stecken wir zudem in unseren Urteilen fest: Urteile über uns selbst und andere. Hier sind wir auch für bestimmte Dinge blind, zum Beispiel für unseren Schatten. Menschen ohne Vision oder mit einem Übermaß an Visionen haben eine Unter- bzw. Überfunktion in diesem Bereich. Auch Ängste vor Erscheinungen, Phantomen und Geistern haben hier ihren Ursprung.

Das siebte Chakra – Kronenchakra

Lage	unmittelbar über dem Scheitel
Drüsen	Hypophyse/Epiphyse
Lebensthema	Verbindung mit der Schöpfung, göttliche Führung, Vertrauen in die göttliche Führung, Eins-Sein
Einflussbereich	Mittelhirn, Gehirndrüsen, Augen, ganzer Organismus
Ausgewogener Zustand	Wissen um die Einheit mit der göttlichen Quelle und dass alle und alles miteinander verbunden ist, Einheit
Störung	Gefühl von Getrenntheit, spirituelle Abgehobenheit, Desinteresse an weltlichen Themen
Farbe	Weiß oder Gold

Bedeutung der Farbe Weiß	Reinheit, Unschuld, Erleuchtung, Verbindung zur Schöpfung – Weiß ist der Zusammenschluss aller Farben
Bedeutung der Farbe Gold	Christusbewusstsein, Reichtum

Kommentar: Hier geht es um die Verbindung zur Schöpfung. Das Kronenchakra ist das mediale Zentrum für höheres Wissen. Es empfängt spirituelle Energie und Führung. Da es mit den höheren geistigen Ebenen in Verbindung steht, gilt es als Zentrum der Göttlichkeit. Hier erfahren wir unsere Einheit mit der Quelle und mit spirituellen Wesen. Es verkörpert die Energie des reinen Seins.

Im blockierten Zustand fühlen wir uns getrennt. Wir glauben, wir müssten alles allein regeln und seien ohne (geistige) Hilfe und Führung. Manche Menschen halten sich gern verstärkt in diesem Chakra auf. Dann fehlt es an Erdung. Sie sind nicht mehr ausreichend mit dem Seinsbereich Erde verbunden. Dieser Zustand geht mit Desinteresse an weltlichen Themen einher. Realitätsflucht wäre eine andere Bezeichnung. Sie trifft auch auf ein anderes Extrem zu, die sogenannte »spirituelle Abgehobenheit«. Dieser Ausdruck bezeichnet Menschen, die sich über andere erheben, die einen irdischeren Weg zu gehen scheinen als sie selbst.

Chakra- und Farbbewusstsein im kollektiven (Unter-)Bewussten

Die Bedeutung der den einzelnen Chakren zugeordneten Farbschwingungen steht in Zusammenhang mit den Themen des jeweiligen Chakras. Es ist auf den ersten Blick nicht offensichtlich, aber ebenso wie bei den universellen Gesetzen ist der tiefere Sinn der Farben und damit der Chakren dem kollektiven Unterbewussten bekannt. Oder, um es anders auszudrücken: Er ist im morphogenetischen Feld, im Bewusstseinsfeld verankert.[1]

Rot

»Ein Mann sieht rot« hieß ein Thriller der 70er-Jahre mit Charles Bronson. Wenn wir im Zornesrausch rotsehen, dann handelt es sich um eine Angelegenheit des Wurzelchakras. Jedem dürfte die Stimmung eines Menschen klar sein, der rotsieht: Er hat enorme, übermächtige Wut. Eine derartige Wut, dass Kontrolle durch das Solarplexuschakra nicht mehr möglich ist. Die Person flippt aus. Ein solcher Zustand ist gemeinhin Ausdruck von Angst, der Angst, nicht überleben zu können. Man fühlt sich auf der physischen Ebene bedroht. Angst, nicht zu überleben, ist in einem weiten Sinne zu begreifen. Man hat vielleicht Angst, eine geliebte Person zu verlieren und deshalb nicht »überleben« zu können. Oder man hegt die eher unbewusste Befürchtung, dass ein Muster in Gefahr ist, hat also Furcht, sich ändern zu müssen etc. Als Folge krampft sich das Wurzelchakra zusammen, rotes Licht strömt aus und überschwemmt das aurische Feld. Man sieht durch seine eigene Aura hindurch buchstäblich Rot.

Weiß

Wenn jemand eine »weiße Weste« hat, dann ist er unschuldig. Die »Weißer-Kragen-Mentalität« ist eine Bezeichnung für die Vertuschung unsauberer Machenschaften unter dem Anschein von Reinheit.

Grün/Gelb

»Sie hat einen grünen Daumen«, bezeichnet die Tatsache, dass eine Person, ein Händchen dafür hat, Pflanzen zum Wachsen und Gedeihen zu bringen.

Ist man »grün vor Neid«, verursacht einem das ungegönnte Wohlergehen einer anderen Person Schmerz im Herzen. »Gelb vor Neid« sind eher die Leute, deren Neid mit dem Solarplexus in Zusammenhang steht. Sie fühlen sich in ihrer Macht bedroht.

Lila

»Der letzte Versuch«, lautet eine eher zynische Redewendung, wenn sich eine altjüngferliche Dame lila kleidet. Da ihr für die Erotik zuständiges zweites Chakra, das orange, nicht mehr genügend wirkt, versucht sie durch die Betonung ihrer inneren Qualitäten (Weisheit = Lila), den einen oder anderen Vertreter des männlichen Geschlechts doch noch für sich zu gewinnen.

Menschen, die »einen über den Durst« getrunken haben und daher »blau« sind, haben bekanntlich Kommunikationsschwierigkeiten (Halschakra). Ihr Sprachfluss ist gestört. Obendrein befinden sie sich in »parallelen Universen«, sie haben sich also kurzfristig eine andere Realität erschaffen.

Wer »blau macht«, sucht schlichtweg Entspannung, ebenfalls eine Bedeutung der Farbe blau. Vielleicht möchte er oder sie, um Abstand von der harten Realität zu gewinnen, auch gleich noch »ins Blaue fahren«, also ins Unbekannte, wiederum in ein »paralleles (unbekanntes) Universum«.

Auch ein unangenehmes »blaues Wunder« kommt von einem eher unbekannten Ort – also wieder aus einem »parallelen Universum«.

Menschen, die »den Blues haben«, sind melancholisch. In der Tat haben depressive Menschen zu viel Blau in der Aura. In diesem Fall ist das Blau keine klare Farbe, sondern eher schmutzig, verwaschen. Oft tragen depressive Personen auch noch blaue Kleidung.

Männliche Babys wurden früher blau angezogen, weibliche rosa. Die unbewusste Absicht dahinter: Männer gehen hinaus in die Welt und kommunizieren. Die Aufgabe der Frauen besteht bevorzugt darin, nett zu sein. Wären wir boshaft, könnten wir die blaue Bekleidung der Jungen auch anders deuten: Bekanntlich haben Frauen die besseren sprachlichen Fähigkeiten, also müssen Jungen blaue Kleidung tragen, damit diese Qualität bei ihnen gefördert wird.

Silber

Silber ist die Farbe, die überall hingeht. Sie bewegt sich auch in verborgene Räume, in die sonst keine andere Farbe vorzudringen in der Lage ist. Genau das tut auch der landläufig bekannte »Silberblick«. Er scheint Orte zu erreichen, zu denen »kein anderer Blick« vordringen kann.

Orange

Um eine Redewendung mit der Farbe Orange zu finden, muss man lange suchen. Es gibt keine – zumindest nicht in Deutsch oder Englisch. Orange repräsentiert, wie wir wissen, die Schwingung von Erotik und Geld – beides sind, wie gesagt, immer noch Tabuthemen in der westlichen Welt.

Dies sind nur einige Beispiele dafür, dass die Bedeutungen der Farben in sinnvollem Zusammenhang mit den Themen der Chakren stehen. Als Lichtsprache-Anwender gibt uns das Wissen über die Bedeutung von Chakren und Farben die Möglichkeit, unsere Formen mit genau der Farbschwingung zu kombinieren, die die größte Hilfe bei einem konkreten Thema verspricht.

Farben und Sinne

Gemeinhin sehen wir Farben mit unseren Augen, wir nehmen sie also visuell wahr. Es ist jedoch eine eindrucksvolle Erfahrung, sie auch einmal mit den anderen Sinnen und damit auf bisher unbekannten Ebenen neu zu entdecken. Wir können noch tiefer mit ihnen in Kontakt kommen, wenn wir sie gleichermaßen hören, riechen, fühlen und schmecken.

Wie hört sich Rot an?

Die Schwingung Rot vibriert in einem verzweifelten Schrei, dem Kreischen eines Babys, dem Heulen einer Sirene, dem Stöhnen eines Gewichtshebers …

Wie fühlt sich Orange an?

Die Farbe fühlt sich an wie ein intensiver Kuss, eine Lomi Lomi-Massage, oder ein Bündel Geld …

Wie riecht Gelb?

Die Farbe Gelb riecht wie eine Aprikose, eine Zitrone oder das Auditorium Maximum …

Wie schmeckt Grün?

Grün ist der Geschmack von Avocados, Blattsalat, Gras, Schokolade …

Wie hört sich Blau an?

Blau ist leise wie eine geführte Meditation, Blau hört sich an wie ein Gespräch, ein Vortrag, eine Theatervorführung, ein stiller Morgen …

Wie schmeckt Lila?

Lila schmeckt wie eine Oblate beim heiligen Abendmahl, wie Heidelbeersaft oder Holunderblütenpfannkuchen …

Wie riecht Weiß?

Weiß ist der Geruch eines klaren Wintertages und von frischer Wäsche …

Umgekehrt können wir auch alles, was wir hören, riechen, fühlen und schmecken in Farben übersetzen. Das Gulasch schmeckt rot, das Pesto orange, das Tiramisu rosa, der Rotwein blau, der Wodka gelb … selbstverständlich gibt es keine »Regeln«, wie etwas zu schmecken hat, denn jeder empfindet es anders.

Mit welcher Farbe bringen Sie bestimmte Personen in Verbindung? Johanna mit Rosa, Karl mit Grün und Dieter mit Rot. Wahrscheinlich treffen Sie mit dieser Assoziation sogar die Farbe, die zu diesem Zeitpunkt in der Aura eines Menschen dominant ist.

Mit Farben transformieren

Die meisten Energiearbeiter setzen bei ihrer Arbeit Farbschwingungen ein. Die Farbe Grün steht gemeinhin für eine heilende Energie. Grundsätzlich jedoch sind alle Farben heilend. Es kommt darauf an, welche Schwingung einer Person fehlt. Wenn jemand verwirrt und ohne klare Ausrichtung ist, dann könnte der Einsatz der Farbe Gelb das Mittel der Wahl sein. Mangelt es an finanziellen Einkünften, ist Orange unter Umständen sinnvoll. Bei einer trägen Person ist die Farbe Rot im System geschwächt, also ihre Aktivität. Man sollte meinen, dass rote Lichtschwingung der Person dabei hilft, in die Gänge zu kommen. Ist sie jedoch physisch krank, so wird sie von der Kraft der Farbe vollkommen überfordert sein und womöglich noch mehr Schaden erleiden. Zuerst muss der Grund für die Energieschwäche ausgeräumt werden. Wie immer möchten wir auch beim Mittel der Farbübertragung Urteilsvermögen walten lassen.

Sie möchten wissen, welche Farbe Ihnen im Moment fehlt, um mehr ausbalanciert zu sein? Nichts leichter als das. Ein Blick in den Kleiderschrank genügt. Die Farbe, die wir in unserer Garderobe vermeiden, ist in der Regel die, die wir am meisten benötigen. Die Frage könnte auch lauten: »Welche Farbe mag ich überhaupt nicht?« Stellen Sie ihre Bedeutung fest, und prüfen sie, ob das die Energie ist, die in ihrem Leben fehlen könnte.

Kennen Sie die Lieblingsfarbe der Deutschen? Es ist Blau. Dies ergab eine Studie der Burda Medienforschung. Was sagt uns das? Als ich Schweizern diese Frage stellte, war ich über die Antwort erstaunt:

»Die Deutschen reden so viel!« Ich selbst erkläre diese Vorliebe mit der Neigung der Deutschen zu Niedergeschlagenheit. Die unbeliebteste Farbe der Deutschen soll Braun sein, die zweitunbeliebteste Orange. Wie schon erwähnt – genau die Farbe, die wir benötigen, vermeiden wir in neun von zehn Fällen im Alltag bzw. können sie nicht leiden. Die Farbe Orange steht für Lebensfreude, Geld, Genuss, Sinnlichkeit. Entscheiden Sie selbst, ob Sie meinen, dass dies die Qualitäten sind, welche die Deutschen als Gesamtheit mehr kultivieren dürfen.

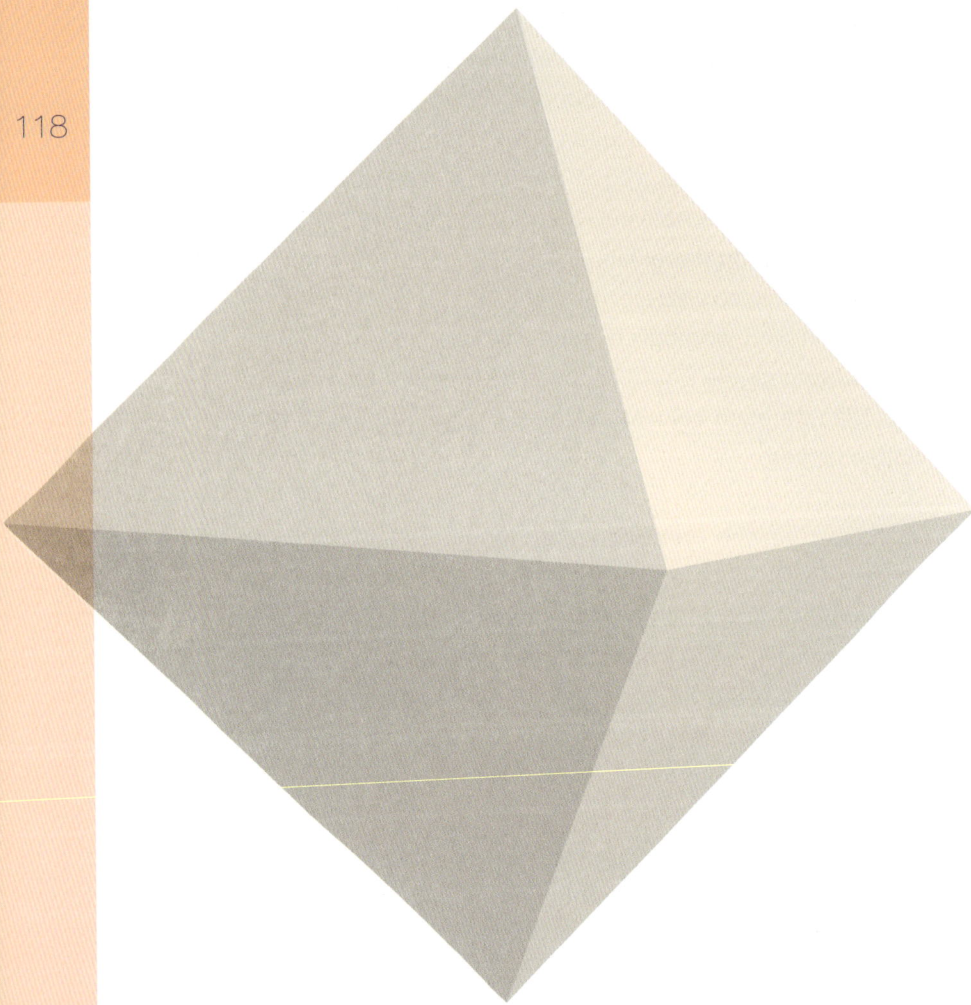

Beispiele aus dem Farbspektrum der Lichtsprache

Bisher wurden die Farben[1] der sieben Hauptchakren behandelt. Es versteht sich, dass das Farbspektrum unserer Aura weitaus umfangreicher ist. Jede der sieben Farben und auch andere, wie Braun, sind in unzähligen Schattierungen vorhanden.

In der fortgeschrittenen Lichtsprache arbeiten wir mittlerweile mit weit mehr als 144 Farben. Man kann sich vorstellen, dass dieses Spektrum eine gigantische Bedeutungsvielfalt birgt. Aufgrund dessen sind wir in der Lage, sehr zielgerichtet auf jedes spezifische Thema einzugehen. Um nur einige Beispiele zu nennen: Tiefrosa bringt Antworten hervor, Petrol lässt uns das große Bild erkennen, Cyanid ist die Wahrheitsfarbe, und Perlmutt verbindet uns mit allen Möglichkeiten. Es gibt Farben, die uns dabei helfen, mit Details umzugehen und solche, die uns dazu dienen, Verwirrung zu klären.

Nicht alle davon werden wir oft einsetzen; die Kenntnis einiger dient hauptsächlich dazu, aufmerksam dafür zu sein, beim wem und in welchen Situationen sie im Spiel sind. So wird sich eine spezielle Farbschwingung in der Aura eines Menschen zeigen, deren »Besitzer« ein ausgewiesener Rebell ist. Wieder andere lassen uns registrieren, dass jemand das Opfer von Gehirnwäsche ist (ich vermute, eine Farbe, die so gut wie alle von uns in der Aura haben). Andere bedeuten uns, dass eine Person sehr in Verstrickungen gefangen ist. Wir finden auch die Farben der Geheimnisse, die der Kommandeure und die des Details.

All diese Farben können wir, je feinsinniger wir werden, in der Aura von Menschen wahrnehmen. Dazu müssen wir sie nicht einmal sehen. Jeder erkennt sie auf seine Weise. Es kann sein, dass man einen Ort betritt und spürt, welche Energie dort schwingt oder dass man einen Menschen sieht und einfach »weiß«, welcher Art seine Qualitäten oder Schwierigkeiten sind, also welche Farbigkeit er besitzt. Je mehr wir mit der Lichtsprache arbeiten, umso sensitiver werden wir für diese Art der Wahrnehmung.

Die feinstofflichen Körper

Wenn wir die Lichtsprache einsetzen, versehen wir unseren feinstofflichen Bereich mit neuen Informationen. Zum feinstofflichen Feld gehören neben den Chakren auch die Subtilkörper, die sowohl einander als auch den physischen Körper umgeben und durchdringen. Es sind die Schichten der Aura. Es gibt sieben feinstoffliche Hauptebenen, die wiederum mit allen Chakren in Verbindung stehen. Die Subtilkörper sind nicht allein als »Abstrahlungen« des physischen Körpers zu verstehen – der physische Körper vielmehr entwickelt sich aus der Verdichtung dieser Ebenen. Er kann nur durch dieses Kraftfeld existieren.

Der Ätherkörper

Der ätherische Körper erscheint als glitzerndes Lichtnetz. Er ist dem physischen Körper am nächsten und überzieht ihn in einem Abstand von etwa einem bis fünf cm. Er repräsentiert alle Strukturen des physischen Körpers auf der ätherischen Ebene. Alle Elemente des physischen Körpers sind also hier auf der feinstofflichen Ebene repräsentiert, die Organe, der Kreislauf, das Lymphsystem etc. Dieser Körper steht in Zusammenhang mit dem Wurzelchakra. Die Vorstufe von physischer Krankheit befindet sich hier, bevor sie sich als solche auf der körperlichen Ebene bemerkbar macht.

Der Emotionalkörper

Der Emotionalkörper steht mit dem Gefühlsleben in Verbindung. Er kann jede Farbe des Regenbogens aufweisen. Die Qualität der Farben zeugt von der Klarheit der Gefühle. Wenn die Farben rein sind, handelt es sich um klare Gefühle mit hoher Energie. Sind sie schmutzig oder wirken sie verwaschen, ist dies ein Hinweis auf verwirrte oder unterdrückte Emotionen. Bei einer wütenden Person, die kein Problem mit dieser Verfassung hat, wird ein sauberes Rot zu erkennen sein. Ist sie jedoch nicht eins damit, wird der Rotton eher schmierig verwaschen und mit bräunlichen Schlieren erscheinen. Der Emotionalkörper steht in Zusammenhang mit dem Sakralchakra.

Der Mentalkörper

Der Mentalkörper trägt die Denkprozesse. Er ist noch feiner als die beiden anderen und strahlt gewöhnlich als hellgelbes Licht. Für mediale Menschen ist hier die feinstoffliche Struktur unserer Gedanken und Ideen erkennbar. Je klarer die Gedanken sind, desto klarer ist auch die Form des Mentalkörpers. Man kann ihm Energie zuführen und ihn stärken, indem man sich auf ermächtigende, positive Gedanken fokussiert. Im gesunden Mentalkörper vereint sich rationales Denken mit Intuition und Klarheit. Dieser Körper steht in Zusammenhang mit dem Solarplexuschakra.

Der Astralkörper

Diese Schicht hat mit Liebe zu tun und steht in Bezug zum Herzchakra. Der Astralkörper leuchtet in den Farben des Regenbogens durchtränkt mit rosafarbenem Licht. Ebenso wie das Herzchakra ist er eine Transformationsebene. Sie verbindet uns mit der Astralebene, einer Dimension, in der sich viele geistige Wesen und spirituelle Führer aufhalten.[1]

Der ätherische Negativkörper

Auch als »Ätherkörper der geistigen Ebene« bezeichnet, ist er eine Blaupause des Ätherkörpers und steht in Zusammenhang mit dem Halschakra. Er schimmert in kobaltblauem Licht. Dieser Körper ist die Ebene des göttlichen Willens, des bedingungslosen Willens, den Lebensplan zu leben. Diese Ebene verbindet uns mit unseren unbegrenzten Möglichkeiten.

Der himmlische Körper

Er ist der Emotionalkörper auf der spirituellen Ebene und steht in Bezug zum Dritten Auge. Er schimmert in perlmuttfarbenem Glanz. Es ist die Ebene der göttlichen Liebe. Der Körper verbindet uns mit einer höheren Ordnung von Möglichkeiten und Gefühlen.

Der ketherische Negativkörper/kausale Körper

Dies ist der mentale Aspekt der Geistesebene. Hier geht es um höheres Bewusstsein, das Bewusstsein, mit der Schöpfung eins zu sein. Ausdruck dieser Ebene ist das »Ich bin« (eins mit Gott). Diese Schicht enthält den Lebensplan. In ihr zeigen sich auch Spuren vergangener Leben als farbige Lichtbänder. Gleichzeitig steht sie in Verbindung mit Vorfahren und geistigen Wesen, die uns in spirituellen Angelegenheiten mit ihrer Weisheit zur Seite stehen.

Krankheit entwickelt sich auf dieser Ebene – oft lange vor dem Ausbruch auf der physischen Ebene. Glaubenssätze, die nicht im Einklang mit der Wahrheit unserer Seele sind, bewirken eine Verzerrung in diesem Feld. Wird nichts unternommen, breitet sich die Verzerrung durch alle Auraschichten hindurch aus und verdichtet sich auf ihrem Weg immer mehr. Schließlich materialisiert sie sich im physischen Körper als Krankheit.

Die Aura ist also das Energiefeld, das den gesamten menschlichen Körper umgibt. Sie ist dreidimensional und umhüllt ihn völlig. Die Auraschicht ist etwa zwei bis dreieinhalb Meter dick. Kraftvolle Meister sind in der Lage, sie willentlich auszudehnen.

Je gesünder ein Mensch ist, und zwar auf allen Ebenen – also emotional, mental, physisch und spirituell –, desto stärker und leuchtender strahlt sein aurisches Feld. Ein energiegeladener Mensch besitzt eine dynamische Aura. Kräfte von außen, wie negative Gedanken, haben kaum eine Chance, einzudringen. Schwache Energiefelder hingegen können leichter verletzt werden. Sie gehen einher mit Krankheit, Verschleppung, Ineffektivität, Müdigkeit etc.[2]

Damit wir in unserer Kraft sein können, ist es notwendig, unsere Energie zu kontrollieren. Wir müssen wissen, wie sich die Aura reinigen und stärken lässt. Es gibt in jeder spirituellen Kultur eine Vielfalt von ausgezeichneten Methoden, um die Aura zu klären. Meist geschieht dies durch ausgiebige Visualisierung. Innere Vorstellungsbilder wie das Durchfluten des Körpers mit Licht oder die Violette Flamme wirken zu lassen, bedürfen jedoch längerer Konzentration und damit Zeit.[3]

Mit der Lichtsprache können wir den Vorgang erheblich beschleunigen. Wir senden bestimmte FFKs oder Grids in die Aura, die die Arbeit übernehmen. Eine Visualisierung ist nicht notwendig. Die Form agiert, wie wir wissen, durch Intention mit Überlichtgeschwindigkeit. Zur Stärkung des Energiefeldes wiederum kann obendrein der dauerhaft im aurischen Feld verankerte 7-förmige Grid dienen, wie später erläutert wird.

Anwendungs-weisen

der Lichtsprache

Entwicklung der Lichtsprache

In der Lichtsprache stehen uns, wie bereits erwähnt, bis heute weit über 144 Farben und insgesamt mehr als 200 geometrische Formen zur Verfügung. Noch vor wenigen Jahren waren es »nur« etwa 90 Formen. Neben der Entschlüsselung weiterer Formen und Farben haben sich in den letzten Jahren auch neue Methoden der Anwendung entwickelt.

Die Lichtsprache ist eine uralte Lehre, die die Curanderos an uns weitergegeben haben. Wie kommt es, dass wir anscheinend noch nicht das gesamte Wissen zur Verfügung haben? Waren auch die »ursprünglichen« Curanderos nicht im Besitz der ganzen Weisheit?

Ich sehe diese Fragestellung in Zusammenhang mit dem zuvor beschriebenen Hyperfeld. Durch die hohe Schwingung der Neuen Zeit sind wir dazu in der Lage, immer mehr verborgenes Wissen in unser Bewusstsein zu bringen. Je stärker wir den heiligen Code in unser Leben einbeziehen, desto mehr intensiviert sich unser Kontakt mit übergeordneten Bereichen des Wissens, also hohen geistigen Dimensionen, deren existenzieller Ausdruck, wie jeder andere auch, im universellen Energiefeld, dem Hyperfeld gespeichert ist. In Interaktion mit diesen Kräften erhalten wir wiederum neue, fortgeschrittene Informationen, auch solche, die den heiligen Code betreffen. Dies fördert unser weiteres Wachstum. Unsere differenziertere, reifere Schwingung erreicht das Hyperfeld erneut und dient damit abermals der Weiterentwicklung des Bewusstseinsfeldes. Diese fruchtbare Ko-Kreation (Mitschöpfung) sorgt für stetige Vermehrung und Sublimierung von universellem Wissen auf beiden Ebenen.

Auf der irdischen Ebene wird das Lichtsprache-Wissen über die »aufgefangene Lehre« weitergegeben. Im Computerzeitalter bietet sich auch der Begriff »energetischer Download« als Bezeichnung für diese Art feinstofflicher Wissensübermittlung an. Das Programm wird direkt aus der Aura des Lehrers heruntergeladen. In diesen »Downloads« kann weitaus mehr Wissen enthalten sein, als der Person, die es gibt, bewusst ist. Sie hat es aus dem Hyperfeld gezogen oder von ihrem Lehrer erhalten …

Starr Fuentes bekam von ihrer Lehrerin Esperanza zahlreiche »Downloads« der Lichtsprache-Lehren. Sie bewegen sich jetzt Stück für Stück in ihr Bewusstsein. Die mit Starr verbundenen Lehrer und Schüler profitieren wiederum von den »Downloads«, die sie von Starr bzw. anderen Lehrern der Linie erhalten haben. Dies ist Ursache dafür, dass bei vielen Lehrern und fortgeschrittenen Anwendern weitere Teile des Puzzles ins Bewusstsein treten.

Als Lichtsprache-Anwender gehen wir mit bestimmten schlichten Grundformen um sowie mit zahlreichen regulären und halbregulären Polyedern, also dreidimensionalen Körpern. Dies sind die platonischen Festkörper und die sich daraus entwickelnden Spielarten. Die mathematischen Gegebenheiten dieser Formen sind, wenn auch interessant, für die Lichtsprache doch sekundär. Aufschlussreicher sind Entstehung und Aussehen der Polyeder. So hat es durchaus auch eine metaphysische Bedeutung, wenn eine Form »abgestumpft« ist, also an den Ecken »beschnitten« wurde. Hat sie Rinnen oder Einbuchtungen? Rinnen deuten darauf hin, dass sie den »Weg freischaufeln« kann; tiefe Einbuchtungen machen sie zu einem möglichen Medium, in dem positive Energie gespeichert werden kann.

Es ist erst wenige Jahre her, dass Starr zu den 80 bis dahin bekannten regulären und halbregulären Formen noch weitere 37 aus ihrem Unterbewusstsein hervorholte. Wie diese neuen Formen aussehen, ist im Moment auf der bewussten Ebene noch unklar. Natürlich ist der Sinn der Symbole bekannt, wie wir später sehen werden.

Heilige Geometrie

In der Lichtsprache arbeiten wir also sowohl mit optisch eher schlichten Formen als auch mit hochkomplexen Polyedern. Entsprechend der Vielschichtigkeit ihres Gefüges erhöht sich auch die Vielfalt ihrer Bedeutung.

Nachdem wir gesehen haben, dass sowohl die universellen Gesetze als auch die in den Chakren verkörperten Lebensthemen dem kollektiven (Un-)Bewussten bekannt sind, ist es nicht verwunderlich, wenn dies auch für die Energie der Formen gilt.

Jeder kennt die übertragene Bedeutung des Würfels. Ein Würfel ist eine stabile, Basis bildende, gleichzeitig aber einschränkende Energie. Dies dokumentiert auch die Wendung »Die Würfel sind gefallen.« Hier ist kein Wenn und Aber mehr möglich, weil eine unumstößliche Entscheidung getroffen wurde (= Stabilität und Einschränkung). Der Würfel symbolisiert zudem die männliche Energie.

Therapeuten wiederum sprechen vom »Denken in der Box«. Das heißt, wir sind in unseren Glaubenssystemen gefangen. Wir sitzen fest. Wir sind durch unser eigenes Denken eingeschränkt.

Die Kugel steht für die weibliche Energie. Dementsprechend sind ihre Eigenschaften völlig konträr zu denen des Würfels. Sie »bringt die Dinge ins Rollen«, sorgt also für Änderung und Erweiterung (Vermehrung). Die Kugel hat jedoch auch die Bedeutung des Allumfassenden, des All-Eins-Seins – und als goldene Version symbolisiert sie, nicht nur in der Lichtsprache, Reichtum und Macht Gottes.

In diesem Zusammenhang wurde sie spätestens im Mittelalter gesehen – als Reichsapfel der deutschen Kaiser und Könige: Ausdruck der Macht von Gottes Gnaden über den Erdball. Dies ist auch der Grund, warum die goldene Kugel, besonders in der Zeit des Barock, lange Zeit ein so beliebtes »Dekor« für Kirchtürme war.

Auch die Energie der Pyramide ist kein Geheimnis. In den Pyramiden des Alten Ägyptens befanden sich die Königsgräber mit den konservierten Leichnamen der Pharaonen. Genau dies veranschaulicht ihre Qualität: Sie konserviert. Ein Apfel in einer Pyramidenform schrumpelt weniger schnell, und eine stumpfe Rasierklinge wird geschärft. Pyramidenenergie steht also unter anderem für Konservierung und Feinabstimmung. Aufgrund dieser Eigenschaften ist sie auch ein effektives energetisches Mittel zur Verjüngung.

Die platonischen Körper

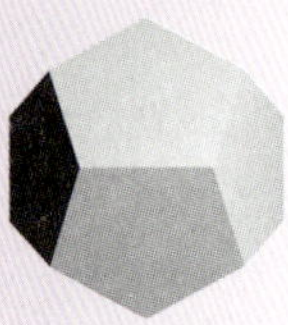

Die 80 bekannten Polyeder der fortgeschrittenen Lichtsprache haben eine gemeinsame Grundlage: Es sind die platonischen Körper. Diese fünf Formen sind entscheidend für das Verständnis der Heiligen Geometrie. Die platonischen Körper sind von völliger Gleichmäßigkeit und werden daher auch »reguläre Körper« genannt.

Platonische Körper sind vollkommen regelmäßige Polyeder ohne Einbuchtungen oder Ausstülpungen. Ihre Oberflächen bestehen aus gleich großen, gleichseitigen und gleichwinkligen, also formidentischen, Vielecken. In jeder Ecke eines platonischen Körpers stoßen zudem gleich viele Flächen zusammen. Es gibt genau fünf platonische Körper: Hexaeder (Würfel), Oktaeder, Dodekaeder, Ikosaeder und Tetraeder.

Die Körper und ihre Gesetzmäßigkeiten sollen von den Pythagoräern entdeckt worden sein. Sie hießen ursprünglich auch »pythagoräische Körper«. Später hat der griechische Philosoph Platon die Körper in seinem Werk »Timaios« ausführlich beschrieben. Sie sind daher heute unter dem Namen »platonische Körper« bekannt. Es gibt eine weitere Gesetzmäßigkeit, die diese Körper charakterisiert: Eine in einen platonischen Körper einbeschriebene Kugel berührt mit ihrer Außenseite die Mitte jeder Fläche. Setzt man eine Kugel um einen platonischen Körper herum, so berührt jede Ecke des Körpers die Innenrundung der Kugel.

Diese Formen und natürlich die Kugel, die ebenfalls zu den Urformen gehört (aber aufgrund ihrer speziellen Gesetzmäßigkeiten nicht zu den platonischen Körpern zählt), sind die primären Formen, die Bausteine des Universums. Sie liegen aller Existenz zugrunde. Man findet sie in allen atomaren und subatomaren Strukturen bis in die DNS.[1]

Diese Formen symbolisieren die göttliche, kosmische Ordnung und damit ihre Gesetze. Von den Alchemisten der Antike und großen Seelen wie Pythagoras, dem Vater Griechenlands, wurde ihnen jeweils ein bestimmter Elementaspekt zugeschrieben. Der Würfel repräsentiert die Erde, das Oktaeder die Luft, das Dodekaeder den Äther, das Ikosaeder das Wasser und das Tetraeder das Feuer.

Alle fünf Polyeder vereinigen sich in einer beeindruckenden Formation, genannt Metatrons Würfel (Abb. 2). Grundlage dieser Konstruktion ist ein symmetrisches Gefüge aus 13 Kugeln (Abb. 1), das sich von der Blume des Lebens (S. 35) ableitet. Es ist ein Muster, das Drunvalo als »eine der heiligsten Formen, die es gibt«[2] bezeichnet. Sie wird die »Frucht des Lebens« genannt, weil sie das Ergebnis, »die Frucht ist, aus der das Geflecht der Einzelheiten unserer Wirklichkeit hervorgegangen ist«.[3] Aufgrund ihrer »Rundung« veranschaulichen die Kugeln der »Frucht des Lebens« das weibliche Prinzip.

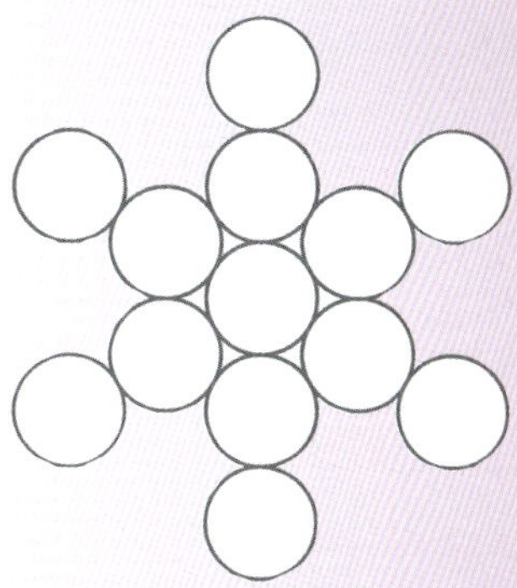

Abb. 1

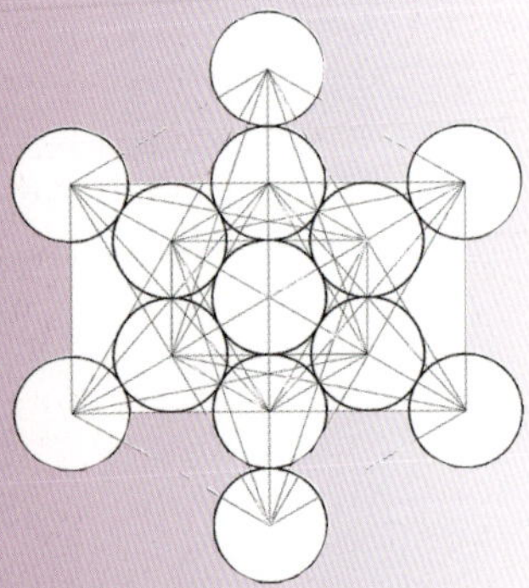

Abb. 2

Das männliche Prinzip tritt ein, wenn alle Mittelpunkte der Kugeln durch gerade Linien verbunden werden. In diesem Fall erhalten wir Metatrons Würfel (Abb. 2), der alle fünf platonischen Körper enthält. Er stellt ein entscheidendes Informationssystem des Lebens dar.

Um die Dreidimensionalität der platonischen Körper in dieser Konstellation zu erkennen, ist es notwendig, einzelne Linien wieder »auszuradieren«, wie Abb. 3 zeigt. Entfernt man alle bis auf einige ganz bestimmte, so erhält man das Hexaeder.[4]

Alle weiteren in der Lichtsprache verwendeten Formen, einschließlich der halbregulären, leiten sich aus diesen fünf Grundformen ab.

Abb. 3

Das Bewusstsein der Formen

»Er ist nicht in seinem Element«, heißt eine bekannte Redewendung, die besagt, dass jemand nicht in seiner Kraft ist. Es fehlt ihm eines der Elemente, das ihm üblicherweise besonders gut zur Verfügung steht. Eine sehr vitale Person hat viel vom Element Feuer. Wenn sie »schwächelt«, ist sie nicht in ihrem Element.

Bei allen Lebensvorgängen sind die Elemente im Spiel. Antriebsschwäche zeugt von einem Mangel an dem Element Feuer. Eine Entzündung im Körper weist dagegen auf einen Überschuss an Feuer hin. Es versteht sich von selbst, dass es einer ungeerdeten Person an dem Element Erde mangelt. Ein »windiger Typ« wiederum hat zu viel Luft. Bei einem Tumor ist zu viel Erde im Spiel, bei Depressionen unter Umständen zu viel Wasser.

Wir kennen aber auch die Ausdrücke »nicht in Form sein« oder »außer Form sein«. Damit beschreibt man, dass eine Person ihre gewohnten Leistungen nicht erbringt. Über diese Idiome machen wir uns in der Regel wenig Gedanken, aber sie zeigen einmal mehr wie universelle Kenntnisse in unserem Unterbewusstsein wirken. Wenn jemand nicht »in seiner Form« ist, dann heißt das so viel wie: Momentan ist die geometrische Form nicht aktiv, die die benötigte Energie normalerweise in ihm hervorbringt. Seine charakteristische Form fehlt. Er hat sie verlassen – oder sie ihn, wie auch immer.

Das Wort »Form« erscheint immer wieder in unserer Sprache: »Das Ganze nimmt jetzt Form an«, bedeutet, dass eine Angelegenheit konkret wird, dass sie, je nach ihrer Bedeutung, als geometrisch klare Form in Erscheinung tritt. Wenn wir eine Person *in-form-ieren* dann übermitteln wir ihr die Form der Nachricht. Wir erinnern uns daran, dass unsere Gedanken, Worte und Gefühle, also auch Botschaften, als *Form-ationen* von Heiliger, farbiger Geometrie in feinstoffliche Erscheinung treten.

Das Spannende an den Formen ist für die meisten Lichtsprache-Anwender nicht ihr Ausdruck mathematischer Gesetzmäßigkeit, sondern ihre metaphysische Bedeutung. Jede Form hat, wie wir wissen, eine bestimmte Schwingung. Mit dieser ihr charakteristischen Frequenz ist sie sowohl Ausdruck eines Zustandes oder einer Seinsform als auch fähig, in Abläufe einzugreifen und diese zu prägen und zu verändern.

Ausdruck der Seinsform des Würfels ist beispielsweise, wie wir oben gesehen haben, die, zu begrenzen und stabil zu sein. Diese Eigenschaft dient jedoch auch dazu, Zustände zu stabilisieren und gesunde Grenzen zu setzen.

Die Kugel wiederum symbolisiert Bewegung, Erweiterung und Leichtigkeit, und mit genau dieser Besonderheit kann sie Bewegung in festgefahrene Situationen bringen.

Noch einmal: Je komplexer eine Form ist, desto mannigfaltiger ist ihre Bedeutung und desto differenzierter ist sie in der Lage, einzugreifen und zu wirken.
Manch einer mag diese Formen zunächst als kühlen Ausdruck mathematischer Präzision empfinden. Sie sind jedoch nichts anderes als Persönlichkeiten. Die Formen sind lebendige, subtile Wesen. Jede ist Ausdruck eines speziellen Bewusstseins. Auch der Gedanke an Engel und aufgestiegene Meister ist durchaus nicht abwegig. Mit ihren spezifischen Wesenszügen greifen sie in die Ebenen unserer feinstofflichen Bereiche ein, in Gedanken- und Bewusstseinsfelder von

Menschen, Tieren, Gemeinschaften oder des Kosmos, um Transformation und Heilung zu bewirken. Heilige Geometrie ist in der Lage, die Struktur unseres Bewusstseins zu verändern. Sie kann falsche Konzepte oder lebensbehindernde Ideen zurechtrücken, die uns beispielsweise in niedrigem Selbstwert verharren lassen oder mangelnden Geldfluss verursachen. Wenn wir in diesem oder jenem Bereich unseres Lebens keine klare Struktur haben, dann dient uns die Heilige Geometrie dazu, diese zu etablieren. Indem wir für die Energie der Formen und Farben offen sind und ihre Intervention zulassen, können sie ihre Wirkung entfalten. Anders ausgedrückt: Sie berücksichtigen unseren freien Willen. Wenn dieser ihre Einwirkung nicht zulässt, werden sie dies respektieren und ohne Effekt sein.

Das Bewusstsein der Form-Farb-Kombinationen

In Kombination mit einer Farbschwingung wird die Bedeutung der Form modifiziert. Durch die Verbindung mit dem Farbcharakter erhält die Form-Persönlichkeit eine zusätzliche Prägung, einen weiteren Sinn über ihre ursprüngliche Bedeutung hinaus. Aufgrund der großen Bandbreite an Farben und Formen sind uns daher unendlich viele Variationsmöglichkeiten gegeben. So sind bestimmte FFKs dazu in der Lage, uns darin zu unterstützen, Feinde zu erkennen (zum Beispiel Bakterien), mit Geistführern zu kommunizieren, Seelen ins Licht zu schicken, uns unseren Vorhaben zu verpflichten, uns auf Ziele zu fokussieren, Ungesundes auszuschleusen, Räume zu reinigen, aufmerksam zu sein, gesunde Grenzen zu setzen, das große Bild zu sehen, Meisterschaft zu entwickeln usw. Es existieren immense Einsatzmöglichkeiten.

Auf der unterbewussten Ebene kennen wir die Bedeutung der Kugel, des Würfels und der Pyramide. Auf dieser Ebene ist uns aber auch die Energie komplexerer Formen vertraut, zum Beispiel die des Fußballs. Fußball hat, wie wir wissen, Einfluss auf die Identität und das Selbstbewusstsein ganzer Nationen.

Der Fußball repräsentiert die gerundete Form des sogenannten abgestumpften Ikosaeders, einer beschnittenen Variante des platonischen Zwanzigflächners Ikosaeder. Was für eine Energie hat eine solche Form? Wird sie träge sein? Eher nicht. Das abgestumpfte Ikosaeder *ver-körpert* eine überaus dynamische Energie. Das hat ihm auch den Spitznamen »Feldwebel« eingebracht. Wenn man Dingen »einen Tritt verpassen« will, um sie in Bewegung zu bringen, oder wenn man selbst in die Gänge kommen möchte, dann benutzt man den »Feldwebel«. Je nach Farbkombination ist die Stärke des Tritts variabel. Man muss nicht erklären, welche Kraft der »Feldwebel«, kombiniert mit der Farbe Khaki, zu entwickeln in der Lage ist.

Eine weitere komplexere Form, von der man zumindest ahnen kann, wie sie sich verhält, ist, das Große Sterndodekaeder. Er ist eine der von Johannes Kepler entdeckten Sternformen. Auch ihre Energie kann nicht unbekannt sein, denn sie befindet sich, wenn nicht hundertprozentig identisch, doch in höchst ähnlicher Form auf den Erkergiebeln einiger Münchner Häuser aus der Zeit der vorletzten Jahrhundertwende.

Die grundlegende Energie dieser Form ist: Sie aktiviert den Überlebensmechanismus und ist sehr motiviert, manchmal übermäßig motiviert: Sie piekst sozusagen mit ihren Stacheln. Wenn man diese Form über den Türrahmen hängt und anderen sagt, was sie tun müssen, werden sie doppelt motiviert sein, dieses zu tun. Ich gehe davon aus, dass die Energie dieser Form nicht ohne Einfluss auf die Aktivitäten der Einwohner besagter Häuser ist …

Eine ebenso prachtvolle Sternenpersönlichkeit, auch von Johannes Kepler entdeckt, ist das Große Ikosaeder. Diese Form kann uns im Prozess der Anpas-

sung unserer Schwingung an die veränderten Erdfrequenzen eine fundamentale Unterstützung sein. Natürlich hilft sie uns nicht nur dabei, uns auf die Bandbreite der Schumann-Resonanzen einzustellen, sondern auch, uns an jede Frequenz anzupassen. Sie bringt uns also auch in Einklang mit unserer eigenen, sich durch unser Wachstum stetig verändernden Schwingung. Außerdem wirkt sie unterstützend, wenn es darum geht, sich auf die Frequenzen völlig unterschiedlicher Leute, Umgebungen oder Kulturen einzustellen.

Das abgestumpfte Dodekaeder wiederum ist ein Hochleistungs-Lichtvermittler. Er bewirkt unter anderem, dass Menschen ihre ganze Lebensgeschichte erzählen. Nicht, weil sie selbst die Form in der Aura haben, sondern die Person, der sie ihr Herz ausschütten.

Wenn wir uns den Charakter all dieser Formen vor Augen führen, dann wird deutlich, dass es Menschen gibt, die dieselben oder ähnliche Eigenschaften besitzen. Das rührt daher, dass sie die Schwingung dieser Körper in ihrem Energiefeld haben und sie dort »gut läuft«, wie wir sagen. Es ist »ihre« Form. Sie sind »in (dieser) Form«. Sie haben die Energie gut integriert und strahlen sie aus; sie leben sie. Sie ist Ausdruck ihrer Persönlichkeit.

Täglich verschwinden von unserem Planeten etwa 140 Arten. Um aussterbende Spezies zu retten, geben einige Menschen viel von ihrer Freizeit, Kraft und Energie. Es versteht sich, dass auch in der Aura dieser Menschen eine bestimmte Form-Farb-Kombination besonders aktiv ist. Es ist eine FFK, die die Kraft hat, »zu retten und zu erlösen«.

Sicher kennt jeder einen Menschen, der die eine oder andere dieser Qualitäten ganz besonders verkörpert hat, z. B. jemanden, dem man Dinge anvertraut, von denen man selbst erstaunt ist, dass man sie preisgibt. Wahrscheinlich ist der eine oder andere auch schon einmal einer Person begegnet, die als »Feldwebel« agiert, eine Lehrerin, ein Trainer, ein Verwandter etc. Ein Mensch wiederum, der die Schwingungen ausbalanciert, könnte unter guten Netzwerkern zu finden sein; jemand, dessen verbindliche und herzliche Art die unterschiedlichsten Menschen unter einem Hut vereint. Oft wünschen wir, eine Persönlichkeit wie das Große Sterndodekaeder möge uns endlich so motivieren, dass wir unsere Aufgabe erfüllen.

Während ich über all diese Formen schreibe, beobachte ich, wie sie, nur durch meinen momentan verstärkten Fokus, in meinem Alltag schwingen. Als ich die Form beschrieb, die Menschen dazu veranlasst, ihr Leben zu erzählen, begegnete ich einem meiner Nachbarn. Ich kenne ihn seit mehr als 20 Jahren, und wir wechseln fast täglich das ein oder andere Wort, sprechen aber nie viel. Diesmal trafen wir uns »zufällig« im Café, und er erzählte mir seine ganze Geschichte, samt der seiner Kinder!

Sich zu einer Form entwickeln

Vielleicht haben Sie das Gefühl, dass Sie bestimmte Ihnen wichtige Qualitäten nicht genug leben. Möglicherweise fehlt es Ihnen an Weitblick, Klarheit oder Diplomatie. In die Terminologie von Lichtsprache übersetzt, bedeutet dies, dass bestimmte Formen oder Farben in Ihrem Energiefeld nicht ausreichend vertreten sind. Auch körperliche Dysbalancen weisen auf den Verlust von Form und Farbe hin. Mit den Formen und Farben der Lichtsprache haben Sie die Möglichkeit, diesen Raum zu füllen. Sie können sich auch buchstäblich zu einer Formen-Persönlichkeit, die Sie besonders anspricht, entwickeln. Zu welcher Form bzw. Form-Farb-Kombination möchten Sie werden? Zu einer Form, die Weisheit hervorbringt? Zu einer, die Friedensabkommen schließt? Zu einer, die Unordnung aufräumt? Zu einer, die mediale Botschaften übermittelt und versteht? Oder möchten Sie leichter ausmachen, wer Ihnen feindlich gesonnen ist? Wollen Sie mit Geistführern sprechen? Oder Ihre Materialisierungsfähigkeiten verbessern? Wäre es eine Herausforderung für Sie, Wunder zu wirken? Möchten Sie zur Wohlfühlform mutieren, um zu spüren, wie leicht sich das Leben anfühlen kann? Oder wollen Sie sich zu einer Form entwickeln, die sagt »Ich kann!«?

Gehört es zu Ihren Träumen, die Eigenschaften ihres Lieblings- oder Krafttiers verstärkt in ihr Leben einzubringen? Viele der Formen symbolisieren Fähigkeiten, die bestimmte Tiere auszeichnen.

Eine Bekannte erzählte mir einmal, wie ihre Katze sie geheilt hatte. Sie selbst lag mit Bronchitis im Bett. Die Katze legte sich eine Zeit lang auf ihre Brust. Am nächsten Tag waren die Symptome erheblich reduziert, die Katze hüstelte jedoch. Wie ein Schamane hatte das liebevolle Geschöpf die Krankheit übernommen.

Die Katzenenergie ist in vielen der Formen präsentiert. Wie sollte es auch anders sein, bei der Vielfalt wunderbarer Katzeneigenschaften! Einer der Polyeder symbolisiert genau die Fähigkeit, die der Stubentiger mit seinem Heilungsakt bewiesen hat: Die Form ist ein guter Schleimlöser bei Erkältungen. Bei der Katzenheilung war jedoch noch eine weitere Form im Spiel: die Form der bedingungslosen Liebe. Oder wie anders ist ein so selbstloses, zugewandtes Handeln zu begreifen?!

Wenn wir lernen, mit der Lichtsprache umzugehen, dann haben wir die Wahl. Die vielen unterschiedlichen und sehr differenzierten Charaktere der Formen und Farben versorgen uns mit zahllosen Impulsen und Entwicklungsmöglichkeiten. Wir können die Form besonders ins Auge fassen, die uns optisch am meisten anspricht. Oder wir können die Formpersönlichkeit, die die vorbildlichsten Eigenschaften für uns *ver-körpert* mit der Farbe kombinieren, die das ebenfalls tut bzw. ausgezeichnet mit ihr zusammenwirkt. Dann arbeiten wir mit der FFK, benutzen sie täglich, meditieren über sie, strahlen sie immer wieder in unsere Aura, setzen sie in unsere Grids – und schauen nach einiger Zeit, welchen Weg unsere Entwicklung genommen hat.

Das Ausstrahlen von Formen

Die Lichtsprache kann auf verschiedene Weisen eingesetzt werden. Wir können die Formen mit den Farben kombiniert einzeln »aussenden«. Wenn wir aussenden oder »ausstrahlen«, wirkt die FFK bis zu mehrere Stunden, jedoch nicht langfristig. Es steht uns aber auch frei, verschiedene Formen zu kombinieren und diese in unserer Aura für eine bestimme Zeit quasi festzuschreiben. Das ist der sogenannte »7-förmige Grid«, auf den ich später eingehen werde. Keine Sorge, niemand ist auf »Gedeih und Verderb« an ihn gebunden, es ist jederzeit möglich, sich der Formen wieder zu entledigen.

Bleiben wir zunächst beim »Ausstrahlen«. Es gibt verschiedene Situationen, in denen es Sinn macht, Formen »auszusenden«. Unter »aussenden« oder »ausstrahlen« ist zu verstehen, dass man eine bestimmte FFK denkt und sie zum gewünschten Ort schickt. Es geht also wieder einmal um eine klare Absicht. Die Form soll ja an der Stelle ankommen, für die sie geplant ist. Die Intention verursacht das Geschehen. Die konzentrierte Absicht wirkt wie ein Laserstrahl, der die FFK punktgenau ihr Ziel erreichen lässt.

Die Form wird also vom feinstofflichen Bereich des Anwenders ausgestrahlt, nachdem dieser einen klaren Fokus gesetzt hat. Sie landet dort, wo seine Intention sie hingelenkt hat. Es versteht sich, dass dieser Vorgang ebenso schnell wie präzise vor sich gehen sollte. Schließlich bewegt sich die Form mit Überlichtgeschwindigkeit – wir erinnern uns. Langes Nachdenken darüber, welche FFK wir senden und wohin überhaupt, wird für Verwirrung sorgen.

Die Fähigkeit des Ausstrahlens bekommen wir, wie alle anderen für den Umgang mit Lichtsprache notwendigen, durch die aufgefangene Lehre und in der Nachtschule vermittelt. Ohne dieses unterbewusste, mediale Wissen wird kein Effekt eintreten.

In der Wechselbeziehung mit anderen Menschen bedenken wir selten die Verschiedenartigkeit unserer Energiefelder. Wir wissen zwar, dass Menschen unterschiedlich sind, bringen dieses Bewusstsein aber nicht mit den feinstofflichen Bereichen in Zusammenhang. Jeder Mensch besitzt seine eigene Energiefrequenz. Wenn sich die Frequenzen zweier Menschen ähneln, dann besteht ein natürliches harmonisches Verhältnis zwischen ihnen. Die Auramuster sind »kompatibel«. Weichen die Schwingungen zweier Menschen stark voneinander ab, so kann es sein, dass sie sich unsympathisch finden oder Schwierigkeiten im Umgang miteinander haben. Ein Mensch, den Sie nicht mögen, passt einfach nicht in Ihr Schwingungsmuster. Das kann sich beispielsweise auch darin zeigen, dass man gleicher Meinung ist, aber ständig aneinander vorbeiredet. Im Laufe eines Zusammenseins können sich die Schwingungen dann angleichen. Praktisch bedeutet das, dass man sich für die Andersartigkeit einer Person öffnet und die Entscheidung trifft, sie so zu akzeptieren, wie sie ist. Vielleicht hat der oder die andere auch, trotz aller Unterschiede, eine Eigenschaft, die man als vorbildlich empfindet. Dann ist dies unter Umständen der Schlüssel für die Bereitschaft, sich der Energie dieser Person zu öffnen und damit das eigene aurische Feld auf ihres einzustimmen. Menschen, die gut mit anderen umgehen können, sind in der Lage, sich auf die von den ihren stark abweichenden Frequenzen anderer einzustellen. Dabei hilft Humor, viel Toleranz und ein offenes Herzchakra.

Für den erfolgreichen Umgang miteinander ist es also notwendig, sich immer wieder ins Gedächtnis zu rufen, dass Menschen unterschiedlich schwingen. Je mehr Bewusstheit wir über die feinstofflichen Vorgänge haben, desto harmonischer werden unsere Beziehungen sein.

Wir können üben, die Frequenz unserer Aura bewusst zu verändern und sie auf die Schwingung eines anderen Menschen abzustimmen. Bereits die Absicht zu einer Frequenzanpassung kann hilfreich sein.

Mithilfe ausgestrahlter FFKs bewirken wir eine Ausrichtung unseres Feldes auf überaus schnelle und effektive Weise. Wir können sie beispielsweise während einer therapeutischen Sitzung oder anderer Energiearbeit einsetzen. Zunächst einmal, um Rapport mit dem Klienten herzustellen. Das heißt, der Heiler schafft eine Vertrauensebene, auf deren Basis sich der Klient öffnen kann. Erst auf dieser Grundlage hat die gemeinsame Arbeit Aussicht auf Erfolg. Der Anwender umgibt sich also mit einer Form, um seine Schwingung auf die der Person abzustimmen. Oder er strahlt eine entsprechende FFK in den Raum aus.

Wir können uns jedoch in jeder Konstellation mit bestimmten Formen »umhüllen«, die uns dabei helfen, uns auf die Frequenz einer Situation, eines Ortes, eines bestimmten Menschen oder einer Gruppe von Menschen einzuschwingen. Dies ist im Rahmen einer Konferenz genauso möglich wie bei einem Gespräch unter vier Augen. Wenn wir in einem Hotel übernachten oder in ein anderes Land fahren – jedes Mal finden wir veränderte Schwingungsbedingungen vor. Es kommt unserem Wohlbefinden zugute, wenn wir uns darauf einstellen können. In andere Zeitzonen zu reisen, verursacht in der Regel Jetlag. Für eine schnelle Anpassung an diese Veränderungen empfiehlt sich ebenfalls, bereits während der Reise, das Ausstrahlen entsprechender FFKs.

Doch zurück zur therapeutischen Sitzung: Im Verlauf der Beratung kann der Therapeut weitere FFKs zum Einsatz bringen. Er hat die Möglichkeit, FFKs zu wählen, die ihm dabei helfen, die Krankheitsursache aufzuspüren oder erst einmal etwaige eigene Selbstzweifel vorübergehend hintenanzustellen. Mit einer präzise ins Kronenchakra gestrahlten FFK kann sich ein geübter Anwender blitzschnell mit den Kräften der Schöpfung verbinden, was bei jeder Art von Energiearbeit unerlässlich ist. Gleichzeitig sendet er FFKs zum Klienten, die diesen in dessen Prozess unterstützen.

Ein weiteres mögliches Szenario für den Einsatz von ausgestrahlten FFKs ist ein Vorstellungsgespräch. Gerade in einem solchen Zusammenhang ist wiederum die Fähigkeit überaus hilfreich, das eigene Energiefeld auf das der anderen Person abzustimmen. Dies gilt für den Arbeitssuchenden ebenso wie für den Interviewer. Für einen Bewerber, der Schwierigkeiten dabei hat, sich selbst darzustellen, empfiehlt sich obendrein eine FFK im Halschakra, die ihn dabei unterstützt, »rund« zu sprechen und seine Vorteile zu betonen.

Wie wir bereits gesehen haben, gibt es FFKs für praktisch jede Situation; die Einsatzmöglichkeiten sind immens. In diesem Zusammenhang darf man sich klarmachen: Man besendet andere Menschen prinzipiell nicht mit Formen. Es ist manipulativ und in der Regel nur bei Gefahr oder während einer therapeutischen Sitzung angebracht. Durch die an ihn gerichtete Bitte um Hilfe, hat ein Energiearbeiter in einer Sitzung die Erlaubnis, alle Möglichkeiten, die ihm zur Verfügung stehen, einzusetzen.

Ich wiederhole: Die Lichtsprache ist eine Vorgehensweise, die den freien Willen des Menschen respektiert. Wenn eine Person oder ein Wesen nicht dazu bereit ist, eine FFK aufzunehmen, so wird diese vom Energiefeld abgeblockt und ist daher ohne Wirkung. Auch wird eine FFK keinen Effekt erzielen, wenn dies nicht dem höchsten Wohle dient oder die Form in negativer Absicht ausgestrahlt wurde. Im Gegensatz zu anderen magischen Techniken ist dies bei der Lichtsprache sozusagen einprogrammiert.

Durch das Ausstrahlen von FFKs können wir den energetischen oder »heiligen Raum« kreieren, den wir für unsere Vorhaben benötigen. Im Folgenden gebe ich einige konkrete Beispiele für Situationen, die man durch das Aussenden von Farbe und Form gestalten kann.

Beispiele für das Ausstrahlen von FFKs in konkreten Situationen

Vortrag

Bestimmte FFKs, die sich der Vortragende ins Halschakra strahlt, lassen die Stimme lauter klingen und tragen sie weit. Mit diesem Volumen ist es möglich, auch ohne Mikrofon große Räume stimmlich auszufüllen. Gleichzeitig »hüllt« sich der Sprecher in eine weitere Form, um sich über seinen Text klar zu sein. Da die Farbe Gelb für Klarheit steht, könnte in diesem Kontext eine gelbe Form das Mittel der Wahl sein. Auch eine weiße kann Sinn machen, wenn man im weitesten Sinne »erleuchtet« über das Thema referieren möchte. Eine über den ganzen Raum gelegte Form kann den Anwesenden dabei helfen, das Gehörte zu verstehen und zu integrieren. Nach dem Vortrag wird man Reinigungsformen ausstrahlen, um die eigene Aura zu klären.

Vorstellungsgespräch

Die Person, die sich ihrem potenziellen neuen Arbeitgeber vorstellt, umgibt sich mit einer Form, die sie im »besten Lichte erscheinen« lässt, eine weitere im Hals sorgt für eine klare Ausdrucksweise. Die ganze Situation wird von einer FFK überstrahlt, die Würde und Achtung auf beiden Seiten garantiert. Zusätzlich schadet eine Energie, die für Wahrheit sorgt, nie.

Verkauf

Eine orangefarbene Form, die sich der Verkäufer ins Herz strahlt, sorgt für eine kreative Schöpferqualität und eine Verbindung mit dem Käufer auf der Herzebene. Das Halschakra wird von einer FFK aktiviert, die sowohl für verständliche Erklärungen als auch für liebevolle Überzeugungskraft sorgt. Dabei kann eine grün-gelbe Form dienlich sein. Die Situation selbst sollte von einer Energie überstrahlt werden, die die Herzen aller Beteiligten öffnet und die Situation in eine freundschaftliche Atmosphäre bettet. Sollte das Geschäft nicht für jeden der beiden Partner ein Gewinn sein, wird es nicht stattfinden. Denn noch einmal: Der Einsatz von Lichtsprache ist mit dem höchsten Wohle aller verbunden.

Im Laufe der Zeit wird das Feld fortgeschrittener Anwender, die schon länger und ausgiebig mit der Lichtsprache arbeiten, automatisch die richtige FFK oder Sequenzen von FFKs in jeder Situation aussenden, ohne dass sie sich bewusst für eine entscheiden müssen. Ein klarer Gedanke an das gewünschte Ergebnis wird ausreichen, um etwas zu bewirken.

Erfahrungsbericht eines Heilpraktikers zum Aussenden von Formen

Manchmal prüfe ich die Wirkungen der von mir angewendeten Methoden im Vorfeld der Therapie. Hierfür dient mir ein »Gerät zur Messung nicht linearer (Energie-)Systeme« (im Folgenden nenne ich es GMS). Das GMS zeigt an, zu wie viel Prozent die Methode, die ich anzuwenden beabsichtige, zur Aktivierung der Selbstheilung eines

Klienten beitragen wird. Anhand eines Blutstropfens, von Haaren oder der Energie des Menschen selbst liefert das GMS eine energetische Bewertung von 1–6 (1 = sehr gut, 6 = schlecht) aller Organsysteme und der Chromosomen, je nachdem, was man auswählt. Das GMS misst das Energiefeld der Person und kann daraufhin aus dem morphogenetischen Feld entnehmen, welche Heilmethode, die der Anwender (also ich) zur Verfügung hat, die höchste positive Trefferquote in Bezug auf die Anregung der Selbstheilungskräfte ergeben wird.

Hier ein Beispiel (Abb.1): Das obere Bild zeigt die Messung des Bronchialbaums einer Frau, die unter anderem ein Engegefühl im Herz-Lungen-Bereich hatte. Es zeigen sich bei der Messung des Bronchialbaums schwarze Quadrate, was die Note 6 bedeutet. Die Raute steht für die Note 5, auf dem Kopf stehendes Dreieck ist eine 4. Das

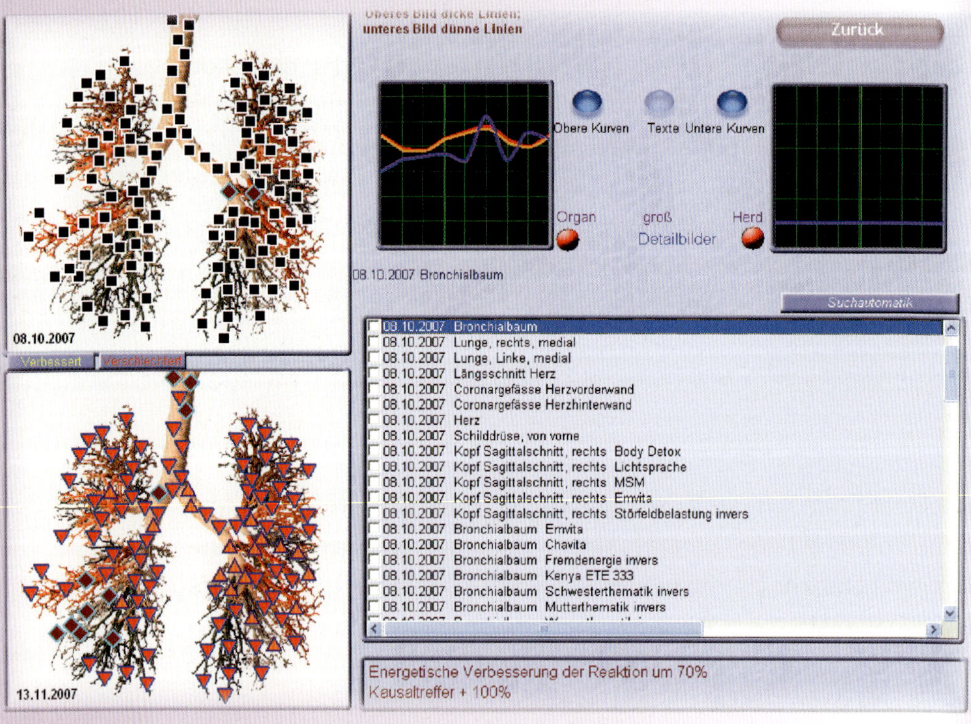

heißt: Im Ganzen ergibt die Belastung im Bronchialbaum der Klientin überwiegend eine 6, also ein äußerst schlechtes Ergebnis.

Als Lichtsprache-Anwender »befragte« ich nun das Gerät, ob die Lichtsprache im vorliegenden Fall hilfreich sein könnte. Ich bekam die Auskunft: Mithilfe der Lichtsprache wird die energetische Verbesserung der Bronchienfunktion 64 % betragen, zudem wird die Originalursache zu 100 % getroffen. Die Information darüber holt sich das Gerät aus dem Energiefeld des Anwenders bzw. aus dem Kosmos – das System geht mit dem Anwender in Resonanz und holt die Information über Lichtsprache aus dem morphogenetischen Feld. Besonders bemerkenswert ist, dass ich für meine Patientin nicht einmal einen Grid schreiben musste. Ich wählte aus 117 Lichtsprache-Formen und über 144 Farben genau die Form in der Farbe, die die Dame für die Anregung ihrer Selbstheilungskräfte benötigte – nur eine einzige – und bestrahlte sie damit (mit einer entsprechenden Software) für etwa eine Minute. Wichtig zu beachten ist, dass der Anwender die Methode selbstverständlich beherrschen muss (also die Lichtsprache gelernt haben), um einen Erfolg damit zu erzielen, denn er strahlt aus seinem Energiefeld ebenfalls die entsprechende Form und Farbe in das der Patientin aus. (Letztlich ist die Software für den Heilungsprozess nicht nötig, aber eine gute Hilfe für den Verstand des Klienten, ein offensichtlicher Hinweis, dass etwas »passiert« ist … und, wie gesagt, der Praktizierende hat ebenfalls mehr Klarheit über die Wirkung.) Als Ergebnis nach der Ausstrahlung der speziellen farbigen geometrischen Form stellte sich dann schließlich eine Verbesserung von 62 % heraus, mit dem Kausaltreffer von 100 %. Die entsprechende Veränderung der Energie im Bronchialbaum ist durch die Veränderungen der Formen im unteren Bild von Abb. 1 zu erkennen. Wir haben hier jetzt überwiegend eine 4, also eine erhebliche

Abb. 1
Das obere Bild zeigt den schlechten Ursprungszustand. Das untere Bild zeigt die Verbesserung nach der Anwendung von Lichtsprache.

Verbesserung. Physisch wirkte sich das bei der Klientin so aus, dass das Engegefühl verschwand und sie im Herz-Lungen-Bereich auch keine Beschwerden mehr hatte.

Dies ist also ein deutlicher Hinweis darauf, dass die Lichtsprache in den energetischen Bereich eindringt, um dann umgehend auch physisch wirksam zu sein. Nach einem Monat wurde mit der Patientin Rücksprache gehalten. Sie fühlte sich nach wie vor wohl.

So können »im Handumdrehen« bzw. über Lichtgeschwindigkeit mittels einer einzigen geometrischen Form, kombiniert mit einer Farbe, rasante Verbesserungen in der Befindlichkeit von Menschen geschehen. Natürlich ist es unabdingbar, dass die Person zum Arzt oder Heilpraktiker geschickt wird, sofern der Lichtsprache-Ausübende kein solcher ist. Es geht hier nicht um Heilung, sondern um die Übertragung von Lebensenergie (durch die Form) zur Anregung der vitalen Kräfte aller Systeme des Körpers.

Die Möglichkeiten, die wir mit der Lichtsprache haben, sind noch längst nicht alle ausgeschöpft. Wir haben erst angefangen, zu erforschen, was mit der Lichtsprache alles bewirkt werden kann.

Bericht einer Anwenderin

Ich gebe ab und zu Tupperpartys®. Als ich die letzte organisierte, war ich etwas unsicher, weil alle Leute, die ich kenne, bereits einiges bei mir gekauft hatten. Ich setzte also über diese Situation eine der FFKs für Verkauf, die ich aus der Lichtsprache kenne. Während dieses Abends machte ich zu meinem großen Erstaunen einen Umsatz von über 1 000 Euro.

Die Lichtsprache im morphogenetischen Feld

Das morphogenetische Feld ist ein Begriff des englischen Biologen Rupert Sheldrake. Es ist eine Variante dessen, was zuvor als universelles Bewusstseinsfeld bzw. Hyperfeld beschrieben wurde. Auch er geht davon aus, dass es ein höheres Bewusstseinsfeld in der Natur gibt, das wir alle durch unsere Erfahrungen bereichern. Die dort abgelegten Informationen können von verschiedenen Lebewesen abgerufen werden. Wenn eine bestimmte Anzahl von Mitgliedern einer Spezies eine neue Einsicht erfährt, versorgt sie besagtes Bewusstseinsfeld mit dieser Erfahrung. So kann die gleiche, weiter entfernt lebende Gattung sie ebenfalls aus diesem Feld abrufen.[1] Zahlreiche Untersuchungen, zum Beispiel mit Affen, belegen diese These.

Als Kinder legten wir unsere Schulbücher unter das Kopfkissen, in der Hoffnung, wir könnten das Wissen auf diese Weise leichter verinnerlichen. Man mag ob dieses kindlich-naiven Glaubens gerührt sein. Untersuchungen in Zusammenhang mit dem morphogenetischen Feld sollen allerdings ergeben haben, dass Studenten, die in Räumen neben ihren Professoren schliefen, in Prüfungen danach ein Wissen wiedergeben konnten, das ihnen vorher nicht beigebracht worden war.[2] Nebenbei bemerkt: Unabhängig von dieser Entdeckung halten Lichtsprache-Lehrer ihre Schüler immer dazu an, ihr Lehrmaterial während der Nacht unters Kopfkissen zu legen.

Geometrie spielt im Kosmos und bei den Bewohnern unseres Planeten, wie auch frühe Höhlenzeichnungen erkennbar machen, eine tragende Rolle. Insofern ist es selbstverständlich nicht nachprüfbar, inwieweit es die Lichtsprache an sich ist, die das morphogenetische Feld prägt. Der starke Fokus indes, der seit zehn Jahren in Deutschland und einigen anderen Ländern Europas auf dieser speziellen Umgangsart mit Heiliger Geometrie und Farbigkeit liegt, hat mit Sicherheit seine Spuren hinterlassen.

Im Jahre 1999 kam die Lichtsprache über München zum ersten Mal nach Europa. Dies löste, wie zu Beginn beschrieben, aufregende Prozesse aus. Ich bin überzeugt davon, dass sich seitdem in Deutschland vieles geändert hat.

Ganz besonders beeindruckt hat mich eine eigene Erfahrung. Ich unterrichtete die fortgeschrittene Form der Lichtsprache in München. Am letzten Tag des Kurses wollte ich meinen Kursteilnehmern zum Abschied Kuchen mitbringen. Als ich in die Vitrine der Konditorei schaute, traute ich meinen Augen nicht: Ich entdeckte angewandte Lichtsprache in Form von Petit Fours. Hier die Erklärung: Die süßen Würfel prangen in leuchtendem Rosa. Diese Farbschwingung ist in der Lage, »ungewöhnliche Möglichkeiten« zu erschaffen. Auf dem Kubus ist eine weitere Form, der Moebius, auf den ich später noch etwas mehr eingehen werde. In Verbindung mit der Farbe Braun sorgt die liegende Acht für eine kontinuierliche Erdung des Geldflusses. In der Mitte jeder Schleife ist, klar erkennbar, je eine weiße Kugel für Rundum-Erleuchtung und im Zentrum, als Krönung der Erscheinung, eine goldene Kugel, die neben höchster Schöpfungsenergie auch noch das Potenzial hat, für finanziellen Reichtum zu sorgen. Klar, dass ich sofort zugriff. Ich habe ein solches Dekor bei Petit Fours seitdem nirgendwo gesehen, auch in dieser Konditorei nicht. Dort hatte ich auch zuvor keine derart verzierten Petit Fours entdeckt.

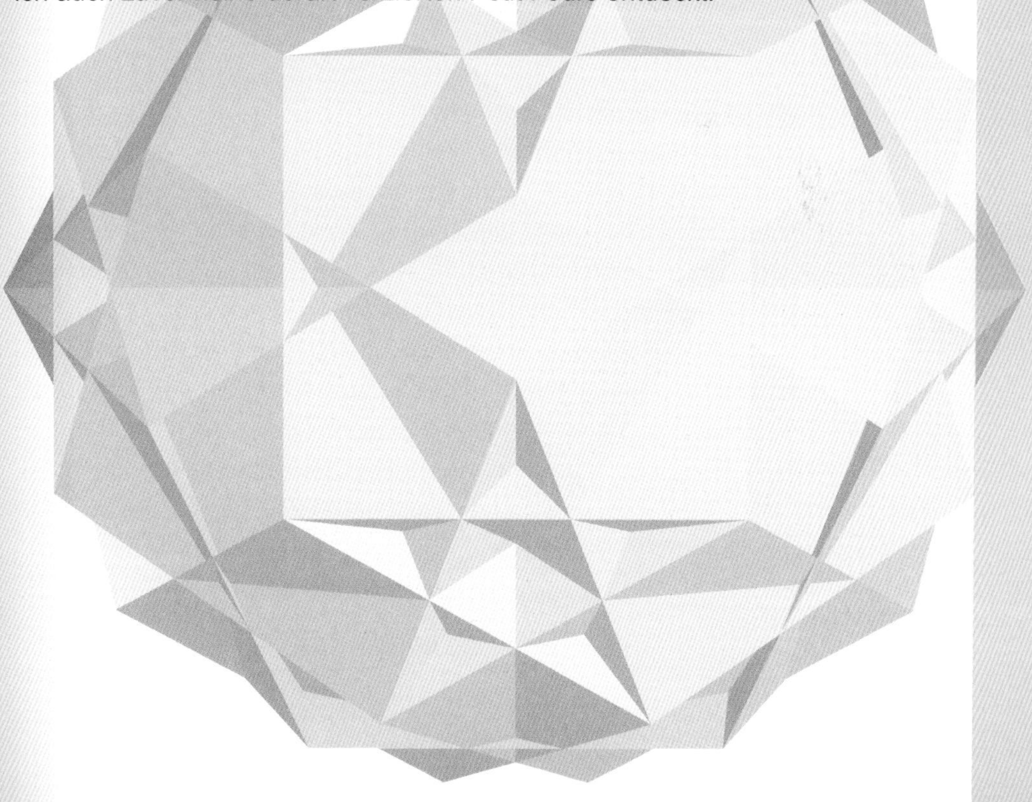

Das eigene Feld ausrichten

Alles, was wir jemals erlebt haben, unsere Erfahrungen, Gedanken, Gefühle, Einstellungen, Blockaden und Traumata sind alle in unserer Aura gespeichert. Hellsichtige Menschen können dies wahrnehmen. Sie sehen die Gedanken der Menschen als wirkliche Bilder oder als Wolkenformationen. In der Aura ist bis hin zu den Vorleben alles ablesbar: Die Bindungen an andere Menschen, Tiere oder Objekte sind dort als verschiedenartige Bänder erkennbar. Darüber hinaus Implantate, Löcher und Risse in Chakren (zum Beispiel im Herzchakra durch Herzschmerz), anhaftende Seelen und nicht zuletzt Heilige Geometrie etc. Wir sind also ein »offenes Buch« für mediale Leute.

Diese oft einschränkenden, hinderlichen und zum Teil natürlich auch ermächtigenden Programmierungen ihres Feldes dienen den Menschen als Bausteine, mit denen sie ihre eigene Welt erschaffen. Jeder zimmert daraus sein ganz persönliches Weltbild, oder, anders ausgedrückt, sein ureigenes Universum. Künftige Erfahrungen, Gedanken, Schlüsse, Emotionen und Reaktionen bringen weiteres Material für einen kontinuierlichen Ausbau. Jeder Mensch ist Ausdruck eines solchen Universums. Jeder lebt seine eigene Kreation, seine spezielle Sichtweise dessen, wie die Welt ist, was in ihr (nicht) möglich ist und wie sie sein sollte. Vielleicht herrscht im Universum einer Person das Gesetz, sich für unwert zu halten. In dem Universum einer anderen Person wiederum ist es Prinzip, dass sie fünf Kilo abnehmen kann, nicht aber zehn. Das ist die Realität in ihrem Universum. Eine andere existiert dort nicht.

Wie uns die Gesetze der Resonanz und der Schwingung lehren, strahlen die Umstände, die in unserem Universum herrschen, nach außen. Die Schwingungen, die wir aussenden, verbinden sich mit ähnlichen Frequenzen, und wir ziehen diese in unser Leben. Sie bestätigen unsere Einstellungen. Wir zementieren damit weiter die Fundamente unseres Universums. Wenn eine Person meint, sie sei nicht gut genug, wird sie genau die Erfahrungen, die ihr diesen Glauben bestätigen, in ihr Leben ziehen. Vertritt jemand die Auffassung, es gibt keine Möglichkeiten für ihn, dann gibt es keine Möglichkeiten für ihn. Denn: Unsere Gedanken kreieren unsere Realität – und damit unser Universum.

Wir Menschen lügen gern, und oft merken wir das gar nicht. Oder anders ausgedrückt: Wir wollen unsere Lügen glauben. In der Regel sind wir es selbst, die wir belügen. Der Lügenforscher Prof. Peter Stiegnitz hat festgestellt, dass Menschen bis zu 200-mal am Tag lügen. Männer sollen sogar 20 % häufiger die Unwahrheit sagen als Frauen. Er selbst log als Neunjähriger auf die Frage, ob er Jude sei – nur zu verständlich. Man ließ ihn daraufhin in Ruhe seiner Wege ziehen. Ins Land der Lügen gehören meiner Ansicht nach auch beschönigende Erklärungen und Rechtfertigungen. Wir geben sie ab, um unser Universum zu befestigen und stabil zu halten. Die Glaubenssysteme, die dort Prinzip sind, müssen durch scheinbar unwiderlegbare Begründungen und Erklärungen festgezurrt werden: »Ich konnte nicht anrufen, du weißt ja, wie viel man immer so auf dem Schreibtisch hat« oder »Ich kann die Weiterbildung nicht machen, weil ich ohnehin zu alt bin, um …« Natürlich ist man vom Wahrheitsgehalt seiner Aussagen selbst überzeugt. Hat der Lügenforscher recht, so haben Männer anscheinend ein noch stärkeres Bedürfnis als Frauen, auf/in ihrem Universum »zu bestehen«. Bemerkungen der genannten Art scheinen nicht besonders auffällig zu sein, eher banal, nicht der Rede wert. Aber sie fungieren als Ummantelungen einer anderen Wahrheit, die nicht ausgesprochen werden darf, damit wir vor uns und anderen gut dastehen und es bequem haben. Solange wir uns allerdings solcher automatischen, kaum bewusst registrierten Erklärungen und Allgemeinplätze bedienen, versperren wir uns den Weg in die Bewusstheit. Es geht nicht darum, Lügen zu verurteilen – sie können, wie wir am persönlichen Beispiel des Lügenforschers gesehen haben, durchaus nützlich sein. Es geht auch nicht darum, jedermann alles wissen zu lassen. Im Zuge unseres Erwachens ist es jedoch notwendig, sich der eigenen Lügen, zumindest weitgehend, bewusst zu sein. Wenn ich mit der Begründung nicht abnehme, dass alle in meiner Familie dick sind, dann ist das eine dieser »logischen« Erklärungen, die den Status quo aufrechterhalten sollen. Ihr Zweck besteht darin, Änderung zu verhindern. Wir Menschen sind träge Wesen, wir hängen an unseren Zu- und Umständen, auch wenn sie noch so unangenehm sind. Es sind vertraute Bereiche, die wir nicht gern verlieren, denn wir wissen ja nicht, was uns stattdessen erwartet. Diese Unbeweglichkeit macht es uns ja auch so schwer, unsere Weltanschauung zu ändern. Unser bisheriges Weltbild beruhte auf sichtbaren und labortechnisch beweisbaren Sachverhalten. Auch wenn erweiterte Sichtweisen bereits wissenschaftlich untermauert sind, reicht das oft immer noch nicht aus, um zu akzeptieren, dass unsere bisherige Denkart womöglich überaus beschränkt ist und es viel mehr Möglichkeiten gibt, als wir annehmen.

Welche Form mag nun verstärkt im energetischen Feld einer solchermaßen blockierten Person auftreten? Höchstwahrscheinlich der Würfel. Der Würfel ist die begrenzendste aller Formen. Blockierte, eingeschränkte und sture Leute haben zuviel »Würfelenergie«. Die Farbigkeit dieser Formen wird dann auch nicht klar und leuchtend sein, sondern düster und verwaschen. Übersetzt: »Ich bin nicht offen, ich bin unflexibel, ich bin eingefahren, andere Betrachtungsweisen dringen nicht zu mir durch.«

Mit der Lichtsprache haben wir nun die Möglichkeit, den Schöpfungscode einzusetzen, um andersgeartete Informationen in das Energiefeld zu übertragen und es entsprechend auszurichten. Auf diese

Weise erschaffen wir unser Universum neu. Wir beleben, gestalten, transformieren und heilen es.

Ein Weg, mit dem wir unser Energiefeld modifizieren können, ist der »7-förmige Grid«. Mit seiner Hilfe versehen wir unser Feld mit neuen Informationen und betätigen uns damit als »schöpferischer Universumsarchitekt«.

Wenn wir mit einem 7-förmigen Grid arbeiten, dann fügen wir in jedes der sieben Hauptchakren eine bestimmte, ausgewählte geometrische Form kombiniert mit einer Farbe (FFK). Damit kodieren wir das gesamte Chakrensystem sozusagen neu und bringen es in eine harmonischere Schwingung. Eine solche Kombination wird, wenn sie einem lebenden Wesen dient, als »Persönlicher Grid« bezeichnet. Der Grid ändert die Schwingung des persönlichen Energiefeldes.

Um einen 7-förmigen Grid zu kreieren, ist es notwendig, zu wissen, welche Lebensthemen bzw. -bedürfnisse aktuell im Vordergrund stehen. Die Frage lautet: »In welchem Lebensbereich, in welchem Chakra, habe ich Schwierigkeiten?«, oder »Welche Qualitäten möchte ich verstärken?«

Der 7-förmige Grid als »Persönlicher Grid«

Benötigt eine Person mehr Aktivität auf der physischen Ebene, so könnte eine rote Kugel im ersten Chakra hilfreich sein. Eine orange Form wiederum dient der allmählichen Öffnung für die »gefährlichen« Qualitäten des zweiten Chakras. Sie sorgt zum Beispiel für die Ankurbelung der Erotik und/oder des Geldflusses. Natürlich hat sie auch Einfluss auf Kreativität und Teamfähigkeit usw., je nach Absicht des Anwenders bzw. der »Vorstellung« von Form und Energiefeld selbst über das, was gefördert werden muss.

Normalerweise fügen wir nur eine Form in jedes Chakra. Für die Erweiterung erotischer Perspektiven und auch des Geldflusses (wenn man so weit ist) gibt es jedoch eine Ausnahmeregelung: Man kann das zweite Chakra mit zwei bestimmten orangefarbenen Formen verstärken. Wer mutig genug ist, dies zu tun, darf sich darauf gefasst machen, 14 Tage lang von Männern wie Frauen, vorsichtig ausgedrückt, sexuell bemerkt zu werden. Als meine Lehrerin auf diesen Umstand hinwies, hatte ich wie so oft meine Zweifel. Das änderte sich jedoch, als ich mit einem Bekannten, der mit der »Ausnahmeregelung« versehen war, in einer belebten Einkaufsstraße bummeln ging. Meine Anwesenheit hielt eine Frau nicht davon ab, ihn anzusprechen. Sie folgte uns sogar in einen Laden und war nur äußerst schwer abzuwimmeln.

Ist ein Mensch unsicher, welchen Weg er einschlagen soll, so kann ihm eine entsprechende Form im Solarplexus dabei helfen, Klarheit und Entscheidungsstärke herzustellen. Eine grüne erweiternde Form im Herzchakra sorgt für mehr Akzeptanz und Verständnis für sich selbst und andere. Eine schüchterne Person, die mehr für ihre Belange eintreten will, wird eine Energie für ihr Halschakra wählen, die dazu beiträgt, dass sie sich mehr öffnet, kommuniziert und den Mut hat, ihre Meinung zu äußern. Mehr Verbindung mit der Schöpfung kann man durch Einfügen eines ausgewählten Symbols ins Kronenchakra erreichen; fühlt man sich von seiner inneren Weisheit getrennt, sorgt eine entsprechende FFK im dritten Auge für Öffnung des Kanals …

Wie wir wissen, besitzt jede Form und jede Farbe eine eigene, individuelle Schwingung, eine ganz spezifische, persönliche Energie. Indem wir Formen und Farben wählen und sie in unsere Chakren einfügen, bestimmen wir, welche Energien in unserem Leben wirksam sein sollen und natürlich auch, auf welche wir künftig verzichten möchten.

Wenn eine Person tratscht und dabei viel Gift versprüht, dürfte, sofern sie den Wunsch hat, dieses Verhalten zu ändern, eine entsprechende reinigende Form im Halschakra dafür sorgen, dass ihr das Muster schneller bewusst wird. So kann sie es nach und nach ablegen. Desgleichen gibt es Möglichkeiten, einschränkende Glaubenssätze zu unterwandern, indem man zum Beispiel eine Formenpersönlichkeit ins Dritte Auge fügt, die in der Lage ist, mit »Irrtümern« aufzuräumen.

Natürlich wird jeder Grid für jede Person individuell, entsprechend ihrer spezifischen Bedürfnisse angefertigt. Die Energie arbeitet subtil, aber doch kraftvoll, und stärkt das aurische Feld. Für sich selbst stehend, aber auch in Zusammenhang mit anderer therapeutischer bzw. Energiearbeit, ist ein solcher 7-förmiger persönlicher Grid äußerst effektiv und kann sich lebensverändernd auswirken.

Um die Aura dauerhaft mit einem 7-förmigen Grid zu kodieren, findet eine spezielle Übertragung statt. Der Grid bleibt in der Regel bis zu 17 Monate im feinstofflichen Feld, falls er nicht vorher wieder entfernt wird. Dies ist jederzeit möglich. Wenn der Grid eine Zeit lang gewirkt hat, kann es auch passieren, dass die Energie vom Subtilbereich bereits vorher vollständig integriert wurde – dann hat der Grid seine Arbeit getan. Man kann sich einen weiteren Grid anfertigen, angepasst an die neuen Energiebedürfnisse. Auf diese Weise ist es möglich, mit den Symbolen kontinuierlich an der persönlichen Weiterentwicklung zu arbeiten, was mit steter Schwingungserhöhung einhergeht.

Der 7-förmige Grid sorgt, wie gesagt, für eine Neukodierung des Energiefeldes. Dies geschieht auf vielfältige Weise:

Der Grid zieht die Energien an, für die er konstruiert wird. Wenn eine Person also mehr Klarheit über ihren Weg haben möchte oder liebevoller mit sich selbst umgehen will, dann sorgen die FFKs des Grids dafür, dass diese Energien aktiviert werden. Gleichzeitig können wir mithilfe des Grids die Schwingungen ausgleichen, die immer wieder für negative Erfahrungen sorgen. Das heißt, wenn eine Person zum Beispiel das Muster hat, immer wieder aggressive Partner anzuziehen, dann kann der Grid zum Abbau des schädlichen Verhaltens beitragen. Darüber hinaus vermag er, zerstörerischen Energien von vornherein den Zugriff zu verwehren. Der 7-förmige Grid filtert also unharmonische Energien aus, eigene wie fremde, und bringt das Chakrensystem ins Gleichgewicht. Um es noch einmal zu betonen – wenn er mit negativen Absichten erstellt wurde, bleibt er wirkungslos.

Beispiel eines »Persönlichen« 7-förmigen Grids mit fortgeschrittenen Formen der Lichtsprache

Die vielschichtigen Formen der fortgeschrittenen Lichtsprache besitzen unendliche Fähigkeiten, die weit über die uns bewusst bekannten hinausgehen. Sie können daher tiefgreifend und auf vielen Ebenen intervenieren. Folgenden Erläuterungen beschreiben immer nur einen kleinen Ausschnitt aller Möglichkeiten. Die Erklärungen beginnen jeweils bei der unteren Form, beim Wurzelchakra.

Wurzelchakra

Diese spezielle FFK bewirkt unter anderem eine Öffnung des Wurzelchakras durch die enorme Menge Licht, die sie vermittelt. Das heißt, sie hilft einer Person dabei, sich auf der physisch-materiellen Ebene voranzubewegen. Als selbstvervielfältigende Form vermehrt sie obendrein das, was bereits vorhanden ist, also schon existente materielle Dinge oder Fähigkeiten. Allerdings kann sie auch die Energien verstärken, die auf dieser Ebene nicht so gut laufen. Wenn eine Person beispielsweise einen Mangel an Geld hat, dann könnte sie diesen Mangel verschärfen. Gerade bei einer so kraftvollen Form darf man also besonders viel gesunden Menschenverstand gebrauchen, um sie wirklich ermächtigend einzusetzen. Für eine Person, die so weit ist, sät diese FFK auch die Fähigkeit, »alles zu haben«.

Sakralchakra

Diese FFK kann Wunder bewirken. Auch sie ist eine selbstvervielfältigende Energie und daher einzusetzen, wenn die Themen, die mit dem zweiten Chakra in Zusammenhang stehen, bereits gut funktionieren. Bei Geldmangel ist auch sie daher nicht zu empfehlen. Die FFK ist eine mächtige Form.

Solarplexuschakra

Die FFK weiß, was wichtig ist. Sie bewirkt, dass Klarheit über die Aufgabe entsteht. Sie hat zudem die Fähigkeit, Dinge zu verhindern, die man nicht will, noch bevor diese entstehen können.

Herzchakra

Mit dieser FFK im Herzen lernt man, sich mit seinen Herzenergien wohlzufühlen. Man ist bereit, sein Herz vertrauensvoll für sich und andere zu öffnen. Man fühlt sich durch die Mitmenschen nicht bedroht, hat kein Problem, sie so zu nehmen, wie sie sind und kann sich daher liebevoll auf sie einlassen.

Halschakra

Ihr Spitzname beschreibt die Persönlichkeit der Form: »Heilender Lehrer«. Diese FFK im Halschakra wird Heilungsenergien durch die Worte der Person vermitteln. Gleichzeitig lehrt sie sowohl den Träger selbst als auch andere durch ihn, wie man »zu sein hat«. Mit dieser Form wird man Sein vorleben (nicht Tun). Außerdem verbindet sie das dritte Auge mit dem Halschakra, sodass innere Weisheit entweder ausgesprochen oder auf anderem Wege vermittelt wird.

Drittes Auge

Diese FFK verbindet das eigene Bewusstsein mit dem universellen Bewusstsein bzw. mit anderen Bewusstseinsformen. Sie hilft also dabei, die Absichten zu anderen Dimensionen zu kommunizieren, um Unterstützung zu bekommen. In der gegebenen Farbkombination bietet sie überdies Hilfestellung für den Umgang mit den eigenen Emotionen.

Kronenchakra

Dies ist eine der Formen, die in den letzten Jahren neu entdeckt wurden. Man kennt zwar die Wirkungsweise dieser 37 Polyeder, nicht jedoch ihr Aussehen. Die hier gezeigte Form dient dazu, die Energie vollkommen auf die Schöpfung auszurichten und diese Verbindung umgehend wieder herzustellen, sollte sie aus irgendeinem Grunde geschwächt worden sein.

Die FFKs dieses Grids sind offensichtlich äußerst kraftvoll. Die Beschreibungen lassen ahnen, worauf es dem Träger ankommt. Seine Absicht ist es, effektive und erfolgreiche Arbeit als Heilpraktiker und Seminarleiter zu leisten. Dieses Ziel vor Augen, ist es dem Mann offensichtlich wichtig, im Herzen angstfrei zu sein. Er möchte sich ohne Einschränkungen für seine Klienten öffnen können. Zudem ist es sein Wunsch, ihnen durch sein bloßes Sein zu vermitteln, »wie man zu sein hat«. Er will den Menschen also Qualitäten vorleben, die ihnen zu einem Aha-Erlebnis verhelfen. Die FFK im Solarplexus lässt darauf schließen, dass er zudem mehr Klarheit über seine Aufgabe anstrebt. Vielleicht spürt er, dass er auch noch andere Richtungen im Leben einschlagen will. Über die Kronenchakraform beabsichtigt er, noch stärker mit der Schöpfung verbunden zu sein. Die FFK im Dritten Auge weist darauf hin, dass er feinstoffliche Unterstützung beim Umgang mit seinen Emotionen sucht.

Das Beispiel verdeutlicht, dass man bei der Auswahl der Formen und Farben achtsam sein muss. Formen, die hervorragend geeignet dafür sind, einen Lehrer in seine Kraft zu bringen, könnten für eine andere Person weniger passend sein. Jeder Grid dient explizit dem höchsten Wohle eines Menschen. Sind jedoch die Formen zu mächtig, kann das Energiefeld einer Person sie entweder nicht integrieren und der Grid ist wirkungslos, oder der Prozess wird zu heftig. Am effektivsten ist in der Regel ein sanfter und leichter Prozess.

Der 7-förmige Grid wird nicht konstruiert, um ein spezielles Ziel zu erreichen. Dafür sorgt der 49-förmige Grid. Der 7-förmige Grid dient einer allgemeinen Ausrichtung des Energiefeldes unter Berücksichtigung der aktuell notwendigen Energiebedürfnisse.

Bericht eines Anwenders

Ich weiß nicht, ob es damit zu tun hatte, aber nachdem ich mir meinen ersten Persönlichen (7-förmigen) Grid gesetzt hatte, änderte sich mein Leben fast schlagartig. Ich wollte eine bestimmte heilerische Ausbildung machen. Dafür hätte ich vier Wochen Urlaub am Stück gebraucht. Das war in unserer Firma nicht möglich, und obendrein kostete der Kurs auch noch ziemlich viel Geld, das ich nicht besaß. Alles fügte sich jedoch auf unerwartete Weise: Man kündigte mir meine Stelle in der Firma und bezahlte mir eine Abfindung in fast genau der Höhe der Kursgebühr. Da ich erst zwei Jahre bei dieser Firma gearbeitet hatte, hätten sie mir überhaupt nichts zahlen müssen. Ich machte also meine Ausbildung, wie ersehnt. Ich hatte keinen speziellen Grid für dieses Ziel geschrieben. Ich hatte lediglich den 7-förmigen Grid in meiner Aura.

Ausrichtung von Orten und Objekten

Mit dem 7-förmigen Grid können wir auch auf die Energie von Orten und Objekten Einfluss nehmen. Dies verschafft uns die Möglichkeit, ein regelrechtes Energienetz zu kreieren, ein lebendiges, mächtiges Kraftfeld, das viele Bereiche einschließt und miteinander verbindet. Vielleicht fragen Sie sich: »Haben Orte und Objekte denn Chakren?« Die Schamanen sagen, dass alles lebendig und bewusst ist. Nicht nur Menschen und Tiere oder Pflanzen, auch Steine, Schränke und technische Geräte – alles hat ein Bewusstsein. Ohne auf dieses Thema tiefer eingehen zu wollen: Vielleicht haben Sie schon einmal festgestellt, dass Anerkennung für eine bessere Funktionsfähigkeit Ihrer Geräte sorgt. Wenn man mit seinem Computer oder Auto freundlich spricht, sie lobt und »liebevoll« mit ihnen umgeht, so wird es eher keinen Computercrash und keine Autopanne geben. Und wenn doch, so wird es nicht gravierend sein. Das Gleiche gilt für jede Art von technischem Gerät. Wenn wir also Objekte als lebendige Wesen betrachten, dann versteht es sich, dass sie die gleichen Chakren wie jedes andere Lebewesen auch besitzen.

Bei der Errichtung eines umfassenden Kraftfeldes liegt es zuallererst nahe, sich die eigene Wohnung vorzunehmen. Folgende Fragen können sich hier stellen: Wie ist die Energie in meiner Wohnung? Was passiert dort? Wie gehen die Bewohner miteinander um? Streitet man sich viel? Haben die Kinder Lernschwierigkeiten? Gibt es viel Stress?

Herrscht Niedergeschlagenheit? Sind wir faul? Sind wir überaktiv? Wie wünsche ich die Energie künftig zu gestalten?

Man sollte sich darüber klar sein, dass ein 7-förmiger Grid für eine Wohnung immer das Einverständnis aller Mitbewohner haben muss. Also alle, auch die Kinder von der Pubertät an, müssen informiert werden und zustimmen.

Natürlich kann man auch andere Räumlichkeiten kodieren. Es bietet sich an, auch das eigene Büro oder die eigene Praxis mit einem Grid zu belegen. Dies allerdings nur, wenn man selbst der Besitzer ist. Ein Firmenangestellter muss dazu um Erlaubnis bitten und im Einvernehmen mit dem Inhaber arbeiten.

Den stationären Grid, also den 7-förmigen Grid für einen Ort oder ein Objekt, erläutere ich an folgendem Beispiel eines Praxis-Grids. Die Vorstellung der Formen beginnt wieder mit der des Wurzelchakras, also mit der untersten Form des Grids.

7-förmiger stationärer Grid für eine Praxis

Wurzelchakra

Die FFK setzt ungebetenen Gästen Grenzen. Dies ist auf der physischen Ebene eines Wohnungs- oder Firmengrids wichtig. Schließlich will man keine Einbrecher zu Besuch haben. Gleichzeitig sorgt der Körper für Manifestation (Klienten etc.).

Sakralchakra

Diese FFK sorgt für viel Licht. Bereiche, die mit Energie unterversorgt sind, werden besonders berücksichtigt. Die Form kümmert sich darum, dass alle gut zusammenarbeiten. Das ist in einem Betrieb wichtig, in dem nicht nur mehrere Personen tätig sind, sondern auch Klienten betreut werden und Geräte funktionieren müssen. Gleichzeitig verstärkt sie die Miterschaffung und sorgt für eine harmonische Verbindung von Erde und Geist. Dies ist, wie wir wissen, die beste Grundlage für eine erfolgreiche Manifestation.

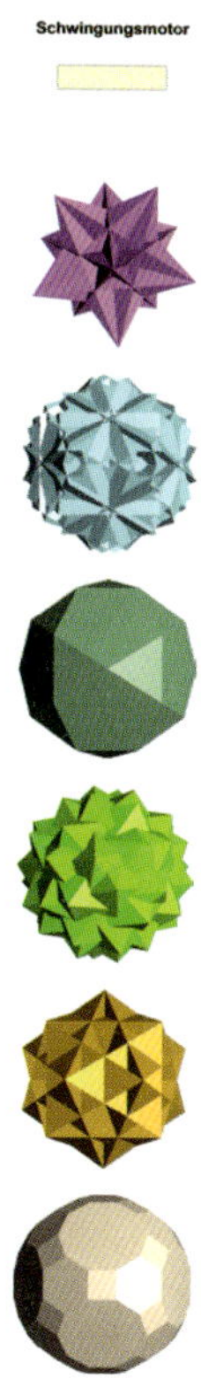

Solarplexuschakra

Diese FFK zieht die Energie zu den Bereichen, die mehr Hilfe benötigen. Sie bringt enorme Klarheit, auch indem sie Dinge zutage fördert, die näher angeschaut werden möchten. Gleichzeitig stärkt sie den Praxisinhaber in seiner Führungsposition und seinem Wissen darüber, was zu tun ist und verteilt die Energien so, dass enorme Mengen von Arbeit erledigt werden können.

Herzchakra

Diese FFK dient dem Klientenzufluss. Dass sie im Herzchakra benutzt wird, zeigt, dass dieser Zustrom mit Liebe verbunden sein soll – auf beiden Seiten.

Halschakra

Die Wunder wirkende Formation dient dazu, Energien zu klären. Reinigung ist unerlässlich, gerade in einer Praxis, in der ja ständig Prozesse stattfinden und belastende Energien frei werden. Außerdem hilft die Form bei der Heilarbeit an sich, denn sie trägt dazu bei, Angelegenheiten, Probleme und Energien zu *be-reinigen*. Gleichzeitig dient die Form dazu, Schwierigkeiten im Zusammenhang mit dem Praxisbetrieb schnell aus dem Weg zu räumen. Darüber hinaus sorgt sie dafür, dass man klar und ehrlich miteinander kommuniziert und der Umgang miteinander achtungsvoll ist.

Drittes Auge

Die FFK richtet die Schwingungen der Patienten, der Mitarbeiter, der Probleme etc. perfekt aufeinander aus.

Kronenchakra

Hier handelt es sich wieder um eine der Formen, von denen bisher nur die Bedeutung, nicht aber ihr Aussehen bekannt ist. Sie richtet die Schwingung auf höchste Ebenen aus und sorgt dafür, dass das höchste Wohl aller immer im Vordergrund steht.

Auf eine Kurzformel gebracht: Dieser Grid sorgt für ein harmonisches Miteinander im Praxisbetrieb, für Klarheit, Authentizität, Klärung und Verbindung. Gleichzeitig berücksichtigt er auch den Wunsch, den Klientenzufluss anzukurbeln – dies mit dem Fokus auf die Herzenergien.

Die Beispiele zeigen, dass man alles »begridden« kann. Innerhalb eines Wohn- oder Arbeitsbereiches wiederum ist es möglich, auch die einzelnen Räume, die ja unterschiedlichen Zwecken dienen, speziell zu energetisieren. Ein Arbeitszimmer benötigt eine andere Energie als ein Schlafzimmer. Der Meditationssessel hat andere »Bedürfnisse« als der Computer. Auch das Auto kann mit entsprechenden Schwingungen versehen werden, ebenso der Tank, um Benzin zu sparen … nicht zu vergessen das Bankkonto …

Bericht einer Anwenderin

Übrigens, der Grid für mein Auto ist unglaublich, und ich habe ihn ja noch nicht einmal gesetzt! Mein kleiner Fiesta lief bei 160 km/h wieder wie auf Schienen, obwohl er zuvor bei 140 km/h unruhig wurde und zu vibrieren anfing. Und ich habe in Z. vergessen, die Parkkarte hineinzulegen. Das Auto stand also zwei Tage ohne Parkkarte auf der Straße. Normalerweise wäre es abgeschleppt worden, aber nun habe ich nicht mal einen Strafzettel bekommen, super!!!

Der 7-förmige Grid ist ein wahres, bisher viel zu wenig beachtetes Juwel, mit dem wir unser gesamtes Lebensumfeld beleben und in heilende Schwingung versetzen können. Noch kraftvoller wird es, wenn wir die verschiedenen Grids für Orte, Objekte, ja auch persönliche Grids miteinander verknüpfen.

Wir können also 7-förmige Grids für uns selbst, unseren Arbeitsbereich, unseren Meditationssessel, das Bankkonto, das Bett usw. erstellen und diese obendrein miteinander verbinden. Auf diese Weise kann sich jeder sein eigenes dynamisches Energienetz weben, seine individuelle Matrix, die alle (wichtigen) Bereiche des Lebens einbindet. Dies kann eine völlige Veränderung der Lebenssituation bewirken. Man könnte diesen Vorgang auch als »Lichtsprache-Design« bezeichnen, sozusagen als ein »Feng Shui der Heiligen Geometrie«.

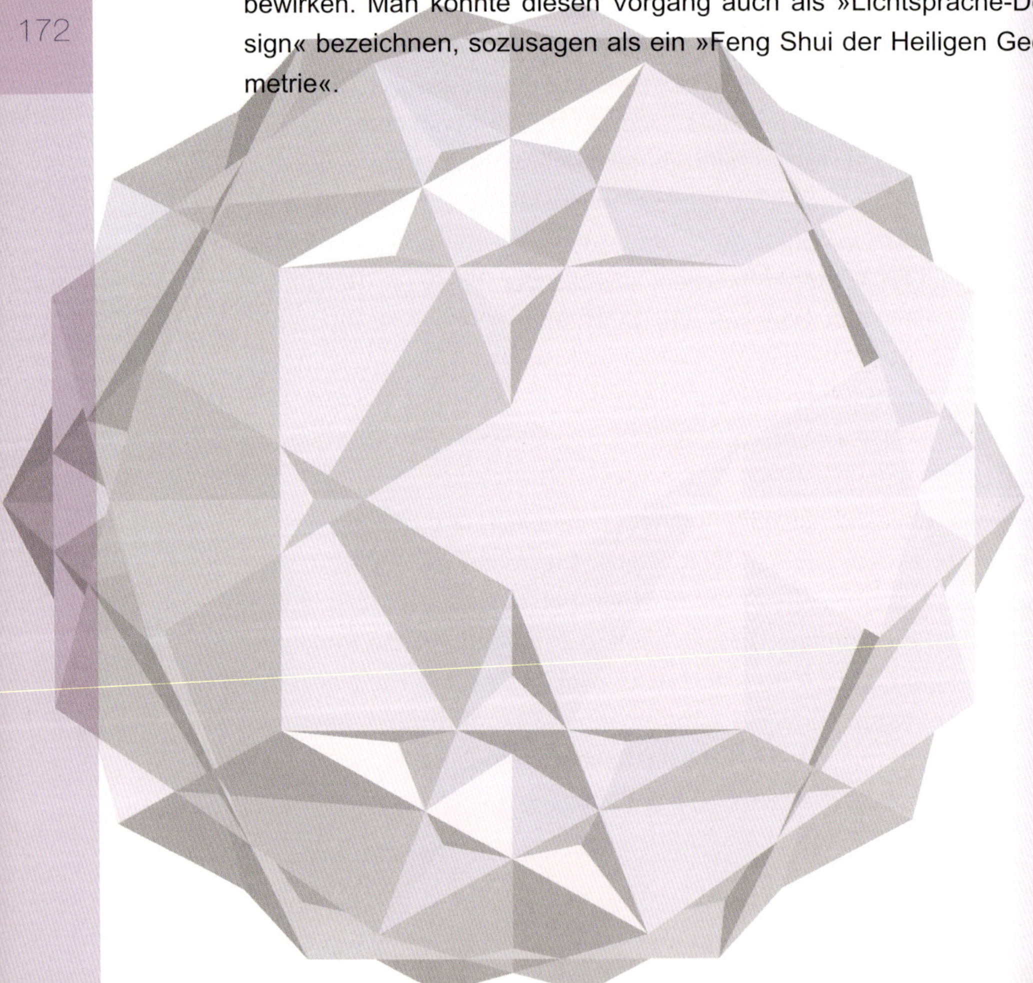

Verstärkung von Qualitäten

Der 7-förmige Grid bietet noch mehr Möglichkeiten. Man kann jede Eigenschaft in einen Grid »übersetzen« und sie dadurch verstärken.

Welche Energie in Ihrem Leben möchten Sie mehr kultivieren oder erhalten? Anerkennung? Verehrung? Fülle? Zuneigung? Verlässlichkeit? Würde? Mut? Unterscheidungsfähigkeit? Mitgefühl? Selbstvertrauen? Verpflichtung? Freude? Wertschätzung? Schönheit? Kreativität? Liebe? Optimismus?

Für all diese Qualitäten gibt es spezielle 7-förmige Grids. Eine der möglichen Sequenzen für Liebe finden Sie im Kapitel »Der 7-förmige Grid«. Es sind sieben Kugeln in den sieben Chakrafarben. Für jedes Chakra also eine Kugel. Ein klares und eindrucksvolles Symbol für die Tatsache, dass im Zustand wahrer Liebe alle Chakren optimal geöffnet sind.

Die hier gezeigte Abbildung stellt den Grid für »Freude« dar, ausgedrückt durch die einfacheren Formen der Lichtsprache.

Wenn man als Lichtsprache-Anwender also eine bestimmte Kraft verstärkt in sein Leben bringen will, zum

Beispiel Mut, so hat man die Möglichkeit, mit Einzelformen (FFKs) zu arbeiten, wie Sie im Kapitel »Ausstrahlen von Formen« gesehen haben. Genauso können wir aber auch eine gewünschte Qualität einfach wörtlich benennen und dadurch den 7-förmigen Grid ausstrahlen, der sie repräsentiert. Wir senden also die Qualität in unser Feld, indem wir das Wort mit Bewusstheit aussprechen. Die Absicht dabei ist, dass der unterliegende Grid die Eigenschaft stärker hervorbringt. Mit anderen Worten: Es ist die Intention, die manifestiert, der klare Gedanke an die Qualität und daran, dass sie gleichzeitig durch den Grid aufgeladen wird. Er bringt dimensionelle Energien ins Spiel, die den Gedanken mit dem notwendigen Kraftstoff versorgen, damit er seine Wirkung tun kann. Wie diese Sequenz konkret aussieht, muss man nicht einmal wissen – es genügt das Bewusstsein, dass hinter dieser Qualität ein Grid steht.

Ein Seminarteilnehmer hatte dieses Prinzip ausgezeichnet verstanden und umgesetzt. Eine seiner Arbeitskolleginnen hatte einen Splitter im Finger. Er war durch keine Maßnahme zu entfernen. Schließlich kam dem Lichtsprache-Schüler die Idee, einen Grid auszusenden, und er sagte: »Loslassen.« Daraufhin konnte man den Splitter leicht mit der Pinzette entfernen.

Manifestation von konkreten Zielen

Die zielgerichtete Anwendung von Lichtsprache geschieht mit dem sogenannten 49-förmigen Grid. Er wird so bezeichnet, weil er 49 ausgewählte Formen enthält. Ein solcher Grid wird mit einem Titel versehen, der das gewünschte Ziel benennt. Der Grid hat also einen ganz klar ausgerichteten, konkreten Fokus. Entsprechend dem Thema und dem Hintergrund der Person, für die der Grid ist, werden die entsprechenden FFKs ausgesucht und angeordnet. Man kann einen solchen Grid auch als »Gebet in Symbolen« bezeichnen. Er ist eine Bitte an die Schöpfung, das gewünschte Ziel – zum höchsten Wohle aller – zu manifestieren. Solche Grids können für jedes erdenkliche Vorhaben angefertigt werden. Der Titel darf allgemein gehalten sein, zum Beispiel »Muster Mustermanns Selbstwertgrid«, er kann die Absicht aber auch sehr präzise benennen, einschließlich des Zeitpunkts, bis zu dem das gewünschte Ergebnis eintreffen soll.

Sabine, die nach Paris gezogen war, benötigte einen Job. Sie sprach noch sehr schlecht Französisch. Sie bat mich also um einen Grid, der dazu beitragen sollte, ihr bis zum 1. Mai des damaligen Jahres zu einem Job zu verhelfen. Ich fragte mich selbst, wie das gehen sollte, machte mich aber an die Arbeit, sogar unter Nennung des Arrondissements, in dem sie arbeiten wollte und der Gehaltsvorstellung, die sie hatte. Am 1. Mai hörte ich nichts von ihr. Ich musste bis zum 8. Mai warten. Dann kam die Nachricht: Sie hatte ihre Stelle gefunden – nach monatelangen vergeblichen Bewerbungen. Der Job war allerdings auch nicht die Folge dieses Bemühens. Eines Tages sprach eine Nachbarin Sabine an (Kommunikation!) und gab ihr den Rat, sich bei einer deutschen Firmeninhaberin vorzustellen, die ihr selbst bekannt war. Geraten, getan, sie bekam einen Termin. Man unterhielt sich, und Sabine bemerkte, dass die Unternehmerin während des Gesprächs einen Job für sie kreierte. Sabine wurde eingestellt. Ihre Arbeitsstelle lag im gewünschten Arrondissement, und auch das Gehalt bewegte sich im anvisierten Bereich.

Anhand dieses und des folgenden Beispiels wird deutlich, dass uns ein Grid ungeahnte Wege öffnen kann, Wege, die uns vorher wahrscheinlich niemals in den Sinn gekommen wären. Wir sollten also wirklich Abstand davon nehmen, uns vorzustellen, wie sich die Manifestation entfalten könnte.

Ein Grid kann allein aufgrund seiner Energie ein Ergebnis bewirken, oder er führt uns zu Möglichkeiten, die uns dabei helfen, das Ziel zu realisieren.

Bericht einer Anwenderin

Ich bin Ärztin. Meine Mutter hatte hohen Blutdruck. Bevor ich ihr Medikamente gab, wollte ich zunächst eine andere Methode ausprobieren: Ich schrieb ihr einen Grid. Zwei Stunden später entdeckte ich in einer Buchhandlung das Buch eines Qigong-Meisters. Ich schlug es an einer »zufälligen« Stelle auf – und blickte zu meinem großen Erstaunen auf Seiten, auf denen Körperübungen zur Linderung hohen Blutdrucks beschrieben waren. Ich schenkte das Buch meiner Mutter. Sie hielt sich an die Übungen, und der Blutdruck normalisierte sich nach wenigen Tagen.

Dieses Beispiel zeugt nicht nur von den wunderbaren Weisen, auf die ein Grid manifestieren kann, sondern zeigt überdies, dass wir Grids auch für körperliche Dysbalancen einsetzen können. Bitte beachten Sie in diesem Fall, dass es unbedingt notwendig ist, die Klienten an einen Arzt oder Heilpraktiker zu verweisen und keine Heilungsversprechen abzugeben. Die Arbeit mit der Lichtsprache ersetzt auf gar keinen Fall die fachliche Intervention eines Arztes. Falls Sie kein Arzt oder Heilpraktiker sind, lassen sie sich ein vom Anwalt sorgfältig aufgesetztes Dokument unterschreiben, das bezeugt, dass sie diesen Sachverhalt klargelegt haben und den Klienten dazu aufgefordert haben, einen Arzt oder Heilpraktiker aufzusuchen.

Bericht einer Anwenderin

Ein anderer Fall, den ich lebhaft in Erinnerung habe: Eine Klientin kam mit einem Überbein (medizinische Bezeichnung »Ganglion«) am Handgelenk in meine Praxis. In der Schulmedizin riet man ihr, das Ganglion operativ zu entfernen. Das hätte eine große Narbe hinterlassen, was sie nicht wollte. Welche Frau kann das nicht verstehen?! Lieber wollte sie es noch mit etwas so »Abstrusem« wie der Lichtsprache ausprobieren, bevor sie sich »unter's Messer« legt. Und siehe da, mit einem Lichtsprache-Grid bildete sich das Ganglion zu etwa 90 % zurück. Mit den restlichen 10 % die geblieben sind, kann sie nach eigener Aussage gut leben.

Ein 49-förmiger Grid versteht sich auch als 49-Chakren-Aktivierung. Der Grid berührt jedes Chakra, also sieben. Sie sind symbolisiert durch die sieben senkrechten Spalten des Grids. Da jedes Chakra auch jeden der sieben Subtilkörper durchdringt, ist jedes Chakra auch mit jeder der sieben feinstofflichen Ebenen in Kontakt. Die Subtilkörper sind dokumentiert durch die horizontalen Reihen des Grids, das ergibt 7 x 7. Der gesamte feinstoffliche Bereich (des 7-Chakren-Körper-Systems) ist demnach abgedeckt.

Das Herzzentrum

Ein 49-förmiger Grid wird nach bestimmten Grundvorgaben aufgebaut, auf die ich hier nicht näher eingehe. Eines möchte ich jedoch besonders hervorheben: Eine herausragende Funktion besitzt die Form im Zentrum. Sie ist der Transformationspunkt des Grids, der die Energien so transzendiert, dass Manifestation geschehen kann. Sie ist das Herz des Grids. Um eine Änderung im Leben zu erzielen, in welchem Bereich auch immer, ist es – mit und ohne Grid – erforderlich, dass wir unsere Herzenergie neu ausrichten. In jedem Heilungsprozess kommt der Herzebene eine tragende Rolle zu.

Zur richtigen Zeit am richtigen Ort

Bei einem Transformationsprozess sind alle Chakren (einer Person, einer Sache, einer Situation) beteiligt. Wie wir wissen, kommt jedoch dem Herzchakra eine besondere Bedeutung als magischer Ort der Verbindung, Ausrichtung und Wandlung der erd- und geistbezogenen Energien zu. Erdenergie transformiert sich in geistige, geistige in materielle Energie. Der harmonische Austausch von Himmel und Erde aktiviert Manifestation. Wir erinnern uns an Siva Babas Worte: Wahres Begehren ist die Energie, die unsere Wünsche verwirklicht. Der Boden, auf dem dieses Sehnen gedeihen kann, ist die Liebe. Begehren entsteht in harmonischer Zusammenarbeit aller Chakren. Den zündenden Funken erhält diese Kraft jedoch im Herzen.

Man hat festgestellt, dass das Herz die stärksten elektromagnetischen Felder im Körper erzeugt.[1] Wenn Liebe jeder Form im Spiel ist, können die ausgestrahlten Vibrationen sogar die Gehirnwellen des Menschen zum Mitschwingen anregen. In solchen Momenten schwingen Herz und Hirn im Einklang. Neben erhöhter Sensibilität soll dieser Einklang auch für eine erfreulich hohe Ausschüttung von Antistress- und Antialterungshormonen sowie für eine Aktivierung des Immunsystems sorgen.[2]

Es wurde ebenfalls registriert, dass sich die Herzschwingungen zweier Personen über einen Abstand von 1,30 m beeinflussen. Wenn also jemand Liebe in sich wachruft, beeinflusst diese Ausstrahlung die Menschen seiner näheren Umgebung. Sie gehen in Resonanz mit der Liebesschwingung und erhöhen dabei auch ihre eigene. So steht der indische Yogi Shri Mataji nicht allein, wenn er das Herzchakra als das »Zentrum der Schöpfung« bezeichnet, dem alle anderen Chakren untergeordnet sind. »Es ist das Kraftwerk des Körpers, von hier aus fließt die Kraft zu allen anderen Stellen.«[3]

Genau dies ist die Funktion der zentralen Form im 49-förmigen Grid. Sie bringt den notwendigen Impuls für die endgültige Transformation des Gewünschten von der feinstofflichen Ebene in die materielle. Unterstützt wird sie dabei durch die elektrisierende Kraft von je zwölf Formen davor und zwölf Formen, die ihr im wahrsten Sinne des Wortes »folgen« (24 + 1 + 24 = 49).

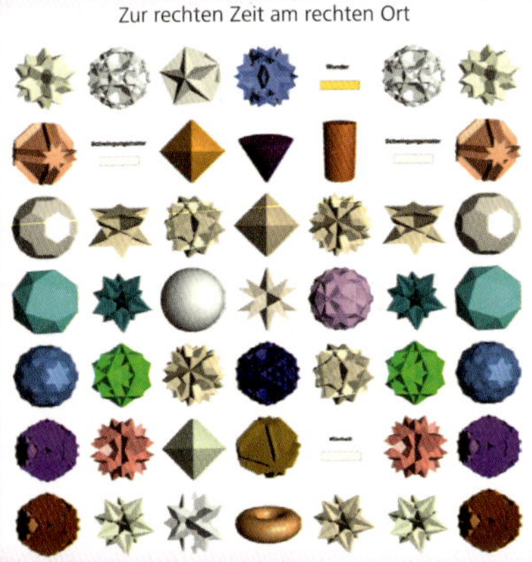

Die Zahl Zwölf

Es gibt wohl kaum eine Zahl, der so viel Bedeutung beigemessen wird, wie der Zahl Zwölf. Die Zwölf ist eine uralte, heilige Zahl, von der es heißt, sie repräsentiere den Kosmos. Um einige Beispiele zu geben: Das sehr alte europäische Duodezimalsystem ist die Basis eines alten Zählmaßes: zwölf Stück heißen ein Dutzend, zwölf Dutzend ein Gros, und zwölf Gros werden als Maß bezeichnet.

Die Zwölf spielte auch in der Gesellschaft der frühen Hochkulturen Mesopotamiens eine herausragende Rolle. Der Grund dafür dürfte in Naturbeobachtungen liegen: Ein Sonnenjahr hat zwölf Mondzyklen, was zur Einteilung des Jahres in zwölf Monate geführt hat. Bis heute ist der Tag in zweimal zwölf Stunden aufgeteilt. Ebenfalls in Mesopotamien soll auch der Ursprung der zwölf Tierkreiszeichen liegen. Auch der Chinesische Kalender orientiert sich an der Zahl Zwölf, er kennt gleichfalls zwölf Tierzeichen und teilt die Himmelsrichtungen in zwölf Erdzweige.

Darüber hinaus kennen wir zwölf Götter im Olymp, zwölf Stämme Israels, zwölf Edelsteine auf der Brustplatte des Hohepriesters, zwölf Geschworene in den USA und die Europaflagge mit den zwölf Sternen. Nach neuzeitlichen Erkenntnissen soll die mystische Tafelrunde des König Artus zwölf Plätze gehabt haben, nicht zu vergessen auch die zwölf DNS-Stränge und die zwölf Apostel um Jesus Christus.

Das Dodekaeder, einer der platonischen Körper, ist ein Zwölfflächner, hat also zwölf gleiche Flächen. Das Dodekaeder wird dem Element Äther, also dem Geist, zugeordnet. In der Schule des Pythagoras soll er eine tragende Rolle gespielt haben und überaus heilig gewesen sein. Drunvalo schreibt, dass jemand, der das Wort Dodekaeder außerhalb der Schule im Munde führte, sofort umgebracht worden sei.[1]

Es soll 144 000 aufgestiegene Meister geben (12 x 12 000). Die Curanderos bewegen sich in 144 Dimensionen. Es heißt auch: Wenn 144 000 Menschen in einem Land ihre Energie erhöhen, dann ist die kritische Masse erreicht, die dafür sorgt, dass alle anderen Einwohner des Landes dies ebenso tun.

Die Zwölf ist die Zahl, die der Vollkommenheit zugrunde liegt. Es ist eine interessante Vorstellung, dass sich das Universum zu Beginn seiner Existenz in zwölf Teile gespaltet haben soll. Es gibt Theorien, die besagen, dass unsere Aufgabe darin besteht, diese zwölf Teile zu erfahren, um schließlich das dreizehnte zu kreieren und damit einen neuen Zyklus in Gang zu setzen. Könnte das dreizehnte auch im Zusammenschluss aller zwölf liegen?

Die Curanderos sprechen von zwölf ersten Menschen auf dem Planeten Erde. Jeder von ihnen brachte seine ganz spezifische Energie mit ein. Jesus umgab sich mit zwölf Jüngern. Diese zwölf hielten die Energie dergestalt, dass sich der dreizehnte, nämlich Jesus, mit seiner Botschaft offenbaren und damit eine neue Epoche einleiten konnte. Nachdem die Tafelrunde sich gespaltet hatte, entstand Krieg, und Artus, der Dreizehnte, durch den zunächst eine neue Ära des Friedens begründet worden war, konnte nicht weiterexistieren und starb. Zwölf Geschworene schließen sich zusammen (ein), um das Dreizehnte zu bedingen, die »Wahrheit«, die ebenfalls Zeichen setzt. In der »Frucht des Lebens« (Abb. 2 auf Seite 134) umringen zwölf Kugeln die Kugel im Mittelpunkt. Diese dreizehnte Form symbolisiert auch hier den Beginn eines neuen Zyklus. Und tatsächlich steht die »Frucht des Lebens« auch für den Zeugungsakt. Um eine Eizelle zu befruchten, müssen aus Hunderten von Samenzellen elf, zwölf oder 13 ein Muster bilden, anders kann keine davon durch die Membran der Eizelle dringen.[2]

Die Curanderos bezeichnen eine Gruppe von zwölf Menschen als ein »Übergangsteam«. Ihre Philosophie lautet: Wenn sich zwölf Menschen einfinden, um gemeinsam einem bestimmten Ziel zu dienen, dann verursacht dies eine Bewusstseinserweiterung in einem umfassenden Bereich. Durch die Zahl Zwölf verpflichtet sich die Gruppe, bewusst oder unbewusst, der Transformation auf eine höhere Ebene, und dies hat Auswirkung auf das Große und Ganze. Darüber hinaus postulieren die Curanderos: Wenn wir unsere zwölf DNS-Stränge wieder physisch integriert haben, dann sind wir über unsere Blockaden hinweg und in unserer vollen Kraft. Wir sind wieder »ganz« geworden, zum Dreizehnten sozusagen. Die Zahl Zwölf repräsentiert Eins-sein, Ein-klang, also göttliche Ordnung (Kosmos) und sät damit den Samen für einen Neubeginn – auf einer höheren Ebene.

Unsere »Herzform« im Zentrum des Grids wird also durch die Kraft von zwei doppelten Übergangsteams getragen und angefeuert, die ihre machtvolle Transformationsenergie zur Verwirklichung des Ziels einbringen.

Die Wahl des Themas

Wir können 49-förmige Grids für jede Art von Anliegen schreiben. Die Behandlung spiritueller Themen ist möglich: stärkere Verbindung mit der Schöpfung, Erweiterung der Medialität, Erhöhung energetischer Qualitäten etc. Aber auch auf Alltagsituationen wie Wohnungs- oder Jobsuche können wir Einfluss nehmen. Das Thema sollte jedoch Sinn machen. Wenn jemand vier Jahre lang arbeitslos war und bereits zuvor Geldschwierigkeiten hatte, ist es verständlicherweise nicht geraten, nach einem neuen Job zu fragen, der monatliche Einkünfte von 10 000 Euro mit sich bringt. Nichts ist unmöglich – ein verantwortungsbewusster Anwender ist jedoch dazu aufgefordert, die Themenwahl wahrhaftig und erhellend zu begleiten. In diesem Fall fragt man sich lieber nach den Ursachen für die Mangelsituation und kümmert sich um ihre Auflösung, eventuell durch Verstärkung einer positiven Einstellung sich selbst gegenüber, also mithilfe eines Selbstwertgrids.[1]

Die Wahl der Form-Farb-Kombinationen

Um die angemessenen FFKs für den 49-förmigen Grid zu finden, ist es sinnvoll, klare Fragen zu stellen:

- Was ist das Problem, und welchen Bereich meines Lebens beeinflusst es?
- Was will ich erreichen?
- Warum habe ich das Problem, bzw. warum habe ich das Gewünschte nicht? (eventuell Selbstzweifel, noch nichts unternommen, zu wenig Selbstbewusstsein, limitierende Glaubenssätze etc.)
- Welche Energien stehen der Lösung bzw. der Manifestation entgegen? (Angst, Rebellion, will niemanden durch Erfolg verletzen, bin es nicht wert etc.)
- Welche Qualitäten benötige ich, um das Gewünschte zu erhalten? (Hilfe von anderen, gute Gelegenheiten, Sprachfähigkeiten, Glanz, Würde, mehr Kommunikation, gutes Gedächtnis, Hilfe von oben, Wunder etc.).

Daraufhin wird in der Regel eine präzise Titelaussage formuliert, denn eine klare Absicht ist das halbe Ziel. Die restliche Arbeit besteht darin, die Informationen, die wir aufgrund der Fragestellungen erhalten haben – in Verbindung mit unserer Intuition – in farbige geometrische Symbole zu übersetzen und sie so anzuordnen, dass das Ziel manifestiert werden kann. Am Anfang wird man mehr die Logik einsetzen, um die geeigneten Formen zu finden, ein geübter Anwender wird vornehmlich intuitiv arbeiten.

Die Verankerung des Grids

Ein Grid wird in der Regel auf einem Blatt Papier niedergelegt. Man kann dies handschriftlich tun, für Fortgeschrittene steht eine hervorragende Software zur Verfügung. Ich empfehle die Verwendung der Software erst Benutzern, die einige Übung haben, weil das Unterbewusste des Anwenders durch das händische Ausmalen der Formen mit Farben dahingehend trainiert wird, die FFKs kraftvoll und zielgerichtet in das Feld des Klienten zu übertragen. Der Grid muss ja bei der Person, für die er gedacht ist, landen. Auslöser dafür ist, wie immer, die fokussierte, klare Absicht. Beim Grid-Schreiben verbinden wir uns mit der Schöpfung, der Erde und dem »Klienten«, wie bei jeder Art von Energiearbeit. Diese Verbindungen sind es, in Zusammenhang mit unserer klaren Intention, die den Grid im feinstofflichen Bereich des Empfängers ankommen lassen.

Noch einmal zur Erinnerung: Die Fähigkeit, einen Grid in eine Aura zu übertragen, liegt im feinstofflichen und unbewussten Bereich. Die Information dieses Feldes geschieht über die Aura eines befugten Lehrers. Ohne dieses innere, mediale Wissen ist es nicht möglich, den Grid in den eigenen Subtilkörpern oder denen eines anderen Menschen zu verankern. Trotz ihres Umfangs machen die verstandesbezogenen Informationen, die wir über die Lichtsprache erhalten, nur 10 % des Wissens aus. Sie dienen dem Kopf, jedoch nicht dazu, die Weisheit dieser Sprache auch wirklich wirksam anwenden zu können. Dazu braucht es die aufgefangene Lehre.

Der Grid wirkt im Energiefeld einer Person so lange, bis das Ablaufdatum erreicht oder der Grid integriert ist. Sehr sensible Menschen spüren zuweilen bereits den Vorgang der Übertragung und wissen genau, wann er stattgefunden hat.

Bericht einer Anwenderin

Meine Mutter wollte eine Eigentumswohnung in der Nähe von Frankfurt am Main verkaufen, denn die Wohnanlage, in der sie sich befand, verkam immer mehr. Die Ausgangssituation war also nicht sehr günstig. Ich schrieb einen Grid für den Verkauf und war sehr enttäuscht, dass er nicht das gewünschte Ergebnis zu bringen schien. Wenige Tage vor Ablauf des Zieldatums hatte sich immer noch nichts getan. Dann rief mich meine Mutter an: Am Tag vor Ablauf des Grids erschien ein Mann aus Australien – wie von einem anderen Stern. Er ging kurz durch die Wohnung und kaufte sie sofort.

Die Wirkung des Grids

Wie das oben genannte Beispiel zeigt, sollte man darauf vertrauen, dass auch in aussichtslos erscheinende Situationen Bewegung kommen kann. Wenn das Ziel zum höchsten Wohle aller ist und nicht absurd unrealistisch, dann sollte es auch erreicht werden. Der Grid kann ungeahnte Wege öffnen. Allerdings bedarf es auch der Bereitschaft und der Aktivität des Empfängers.

Ich wurde einmal von einer Dame darum gebeten, einen Grid für den Verkauf einer Eigentumswohnung zu schreiben. Sie hatte nicht die Absicht, irgendetwas selbst dazu beizutragen, keine Anzeige, kein Makler, nichts. Einzig und allein der Grid sollte die Angelegenheit zu einem befriedigenden Abschluss bringen. Trotz meiner Warnung war sie nicht umzustimmen. Die Wohnung wurde nicht verkauft.

Ein Grid möchte ganz klar mit Aktionen einhergehen und nicht mit der Erwartung, dass das Universum, wie der Nikolaus den Schuh vor der Tür füllt. Auch wenn wir mit den höheren Mächten kooperieren, werden sie die Dinge nicht für uns regeln, sondern mit uns. Wir sind Mitschöpfer und lassen nicht schöpfen.

Wie funktioniert ein Grid? Wenn wir mit Grids arbeiten, sollten wir nicht glauben, dass wir nun einen Schalter zur Hand haben, den wir umlegen und »alles wird gut« oder ändert sich schlagartig. Auch wenn das durchaus immer wieder passiert, wie wir am Beispiel der lärmenden Nachbarn gesehen haben. Manchmal macht es tatsächlich »klick« und die Dinge fügen sich blitzartig neu zusammen. In der

Regel setzen die Formen und Farben gleichwohl eine Entwicklung in Gang. Der Grid entfaltet seine Wirkung schrittweise, er informiert das Energiefeld und leitet allmählich eine Änderung ein. Dieser Prozess sollte auf sanfte Weise vonstatten gehen, und das tut er in der Regel auch. Es gibt aber selbstverständlich kein Schema dafür, wie er sich entwickelt. Das hängt von dem anvisierten Ziel ab und von der Person, für die er gedacht ist.

Nehmen wir einen Selbstwertgrid als Beispiel: In einem Fall wird sich die Person vielleicht bewusster über ihr Verhalten. Sie nimmt die Gefühle Wut und Ärger besser wahr und hat ein Aha-Erlebnis. Möglicherweise wird sie beginnen, ihre Meinung deutlicher zu äußern. Sie wird mehr Klarheit darüber erhalten, was sie wirklich möchte und wie ihre nächsten Schritte aussehen sollen. In einem anderen Fall wird eine Person zu weiteren notwendigen Maßnahmen geführt – vielleicht beginnt sie, eine Selbstverteidigungsmethode zu erlernen. Wieder eine andere wird bemerken, dass es ihr nicht so sehr an Selbstwert fehlt als vielmehr an der Verpflichtung für ihre Projekte. Der Grid hat in diesem Fall also dazu gedient, herauszufinden, welches Ziel aktuell wirklich das angemessenste ist.

Wir haben bereits beim 7-förmigen Grid festgestellt, dass zu starke Formen eine Person bisweilen überfordern können; der Prozess wird zu heftig und damit ein positiver Ausgang boykottiert.

Ein Seminarteilnehmer arbeitete einmal mit sehr massiven Formen. Noch im Seminar bekam er starke Rückenschmerzen, die etwa drei Wochen lang anhielten. Schließlich kam er auf die Idee, den Grid, den er geschrieben hatte, zu zerreißen und ihn damit aus seinem Energiefeld zu entfernen. Die Rückenschmerzen verschwanden sofort.

Eine andere Anwenderin wollte zehn Kilo abnehmen. Sie schrieb den Grid aber, wider besseres Wissen, nicht für ein »gesundes« Körpergewicht, sondern verzichtete auf das Wort »gesund«. Resultat: Sie nahm zehn Kilo ab, allerdings durch eine Nierenbeckenentzündung. Sie selbst meinte dazu, dass dies genau der Prozess gewesen sei, den sie benötigt hatte. Wie gesagt, wir kreieren uns alle unser Universum.

Zu Beginn meiner Arbeit mit Grids erstellte ich sie im Energieaustausch. So schrieb ich einer Frau einige Grids, und sie coachte mich dafür. Da sie ziemlich korpulent war, schrieb ich ihr auch einen Abnehm-Grid. Ich sah sie erst vier Wochen später auf ihrem Geburtstagsfest wieder und entdeckte zu meiner großen Begeisterung, dass sie erheblich an Gewicht verloren hatte. Ich war erfreut über die gute Wirkung des Grids. Sie wollte ihre Gewichtsabnahme aber nicht in Zusammenhang damit bringen und sagte: »Annemarie coacht mich beim Abnehmen, das ist der Grund dafür, dass ich abgenommen habe.« Diese Einstellung ärgerte mich damals so sehr, dass ich das Fest fast schneller als mit Lichtgeschwindigkeit verließ, natürlich ohne mich zu verabschieden (Achtung: Zugriff auf die DNS).

Was hat wirklich gewirkt? Ich kann es nicht sagen. Das Einzige, was ich aus Erfahrung weiß, ist, dass der Grid für Lösungen sorgt. Natürlich wurde mein Coach von Annemarie bezüglich des Gewichtsproblems unterstützt. Aber hätte Annemarie das auch getan, wenn nicht möglicherweise eine Energie sie dazu bewegt hätte? Und wäre sie damit erfolgreich gewesen? Das sind Fragen, die niemand beantworten kann.

Manchmal sind wir fest davon überzeugt, die Manifestation eines bestimmten Wunsches sei absolut zum höchsten Wohle und sind damit im Irrtum. Wenn ich mir die Wohnung mit dem schönen Balkon sehr gewünscht habe, bin ich unter Umständen traurig, dass ich sie nicht bekommen habe. Vielleicht will jedoch die höhere Fügung, dass mir diese Wohnung entgeht, denn sonst würde ich die wirklich ideale, besser gelegene, günstigere niemals entdecken.

Eine andere Klientin wollte unbedingt ein Theater in einer großen Stadt gründen. Das war die Herausforderung, die ihr Coach ihr nahegebracht hatte. Als ich den Grid dafür schrieb, wurde mir physisch schlecht. Ich hatte kein gutes Gefühl und ver»malte« mich oft (damals benutzte ich noch keine Software). Als ich sie drei Wochen später wieder traf, fragte ich nach dem Fortgang der Theatersuche. Sie äußerte, als sei das die natürlichste Sache der Welt, sie habe das Projekt gestrichen.

Ich hatte also während des Grid-Schreibens bemerkt, dass das Projekt zu diesem Zeitpunkt nicht zu ihrem höchsten Wohle war (Übelkeit). Es kann auch durchaus sein, dass der Grid ihr dabei geholfen hat, dies weitaus früher zu bemerken, als es sonst der Fall gewesen wäre.

Zuweilen ist ein 49-förmiger Grid mit den vielen erheblichen Widerständen einer Person oder den zahlreichen Aspekten, die ein bestimmtes Thema mit sich bringt, »überfordert«. Dies betrifft zum Beispiel ein gestörtes Essverhalten und Übergewicht oder tief verwurzelte Muster, die oftmals auch bei Geldangelegenheiten eine Rolle spielen. Dann bedarf es mehrerer Grids, um das Thema von vielen Seiten her aufzurollen. Vielleicht ist auch eine Kombination des 49-förmigen mit einem 7-förmigen Grid notwendig. Oder aber ein 144-förmiger Grid, in dem wir 144 Formen zur Verfügung stellen können, muss das Projekt unterstützen. Ein solch »großer« Grid kreiert eine völlig neue energetische Blaupause, sprich Basis, auf der sich ein konkretes Thema neu entfalten kann. Ein überaus effizientes Medium, ein wichtiges Thema auf alle erdenklichen Weisen einzukreisen und auf den Erfolgsweg zu bringen, ist auch der »Ewige Moebius«. Auf den 144-förmigen Grid und den »Ewigen Moebius« werde ich später noch eingehen.

Wir alle haben einen freien Willen, können also (unter-)bewusst entscheiden, einen Grid anzunehmen oder abzulehnen. Vielleicht möchte das Bewusstsein ein Ziel dringend erreichen, auf einer anderen Ebene besteht jedoch keine Übereinstimmung damit. Konsequenz:

Der Grid »greift« nicht. Er wird abgeblockt. Möglicherweise ist die Zeit dann einfach noch nicht »reif« für die Umsetzung des Vorhabens.

Ich wurde einmal darum gebeten, einen Grid für einen Hausverkauf zu schreiben. Die Besitzer wollten sich scheiden lassen. Das heißt, es war der Mann, der sich trennen wollte, nicht jedoch die Frau. Beide hatten sehr viel Energie in die Ausstattung des Hauses gelegt. Auch nachdem der Preis für das Haus gesenkt worden war, fand sich lange Zeit kein ernsthafter Interessent. Die Frau boykottierte, trotz äußerer Zustimmung, den Hausverkauf innerlich, sie wollte weder das Haus verlassen noch ihre Ehe aufgeben. Auch der Mann hing noch an all der Arbeit, die er in das Haus investiert hatte. Es war für beide ein langer Prozess notwendig, damit sie ihr Haus endlich veräußern konnten.

Was auch immer geschieht, ein Grid bewegt etwas, wie das folgende Beispiel zeigen wird. Wenn er nicht hundertprozentig das gewünschte Ziel bringen sollte, wird er im Hinblick auf das höchste Wohl die Energie einfließen lassen, die für die nächsten Schritte notwendig ist. Die Heilige Geometrie als Schöpfungscode des Universums sorgt in rasantem Tempo für die Verbindung mit spirituellen Ebenen und Kräften, die uns andernfalls nicht so direkt und schnell zugänglich wären.

Bericht einer Anwenderin

Kürzlich hatte ich eine Anfrage eines Topmanagers einer Versicherung. Er war schon länger mit seinem Job unzufrieden, suchte eine neue Herausforderung und wollte sich für eine eben freigewordene Schlüsselposition in seiner Firma bewerben. Er wusste, es würde nicht einfach werden, weil die Konkurrenz groß war und er sich nicht so gut präsentieren konnte. Das habe ich dann in der Praxis auch so miterlebt. Kommunikation war schwierig. Er hat mich mit großen

Augen freundlich und still angeschaut … Ja, das war ein kurzes Gespräch. Überraschenderweise hat ihn die Lichtsprache angesprochen, obwohl ich nicht den Eindruck hatte, dass er für alternative Therapien offen wäre. Jedenfalls habe ich einen Lichtsprache-Grid für ihn geschrieben und ihn einige Zeit später auf der Straße getroffen. Ich war ganz schön erstaunt, ihn so fröhlich und gesprächig zu erleben. Mit dem gewünschten Posten hatte es schlussendlich doch nicht geklappt, aber er hatte das Gefühl, gesehen zu werden und war damit beschäftigt, sich in der Firma neu zu positionieren.

Zusammengefasst lässt sich festhalten: Durch einen Grid kommen Prozesse in Gang, die uns das Gewünschte manifestieren lassen oder aber einen völlig neuen Weg hervorbringen, der das Ersehnte unwichtig werden lässt. Oder der Grid leitet die Manifestation von etwas Besserem ein, auf das wir nicht oder noch nicht gekommen sind – ein Anliegen, das mehr in Einklang mit der Seele ist.

Geben und Nehmen

Die Curanderos betonen: Magie wirkt nicht oder nur sehr langsam, wenn wir nur für uns selbst mit ihr arbeiten. »Ich will eine Million Euro«, oder »Ich wünsche mir einen neuen Liebhaber«, ist nicht genug. Wann immer wir etwas für unser eigenes Wohlergehen erbitten, sollten wir auch die Gemeinschaft im Sinn haben. Will sagen: Wir setzen die Kräfte für etwas ein, was dem Gruppenbewusstsein dient. Wenn Sie feststellen, dass sich Ihre klaren Absichten und Wünsche nicht realisieren, dann prüfen Sie, ob Sie etwas für die Gemeinschaft getan haben. Wir bringen jede Kreation für uns selbst in Harmonie, wenn wir sie mit einem Einsatz für das Gemeinwohl koppeln. Damit unsere Bitten und Gebete fruchten, möchten wir auch für andere bitten und beten: eine Affirmation für den eigenen Geldfluss, eine weitere für den der Menschen in Ihrem Stadtteil; ein Gebet für die Heilung Ihrer Beziehung, ein weiteres für die Heilung des Umgangs der Menschen miteinander; ein Grid für einen neuen Job, ein weiterer zur Unterstützung Arbeitsloser …

Starr Fuentes äußert sich über diesen Zusammenhang sehr deutlich: »Wenn du nur für dich arbeitest, dann ist es, als wenn du in einem Auto sitzt, das Gaspedal durchtrittst, die Schaltung jedoch auf Parkposition steht«. Der Ausgleich von Nehmen und Geben ist ein weiteres universelles Gesetz, ein Prinzip der Manifestation, über das aus gutem Grund gemeinhin wenig Worte gemacht wird. Schauen wir uns jedoch einmal um, dann werden wir feststellen, dass oft gerade sehr wohlhabende Leute dieses Prinzip kennen und beherzigen.

Natürlich ist die Lichtsprache ein Werkzeug, das wir ideal für die Gemeinschaftsarbeit einsetzen können. Manche arbeiten sogar am liebsten ausschließlich für Gruppen und stellen dann fest, dass sich auch in ihrem persönlichen Leben manches zum Besseren wendet. Mit den Gemeinschaftsgrids aktivieren wir nicht nur unsere machtvolle Ko-Kreation, sondern auch unsere Herzenergie, senden sie aus und verstärken die Schwingung der Liebe im morphogenetischen Feld, der energetischen Datenbank, auf die wir alle Zugriff haben.

Exkurs

Magie

Ja, die Lichtsprache ist eine Art von Magie. Dieses Wort lässt manchen Leuten die Haare zu Berge stehen. Aus gutem Grund. Eventuell haben sie ihre Kräfte in einem Vorleben nicht zum höchsten Wohle eingesetzt oder sind selbst Opfer entkräftender magischer Handlungen geworden. Sie ziehen sich zurück in eine Art selbst gewählte Machtlosigkeit, um nicht mehr in Gefahr zu geraten. Lieber nichts tun, als Fehler machen. Lieber unscheinbar im Hintergrund leben, als auffallen. Lichtsprache ist eine Art der Magie, die im Gegensatz zu den meisten anderen Techniken nicht zum Schaden eines anderen Menschen angewendet werden kann. Ein mit negativen Absichten ausgesandter Grid ist unwirksam. Dies sei noch einmal ausdrücklich betont. Im Grid der Lichtsprache – denn auch sie ist ein Grid – ist dies impliziert.

Aber was ist Magie? »Unsere Gedanken erschaffen unsere Realität«, heißt das universelle Prinzip. Genau das ist die Magie. Meist handelt es sich um wenig bewusste Vorgänge, aber wir schöpfen in jedem Moment, und Magie ist nichts anderes als (Mit)Schöpfung. Ein »wirklicher« Magier kreiert natürlich bewusst. Was die Sorge über die Ausübung von Magie anbelangt, so stelle ich für meinen Teil fest, dass ich lieber eine ausgewiesene Magierin bin, die bewusst auf ihr Leben Einfluss nimmt, als eine unbewusste Mitschöpferin, die ahnungslos allerlei unangenehme Umstände erschafft.

Magie ist das bewusste Aufbauen und Lenken von Energieformen, das Bündeln der Geisteskraft zum Zwecke der Schöpfung bzw. Mitschöpfung. Also genau das, was wir tun, wenn wir bewusst ein Ziel realisieren möchten. Aleister Crowley, der gemeinhin als Schwarzmagier gilt, definierte Magie als eine Veränderung im Einklang mit dem Willen. Wohlweislich hat er ausgelassen, um wessen Willen es sich dabei handeln soll. Da wir die Absicht haben, zum höchsten Wohle aller und daher im Einklang mit dem göttlichen Willen zu arbeiten, möchte ich diese ansonsten präzise Definition modifizieren: Magie ist, wenn man eine Veränderung macht im Einklang mit (dem Willen) der Seele (oder auch dem göttlichen oder höchsten Willen, dem Willen der Schöpfung, je nach Vorliebe).

Macht

Die Verbindung von Magie und Macht liegt auf der Hand. Macht ist ebenfalls ein Reizwort. Aber wenn wir schon über Magie reden, dann liegt es nahe, sich auch über Macht Gedanken zu machen. Magie ist eine Ausübung von Macht. Dürfen wir mächtig sein? Und was bedeutet es? In vielen Familien entbrennen bewusste und unbewusste (Ohn-)Machtkämpfe. Der Sohn will den Vater nicht verletzen, indem er mehr Geld verdient als er. Die Tochter will die Mutter nicht dadurch kränken, dass sie die erfolgreiche Sängerin ist, die die Mutter immer sein wollte, aber nie geworden ist. Also hält sich die Tochter zurück und geht einen anderen Weg, obwohl es der ihre gewesen wäre. Oder sie wird wirklich Sängerin, aber eine mittelmäßige oder schlechte.

Rebellion wiederum ist der Aufstand gegen die Macht der anderen. Als Kind rebellieren wir, und dadurch üben wir, »wie Macht geht«. Die Mutter will ein ordentliches Zimmer, das Kind ist aber unordentlich. Wenn die Rebellion sich indes über die Jahre fortsetzt, wird sie zum Ausdruck der Ohnmacht. Dann lehnt sich der Rebell gegen seine eigene Autorität auf und merkt es oft nicht einmal. Das ist der 42-jährige Taxifahrer mit der Doppelpromotion – er rebelliert vielleicht gegen die bürgerliche Existenz, die ihm seine Eltern vorgelebt haben – und damit gleichzeitig gegen sein eigenes Potenzial und seine eigenen Möglichkeiten. Theodor Fontane muss das ähnlich gesehen haben, als er sagte: »Wer mit 19 kein Revolutionär ist, hat kein Herz. Wer mit 40 immer noch ein Revolutionär ist, hat keinen Verstand.«

Man gibt seine Macht ab, wenn man Angst davor hat, sie destruktiv zu verwenden. Wir verwechseln Macht oft mit »herrschen wollen«. Macht ist etwas Zerstörerisches, denken wir. Damit »macht« man andere Menschen nieder. Das sieht man ja täglich. Machtvolle Firmenchefs haben die Schicksale von Tausenden von Arbeitnehmern in der Hand. Man betrachtet sie mit einer Mischung aus ehrfürchtigem Respekt, Neid und Grauen. Ich hatte einmal einen Chef, der überaus machtvoll war. Er stauchte mich in der Gegenwart von Kunden zusammen. Ich ließ ihm die Macht, indem ich ihm immer wieder gestattete, mich so zu behandeln. Ich verzichtete auf meine Macht, weil ich befürchtete, keine andere Stelle zu finden. Bis er mir kündigte. Ein weiterer Machtbeweis seinerseits. Macht und Ohnmacht – ein Paradebeispiel.

Auch die Angst, nicht geliebt und anerkannt zu werden, zum Beispiel von der Gruppe, die einem wichtig ist, führt zu Machtverzicht. Es könnte für die »machtlosen« anderen zu provozierend sein – und die Vorstellung, von ihnen verstoßen zu werden und sich plötzlich allein wiederzufinden, fühlt sich bedrohlich an. Die Angst vor Ausschluss aus dem Gruppenverband ist eine der Urängste der Menschen. In früheren Zeiten hätte das den sicheren Tod bedeutet. Auch die (unbewusste) Furcht, zu sichtbar zu sein und im Mittelpunkt der Aufmerksamkeit zu stehen, kann zu der Entscheidung führen, die eigene Kraft nicht zuzulassen. Die Befürchtung, dadurch möglicherweise Schaden zu erleiden, ist zu machtvoll.

Mutter Teresa war eine machtvolle Frau. Damit hatte sie allem Anschein nach auch überhaupt kein Problem. Sie nahm ihre Macht selbstverständlich an. Niemals hätte sie in ihrer Mission für die Kranken und Armen so viel bewegen können, wenn sie ihre Macht als gefährlich empfunden und sich ihrer am Ende noch geschämt hätte oder in Sorge gewesen wäre, andere dadurch zu dominieren. Ich erinnere mich, einmal gelesen zu haben, dass sie jeden, der in ihre Nähe kam und seien es Menschen, die sie interviewen wollten, sofort für ihre Zwecke in Beschlag nahm … Wände streichen, Toilette reparieren, was auch immer. Niemand hätte gewagt, ihr solche Bitten abzuschlagen.

Nebenbei bemerkt: Eine frühere Freundin von mir verzichtete trotz des großzügigen Angebots ihres Freundes auf eine Putzfrau, weil diese sich durch das Verrichten niederer Dienste eventuell gedemütigt fühlen könnte. Sie wollte also nicht die »Macht« haben, eine Reinigungsfrau zu beschäftigen und dadurch mehr Zeit zu gewinnen.

Albert Schweitzer war ebenfalls ein mächtiger Mensch zum Wohle seiner Sache. Mutter Teresa und er lebten beide ihre Macht im Dienst der Liebe. Auch Jesus Christus war ein machtvoller Mann, der sich nicht davor scheute, in Rage zu geraten und Härte walten zu lassen: »Jesus ging in den Tempel und trieb alle Verkäufer und Käufer aus dem Tempel hinaus. Er stieß die Tische der Geldwechsler und die Stände der Taubenhändler um.«[1] Wird Jesus deswegen Schuldgefühle gehabt haben?

Natürlich kann man Macht missbrauchen, andere Menschen dominieren und ihnen schaden. Im Zuge unserer Entwicklung in unsere Kraft und Macht als Mitschöpfer bleibt uns jedoch gar nichts anderes übrig, als uns mit ihr auseinanderzusetzen, sie für uns zu reklamieren und Risiken einzugehen. Man kann nichts bewegen, ohne die eigene Macht zuzulassen. Ein Leben, in dem es nicht passiert, dass man andere eventuell überfordert, enttäuscht oder auf irgendeine Weise verletzt, gibt es nicht – nicht mit und nicht ohne Macht. Wenn die Macht prinzipiell mit einem liebevollen Herzen gekoppelt ist, dann ist sie nichts, was einen beunruhigen möchte. Ist Ohnmacht etwa weniger gefährlich? Ohnmacht ist die Macht der Opfer. Sie führt, ebenso wie der offiziell eher registrierte Machtmissbrauch, zu den schlimmsten Verbrechen: »Sie hat mich beleidigt, da habe ich zugeschlagen …«, sagt der in diesem Moment scheinbar machtvolle »Schläger aus Ohnmacht«.

Wirklich machtvolle Menschen haben keine Probleme mit ihrer Macht und erfreuen sich an ihr. Sie genießen das Leben, das sie sich dadurch kreieren, dass sie diese Kraft erlauben. In solchem Einverständnis dienen sie auch anderen und/oder der Gemeinschaft.

Ein ganz entscheidender Aspekt der Macht ist das Dienen. Daher ist es auch eine der grundlegenden Maximen der Curanderos und anderer Schamanen, wenn sie ihre Kenntnisse an Schüler weitergeben. Innerhalb der Gemeinschaft war es üblich, dass Lernende, wie schon oben angesprochen, zunächst einmal lange Zeit einen Dienst leisteten, der nichts mit der Heilarbeit zu tun hatte, sondern mehr mit dem Putzen von Toiletten. Ein Schamane besitzt ein Wissen, das ihm Macht verleiht. Er trägt damit Verantwortung. Indem er seine Fähigkeiten anwendet, leistet er Dienst. Er wird dies in größerer Integrität und in einem umfassenderen Bewusstsein von Demut tun, wenn er vorher gelernt hat, zu dienen.

Wahrhaft machtvolle Menschen befinden sich auch in vollkommenem Einvernehmen damit, dass es unmöglich ist, immer ein »guter Mensch« zu sein. Sie hören auf ihre innere Stimme. Auf die Stimme der Seele, wir erinnern uns. Nicht auf den Dämon, der flüstert »Wo wirst du landen, wenn keiner dich mehr mag?« Nettigkeit verbietet sich für einen wirklich machtvollen Menschen ohnehin, nicht jedoch herzliche Freundlichkeit. Wie oben, so unten – göttliche Macht ist in uns repräsentiert, und auf dem Weg in unsere Ganzheit ist es nachgerade unsere Pflicht, sie als einen wichtigen Teil von uns anzuerkennen und einzusetzen. Dies immer in Zusammenarbeit mit dem höchst bewussten Teil, dem losgelösten Beobachter, der aufmerksam zuschaut und einschreitet, sollte die Macht einmal kurzfristig vom Herzen getrennt sein.

Wie würde es sich in Ihrem Leben äußern, wenn Sie Ihre Macht erlauben würden? Würden Sie das Rauchen aufgeben? Eine träge Beziehung durch Ehrlichkeit beleben oder beenden? Auf Ihre Träume hören und einen Weg finden, sie zu realisieren? Etwas Neues lernen? »Ich liebe dich.« sagen? Ein eingefahrenes Verhalten aufgeben? Sport treiben? Einen Film drehen? Eine ehrenamtliche Tätigkeit annehmen? Sich jeden Tag einer neuen Herausforderung stellen? Sich zu etwas verpflichten? Ein ungewöhnliches Projekt beginnen und auch beenden? Auf die eigenen Unwahrheiten achten? Bisher unannehmbare Zustände aus einem anderen Blickwinkel betrachten? Mehr Trinkgeld geben? Einen Zweitjob annehmen? Sich nicht mehr von ungesunden Gelüsten bestimmen lassen? Fallschirmspringen? Allein in Urlaub fahren, auch wenn andere das nicht gutheißen? Sich selbstständig machen? Sich erlauben, autoritäre Maßnahmen zu treffen? Nicht immer verständnisvoll sein? Aufhören, nett zu sein?

Für jeden bedeutet »machtvoll« zu sein etwas anderes. In mancherlei Hinsicht ist eine Person vielleicht bereits machtvoll, in anderen Bereichen ist sie es (noch) nicht. Der eine ist möglicherweise machtvoll darin, ein erfolgreiches Geschäft zu führen, aber er hat eine Sperre, den Menschen, die er liebt, seine Liebe mitzuteilen und ist in diesem Bereich »ohnmächtig«.

Scham

Auf dem Weg zu unserer Macht und Ganzheit kommen wir an dunklen Türen vorbei, die wir keines Blickes würdigen möchten. Hinter einer davon versteckt sich die Scham. Scham ist ein gemeinhin wenig beachtetes Gefühl, das uns davon abhält, in unserer Kraft zu sein. Denn wenn wir in unserer Kraft sind, dann verhalten wir uns so, wie wir sind. Aber oft ist uns schon früh bedeutet worden, dass das nicht in Ordnung ist. Wir müssen uns dafür schämen, authentisch zu sein. Scham spüren wir schon früh, wenn wir kritisiert oder geschimpft werden, man uns über den Mund fährt, uns merken lässt, dass wir stören oder uns anderweitig bedeutet, dass wir oder uns nahestehende Personen falsch sind.

Scham hat aber auch andere Quellen: Eine Bekannte schämte sich als Kind, wenn ihre Mutter sie mit dem Bentley in die Schule brachte. Ich schämte mich, weil mein Volksschullehrer mich offensichtlich anderen Kindern vorzog, die weniger gute Leistungen brachten.

Eine meiner Klientinnen erzählte, wie sie als Achtjährige in der Aula anlässlich einer Schulfeier ein Gedicht vor allen Lehrern und Schülern aufsagen sollte. Sie konnte das sehr gut, deswegen hatte man sie ja auch ausgewählt. Dann kam der Moment, in dem sie die Bühne besteigen musste und keine Treppe entdeckte. Sie krabbelte also unbeholfen auf das Podium, wobei ihr Rock hochrutschte. Niemand half ihr. Diese Situation empfand sie als so demütigend, dass sie das Gedicht anschließend nur noch herunterleierte. Seitdem hatte sie Angst davor, in der Öffentlichkeit zu sprechen, und ihre Beine zitterten, wenn sie in ihrem späteren Job als Galeristin nur einen einzigen Begrüßungssatz an ein Publikum richten musste. Die Frau meinte, sich auch daran zu erinnern, dass damals nach ihrem Vortrag niemand applaudiert hatte, ja, dass sogar eisiges Schweigen geherrscht hätte. Ehrlich gesagt glaube ich das nicht, aber es war das, was sich ihr eingeprägt hatte, und daher war es ihre Realität. Vielleicht war die Ursprungssituation auch gar nicht so »schlimm« gewesen. Möglicherweise war das Podium gar nicht so hoch. Vielleicht hatten die Anwesenden die Not des Kindes daher gar nicht bemerkt. Am Ende mag es sich auch vollkommen anders zugetragen haben. Aber das Kind traf in diesem Moment eine (unbewusste) folgenreiche »Entscheidung zur Niederlage«, ob die Geschichte sich nun exakt so ereignet hat oder nicht. So hatte es sich in ihre Erinnerung eingebrannt und damit in ihre Zellen. Dies ist eines der »harmlosen« Beispiele. Möchten wir uns vorstellen, wie tief die Scham sitzt und was sie anrichtet, wenn Missbrauch in all seinen Schattierungen im Spiel ist oder war?

Es gibt unendlich viele Gelegenheiten, Scham zu entwickeln. Anscheinend ist die Heilung dieser Emotion eines der ganz großen Themen, das wir Menschen uns für unsere Inkarnationen vorgenommen haben.

Scham verhindert den wahren und ehrlichen Ausdruck des Selbstes. Ein gut verinnerlichtes Schamgefühl sorgt dafür, dass wir uns stets unsicher über das sind, was wir denken, tun oder äußern, egal wie hoch wir beruflich oder gesellschaftlich angesiedelt sind. Scham ist ein Auslöser für Depressionen, denn ist es nicht zutiefst niederschmetternd, »nicht in Ordnung« zu sein?

Scham erstickt Kreativität. Denn Kreativität ist der Ausdruck des wahren reinen Selbstes. Eine Bekannte von mir erzählte, wie sie vor Scham verging, als sie ihren ersten Newsletter abschickte, sie also ihre »Ergüsse« erstmals einem größeren Publikum unterbreitete. Es gab kein Zurück mehr. »Was werden sie denken, ich habe gewagt, eine Meinung zu äußern, was wenn ich etwas Dummes geschrieben habe …«

Scham und Schuld sind sozusagen Geschwister. Wenn ich falsch bin, dann fühle ich mich auch schuldig. Schließlich habe ich etwas nicht richtig gemacht, fehlerhaft gehandelt, war nicht gut genug … das macht mich schuldig, und dafür muss ich mich schämen.

Es ist die Scham, die uns davon abhält, uns als bewusste Mitschöpfer zu betätigen. Wenn wir bewusst in unser Leben eingreifen, also Grids erstellen, manifestieren wollen, können wir uns möglicherweise solche Fragen stellen: »Habe ich überhaupt das Recht, nicht nur etwas anscheinend Außerordentliches für mich zu beanspruchen, sondern es auch noch selbst in die Wege zu leiten?«, »Darf ich mit Formeln der Schöpfung arbeiten?«, »Bin ich überhaupt gut genug?«

Scham ist auch der Grund, warum manche Menschen, meist ohne sich darüber klar zu sein, für alles eine ausdrückliche Erlaubnis benötigen: die Erlaubnis, Geld zu verdienen, die Erlaubnis, eine glückliche Partnerschaft zu haben, die Erlaubnis, erfolgreich zu sein. Verinnerlichte höhere Instanzen, in der Regel zunächst Mutter oder Vater, müssen es gestatten. Sie müssen einverstanden sein. Sie werden in die Rolle der Obrigkeit gesteckt, die den Stempel »Du darfst!« erteilt.

Ich hatte lange Zeit den Zwang, meiner Mutter über so ziemlich alles, was ich tat, gründlich Bericht zu erstatten, verbunden mit dem Wunsch, sie möge damit einverstanden sein. Wenn ich mir Kleidung kaufte, fragte eine innere Stimme, ob ihr die Geldausgabe wohl recht wäre. Wenn ich verreiste, ertönte dieselbe Stimme.

»Mache ich es auch ja richtig?«, »Ist es falsch?«, »Mutter/Vater muss es absegnen«, »Gott muss es gestatten«. Daher brauchen viele Leute eine ausdrückliche Genehmigung, das zu tun, was sie gern tun möchten. »Ja, es ist in Ordnung, wenn du Fallschirm springst, auch wenn du drei Kinder hast«, »Ja, es ist in Ordnung, wenn du 200 000 Euro im Jahr verdienst«, »Ja, du darfst deinen Beruf aufgeben und Puppenspieler werden«, »Ja, einverstanden, wenn du auch noch extrem erfolgreich damit bist«, »Ja, du hast die Erlaubnis, mit Heiliger Geometrie zu arbeiten« …

Aus diesem Grund habe ich den Grids in diesem Buch auch einen Erlaubnisgrid beigefügt. Er dient quasi als Freifahrtschein für Ihre Vorhaben. Das höchste Wohl ist immer impliziert. Betrachten Sie dieses Ticket als die Erlaubnis, die Sie sich selbst geben, mitzuschöpfen, zum höchsten Wohle aller.

Die neue Blaupause

Wenn wir eine völlig neue energetische Grundlage für bedeutende Lebensthemen erschaffen möchten, wie Selbstwert, Selbstvertrauen, Erfolg oder Geld, steht uns eine weitere Form des Grids zur Verfügung, der 144-förmige Grid (12 x 12).

Auch hier ist offensichtlich die mystische Zahl Zwölf wieder im Spiel. Die Curanderos sprechen, wie bereits gesagt, von zwölf »ersten Menschen« auf der Welt. Die besondere Schwingung, die jeder dieser Menschen einst auf den Planeten brachte, ist in die feinstoffliche Struktur des 144-förmigen Grids eingewoben. Die zwölf Persönlichkeiten bringen ihre ganz besonderen Qualitäten mit ein, um ein neues, rundes Ganzes zu kreieren. Im 144-förmigen Grid ist der Anfang das Ende und das Ende der Anfang. Der energetische Aufbau dieses Grids erinnert an eine Kugelform, die *All-ein-heit*, die 13. Kugel. Die Grundlage, damit ein neuer Zyklus beginnen kann, ist durch ihn geschaffen.

Der 144-förmige Grid besteht aus 12 x 12 Reihen und Spalten. Somit bewegt er sich über die sieben Chakren hinaus und bedient das 12-Chakren-System.

Ganz besonders gut eignet sich der 144-förmige Grid auch für Belange des Gemeinwohls. Die Bearbeitung jedes globalen Themas ist möglich und wirkt sich dann umso kraftvoller aus, wenn mehrere Personen an einem Grid arbeiten und viele Menschen den Grid physisch sehen können. Er wird dadurch energetisch besonders aufgeladen.

Der folgende Grid ist ein Beispiel für einen Gemeinschaftsgrid. Die Absicht ist, das Gefühl für Wertschätzung in Bezug auf sich selbst, andere, Wesen und Dinge etc. zu erhöhen.

Der Titel der Grids, vor allem der 144-förmigen und der 49-förmigen, die in komplexe Formen »übersetzt« werden, darf durchaus knapp sein. Man »übergibt« die Absicht, also das spartanisch formulierte Ziel, symbolisiert in FFKs, an die höhere Macht. Dabei befindet man sich in vertrauensvollem Einverständnis damit, dass der Geist das Anliegen auf eine Weise manifestieren wird, die zum höchsten Wohle ist, auch wenn sie vom ursprünglichen Thema abzuweichen scheint. Man überlässt der Schöpfung also »das letzte Wort«.

Auch um mit extrem devitalisierter körperlicher Energie umzugehen ist diese Art, Lichtsprache einzusetzen, ein hervorragendes Werkzeug.

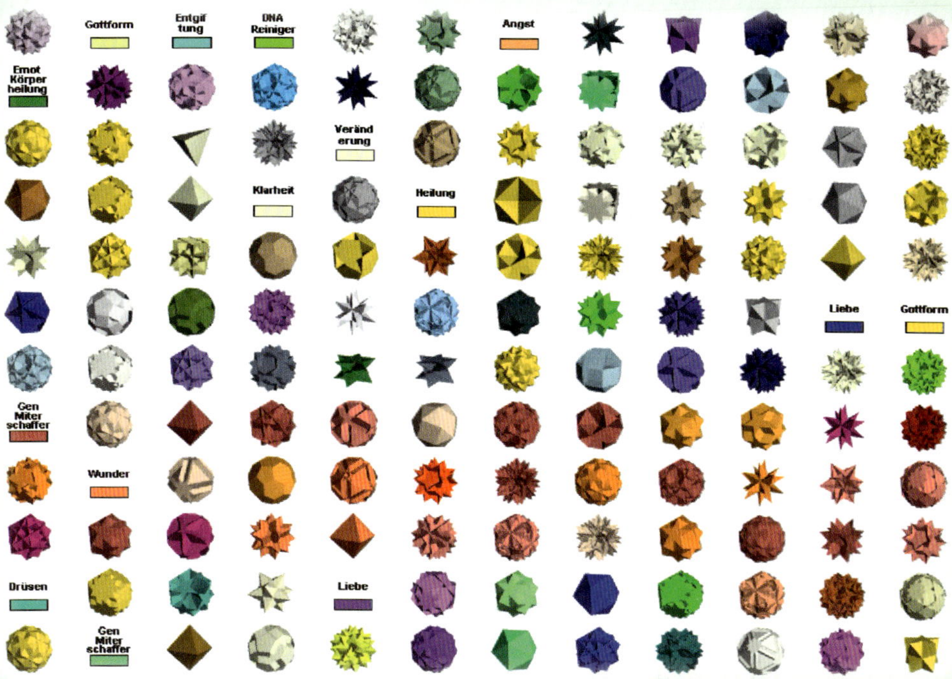

Weitere Anwendungs-

möglichkeiten

Es wurde schon darauf hingewiesen, dass Starr Fuentes, die Halterin der Linie, und viele ihrer Schüler seit einigen Jahren neue Möglichkeiten des Umgangs mit den Formen bzw. neue Formen und Farben aus ihrem Unterbewusstsein an die Oberfläche bringen. Im Folgenden werden noch einige davon vorgestellt:

Torus und Moebius

Eine interessante, in kürzester Zeit zu erlernende und überaus beliebte Methode ist das Aussenden von Torus-Formen. Der Torus oder die Ringwulst ist eine dreidimensionale geometrische Form, bestehend aus 144 (!) konzentrischen Kreisen. Sie sieht aus wie ein altmodischer Schwimmreif, ein Ring mit einem Loch in der Mitte. Der Torus befindet sich um

alle Formen von Leben, alle Atome und alle Himmelskörper.[1] Das menschliche Herz soll sieben Muskeln haben, die einen Torus bilden. Auch der Embryo durchläuft im Laufe seiner Entwicklung ein Torus-Stadium. Es versteht sich, dass neben der Kugel und den platonischen Körpern der Torus zu den Urformen zählt. Man beachte: Auch der Heiligenschein ist nichts anderes als ein Torus. Der Torus verkörpert Saugkraft. Magisch/energetisch gesehen bedeutet dies, dass die Form Dinge ins Leben zieht. Gleichzeitig ist sie auch in der Lage, lebensbehindernde Energien zu entlassen.

Wir haben in der Lichtsprache auch die Möglichkeit, mit 108 speziellen Torus-Formen zu arbeiten. Sie stehen sowohl mit den fünf Elementen in Verbindung als auch mit zwölf Kategorien des Lebens wie den Atomen, Molekülen und Säften, bis hin zu den Knochen.

Die Torus-Formen werden in der Regel durch die Absicht übertragen und können Zustände oder Situationen umgehend und dauerhaft transformieren. Im Unterschied zu den anderen ausgestrahlten Formen verbleiben sie länger im Energiefeld – oft ohne dass ein weiteres Aussenden nötig ist – so lange, bis der gewünschte Zustand erreicht ist. Wie immer wird dabei der freie Wille berücksichtigt.

Im Grunde ist der Moebius ebenfalls ein Torus – allerdings ein in sich gewendeter. Zieht man die Schleife auseinander, so erscheint der Ring mit dem Loch. Das Band ist jedoch einmal in sich gedreht.

Der Moebius ist eine replizierende Form. Schneidet man ihn mit der Schere von einem Punkt in der Mitte der Länge nach auf, so verdoppelt sich seine Größe. Das versinnbildlicht seine Fähigkeit. Der Moebius wiederholt eine Energie immer und immer wieder, sodass sie sich zunehmend verstärkt und damit vergrößert. Wenn also eine Energie im Leben erfreulich ausgeprägt ist, vielleicht die Fähigkeit zu abstraktem Denken, dann können wir dieses Talent mit der Energie des Moebius noch potenzieren.

Eine weitere Möglichkeit, die Lichtsprache einzusetzen, ist die Methode des »Ewigen Moebius«. Das bedeutet, die sieben Spalten zweier unterschiedlich mit Formen bestückter 49-förmiger Grids zum selben Thema werden der Länge nach, eine hinter der anderen, auf beide Seiten eines Moebius projiziert. In die Aura übertragen, verstärkt die vervielfältigende Energie des Moebius kontinuierlich die Kraft der beiden Grids. Sie erhalten durch die sich unaufhaltsam repetierende Moebiusbewegung einen weiteren Stimulus.

Diese Methode eignet sich hervorragend dafür, langfristige Änderungen zu erzielen und dabei die Dynamik immer mehr zu intensivieren. Aber nicht nur das: Mit zwei verschiedenen Grids für ein und dasselbe Thema können wir das Anliegen noch ausgiebiger und differenzierter von allen Seiten her beleuchten und dabei viele seiner Aspekte berücksichtigen. Man kann sich das gut bei Geld- und Erfolgsthemen vorstellen. Aber auch für Konzepte wie Selbstwert oder persönliche Entwicklung ist der »Ewige Moebius« eine hervorragende Option.

Für wirklich von Grund auf neu zu strukturierende Lebensbereiche kann man bis zu 49 solcher Grids erstellen. Zum Beispiel kann »Geld« das Thema des ersten Moebius sein. Die nächsten Titel sind dann konkreter: Geld durch Mieteinnahmen, Geld durch einen lukrativen Job, Geld durch Klienten, Geld durch neue Quellen, mehr Leichtigkeit beim Geldverdienen usw.

Die Welle

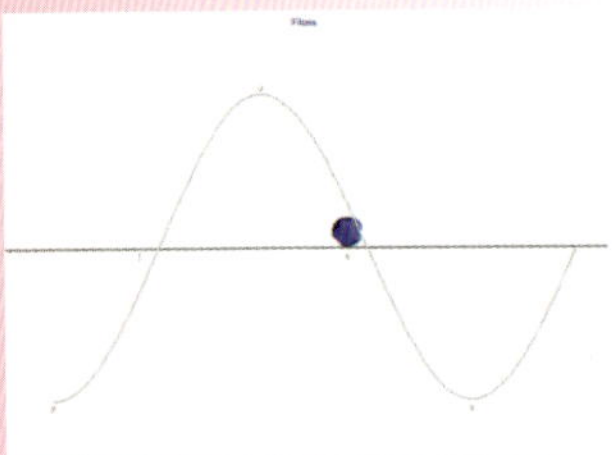

Eine weitere, überaus elegante und schnelle Methode, um mit Geometrie Absichten zu verwirklichen, ohne einen Grid schreiben zu müssen, ist die »Lichtsprache-Welle«. Jede Schwingung bewegt sich in Form einer Welle. Wir benutzen also eine Welle, auf die wir, nach dem Motto der Curanderos »weniger ist mehr« höchstens ein bis zwei Formen projizieren und in unser Leben »einschwingen«. Diese Methode hat auch den Vorteil, dass sie bildlich veranschaulicht, wie sich die Energie bewegt, was visuell ausgerichteten Menschen eine Hilfe sein kann.

Lichtsprache-Cluster

Die vorgestellten Möglichkeiten sind die bisher bekanntesten und einfachsten, um die Lichtsprache anzuwenden. Eine weitere, überaus spannende Verfahrensweise, auf die ich noch hinweisen möchte, ist die, am Computer alle erdenklichen FFKs zusammenzusetzen, ineinander zu schachteln, mit Bildern und Worten zu versehen u. v. m. und sie dann über den Computer, nach Art der Radionik, in das Energiefeld einer Person, eines Wesens, Ortes etc. zu übertragen. Dies geschieht nicht nur, wie im weiter vorne erwähnten Beispiel des Heilpraktikers, in Anwesenheit des Klienten, sondern, wie es bei der Lichtsprache allgemein üblich ist, auch über Entfernungen. Dabei ist es nicht der Computer, der die Arbeit macht, sondern die Fähigkeit und starke Absicht des Anwenders, der in der Lage ist, mit dieser Möglichkeit umzugehen.

Royal Gems

Dies ist eine erst kürzlich hervorgebrachte, sehr spezielle Variante der Lichtsprache. Sie arbeitet mit neuen Kristall-Licht-Farben wie zum Beispiel Rosenquarz und einer Reihe neuer Formen. Man kann die Farben allein in bestimmten Sequenzen aussenden oder sie mit den neuen Geometrien kombinieren. Eine weitere Anwendungsweise, mit der konkrete Ziele manifestiert werden können, besteht darin, entsprechende spezielle Reihenfolgen von Farben oder FFKs in eine Pyramidenform zu projizieren (siehe Abb. auf S. 223).

Die universelle

216

Sprache

Wer arbeitet mit der Lichtsprache?

Jeder kann mit der Lichtsprache umgehen. Es gibt Menschen, die sich wie magisch davon angezogen fühlen. Bei einigen dürfte der Grund darin liegen, dass sie fortsetzen wollen, was in einem Vorleben den Anfang genommen hat. Viele arbeiten ausgiebig und intensiv mit dem Medium Lichtsprache. Ich habe jedoch auch erlebt, dass Menschen in ein Seminar kamen, dort »ihren« Grid schrieben und dieser umgehend seine volle Wirkung entfaltete.

Ein Seminarteilnehmer, ein Künstler, schrieb sich während des Kurses einen Grid für mehr Erfolg. Ein halbes Jahr später rief ich ihn an, und er berichtete atemlos, dass er mit dem Malen nicht mehr nachkomme, weil er drei Ausstellungsangebote auf einmal bekommen habe. Ein anderer schrieb im Seminar einen Grid zur Anziehung der Herzenspartnerin. Sie kam. Wenn ich mich recht entsinne, war das für die beiden Männer der erste und letzte Grid, den sie schrieben. Ihre geistige Führung hatte sie genau in dieses Seminar gebracht, damit sie ihr Herzensanliegen manifestieren konnten. Diese Beispiele veranschaulichen sehr schön den Vorgang der Mitschöpfung von beiden Seiten.

Die Lichtsprache – Aussichten

Wir haben die Freiheit, die Lichtsprache grenzenlos vielfältig einzusetzen: Wir können uns in unserem Beruf in eine neue Energie bewegen, indem wir unseren Chef mit anderen Augen sehen oder toleranter sind, was die Eigenarten der Kollegen betrifft. Damit heben wir wichtige Lebensbereiche auf ein völlig neues Schwingungsniveau. Wir können uns für neue Möglichkeiten öffnen, bislang ungeahnte Pfade freischaufeln und mehrere Wege zugleich beschreiten. Wir können die Heilige Geometrie dazu verwenden, eine völlig neue Aufgabe, sogar unsere Lebensaufgaben zu entdecken oder unsere Entwicklung extrem zu beschleunigen. Sie führt uns sanft dahin, unseren Blickwinkel zu erweitern, unsere Einstellungen zu ändern und damit unser Universum zu klären. Wenn wir unsere Themen heilen, spiegeln wir gesündere Überzeugungen, nehmen kraftvoller am Leben teil und spüren uns auf nie gekannte Weise. Die Lichtsprache kann uns natürlich auch dabei helfen, unsere privaten Beziehungen auf eine lebensbejahende Ebene zu bringen.

Die Möglichkeiten sind unendlich. Viele indes ruhen noch unentdeckt oder werden viel zu wenig eingesetzt. Um nur einige zu nennen:

- ∞ Energetisierung von Objekten
- ∞ Herstellung von Globuli für die verschiedensten energetischen Einwirkungen

- ∞ Vielfältiger Einsatz im Sport und für andere Höchstleistungen
- ∞ Eliminierung negativer Informationen in Wasser oder anderen Lebensmitteln
- ∞ Reduzierung von Energieverbrauch

Ich selbst belege unter anderem Kristalle, die der Schönheit dienen, mit Grids. Diese Schönheits-Energie-Steine werden beispielsweise in die Hautcreme gelegt und laden sie mit enormem energetischem Potenzial auf.

Wenn ich Lichtsprache-Anwender/in bin, ist es sinnvoll, einmal zu fragen, was in meinem Leben gut läuft. Sehe ich erheblich jünger aus, als ich bin? Bin ich mental sehr klar? Bin ich gut im Geldverdienen? Verlieben sich alle Männer/Frauen in mich? Bin ich medial? Habe ich das chronische Müdigkeitssyndrom überwunden? Habe ich abgenommen und kann das Gewicht schon lange gut halten? Bin ich erfolgreich und langfristig aus einem extremen Suchtverhalten ausgestiegen? Bin ich ein/e gute/r Netzwerker/in? Habe ich Leute schon mit Jobs versorgt, mit Wohnungen, ohne dass das meine Profession ist?

Für die Dinge, in denen Sie gut sind, haben Sie einen »guten Grid laufen«. Es ist nicht der Grid, den Sie für sich selbst angefertigt haben, es ist ein Grid, den Sie von Geburt an haben oder der sich im Laufe Ihres Lebens in Ihrer Aura gebildet hat. Sie sind gut darin, die Dinge zu »begridden«, für die Sie selbst einen guten Grid laufen haben. Das soll jedoch keineswegs heißen, dass Sie sich darauf beschränken sollen.

Der Weg der Seele

Die Lichtsprache kann lebensverändernd wirken. Diese Erfahrung habe ich persönlich sehr schnell gemacht. Allerdings lag das durchaus in meinem Interesse. Es geht bei der Lichtsprache letztendlich gar nicht so sehr um die konkreten Dinge, die wir damit in unser Leben ziehen. Die Tatsache, dass wir uns als Mitschöpfer begreifen, uns mit dem Schöpfungscode befassen, ihn auf immer tieferen Ebenen integrieren, wirkt sich tiefgreifend auf unser Leben aus. Wir erweitern unsere Kanäle für das Licht, indem wir bewusst mit Licht, also der Heiligen Geometrie umgehen. Indem wir lernen, mit Licht zu arbeiten, Licht zu programmieren, Licht zu formen und in unserem Leben einzusetzen, öffnen wir uns für die Grenzenlosigkeit unseres Seins. Der bewusste Umgang mit Licht vertieft und beschleunigt unsere Prozesse und unsere Entwicklung. Licht steht für die Weisheit der Schöpfung. So bringt uns die Arbeit mit den heiligen Symbolen mehr in Ausrichtung mit unserer Seele. Sie führt uns unaufhaltsam in die Richtung, in die unsere Seele gehen möchte – wenn wir uns erlauben, uns darauf einzulassen.

Ich kenne viele Leute, die überhaupt erst durch die Begegnung mit der Lichtsprache mit der Sehnsucht ihrer Seele in Kontakt gekommen sind. So erging es auch mir. Die Symbole sind es, allem Anschein nach, durch die die Seele die Verbindung besser herstellen, sich deutlicher bemerkbar machen und letztendlich erfolgreich die Richtung weisen kann.

Der Künstler und das Kunstwerk

Im November 1999 kam die Lichtsprache von Südamerika und den USA aus zum ersten Mal nach Europa. Seitdem verbreitet sie sich unaufhaltsam auf der ganzen Welt. In vielen Ländern Europas, in Asien, in Israel und auch in arabischsprachigen Ländern gibt es Menschen, die mit dieser universellen Sprache kommunizieren. Jede dieser Kulturen fügt auf diese Weise ihre ganz spezifische eigene Energie hinzu. Lichtsprache wird dadurch noch reicher. Aber auch durch den Dienst, den so viele Leute an ihr tun. Dazu gehört die Entwicklung und stete Betreuung einer hervorragenden Software, die konstante weitere Ausarbeitung des Unterrichtsmaterials, die Übersetzungen in andere Sprachen, das Hervorbringen weiteren, bisher unbekannten Materials durch kontinuierliche Bewusstwerdung der »Downloads« und nicht zuletzt der Lichtsprache-Unterricht selbst, also die Seminare, deren Durchführung wiederum oft erst von engagierten Menschen möglich gemacht wird. Viele Menschen wurden im wahrsten Sinne des Wortes durch Lichtsprache »geformt« und gleichzeitig »formen« sie wiederum die Lichtsprache durch ihren Umgang damit und ihren herzerfüllten Einsatz, ihren Dienst.

Wir erinnern uns an das Konzept vom »teilnehmenden« Universum des Physikers John Wheeler und an das morphogenetische Feld, wie Rupert Sheldrake es bezeichnet: Das Universum ist in ständiger Veränderung begriffen, in steter Wechselwirkung mit dem Bewusstsein entstehend und sich entwickelnd. Wir informieren das Bewusstseinsfeld, und diese Informationen gehen wiederum auf uns über. Wir sind also, wie der spirituelle Geowissenschaftler Greg Bradden es ausdrückt, der Künstler und das Kunstwerk zugleich.[1] Wir als Künstler tragen alle Stoffe und Materialien für unser Kunstwerk zusammen, kombinieren sie, gestalten unser Lebenswerk und kodieren damit das Universalfeld. Gleichzeitig werden wir wiederum von diesem geformt. Genauso geschieht es in der Interaktion zwischen Lichtsprache und seinen Anwendern. Ein gemeinsamer Schöpfungsakt als Spiegel universeller Realität. Nichts anderes als Mitschöpfung.

Fragen und Antworten

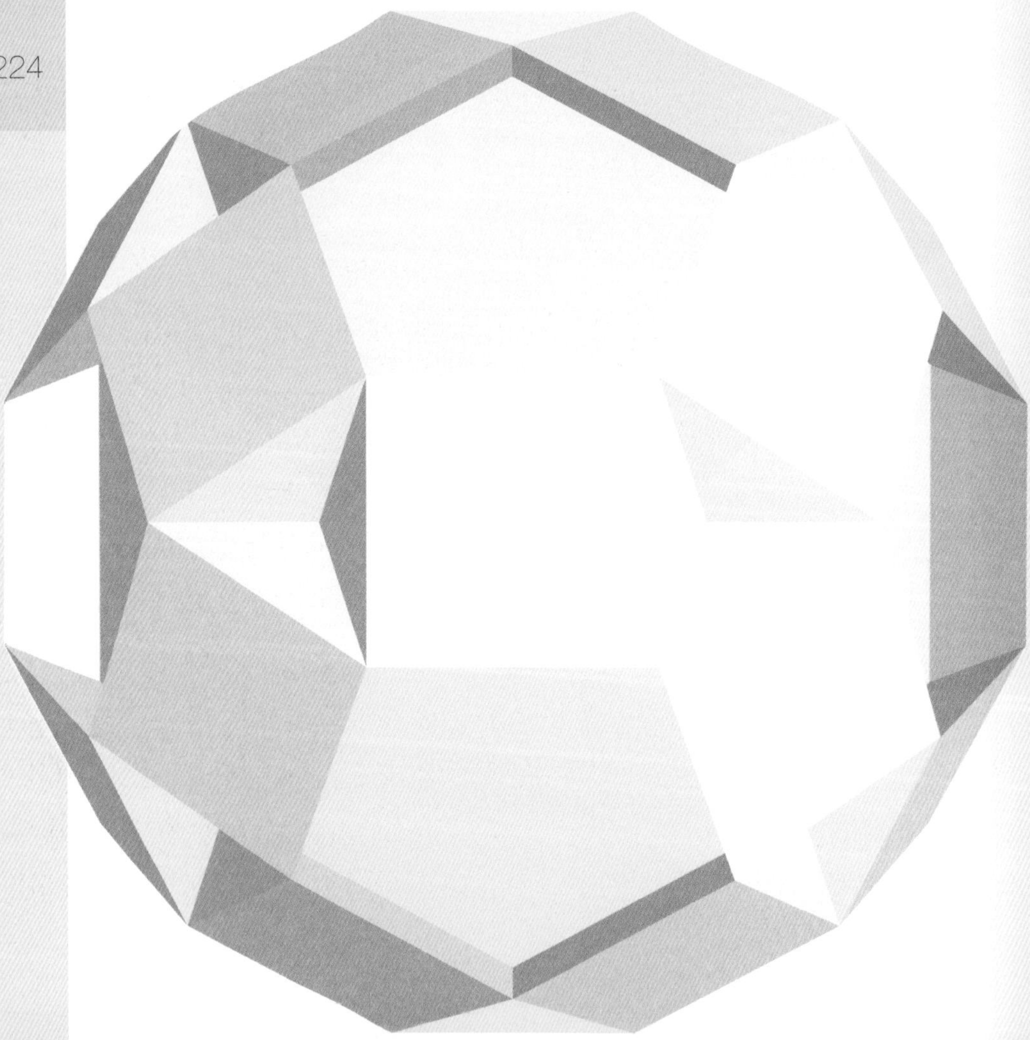

zur Lichtsprache

Was ist Lichtsprache?

Die Lichtsprache ist eine energetische Methode, mit der sich Licht bewusst in eine Form bringen lässt, die Botschaften überbringt und verstehen lässt. Dies geschieht, indem wir farbige Formen der Heiligen Geometrie, also dreidimensionale Polyeder, benutzen und sie zu spezifischen Sequenzen anordnen. Diese außergewöhnliche Methode stammt von den Curanderos, mexikanischen Schamanen, deren Kultur auf den Mayatraditionen gründet.

Wie ist Licht zu definieren, und welche Rolle spielt es in unserem Leben?

Wenn wir von Licht sprechen, sprechen wir nicht von Sonnenlicht. Wir sprechen von ätherischem, spirituellem Licht, das alles durchdringt und alles speist. Der Wissenschaftler und Chemiker Albert Hoffmann (Erfinder des LSD) zum Beispiel bezeichnet Licht als die »ursprüngliche kosmische Energiequelle«, die Basis allen Lebens, die auch

den »Denkprozess des menschlichen Gehirns speist«. Er beschreibt unser Bewusstsein, unseren Geist als die höchste sublimste energetische Umwandlungsstufe von Licht.[1] Hoffmann drückt damit aus, dass es das Licht ist, das alles Leben hervorbringt. In anderen Worten: Licht ist Information (*In-form-ation*). Hoffmann bestätigt damit die Auffassung der Curanderos, die Licht immer schon als frei fließendes Wissen betrachteten, das alle heiligen Prinzipien und Informationen über das Leben enthält.

Was haben Geometrie und Farben mit Licht zu tun?

Die Curanderos sagen: Licht besteht in seiner ätherischen Essenz aus unterschiedlichen Formen farbiger Heiliger Geometrie.

Was ist Heilige Geometrie?

Man kann die Heilige Geometrie als die »Sprache der Schöpfung« bezeichnen. Dieser Auffassung waren viele Weise in der Vergangenheit wie beispielsweise die griechischen Philosophen Platon und Pythagoras. Auch der deutsche Astronom und Mathematiker Johannes Kepler äußerte, dass alles Bewusstsein, auch das menschliche, ausschließlich auf heiligen geometrischen Figuren basiert. Er bezeichnete die Geometrie daher als die Ursprache der Schöpfung (1619): »Die Geometrie ist vor der Erschaffung der Dinge gleich ewig wie der Geist; ist Gott selbst [...] und hat ihm die Urbilder für die Erschaffung der Welt geliefert [...]«[2] Auch zeitgenössische Meister vertreten diese Ansicht. Für den erleuchteten indischen Guru Siva Baba gehört die Geometrie »zur Sprache des Göttlichen«. Der spirituelle Meister Drunvalo Melchizedek spricht von der Heiligen Geometrie als einer Struktur und Ordnung, die ohne Ausnahme allem zugrunde liegt.

Was ist unter »Mitschöpfer« zu verstehen?

Alle großen spirituellen Lehrer der Gegenwart und Vergangenheit wie zum Beispiel Meister Eckhart, Osho oder Yogananda, betonen, dass wir Schöpfer unseres Lebens sind. Als Mitschöpfer erschaffen wir unser Leben. Wir ko-kreieren (schöpfen miteinander) die Ereignisse und

Qualitäten in unserem Leben gemeinsam mit anderen Menschen, Wesen, mit der Schöpfung oder Gott oder wie man die höhere Macht nennen will. Die Lichtsprache gibt uns ein wunderbares Werkzeug in die Hand, uns als bewusster Mitschöpfer zu betätigen.

Wie funktioniert die Lichtsprache?

Wenn alles Leben und alle Materie, also alles, was ist, durch Licht hervorgebracht wird, dann sind auch, wie die Curanderos sagen, unsere Gedanken eine Form von Licht. Unsere Gedanken bewegen sich, ihrer Auffassung zufolge, fünf Ebenen schneller als mit Lichtgeschwindigkeit. Sie stellen in ihrer ätherischen Essenz Abfolgen von Heiliger Geometrie in konkreten Farben dar. Das bedeutet, dass die Lichtsprache ständig, auf der unterbewussten Ebene, in unserem Leben abläuft. Der Umkehrschluss der Curanderos daraus besagt: Wenn wir unbewusst mit jedem Gedanken farbige Heilige Geometrie ausstrahlen, dann können wir dies konsequenterweise auch bewusst tun, um konkrete, willkommene Ziele zu manifestieren. Also fügen wir bewusst farbige geometrische Formen zu bestimmten Sequenzen zusammen, die das Gewünschte hervorbringen sollen. Bestimmte Formen der Geometrie werden dementsprechend mit ausgewählten Farben kombiniert und in einer Abfolge so angeordnet, dass konkret und zielgenau formulierte Absichten manifestiert werden können. Eine solche Formation wird als »Grid« bezeichnet.

Was sind Grids?

»Grids«, auf Deutsch »Gitter«, sind energetische Konstellationen bzw. Sequenzen von Heiliger Geometrie in bestimmten ausgewählten Farben. Der (eigentlich »das«) Grid bedient sich der uralten Weisheit der Heiligen Geometrie als Baustein allen Seins.

Wofür benutzt man nun Grids?

Man kann Grids auf vielfältige Weise einsetzen. Mit der einfachsten Form des Grids, dem 7-förmigen Grid kann man die persönliche Schwingung eines Menschen, Tieres, Ortes oder Gegenstandes verändern. Das geschieht, indem wir ausgewählte farbige geometrische Formen in die sieben Hauptchakren einfügen.

Weitere Formen der Lichtsprache wie der »49-förmige Grid«, der »144-förmige Grid«, der »Ewige Moebius« oder die »108 Tori« dienen dazu, konkreter formulierte Absichten wie Selbstwert, Erfolg und die Aktivierung der Selbstheilungsenergie zu manifestieren. Grids für profane Angelegenheiten wie die Absicht, eine neue Wohnung oder einen Job zu finden, funktionieren genauso wie solche zur persönlichen Entwicklung. Jede Zielvorgabe, zum höchsten Wohle aller formuliert, ist möglich.

Kann man die 36 Grids im Anhang dieses Buches auch ohne »aufgefangene Lehre« benutzen?

Selbstverständlich. Die Übertragung des Wissens über die »aufgefangene Lehre« ist nur dann notwendig, wenn man lernen möchte, Grids selbst zu erstellen.

Wie funktioniert der 7-förmige Grid für die persönliche Schwingungsänderung?

Wir wissen, dass der Mensch nicht nur durch seinen physischen Körper funktioniert, sondern dass dieser von seinen feinstofflichen Bereichen getragen wird. Alles, was wir jemals erlebt haben, unsere Erfahrungen, jeder Gedanke, jedes Trauma, jede Blockade, alle Muster, Glaubenssätze etc. sind in unserer Aura, also in unserem feinstofflichen Feld gespeichert. Dieses Energiefeld besitzt, wie jede Energie, eine bestimmte Schwingung. Nach dem Gesetz der Anziehung verbindet sich die Schwingung mit ähnlichen Vibrationen, die damit in Resonanz stehen, und zieht diese in unser Leben.

Um ein Beispiel zu nennen: Wenn eine Frau denkt, sie sei nicht gut genug, dann manifestiert sich diese Gedankenform in ihrer Aura. Formuliert sie dies – bewusst oder unbewusst – immer und immer wieder und lädt das Ganze noch mit entsprechenden Emotionen auf, so verdichtet sich die Energie dieser Gedankenform. Damit gewinnt diese

an Macht und verbindet sich schließlich mit ähnlichen Schwingungen, die im Leben der Frau ihren Ausdruck finden: Sie hat vielleicht einen Job, in den sie nicht ihr volles Potenzial einbringen kann, sie wird sich wenig zutrauen, einen autoritären Chef haben, versuchen, es allen recht zu machen und dennoch keinen Dank ernten. Was wir ausstrahlen, erhalten wir zurück.
Klar, dass eine solche Person ein Selbstwertproblem hat. Mit einem sogenannten »Persönlichen Grid« (7-förmiger Grid) kann sie auf eher allgemeine Weise daran arbeiten. Sie »setzt«, natürlich auf energetischem Wege, in jedes ihrer sieben Hauptchakren eine bestimmte farbige Lichtsprache-Form ein. Die Auswahl von Form und Farbe hängt von ihren spezifischen Bedürfnissen in den einzelnen Chakren ab. Der Grid setzt nun Prozesse in Gang, die die Frau in ihrem Wachstum unterstützen. Unsere Gedanken kreieren unsere Realität. Die Formen und Farben, die wir benutzen, erreichen unser Unterbewusstsein, und wir ändern damit bewusst unsere Ausstrahlung, um sie mit dem, was wir sein möchten, in Ausrichtung zu bringen.

Bedeutet dies, dass diese Person über Nacht mehr Selbstbewusstsein bekommt?

Nein, es heißt, dass die Schwingung der Formen auf sehr subtile Art auf das Energiefeld der Person einwirkt und einen Prozess aktiviert. Die Person wird sich vielleicht über ihr Verhalten bewusster. Sie nimmt ihre Gefühle von Wut und Ärger besser wahr, sie hat ein Aha-Erlebnis. Möglicherweise wird sie beginnen, ihre Meinung deutlicher zu äußern. Sie wird mehr Klarheit darüber gewinnen, was sie wirklich möchte und wie ihre nächsten Schritte aussehen.

Mit welchen Formen wird in der Lichtsprache gearbeitet?

Wir unterteilen die Lichtsprache in mehrere Ebenen. Zu Beginn, auf der Einsteigerebene, wird mit eher schlichten Formen gearbeitet wie Würfeln, Kugeln und einigen anderen. Auf den fortgeschrittenen Ebenen kommen dann komplexere Formen hinzu, also beispielsweise platonische und archimedische Formen. Je komplexer die Form, desto komplexer die Bedeutung und die Wirkung.

Was ist ein 49-förmiger Grid?

Einen sogenannten 49-förmigen Grid können wir zur Manifestation konkret formulierter Ziele erstellen, zum Beispiel zur Transformation von Blockaden und Glaubenssätzen unter Einbeziehung eines bestimmten Zeitpunktes der Manifestation. Wir können Grids schreiben, um unser negatives Denken zu transformieren, eine Beziehung zu heilen, ein Haus zu verkaufen, mehr Kunden zu haben usw. Der Themenwahl sind keine Grenzen gesetzt. Wir richten mit diesen Grids unser aurisches Feld so aus, dass die spezifischen Ziele, wenn sie dem höchsten Wohle dienen, erreicht werden können.

Wieso kann ein Grid wirken?

Der Grid kommt immer im Energiefeld der betreffenden Person an, weil der Schreiber sich während des Grid-Schreibens mit der Person verbindet. Die Formen bewegen sich dann in die Aura der Person.

Was sind Gemeinschaftsgrids?

Für alles, was man bekommt, möchte man auch etwas geben, damit der Ausgleich gewahrt bleibt. Also halten uns die Curanderos dazu an, für jeden Grid, den wir für uns selbst oder eine andere Person schreiben, auch einen zum Wohle der Gemeinschaft erstellen.

Wie sieht die fortgeschrittene Form der Lichtsprache aus?

In der nächsten Stufe der Lichtsprache arbeiten wir bisher mit 117 Polyedern. Zudem stehen uns über 144 Farben zur Verfügung, die wir in Kombination mit diesen Formen bringen. Mit den höheren Formen der Lichtsprache, dem so genannten 144-förmigen Grid oder dem Ewigen Moebius können wir komplett neue Blaupausen, also neue Grundlagen für jedes Thema im Leben erstellen, beispielsweise für Selbstwert, Erfolg usw.

Wie hat sich die Lichtsprache in Ihrem Leben ausgewirkt?

Als ich zur Lichtsprache fand, war ich an einem Punkt in meinem Leben angelangt, an dem nichts mehr weiterging. Ich hatte einerseits einen Job, der mich anstrengte und zugleich langweilte, andererseits traute ich mir auch nicht viel mehr zu. Ich war privat unzufrieden und richtete eine Bitte um Führung an die Schöpfung. Die Lichtsprache hat mir dabei geholfen, mein Leben in neue, ungeahnte Bahnen zu leiten und mein Potenzial weitaus mehr entwickeln und leben zu können.

Wirkt jeder Grid genau so, wie man es sich wünscht?

Sehr oft bringt der Grid das gewünschte Ergebnis, zum Beispiel eine neue Wohnung zu einem bestimmten Zeitpunkt, mehr Selbstwert etc. Das Ergebnis muss zum höchsten Wohle aller sein. Wenn es das nicht der Fall ist, wird der Grid nicht funktionieren. Durch einen Grid kommen Prozesse in Gang, die uns das Gewünschte manifestieren lassen oder aber einen völlig neuen Weg hervorbringen, der das Ersehnte unwichtig werden lässt. Oder er leitet die Manifestation von etwas Besserem ein, auf das wir nicht oder noch nicht gekommen wären. Etwas, was mehr in Einklang mit der Seele ist.

Was ist, wenn ich gar nicht möchte, dass sich etwas in meinem Leben oder gar meine gesamte Situation verändert?

Man sollte sich darüber klar sein, dass die Lichtsprache lebensverändernd wirken kann. Ganz abgesehen von den konkreten Dingen, die wir in unserem Leben damit manifestieren, wirkt sich einfach die Tatsache, dass wir uns mit dem heiligen Code beschäftigen, ihn immer mehr integrieren, mit ihm umgehen, intensiv auf unser Leben aus. Die Arbeit mit den heiligen Symbolen bringt uns mehr in Ausrichtung mit unserer Seele. Sie führt uns stärker in die Richtung, die unsere Seele gehen möchte: Lebensaufgabe, Ko-Kreation, Sinnfindung, Entwicklung des Potenzials, der Liebesfähigkeit usw. Das kann tief gehende Transformation bewirken.

Wie wird die Lichtsprache unterrichtet?

Die Lichtsprache wird in Seminaren unterrichtet. Man erhält dort zwar viele Informationen und umfangreiches Unterrichtsmaterial, jedoch erreichen nur 10 % der Lehren unseren bewussten Verstand. Die restlichen 90 %, werden über den Lehrer in die Aura weitergegeben, bzw. strahlen in den unterbewussten Bereich. Man nennt das eine aufgefangene Lehre. Nur aufgrund der »aufgefangenen Lehre« in seinem Energiefeld kann ein Student später wirksame Grids erstellen. Daher können die Lehren nur in der Gegenwart und damit aus der Aura eines autorisierten Lehrers empfangen werden. Das Wissen über Bücher oder über das Internet zu erlernen, hat wenig Effekt.

Kann ich die Lichtsprache auch in meinem Alltag anwenden, ohne einen Grid zu schreiben?

Man kann die Formen, Farben und komplette Grids auch im Alltag durch die klare Absicht »aussenden«, ohne sie zuvor geschrieben zu haben. Dies ist eine wunderbare und schnelle Anwendungsmöglichkeit, beispielsweise wenn sich jemand eine bestimmte Ausstrahlung verleihen möchte, wie »Sicherheit bei einem Vorstellungsgespräch«. Diese per Intention ausgesendeten Formen verbleiben allerdings nur für eine bestimmte Zeit erhalten.

Ist es nicht einfacher, Bestellungen beim Universum aufzugeben?

Die Lichtsprache hat eine besondere Qualität: Wir lernen, mit Licht zu arbeiten, es zu programmieren und in unserem Leben einzusetzen. Damit öffnen wir uns für die Grenzenlosigkeit unseres Seins. Dieser Umgang mit Licht, repräsentiert durch die heiligen Formen, dient nicht allein der Manifestation von konkreten Zielen, sondern vertieft und beschleunigt unsere Prozesse und unsere Entwicklung. Die Lichtsprache bringt uns mit höheren Ebenen und Dimensionen in Verbindung. Mit anderen Worten: Beim Einsatz von Grids handelt es sich um Mitschöpfung, um Kooperation mit der Schöpfung – nicht um freundliche Geschenke einer machtvollen Instanz an einen passiven Bittsteller.

Wenn man mit der Lichtsprache umgehen kann, benötigt man dann überhaupt noch andere Methoden?

Wir befinden uns in einer Zeit, in der es überaus viele hervorragende alte und neue energetische Heilmethoden gibt. Auch das Wissen der Schamanen, das früher nur innerhalb der Stämme weitergegeben wurde, steht uns immer mehr zur Verfügung. Es ist wunderbar und notwendig, auf so viele Möglichkeiten zugreifen zu können. Denn das, was für das konkrete Thema der einen Person wirksam ist, mag in Bezug auf die Problematik einer anderen weniger greifen. Sie benötigt unter Umständen eine andere Vorgehensweise. Es kann auch sein, dass eine Person unbewusst einen Grid nicht annimmt. Lichtsprache berücksichtigt immer den freien Willen. Also könnte auch hier ein anderer Prozess vonnöten sein.

Kann jeder die Lichtsprache lernen?

Ja, jeder, der bereit ist, etwas Energie in seine Arbeit zu investieren, kann die Lichtsprache lernen und sehr erfolgreich damit sein. Es hat nichts mit mathematischer Begabung oder Hellsichtigkeit zu tun, auch wenn die medialen Fähigkeiten durch Lichtsprache durchaus positiv stimuliert werden.

Wie kann ich persönlich mit der Lichtsprache Einfluss auf mein Leben nehmen?

Das kommt darauf an, was Sie erreichen möchten. Wenn Sie ein bestimmtes Ziel anvisieren, aber merken, dass etwas Sie daran hindert, diese Vorstellung umzusetzen, können Sie sich einen Grid dafür schreiben lassen oder gegebenenfalls selbst schreiben, damit die Blockade gelöst wird. Sie können Einfluss auf Ihren Selbstwert nehmen, Ihr Selbstvertrauen, Ihre Verbindung mit der Schöpfung, die Entwicklung Ihres Potenzials usw. Auf diese Weise haben Sie die Möglichkeit, Ihr Leben mithilfe der Formen buchstäblich »in Form zu bringen«.

Wie ist die Lichtsprache von den Schamanen zu uns gekommen?

Die Halterin der Linie, die spirituelle Lehrerin und Meisterheilerin Starr Fuentes, hat mehrere Jahre mit einer Linie der Curanderos gelebt. Sie ist Halterin einer Linie von Curanderos ab der 23. Generation. Auch ihre Großmutter war bereits Curandera. Starr Fuentes hat diese Arbeit, die sie in die USA gebracht hat, auf mühsame Weise erlernt: Ihre Lehrerin Esperanza malte ihr die einfachen Formen in den Sand oder übertrug die komplexeren mit dem dritten Auge, während sie ihre Bedeutung erklärte. Wir haben es Starrs hervorragendem Gedächtnis und ihrer Verpflichtung der Arbeit gegenüber zu verdanken, dass sie das Wissen an andere Menschen, die nicht dem Stamm angehören, weitergeben konnte, was im Übrigen der Auftrag ihrer Lehrerin an sie war. Wir haben es heute weitaus leichter als sie, die Lichtsprache zu erlernen; es gibt umfangreiche Bücher, die wir im Unterricht erhalten, und wir können während der Seminare mitschreiben.

Die ethnischen Stämme öffnen sich seit einigen Jahren dafür, uns ihre Lehren zu schenken, um uns in unserer eigenen Heilung zu unterstützen und mit den Schwingungsveränderungen des Planeten mitgehen zu können. Es ist ein großes Geschenk für uns und den Planeten, das uns Türen zu immensem Wissen öffnet.

Weitere Informationen zu Starr Fuentes finden Sie unter
www.starrfuentes.com

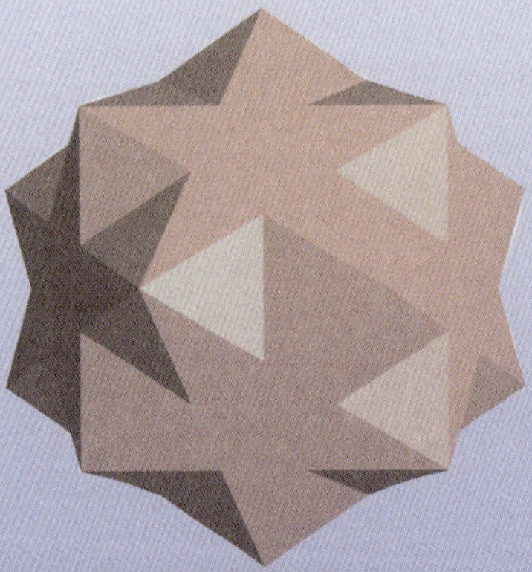

Teil II

36 Lichtsprache-Grids

Einführung und Anwendung

Grids

Lichtsprache-Grids sind Sequenzen aus Heiliger Geometrie, genauer gesagt Polyedern, kombiniert mit farbigem Licht. Jeder Grid ist eine Form gewordene Information. Wenn Sie diese Botschaft in Ihr Energiefeld übertragen, findet, entsprechend dem Thema, eine Neucodierung Ihres feinstofflichen Bereiches statt. Durch die Re-formation in Ihrer Aura kommen sanfte Prozesse in Gang. Verhaltensweisen, die der gewünschten Qualität entgegenstehen, können sich allmählich auflösen. Gleichzeitig kann sich der gefragte Zustand etablieren. Auch wenn Sie die Bedeutung der Formen nicht intellektuell verstehen können, werden Sie bemerken, dass sich bereits durch das bloße Ansehen eines Grids etwas in Ihrem Energiefeld verändert.

Wenn Sie eine Qualität in Ihrem Leben vermissen, wie zum Beispiel Kreativität oder Selbstwert, dann bedeutet dies, übertragen in die Begrifflichkeit der Lichtsprache, dass in Ihrer Aura bestimmte Formen und Farben nicht ausreichend oder kraftvoll genug vertreten sind. Indem Sie einen Grid für dieses Thema bzw. für Themen, die in Zusammenhang damit stehen, in Ihr Energiefeld übertragen, wird diese Qualität mehr belebt. Scheint ein Grid nicht für Sie zu arbeiten, dann ist es wahrscheinlich, dass Ihre Aura zunächst eine andere Energie benötigt. Wenn »Erfolg« nicht greift, dann möchten Sie unter Umständen ihr »Vertrauen« stärken, benötigen »Erlaubnis« etc. Wenn ein Grid für Sie läuft, wird Ihre Aura ihn aufnehmen und schwingen lassen und Sie damit auf ungeahnte und vielerlei Weise unterstützen. Die heiligen geometrischen Formen haben eine eigene Intelligenz, die genau weiß, wohin sie in Ihrem feinstofflichen Bereich gehen muss, um optimal zur richtigen Zeit zu wirken.

Der erste Teil des Buches hat Ihnen detailliertes Basiswissen über die Lichtsprache und Lichtsprache-Grids vermittelt. Auch um über den metaphysischen Hintergrund informiert zu sein, der den folgenden 36 Grid-Themen zugrunde liegt und immer wieder angesprochen wird, ist es notwendig, auf die Informationen im ersten Teil des Buches zurückzugreifen.

Themen

Die Lichtsprache-Grids stellen die energetischen Ausprägungen von 36 Qualitäten dar, die für persönliche Entwicklung und Wohlbefinden wichtig sind. Die Grids unterstützen Sie in Ihren spirituellen Reifeprozessen, damit Sie bewusster, erfolgreicher Mitschöpfer sein können. Charakteristika eines kraftvollen Mitschöpfers sind unter anderem: Verbindung, Bewusstheit, Liebesfähigkeit, Verantwortungsbewusstsein, Authentizität und Entscheidungskraft.

Anwendung

Als Übertragungsform dient die Form des Moebius. Sie können die Lichtsprache-Energiekarten einzeln, je nach Bedarf, in eine der beiden Moebius-Schlingen legen. Wenn Sie die Grid-Energie direkt auf sich selbst übertragen möchten oder auf eine andere Person, die darum gebeten hat, dann legen Sie einfach ein Foto in die andere Schleife oder schreiben Sie Namen und Geburtsdatum auf ein Zettelchen und legen es in die andere Schlinge. Der Moebius ist eine Form, die verbindet und repliziert. Sie verbindet also Grid und die Person, für die er gedacht ist, und wiederholt die Energie immer und immer wieder, so lange, bis sie integriert ist.

Sie können die Schwingung aber auch auf Orte oder Objekte projizieren. Wenn Sie also beispielsweise einen Raum mit »gesunden Grenzen« versehen möchten, dann legen Sie den entsprechenden Grid in die eine Seite der Schleife, in die andere einen Zettel, auf den Sie beispielsweise schreiben: »Wohnung Max Mustermann, Heinestr. 12, Düsseldorf«. Oder benutzen Sie den Grid »Sicheres Heim«.

Sie können aber auch eine Situation mit der Grid-Schwingung versehen, zum Beispiel: »Auftritt am XY«. Einen solchen Zettel legen Sie in die eine Seite des Moebius über Ihr Bild. Der Grid, dessen Energie Sie auf diesen Anlass übertragen wollen, könnte der Grid »Erfolg« sein.

Mein Vorschlag ist, dass Sie zunächst bis zu drei Grids gleichzeitig anwenden. Dann benötigen Sie drei Übertragungsformen. Sie werden feststellen, dass die Themen der Grids ineinander übergreifen und einander verstärken. Wenn Sie zum Beispiel eine Trennung hinter sich haben, dann benötigen Sie unter Umständen die Energien der Grids »Loslassen«, »Vertrauen« und »Trauerverarbeitung«. Prüfen Sie für sich selbst, ob Sie die Grids nacheinander oder zu gleicher Zeit anwenden wollen. Wenn Sie Ihrer »Lebensaufgabe« näherkommen möchten, können Sie den speziellen Grid dafür benutzen, aber auch die Grids »Klarheit« und »Verbindung mit der Schöpfung«. Sind Sie mit der Grid-Energie vertrauter geworden, können Sie auch prüfen, ob Sie mehrere Grids gleichzeitig für sich laufen lassen möchten.

Wie lange ein Grid übertragen werden muss, hängt von der einzelnen Person ab. Gehen Sie mit Ihrer Intuition. Achten Sie auf Ihre Eingebungen und Gefühle. Es kann sehr schnell gehen. Vielleicht bekommen Sie nach einer gewissen Zeit den Eindruck, einen anderen Grid mehr zu benötigen. Dann hat Sie entweder der durch den Grid ausgelöste Prozess zu dieser Erkenntnis gebracht, die Energie ist integriert oder es war zu diesem Zeitpunkt nicht der ideale Grid für Sie.

Erinnern Sie sich von Zeit zu Zeit daran, dass gerade ein Grid für Sie arbeitet, das verstärkt seine Energie. Aber denken Sie auch nicht ununterbrochen darüber nach, wie und wann der Grid wirkt. Wenn Sie eine Zeit lang mit den Grids gearbeitet haben, erlauben Sie sich einen Rückblick, und bemerken Sie die Veränderungen in Ihrem Leben.

Sie müssen die Grids auch nicht auf die Übertragungsform legen. Tragen Sie einen davon bei sich, oder legen Sie einen ausgewählten Grid neben Ihr Kopfkissen. Sie können den Grid auch immer wieder anschauen und seine Energie in sich aufnehmen. Sie können auch Ihren Blick darüber schweifen lassen, mit der Absicht, dass sich Ihnen die Energie offenbart, die Sie an diesem Tag am meisten benötigen. Dann legen Sie diesen Grid auf die Übertragungsform, oder tragen Sie ihn bei sich.

Das höchste Wohl

Grids wirken nur wenn sie dem höchsten Wohle dienen. Seien Sie vergewissert, dass hinter jedem Grid-Titel ein ätherisches »Zum-höchsten-Wohle-aller« steht.

Aus Gründen der Integrität versteht es sich dennoch, dass Menschen, auf die man Grids strahlt, vorher darum gebeten haben müssen – und zwar nicht nur auf der Seelenebene, sondern mündlich, mit ihren vernehmbaren Worten.

Ein Grid, der in einer entkräftenden oder negativen Absicht ausgestrahlt wird, hat eine Null-Wirkung, also gar keine. Darunter fallen auch Grids, die gesendet werden, weil man es ja »nur gut meint«. Um konkret zu sein: Es macht keinen Sinn, Grids einzusetzen, um sich beispielsweise ein Erbe zu erschleichen oder um einen begehrten Menschen, der von seinem »Glück« keine Ahnung hat, auf die eigene Fährte zu locken etc.

Aktion

Gehen Sie in Aktion. Während Sie den Grids erlauben, in Ihrem Energiefeld zu wirken, wird Änderung geschehen. Der Prozess kann jedoch umso kraftvoller sein, wenn Sie gleichzeitig selbst bewusst in Aktion gehen. Das betrifft vor allem die Manifestation materieller Ziele wie zum Beispiel »Geld«. Wenn Sie nichts unternehmen, die Füße auf den Tisch legen und warten, dass etwas passiert, weil der Grid »es ja schon macht«, dann wird er weniger Chancen haben, zu wirken. Indem Sie besonnen aktiv werden, geben Sie sich auch die Möglichkeit, den durch den Grid ausgelösten Impulsen zu folgen.

Wenn Sie beispielsweise mit dem hier zur Verfügung stehenden Grid Ihr Herzchakra revitalisieren wollen und einen liebevolleren Umgang mit sich selbst und anderen anstreben, kann es auch eine gute Idee sein, diese Absicht zum Projekt zu deklarieren. Stellen Sie sich vor, Sie arbeiten jetzt an dem Projekt »Ich heile mein Herzchakra«. Dadurch verpflichten Sie sich dem Thema noch stärker; indem Sie es zum Projekt ernannt haben, geben Sie ihm noch mehr Gewicht. Ihr Fokus ist klar darauf ausgerichtet – es ist ständig in Ihrem Bewusstsein. Prüfen Sie, in welchen Lebensbereichen und Zusammenhängen Sie sich bisher vernachlässigt haben, wo Sie lieblos mit sich umgehen oder sich ablehnen. Halten Sie Ihre Gefühle für peinlich oder lästig? Möchten Sie gern zum Yoga oder Tennis, stellen aber Ihre Wünsche hinter die anderer? Schleppen Sie immer noch das alte Trauma mit sich herum, dass Sie mit 23 Jahren von Ihrem Verlobten kurz vor der Hochzeit verlassen wurden? Nagen Sie noch daran, dass Ihr Vater Ihren Geburtstag vergessen hatte, als Sie zehn Jahre alt waren? Gehen Sie beispielsweise in Aktion, indem Sie sich das Thema intensiv betrachten und es von vielen Seiten her einkreisen. »Verpflichten« Sie sich jetzt, »neue Wege« einzuschlagen. Wenn sie sich bisher keine Zeit für Yoga oder Tennis erlaubt haben, dann prüfen Sie, wie Sie sich diese Zeit einräumen werden. Vielleicht benötigen Sie ihre »wahre Stimme« (auch sich selbst gegenüber), um diese Zeit für sich einzufordern. Womöglich müssen Sie sich erst selbst »ermächtigen«, um Ihre »wahre Stimme« einzusetzen. Oder Sie benötigen dazu eine »Erlaubnis«. Vielleicht bedarf es auch »gesunder Grenzen«, um überhaupt einen klaren Gedanken fassen zu können …

Wenn Sie ein bestimmtes Thema verfolgen, dann prüfen Sie, mit welchem Grid Sie am besten beginnen – vielleicht sind sie nicht »geerdet« genug, haben zu wenig »Selbstvertrauen«, können sich nicht »verpflichten« usw.

Die Themen der Grids sind, wie gesagt, so angelegt, dass sie sich gegenseitig unterstützen und verstärken. Mit ihrer Hilfe können Sie ein feines Lichtnetz weben, eine ganz spezielle, persönliche, ko-kreierte Matrix, die eine vortreffliche Grundlage für Ihren Weg in Ihre Kraft und Macht als bewusster Mitschöpfer bildet.

Gemeinwohl

Denken Sie daran, dass Ihre eigenen Manifestationsabsichten besser greifen, wenn Sie auch an die Gemeinschaft denken.

Wenn Sie mit den Grids auch für das Gemeinwohl arbeiten, dann legen Sie zum Beispiel den Grid »Ermächtigung« oder »Vitalität« in die eine Schleife der Übertragungsform und in die andere einen Zettel mit »Spenden für XY-Aktion«. Sie können mehrere Grids gleichzeitig einsetzen. Das gibt der Spendenaktion eine kraftvolle Grundlage, auf der sie erfolgreich gedeihen kann.

Der Grid für »Gesunde Grenzen« kann in einem Moebius liegen, der für Menschen gedacht ist, die von Stalkern belästigt werden. »Herzenskraft« kann für Deutschland wirken. Seien Sie kreativ. Bleiben Sie innerhalb Deutschlands oder des Landes, in dem Sie leben. Um wirksam für einen noch größeren Bereich arbeiten zu können, benötigt man einen 144-förmigen Grid.

Aurakraft

Eine starke, leuchtende Aura ist Ausdruck vitaler Lebenskraft. Die Aura ist dann kraftvoll, wenn die Lebensthemen der einzelnen Chak-

ren weitgehend im Gleichgewicht sind. Ein Mensch mit einem lebendigen Energiefeld wird positiv wahrgenommen. Auch wenn er äußerlich nicht den gängigen Vorstellungen von Attraktivität entsprechen mag, besitzt er Ausstrahlung und Charisma. Er ist in seiner Kraft.

Ungelöste Themen wie mangelnder Selbstwert, Angst, Selbstzweifel, Scham, Schuldgefühle oder extreme Wut schwächen die Aura. Sie führen regelrecht zu Verzerrungen im aurischen Bereich. Ein »gebrochenes Herz« zeigt sich buchstäblich durch einen Riss im Energiekörper. Eine solchermaßen gestörte Aura ist aufnahmefähiger für schwächende Einflüsse von außen. In anderen Worten: Es ist klar, dass man einen Menschen, der Angst vor der Dunkelheit hat, in der Nacht mehr erschrecken kann als einen, der sich nicht fürchtet. Wenn jemand also beispielsweise zu extremer Wut neigt und leicht »explodiert«, können zornerfüllte Gedanken anderer den Energiekörper der Person noch weiter in Mitleidenschaft ziehen. Sie setzen genau an der Schwachstelle an. Eine aufgrund von emotionalen Schwierigkeiten beeinträchtigte Aura öffnet also negativen Energien Tür und Tor und kann durch sie noch mehr erschüttert werden. Es ist daher klug, sich darüber bewusst zu werden, wie und wo man sich angreifbar macht. Zur Stärkung der Aura ist es also einmal mehr geraten, emotionale Probleme im wahrsten Sinne des Wortes »aus dem Feld zu räumen«. Wenn von negativen Energien die Rede ist, soll das nicht heißen, dass Menschen andere bewusst mit ihren Gedanken, also medial angreifen, auch wenn das zuweilen der Fall ist. Jeder ist jedoch hin und wieder über jemand anderen verärgert, und je nachdem, wie stark diese Emotion ist, kann sie sich auf eine anfällige Aura auswirken.

Wir schädigen unsere Aura am meisten durch unser eigenes Gift. Groll, Klatsch und Neid kontaminieren und schwächen das Energiefeld. Sich selbst deswegen zu verurteilen, ist nicht die Lösung. Wir sind Menschen, und der Umgang mit diesen Schattenanteilen gehört zum Leben. Am besten ist man so mutig, sie zu bemerken und zu akzeptieren, dass man ihnen Raum gegeben hat.

Die Aura kann auch durch energetische und spirituelle Übungen gestärkt werden. Dazu gehört beispielsweise das Rezitieren von Mantras. Mantras sind mächtige geistige Formeln, die durch ihren Klang das Energiefeld verändern. Die Schwingung des Mantras dient dazu, das Bewusstsein auf den höchsten Geist auszurichten. Das Mantra »Om Nama Shivaya« beispielsweise berührt alle Chakren. Es klärt nach Siva Baba das Bewusstsein, aktiviert auch die unteren Chakren und hilft einem dabei, in Ausrichtung mit dem Göttlichen geerdet zu sein.[1]

Auch Atemtechniken eignen sich hervorragend zur Stärkung der Aura, zum Beispiel die Yogaübung »Pranayama«.[2] Beim Atmen nehmen wir nicht nur Sauerstoff auf. Die Atmung ist auch Träger der Lebensenergie. Wenn wir atmen, führen wir uns Prana zu, also universelle Lebensenergie. In der Regel atmen wir flach und unregelmäßig. Lange und tiefe Atemzüge hingegen wirken beruhigend und entspannend und führen zu mehr emotionaler Stabilität. Durch die erhöhte Aufnahme von Prana können auch Blockaden in den feinstofflichen Ebenen beseitigt werden. Dies alles dient der Kräftigung der Aura und der Erhöhung ihrer Widerstandskraft. Der verstärkte Pranazufluss vermindert zudem emotionale Störungen wie Angst und Unsicherheit und führt zu besserer Gesundheit. Eine weitere Übung zur Stärkung des Energiefeldes ist die kabbalistische »Übung der mittleren Säule«.[3] Durch eine Mischung aus Klang, Visualisierung und Atmung vergrößert sie die Menge verfügbarer Energie, sodass mehr Kraft zur Verfügung steht. Gleichzeitig verhindert diese Praktik, dass zu viel Energie abfließt oder abgesaugt werden kann.[4] Täglich ein paar Mal ausgeführt, hilft sie einem dabei, dauerhaft ein starkes Energiefeld zu etablieren. Eine ausgezeichnete, mehr physisch orientierte Maßnahme, die Aura zu stärken, ist praktischerweise auch Sport, besonders im Freien ausgeübt.

Ganz wichtig für eine kraftvolle Aura ist es, das Energiefeld regelmäßig zu klären und rein zu halten. Dies wird auch im Zusammenhang mit dem Grid »Reinigung« beschrieben.

Auch wenn es viele hervorragende Selbsthilfetechniken gibt, können wir nicht immer alles selbst regeln. Manchmal ist es notwendig, sich in die Hände eines kompetenten Helfers zu begeben. Ein exzellentes energetisches Mittel zur Aurareinigung und -stärkung ist die Behandlung »Elektromagnetische Wiederherstellung«.[5] Diese kraftvolle Arbeit aus der Starr Fuentes-Schule für Energie- und Lichtarbeit sorgt für die Selbstreinigung aller feinstofflichen Körper. Regelmäßig ausgeführt, verhilft die »Elektromagnetische Wiederherstellung« darüber hinaus zu mehr Ausgeglichenheit und innerer Stärke. Gleichzeitig macht sie das Energiefeld widerstandsfähig gegen Elektrosmog.

Der Grid »Aurakraft« soll Sie bei der Stärkung Ihres Energiefeldes unterstützen. Sie können ihn auch zur Kräftigung Ihrer Tiere und Pflanzen verwenden oder um einem magischen Objekt noch mehr Kraft zu verleihen. Legen Sie ihn in die eine Schlinge des Moebius, in die andere Ihr Bild oder das Bild des Objekts.

Bewusstheit

Vielleicht verfügen einige Menschen über die »umfassende Bewusstheit«, eine allumfassende Klarheit, einen Zustand der Verbundenheit und Erkenntnis, der mit »Erleuchtung« gleichzusetzen ist. Für die meisten Menschen setzt sie sich jedoch aus vielen Einzelteilen zusammen: die Bewusstheit über die eigenen Gedanken in einer bestimmten Situation, die Bewusstheit über die Wirkung einer anderen Person auf das Selbst, die Bewusstheit, dass es »im Ohr klingelt«, wenn jemand an einen denkt, die Bewusstheit, was im gegebenen Moment zu tun ist …

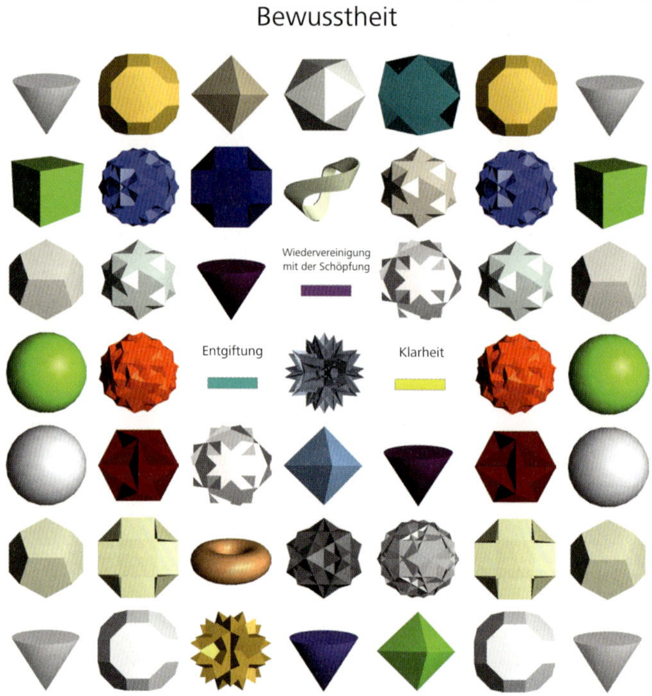

Bewusstheit entwickelt sich durch absichtsvolle Aufmerksamkeit. Der erste Schritt in diese Richtung besteht darin, sich die Erlaubnis zu erteilen, voll und ganz wahrzunehmen, was im Inneren wie im Äußeren geschieht, auch wenn es zuweilen unvereinbar mit dem Gedankengut des eigenen Universums[1] zu sein scheint oder mit unangenehmen Gefühlen einhergeht. Es gehört Mut dazu, sich für Bewusstheit und das aufrichtige Begehren nach tieferer Erkenntnis zu öffnen. Um größere Bewusstheit zu erlangen, benötigt es die Bereitschaft, sich dem eigenen Schatten zu stellen, lieb gewordene Einstellungen und Meinungen zu hinterfragen und die Welt mit neuen Augen zu betrachten, mit den Augen des losgelösten Beobachters.[2]

Was nutzt es, bewusst zu sein? Bewusstheit dient uns dazu, unser Leben in einem übergeordneten Kontext wahrzunehmen und von daher besser zu verstehen. Wenn wir bewusst sind, sind wir aufmerksam für die kleinen wie die großen Ereignisse in unserem Leben. Wir erlangen eine profundere Erkenntnis über unsere Beweggründe und einen klareren Einblick in die Welt unserer Gefühle. Bewusstheit öffnet unser Ohr für unsere innere Stimme. Diese verrät uns unsere Ziele und nennt uns die Richtung, die wir in Einklang mit unserer Seele einschlagen möchten, um sie zu erreichen. Bewusstheit öffnet uns den Raum, um auf einer tiefen Ebene zu erkennen, dass alles eins ist und wir uns nicht vom »Rest der Welt« getrennt sehen können. Die damit verbundene Erkenntnis, dass alles, was uns in der Welt begegnet, auch in uns selbst verkörpert ist – bedingungslose Liebe ebenso wie abgrundtiefe Negativität – hilft uns wiederum dabei, Mitgefühl zu entwickeln und unser Herz für uns selbst und andere zu öffnen. Bewusstheit dient uns also dazu, eine Art universeller Intelligenz zu entwickeln, was nur möglich ist, wenn der klare Blick frei schweifen darf, »unverstellt« von Tabus, Ängsten und Urteilen.

Es ist schwierig, Bewusstheit auszubilden, wenn wir in unseren alltäglichen Dramen gefangen sind, verstrickt in unsere Emotionen, unseren Stress, unsere Sorgen. Sobald wir eine klare Absicht getroffen haben, aufmerksamer zu sein, werden wir immer öfter Aha-Erlebnisse haben.

Bewusstheit beginnt damit, sich selbst wacher zu beobachten. Bemerken Sie Ihre Gefühle. Erlauben Sie sich auch, scheinbar unangemessene Emotionen wahrzunehmen. Achten Sie ebenso auf die Sensationen in Ihrem Körper. Nehmen Sie wahr, wie Sie sich körperlich und geistig fühlen, wenn Sie eine bestimmte Nachricht in der Zeitung lesen. Bemerken Sie, dass Sie sich in einem Moment gut und vital fühlen und im nächsten voller Zweifel sind. Erlauben Sie sich, alles zu empfinden und nicht darüber zu urteilen. Wenn Sie (ver-)urteilen, wird es Ihnen schwerer fallen, sich für Bewusstheit zu öffnen. Bereiche, die nicht akzeptabel sind, werden gern mit einem Tarnkäppchen versehen und entgehen daher dem Blick des Beobachters.

Beobachten Sie auch, wie Sie sich anderen Menschen gegenüber verhalten. Wir zeigen unterschiedlichen Menschen oft verschiedene Gesichter von uns. Im Zusammensein mit der einen Freundin werden Sie vielleicht häufig lachen, bei einer anderen verhalten Sie sich eher schweigsam, mit der dritten reden Sie über ernsthafte Themen und regen sich auf … Jede dieser Personen bekommt ein anderes Gesicht von Ihnen zu sehen. Es ist einer der vielen Schritte zur Bewusstheit, dies einfach zu bemerken. Welches Gesicht zeigen Sie Ihrem Mann, welches Ihrem Chef? Mit welchem Ihrer Gesichter können Sie sich selbst am besten identifizieren? Sind Sie der Nette, der Hilfsbereite, der Starke, der alles managt? Sind Sie die Sensible, die Unnahbare, die Einsame, die Verkannte? Jedermanns Liebling? Nehmen Sie Ihr Gesicht, Ihre Lieblingsrolle wahr. Der nächste Schritt könnte darin bestehen, die Rolle kurzzeitig auszutauschen. Wenn Sie beispielsweise die Unnahbare sind, dann könnten Sie sich für einen Tag vornehmen, mit fremden Menschen ein paar Worte zu wechseln, zum Beispiel mit der Kassiererin im Supermarkt oder der Bedienung im Café. Eine meiner Freundinnen, die sich als die Liberale, Zwanglose sieht, hat kürzlich eine Wohnungsordnung für ihre Untermieter entworfen, in der festgelegt wird, wer wann welche Aufgabe zu erledigen hat. Sie fühlt sich noch sehr unwohl mit den von ihr selbst auferlegten neuen »Zwängen«, die ihr gar nicht »ähnlich sehen«. Damit hat sie sich allerdings einer neuen Erfahrung und gleichzeitig einer anderen Seite von sich selbst geöffnet (schon deswegen, um nicht ständig hinter jedem herputzen zu müssen). Solche Projekte sind weitaus spannender als Fernsehen, bringen Leben ins Leben, transformieren unser Universum und helfen uns dabei, die selbst gefertigten Schablonen abzustreifen.

Wie empfinden Sie Ihren Chef? Oder die Kollegin A. B.? Welches Gesicht schreiben Sie ihnen zu? Könnten Sie sich vorstellen, sich auch auf andere Aspekte einzulassen? Könnten Sie also aufmerksam für weitere, bisher unbeachtete Facetten dieser Personen sein?

Der indische Weise Siva Baba erzählte in einem Seminar in San Francisco, dass er am nächsten Tag beabsichtige, nach Pittsburgh zu reisen. Genau wisse er das aber erst wirklich, wenn es so weit sei, denn es könne etwas anderes wichtiger werden. Ursprünglich hatte er aber geplant, zurück nach San Diego zu fliegen. So verhält er sich immer wieder. Die Flugtickets lässt er verfallen. Er trifft seine Entscheidungen in Einklang mit seiner inneren Stimme und lässt sie sich nicht von Tickets diktieren.[3] Sagen Sie jetzt: »Der kann sich das ja auch finanziell leisten«? Sehen Sie die Geschichte als Metapher: Wie oft tun wir etwas automatisch oder beharren darauf, weil es zuviel Flexibilität »kosten« würde, es zu ändern. Die innere Stimme vermittelt schon längst andere Hinweise, wird aber aus rein »praktischen« Gründen überhört, in anderen Worten: aus Bequemlichkeit. Vielleicht hat eine Person sehr viel zu tun, gleichzeitig braucht ein Angehöriger aber verstärkt ihre Fürsorge. Sie weiß das, ignoriert aber den inneren Hinweis. Es ist keine Lösung, sich deswegen zu bewerten, zu verurteilen oder Begründungen zu finden. Wie immer geht es zunächst darum, zuzulassen, den Sachverhalt zu bemerken, wahrzuhaben und anzuerkennen.

Zur Bewusstheit gehört selbstverständlich auch, die Gedanken größtenteils mit Absicht auszurichten und nicht unkontrolliert umherschweifen zu lassen. Woran denken Sie gerade? Was fühlen Sie momentan? Erlauben Sie sich immer wieder einmal, im Tagesgeschehen innezuhalten und sich diese Fragen zu stellen. Das gibt Ihnen unter anderem Gelegenheit, zu bemerken, wie oft Ihre Gedanken in die Negativität abdriften, sie wieder »zurechtzurücken« und auf das Hier und Jetzt zu richten.

Eine ebenso simple wie effektive Bewusstseinsübung besteht auch darin, die Aufmerksamkeit regelmäßig auf ganz »normale« Dinge zu lenken und zu bemerken: »Ich bin mir bewusst, dass da ein Tisch steht«, »Ich bin mir bewusst, dass ich gerade gehe«, »Ich bin mir bewusst, dass der Mann ein schwarzes Jackett trägt« etc.

Der Grid »Bewusstheit« soll Ihnen dabei helfen, sich dafür zu öffnen, aufmerksamer und achtsamer zu sein. Setzen Sie diesbezüglich eine klare Absicht. Vielleicht brauchen Sie aber auch mehr Bewusstheit für die Vorgänge in Ihrer Firma oder in Ihrer Ehe. Legen Sie den Grid in die eine Schleife des Moebius, Ihr Bild mit einem entsprechenden Zettel in die andere Schleife, zum Beispiel: Abläufe in Firma C.D.

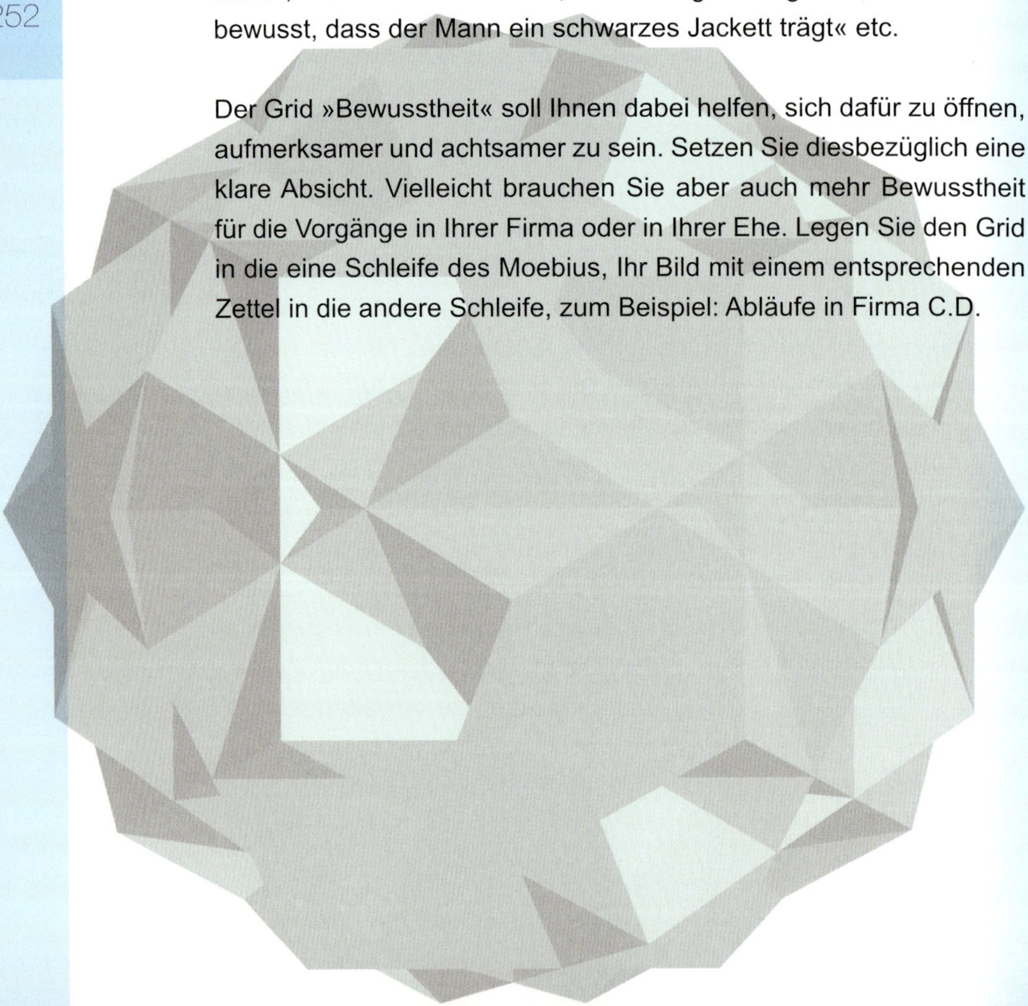

Dankbarkeit

Dankbarkeit ist ein bedeutendes Lebensprinzip. Dankbarkeit erhöht die Schwingung und befreit das aurische Feld von Schleiern der Negativität. Unser alltäglicher Stress, unsere Sorgen und Ängste, nicht genug zu haben oder dass alles zusammenbrechen könnte, lassen uns vergessen, dem Achtung zu schenken, was wir bereits besitzen.

Wir denken auch selten daran, uns selbst Dankbarkeit zu zollen. Haben Sie schon einmal zu sich gesagt »Danke, dass ich die Steuererklärung gemacht habe«, oder »Danke, liebe …, dass du das gemacht hast«? Tun Sie es öfter, nicht nur in Gedanken, sondern laut »Danke,

dass ich das Geschirr gespült habe!«, »Danke, dass ich das Abendessen habe ausfallen lassen und meinem Körper somit Erholung gönne.« Wenn wir uns selbst dankbar sind, zeigen wir uns, dass wir aufmerksam und liebevoll mit uns umgehen. Dankbarkeit uns selbst gegenüber erhöht die Bewusstheit, und zudem verbessern wir die Beziehung zu uns selbst.

Dankbarkeit kultiviert den Umgang miteinander und vertieft all unsere Beziehungen. Es geht beim Thema Dankbarkeit zwar nicht um Höflichkeit, ein freundliches »Danke«, nachdem man jemandem die Tür aufgehalten oder den Vortritt gelassen hat, fühlt sich trotzdem gut an. Es bereitet auch mehr Vergnügen, ausgiebige Erklärungen auf E-Mail-Anfragen zu übermitteln, wenn eine Antwort mit dem Wort »Danke« kommt. Wenn wir auf ein »Danke« verzichten, geben wir zu erkennen, dass wir die Aktion für selbstverständlich halten: »Es versteht sich von selbst, dass du den Müll runterträgst« oder »War doch ausgemacht, dass Erika für das Mittagessen zuständig ist.« Es ist eine Art (un-)bewusster Achtlosigkeit, die kundtut, wie die Person letztlich mit sich selbst umgeht. Dinge für selbstverständlich zu nehmen, nährt die Seele nicht. Dankbarkeit ist Seelennahrung. Oft bitten wir auch die geistige Welt um Hilfe und vergessen dann den Dank.

Jeder ist gern mit Menschen zusammen, die dankbar sind. Es macht Freude, ein von Herzen kommendes Dankeschön oder einen Strauß Blumen zu bekommen, weil ein Mensch dankbar für die Arbeit oder ein Produkt ist, auch wenn er bereits dafür bezahlt hat. Wenn man genug Geld hat, um auswärts zu essen, die Bedienung aufmerksam und freundlich ist, warum sollte man ihr nicht mit einem großzügigen Trinkgeld danken?

Dankbarkeit, auch wenn sie nicht mit materiellen Dingen einhergeht, drückt Großherzigkeit aus und zeigt dem anderen Anerkennung und Achtung. Menschen, die Dankbarkeit erfahren, geben selbst gern mehr und mit größerer Freude.

Dankbarkeit zeigt Wertschätzung. Wenn Sie für eine Heilbehandlung dankbar sind, sei es durch einen Arzt, Masseur oder Therapeuten, hat die Behandlung mehr Chancen, zu wirken, als wenn Sie sich fragen: »Ob das wohl was gebracht hat?« Mit Ihrer Dankbarkeit bezeugen Sie Ihre Gewissheit, dass Sie gerade etwas Gutes erfahren haben, und davon profitieren Sie natürlich selbst am meisten. Das soll aber nicht bedeuten, dass Sie nicht aufmerksam sein und sich in blinder Naivität alles andrehen lassen sollen.

Ausgiebiges Jammern ist ein Zeichen mangelnder Dankbarkeit. Auch stereotypes Klagen über immer wieder dieselben Sachverhalte ist nicht nur Ausdruck mangelnder Flexibilität.[1] sondern ebenfalls von fehlender Dankbarkeit. Der Fokus liegt auf den Dingen, die als »ungenügend« erscheinen.

Jammern und Klagen äußern sich aber auch auf subtile Weise, zum Beispiel durch ständige Unzufriedenheit – etwa über körperliche Aspekte oder »mangelndes« Talent –, die nicht einmal zur Sprache gebracht werden muss. Mit dieser Haltung fixiert man sich auf einen Status quo, und zwar genau auf den, den man für unzureichend hält. Denn der Fokus, also die Aufmerksamkeit, liegt gerade dort. Man wirft der Schöpfung (un-)bewusst vor, dass sie etwas nicht richtig gemacht hat, tut sich leid und gibt kund, dass man ein Opfer der Mächte und nicht in der Lage ist, etwas zu ändern.

Zum Thema Jammern gehören auch sich immer wiederholende negative Aussagen über das eigene Land oder Volk. Man dient seiner Gemeinschaft nicht, wenn man sich auf die negativen Aspekte einschießt. Würden sich stattdessen mehr Menschen auf die Qualitäten ihres Volkes konzentrieren, trüge dies zur Schwingungserhöhung im ganzen Land bei. Auch auf die Gefahr hin, mich zu wiederholen: Die Energie, auf welche die Aufmerksamkeit gerichtet wird, ist die Energie, die sich vergrößert. Dabei geht es nicht darum, negative Themen zu verdrängen – es ist selbstverständlich wichtig, sich der Schwachstellen gewahr zu sein. Von einem Ort der Dankbarkeit aus lässt sich in den Bereichen, die verbesserungswürdig sind, allerdings leichter etwas bewegen.

Dankbarkeit öffnet Herzen, denn sie kommt aus dem Herzen. Dankbarkeit ist ein weiter, großmütiger Zustand. Dankbarkeit vermehrt. Aufrichtige Dankbarkeit manifestiert. Menschen geben gern mehr, wenn sie Dankbarkeit erfahren. Dankbare Menschen erhalten mehr – auf jeder Ebene. So, wie sie Großzügigkeit aussenden, werden sie auch großzügig bedacht. Deshalb empfehlen manche Trainer, bereits für das zu danken, was man sich wünscht, als sei es schon vorhanden. Das, was wir ausstrahlen, erhalten wir zurück, sagt das Gesetz der Resonanz. Es versteht sich, dass dieser Dank von Herzen kommen möchte und nicht aus einem Automatismus heraus, weil er zum Empfangen notwendig ist. Um im Voraus von Herzen dankbar sein zu können, hilft es, aus Gewohnheit für die Fülle dankbar zu sein, die bereits im Leben vorhanden ist.

Dankbarkeit hilft, mit den Dingen, die nicht so gut laufen oder schmerzhaft sind, besser umzugehen. Wenn wir Dankbarkeit kultivieren, erweitern wir unsere Herzenergie und unsere Bewusstheit. Das erlaubt uns, unangenehme Ereignisse in einem größeren Kontext zu betrachten. Es ist mir klar, dass es für den Fall eines persönlichen Super-GAUs zunächst wie ein Hohn klingt, ändert aber nichts an der Tatsache: Im besten Fall können wir mithilfe der Dankbarkeit die Einstellung entwickeln, sogar eine erschütternde Erfahrung als Geschenk wahrzunehmen, das unserer Entwicklung dient, und für das wir dankbar sein können. Indem wir unser Herz mit Dankbarkeit für jeden Umstand im Leben erfüllen, beginnt die höchste Kraft des Universums, zu wirken.

Sie können üben, Ihren Fokus auf Dankbarkeit zu richten. Zum Beispiel, indem Sie eine Liste mit allen Dingen machen, für die Sie dankbar sind. Als Anzahl können Sie sich eine für Sie heilige Zahl aussuchen, am besten dreistellig: »Danke für meine Dusche«, »Danke für meine gesunden Füße«, »Danke für das Eichhörnchen, das ich heute morgen gesehen habe.«

Und erinnern Sie sich immer wieder daran, sich auch selbst zu danken, für die Person, die Sie sind und das, was sie gerade tun: »Danke, dass ich mich entschieden habe, das Projekt zu machen«, »Danke, dass ich staubsauge.«

Schreiben Sie am Abend mindestens neun Dinge auf, die Sie gut gemacht haben, und für die Sie dankbar sind. Leute mit geringem Selbstwert können da oft Schwierigkeiten haben. Es muss nichts Großartiges sein. Was haben Sie gut gemacht? Kaffee gekocht? Dann notieren Sie es.

Denken Sie an die Menschen in Ihrem Leben, Lebende und Verstorbene, und danken Sie ihnen in einer stillen Meditation. Es gibt immer einen Grund, anderen zu danken – und wenn es dafür ist, dass sie uns gezeigt haben, wie wir nicht sein möchten. Erlauben Sie sich, bei all diesen Prozessen auch Widerstände wahrzunehmen. Finden Sie es blöd, sich immer wieder bei sich zu bedanken? Macht es Sie wütend? Finden Sie, dass es Zeitverschwendung ist? Verspüren Sie Zorn auf bestimmte Menschen?

Der Grid »Dankbarkeit« soll Ihnen dabei helfen, Ihr Herz und Ihre Aufmerksamkeit für Ihre Schätze und den Reichtum in Ihrem Leben zu öffnen. Wie gesagt: Ein anhaltender Zustand aufrichtiger Dankbarkeit ermöglicht es Ihnen, Ziele leichter zu manifestieren. Zudem ist dieser Grid, neben den anderen Liebes- und Herzensgrids, ein weiterer zur Erweckung des Herzchakras. Vielleicht ist es auch notwendig, den Grid gemeinsam mit dem für Bewusstheit zu benutzen. Denken Sie daran, dass Sie die Grids kreativ einsetzen können, aber nicht, um andere zu manipulieren, indem Sie sie beispielsweise zu mehr Dankbarkeit bewegen möchten.

Entstressung

Wenn du Ruhe bewahrst und starke Konzentration,
wirst du alle Pflichten mit der richtigen Geschwindigkeit erfüllen.
Paramahansa Yogananda

Ein gestresster Mitschöpfer kann wenig ausrichten. Je gelassener wir sind, desto klarer und kraftvoller sind wir in all unseren Handlungen. Jeder empfindet Stress anders. Was dem einen stressvoll erscheint, beeindruckt den anderen noch lange nicht. Wie wir mit Stress umgehen können, hängt von der Stärke unseres Energiefeldes ab, also auch vom Zustand aller Chakren.

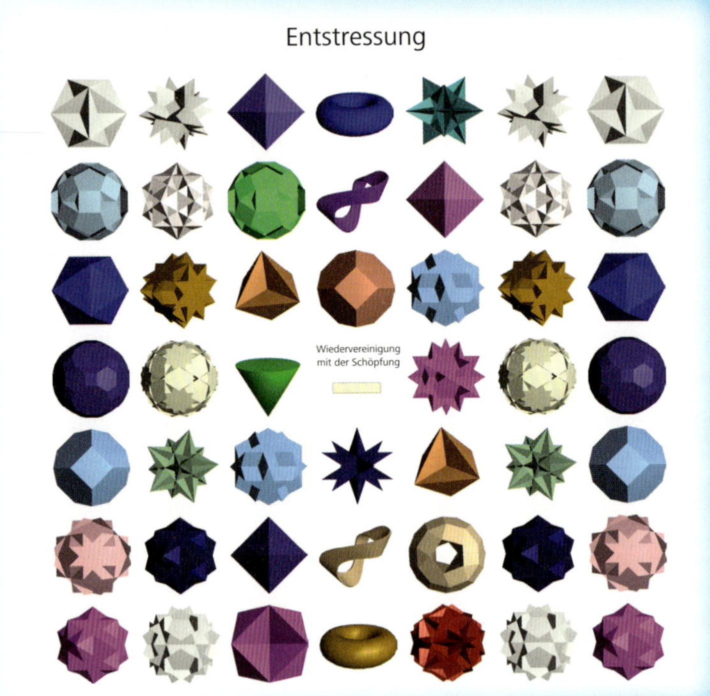

Wir verstärken unseren eigenen Stress, wie so oft, ungewollt durch unsere Worte. »Unsere Gedanken kreieren unsere Realität«, heißt es.Wenn jemand sagt: »Ich kann nicht mehr«, hört der Körper (DNS) diese Aussage und reagiert entsprechend. Er kann nicht mehr. Man hat es ihm ja mitgeteilt. Klagt man: »Ich bin müde«, oder »Ich bin erschöpft«, dann wird der Körper bzw. das Unbewusste dies registrieren. Ich präge diese Zustände geradezu, genauso wenn ich mir mitteile: »Das macht mich alles fertig«, »Es ist zu viel für mich.« Es ist also einmal mehr vonnöten, auf die eigenen Worte bzw. Gedanken zu achten und damit die Botschaften, die man seinem Körper sendet. Sagen Sie lieber: »Ich brauche mal eine kleine Pause«, »Ich kann auch etwas langsamer machen«, oder sagen Sie einfach »Stopp!«, oder »Sei still!«, wenn Sie sich dabei ertappen, dass Sie gerade wieder einmal dabei sind, ihrem Körper mitzuteilen, wie kaputt Sie sind.

Als unser eigener, losgelöster Beobachter werden wir es bemerken, wenn wir etwas in großer Hektik und innerer Aufgewühltheit erledigen. Dann können wir einen Schritt zurücktreten und uns daran erinnern, dass wir weitaus schneller sind, wenn wir alles mit größerer innerer Gelassenheit erledigen. Ich merke oft, wie ich mich selbst überhole, wenn ich im Stress bin. Ich erledige dann alles in großer Hast und Eile. Ich greife das Nächstbeste aus dem Kleiderschrank, bin ungeduldig, hetze zum Einkaufen, gehe sehr schnell … aber die äußere Schnelligkeit bringt mich nicht weiter. Sie ist nur ein Zeichen für den inneren Druck. Ich will keinen Hundertmeterlauf gewinnen, sondern meine Projekte erledigen. Dazu bedarf es Klarheit und angemessener Entscheidungen. Dass Eile genau den umgekehrten Zustand hervorbringt, versteht sich von selbst.

Ja, wir leben in einer schnellen Zeit, und wir haben ungemein viel unter einen Hut zu bringen. Doch wenn wir in uns hineinfühlen, dann werden wir wahrnehmen, dass hinter dem Stressgefühl Angst steckt. Wenn wir sie nicht beachten, dann verselbstständigt sich das Stressgeschehen und »übernimmt« uns regelrecht, sodass wir wie ferngesteuert agieren und es immer schwieriger wird, das Ruder herumzureißen.

Wir alle sind von Angst getrieben. Der Hartz-IV-Empfänger genauso wie der Aufsichtsratsvorsitzende, der berühmte Musiker wie der am Hungertuch nagende Drehbuchautor. Es ist wichtig, sich der Angst bewusst zu werden, die den Stress auslöst.

Wenn wir aufmerksam hinhören, werden wir die Botschaften wahrnehmen: »Ich werde nicht fertig«, »Ich bin keine gute Mutter«, »Ich muss alles richtig machen«, »Ich bin falsch«, »Ich werde verlassen«, »Ich werde nie mehr einen Partner finden«, »Ich verliere meinen Job«, »Ich verliere wichtige Menschen«, »Ich möchte mehr Zeit für mich«, »Ich traue mich nicht«, »Ich muss für die anderen da sein«, »Ich fürchte, was andere über mich denken könnten«, »Wenn ich nicht ständig in Hektik bin, merke ich, wie leer mein Leben ist.«

Die Urteile, die wir über uns selbst fällen, stressen uns genauso wie die Angst vor dem Urteil der anderen oder der Gesellschaft. Die anderen urteilen, indem sie sagen: »Sie hätte ihre Mutter nicht ins Heim geben sollen«, die Gesellschaft urteilt, indem sie das Gehalt kürzt oder uns den Job kündigt – zumindest glauben wir das. All das stresst uns, und wir wollen es vermeiden.

Wenn Stress auf der Emotion »Angst« begründet ist, handelt es sich in der Regel um eine Angelegenheit des Wurzelchakras, das mit dem Überleben auf der irdischen Ebene in Zusammenhang steht – der unbewusste Gedanke dahinter: »Hilfe, ich komme um, ich bringe es nicht auf die Reihe!« Natürlich wirkt sich diese Angst letzten Endes auch auf alle anderen Chakren aus.

Ein Weg, auf konstruktive Weise mit dem Thema umzugehen, könnte darin bestehen, den Fokus bewusst auf eine andere Ebene zu lenken, also weg vom Wurzelchakra. Allein Fragen wie »Wieso komme ich in einen solchen Zustand, was steckt dahinter, was treibt mich?«, bereiten den Ebenenwechsel. Sie kommen aus unserem mentalen Zentrum, das mit dem Solarplexuschakra in Zusammenhang steht. Die Antwort könnte sein: »Weil ich kein Vertrauen habe, dass sich alles zu meinem Besten fügt.« Also muss die spirituelle Ebene, das Kronenchakra, gestärkt werden. Hier sind wir verbunden mit dem Wissen, dass wir nicht allein mit allem sind, dass wir um Beistand bitten können. Eine Rückbesinnung darauf schwächt unsere Angst.

Wir können unsere Aufmerksamkeit auch auf die Ebene des zweiten Chakras bringen, indem wir andere um Unterstützung bitten. Wir können sie zur Herzebene leiten, indem wir liebevoller mit uns umgehen. Denn genau das tun wir oft nicht, wenn wir uns sehr gestresst fühlen. Wir können sie auf unseren Hals lenken, indem wir uns erlauben, unsere Bedürfnisse zu kommunizieren, und/oder für Entspannung zu sorgen, zum Beispiel durch Praktiken wie Yoga, Tai Chi oder Ähnliches.

Die Stress-Herausforderung von verschiedenen Seiten zu betrachten, bringt mehr Bewusstheit, und allein das erleichtert die Last. Vor allem jedoch ist es wichtig, die eigenen Ängste zu identifizieren und unter die Lupe zu nehmen. Das ist der erste Schritt, um sie entschärfen zu können.

Stress kann auch durch Trauer ausgelöst werden, zum Beispiel, wenn wir einen geliebten Menschen verloren haben. Dann ist der Stress vornehmlich eine Angelegenheit des Herzchakras. Natürlich ist Trauer ein wichtiges Gefühl, das wir zulassen möchten. Wir können aber auch hier, früher oder später, unsere Aufmerksamkeit auf andere Ebenen lenken, um uns selbst in diesem Prozess zu unterstützen. Nachdem mein Vater gestorben war, lernte meine Mutter Bleiverglasung. Sie richtete ihren Fokus also auf die Erdebene, um sich für das Weiterleben »fit« zu machen.

Stress ist auch einer der Hauptalterungsgründe, weil er die Telomere verkürzt. Man kann sich die Telomere als »Lebensfäden« in den Zellen vorstellen. Sie sitzen am Ende der Chromosomen (also unserer DNS) und überwachen, wie oft sich die Zelle teilt. Bei jeder Zellteilung werden sie ein Stückchen kürzer. Ist die letzte Telomereinheit aufgebraucht, kann sich die Zelle nicht mehr teilen und stirbt ab. Je länger also die Telomere gesunder Zellen sind, desto höher ist die Lebenserwartung und desto jugendlicher sind wir, egal in welchem Alter. Ein gesundes Stressmanagement ist demnach wirklich lebensnotwendig.

Der Grid »Entstressung« soll Ihnen dabei helfen, den Alltag entspannter zu bewältigen oder Ihnen Wege dazu aufweisen. Sie können ein Bild von sich in die eine Seite der Schlinge legen und den Grid in die andere.

Sie können aber auch ein Projekt oder eine Situation »entstressen«. Dann geben Sie in die eine Seite der Schlinge einen Zettel mit beispielsweise der Aufschrift »Besuch bei Schwiegermutter«. Diesen Zettel legen Sie über Ihr Bild. In die andere Hälfte des Moebius legen Sie den Grid.

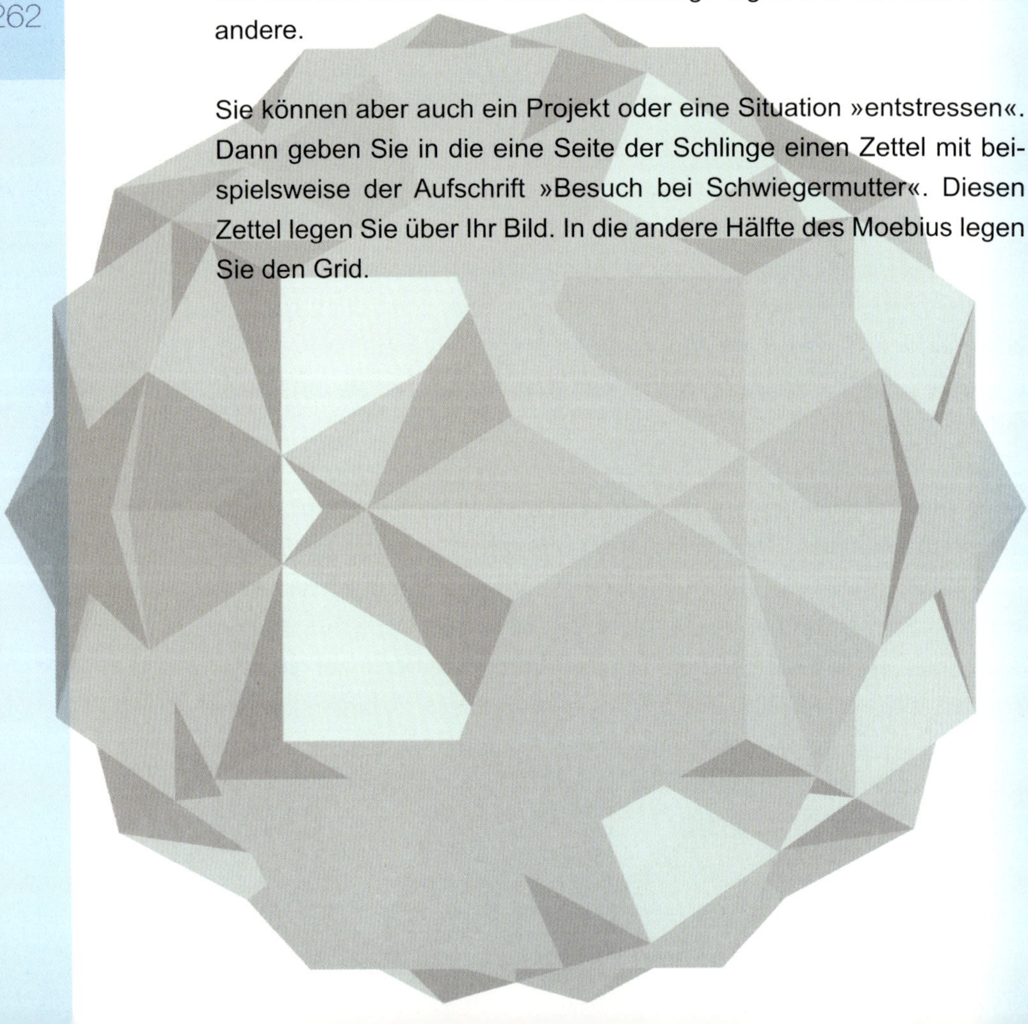

Erdung

Die Elemente Erde, Feuer, Wasser, Luft und Äther (universelle Lebensenergie) sind die Bausteine der Natur. Jedes Element spiegelt ein grundlegendes Energiemuster, das sich in der Natur ausbildet und manifestiert. Alle Elemente existieren in jedem Aspekt der Natur und damit natürlich auch in jedem Menschen. Wir können nicht leben, wenn eines davon fehlt. Alle fünf Elemente sind unabdingbar, um uns am Leben zu erhalten. Die Erde erhält uns, indem sie uns den Grund gibt, auf dem wir leben, und uns Nahrung schenkt. Sie verwöhnt uns auch mit anderen Schätzen, wie unter anderem Gold, Edelsteinen und Öl.

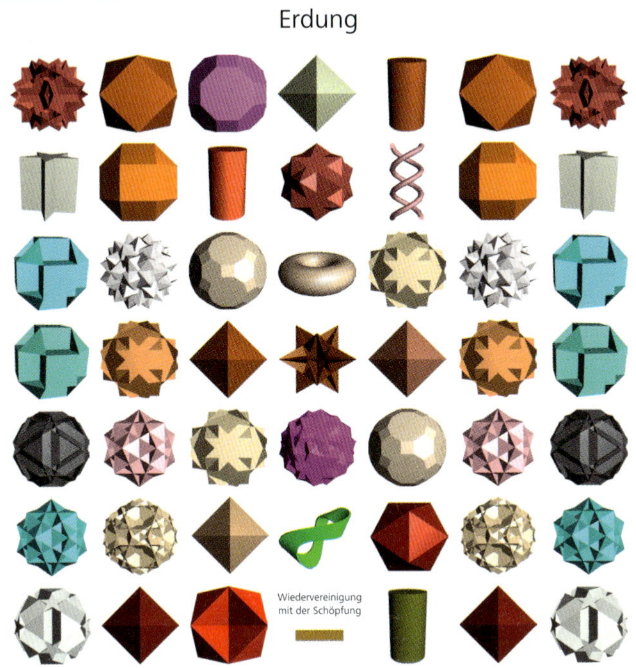

Das Wurzelchakra steht in Zusammenhang mit unserer Verbindung zur Erde. »Erdung« nennen wir das Konzept, das unseren Bund mit ihr stärkt. Um in besserem Kontakt mit ihrer Energie und damit besser geerdet zu sein, können wir uns mit den Kräften der Erde verbinden, sie per Intention zu uns leiten, in uns aufnehmen und auch Energien an sie abgeben.

Nicht genug geerdet zu sein, bedeutet, dass unsere Ausrichtung auf die Erde zu schwach ist. Anzeichen dafür sind beispielsweise Schwindelgefühle oder Verwirrung. Wenn wir nicht ausreichend geerdet sind, kann es sein, dass wir Dinge verlegen, belastenden Energien erlauben, in unsere Aura zu treten, Probleme damit haben, Entscheidungen zu treffen oder pünktlich zu sein, Ideen nicht realisieren, manipulierbar sind oder viel »in Gedanken« sind … Kurz, wir sind nicht in unserer Kraft und haben unter Umständen existenzielle Schwierigkeiten.

Um besser geerdet zu sein, ist es hilfreich, buchstäblich mit dem Element Erde umzugehen, also zu gärtnern oder mit Lehm zu arbeiten. Diese Beschäftigungen müssen allerdings nicht zwangsläufig zu einer guten Erdung führen, genauso wenig wie Sport oder handwerkliche Tätigkeiten. Von dicken Menschen nimmt man an, dass sie aufgrund ihres Volumens gut geerdet sind – in der Regel ist jedoch genau das Gegenteil der Fall. Das Thema Essen steht im Vordergrund, gerade weil sie nicht genug in Verbindung mit dem Element Erde sind. Es besteht eine unbewusste Befürchtung, »abzuheben« oder regelrecht »umgeblasen« werden zu können.

Um besser mit der Erde verbunden zu sein, gibt es eine Reihe von Übungen. Die bekannteste besteht darin, sich Wurzeln vom Ende der Wirbelsäule und den Fußchakren (Mitte der Fußsohle) ausgehend vorzustellen, die weit ins das Erdinnere hineinreichen. Dadurch wird eine tiefgreifende Verbindung und Verankerung mit der Erde hergestellt. Wir können durch diese Wurzeln sowohl neue, belebende Erdeenergie aufnehmen als auch verbrauchte Energien in die Erde fließen lassen.

Solche Visualisierungen, regelmäßig ausgeführt, sind äußerst hilfreich für eine bessere Erdung. Tiefgreifende Erdung geht jedoch darüber hinaus. Sie ist ein Gesamtkonzept. Bewusstheit führt zu Erdung. Der erste Schritt dazu ist die Anerkennung dessen, dass wir auf der Erde leben. Viele Leute sind auf irgendeine Weise mit dieser Tatsache nicht einverstanden. Vieles, was auf der Erde passiert, gefällt uns nicht – die Behandlung durch unsere Eltern, krank werden, Geld benötigen, Krieg und Zerstörung, vom Partner verlassen werden und obwohl uns das alles nicht behagt, gefällt es uns auch nicht, schließlich zu sterben. Wir erkennen auf bewusste oder unbewusste Weise das Leben – in all seinen Ausprägungen – nicht an. Auch Verdrängen des eigenen Schattens gehört zum Thema. Die bewusste und unbewusste Weigerung, sich mit sich selbst tiefgehend zu befassen, ist auch einer der Gründe für mangelnde Erdung. Sich nicht mit dem Schatten abgeben zu wollen, hat mit Unehrlichkeit zu tun, also mit Schwindeln. Wir schwindeln auch über Bereiche in unserem Leben, indem wir so tun, als seien sie nicht existent. Un-Erdung kann sich, wie gesagt, durch reale Schwindelgefühle bemerkbar machen. Wenn wir unseren Schatten ausklammern, sind wir nur halb präsent. Klar, dass wir uns dann nicht komplett auf dem Boden befinden. Wenn wir uns erlauben, authentisch zu sein und unserem Schatten ins Auge zu blicken, unserer exorbitanten offenkundigen (oder verdrängten) Wut, unseren ungeliebten Gefühlen wie Angst, Missgunst, Scham und Schuld, wird dies automatisch für eine bessere Verbindung zur Erde sorgen.

Auch die extreme und einseitige Ausrichtung auf Spiritualität bedeutet weder Erdung noch Bewusstheit, sondern Flucht. Viele Leute benutzen Spiritualität als Ausweg, als Freifahrtschein, um sich nicht mit den »schrecklichen« Dingen, die ein Erdenleben so mit sich bringt, auseinandersetzen zu müssen. Irdische Dinge werden abgewertet, Geld wird verteufelt, Menschen, die anders denken, werdem mitleidig betrachtet … In diesen Kontext gehört auch die genau kontroverse Vorstellung, unbedingt ein finanzielles Vermögen bekommen zu wollen, obwohl diesbezüglich bisher noch keine fruchtbringenden

Anstrengungen unternommen wurden. Man hat irgendwo gelesen, dass wir alle es verdient haben, reich zu sein. Statt sich darum zu kümmern, ein angenehmes Auskommen zu erwirtschaften, werden in diesem Sinne nun Reichtümer »aus dem Nichts« erwartet. Das ist spirituelle Verwirrung und weit weg von einem geerdeten Zustand. Solche Einstellungen erschweren das Leben, statt es zu erleichtern.

Geerdet sein ist also eine grundlegende Notwendigkeit, um unsere Angelegenheiten auf der physischen Ebene erfolgreich regeln zu können. Sogar unsere Verbindung zur Schöpfung wird durch mangelnde Erdung geschwächt. Sie ist dann erst wirklich stark, wenn sie mit einer guten Verankerung mit dem Erdelement einhergeht. Wir haben einen Körper und leben auf der Erde, dies ist Teil unserer Existenz, ebenso wie es der Geist ist. Eine einseitige Fokussierung auf den Geist verleugnet diese ko-kreierende Konstellation und schwächt daher auch die geistige Ausrichtung.

Es sind also zum großen Teil unsere Einstellungen, die uns daran hindern, geerdet zu sein; wie so oft hängen sie mit (Lebens-)Angst zusammen. Daher hat Un-Erdung auch immer wieder ihre Ursachen in traumatischen Erfahrungen. Die Schamanen sind der Auffassung, dass ein Stück unserer Seele den Körper verlässt, wenn wir ein emotionales oder körperliches Trauma erfahren (Dissoziation). Normalerweise geht die Seele wieder zurück, manchmal verbleibt dieser Teil jedoch außerhalb des Körpers. Dies kann bereits in Vorleben geschehen sein und ist einer der Gründe, warum ein Mensch nicht geerdet ist, denn dann ist er nicht in Verbindung mit all seinen Teilen.

Der Grid »Erdung« soll Ihre Verbindung zur Erde stärken und damit Ihr Wurzelchakra. Sie können ihn zum Beispiel auch dazu benutzen, um ein Projekt »auf die Erde zu bringen«, es also zu realisieren. In diesem Fall legen Sie in eine der beiden Schlingen den Namen des Projekts über Ihr Bild. In die andere Schlinge legen Sie, wie immer, den Grid.

Erfolg

Jeder fühlt sich anders erfolgreich. Die einen, wenn sie viel Geld verdienen, die anderen, wenn sie eine glückliche Familie haben. Viele Frauen empfinden es als Erfolg, attraktiv zu sein. Ein einigermaßen angenehmes Leben, ohne größere Aufregungen führen zu können, ist das Erfolgserlebnis einer weiteren Gruppe. Wieder andere kommen gar nicht auf die Idee, dass sie in irgendeinem Bereich ihres Lebens erfolgreich sein wollen, können oder es gar sind …

Die Liste der Bücher über die Geheimnisse des Erfolgs ist endlos und verrät, wie wichtig Erfolg für uns ist. Für viele Menschen hängt

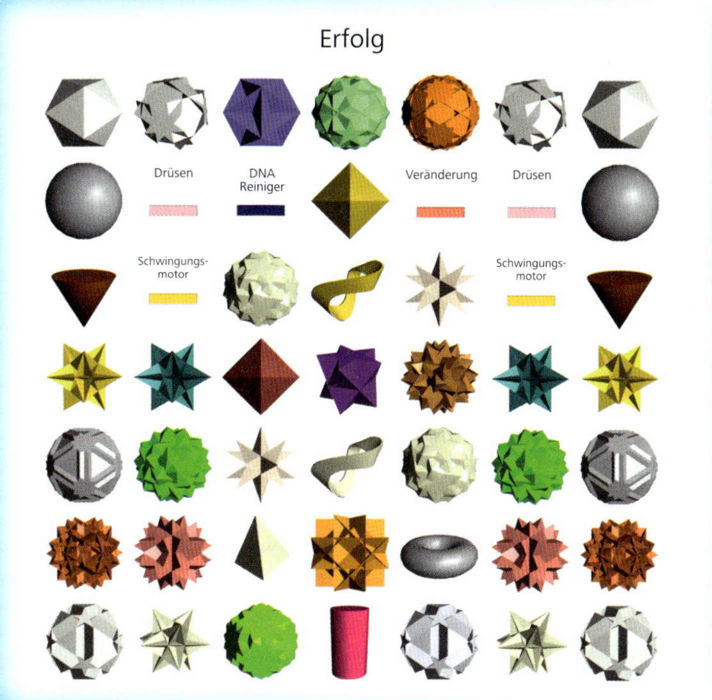

Erfolg mit Berühmtheit, also Aufmerksamkeit, zusammen. Daher ist ihnen auch die Art, wie diese ihnen zuteil wird und wie sie sich dafür verbiegen müssen, vollkommen gleichgültig. Hinter all dem steckt die tiefe Sehnsucht nach Liebe. Dass Erfolg nicht erfüllend ist, wenn er vornehmlich auf Anerkennung vonseiten anderer und/oder auf materielle Errungenschaften baut, ist bekannt. Die Medien berichten täglich über Berühmtheiten, die innerlich zutiefst einsam und gebrochen sind.

Viele Menschen sind sich nicht im Klaren darüber, wie sie Erfolg für sich definieren möchten. Erfolg hat mit den Werten zu tun, die für den Einzelnen wichtig sind. Eine Aufstellung der zehn vorrangigsten Werte, geordnet nach Prioritäten, führt auf die Fährte zu den Bereichen, in denen man erfolgreich sein möchte. »Eine glückliche Familie zu haben«, könnte ein solcher Wert sein. Ob man dieses Ziel bereits erfolgreich in die Realität umgesetzt hat, ist die nächste Frage. »Freiheit« könnte auch auf der Liste stehen, wobei man in diesem Falle nicht darum herumkommen wird, festzustellen, was Freiheit im Einzelfall bedeutet. Stehen »eine glückliche Familie« und »Freiheit« nah beieinander, versteht es sich von selbst, dass ein Konflikt in der Luft liegt. Vielleicht konnte eine solche Person einen der Werte erfolgreich umsetzen, fühlt sich aber dennoch unzufrieden, also nicht erfolgreich, weil der andere nicht ausreichend gelebt wird.

Eine weitere Liste, mit der Sie ergründen können, worin Sie erfolgreich sein möchten, könnte Ihre konkreten Wünsche beinhalten, zum Beispiel: »ein Job in der Firma … als …«, »ein eigener Küchenladen«, »besser flirten können«, »mit schwierigen Menschen umgehen können«, »den Segelschein machen«, »neue Talente zutage bringen«, »Redaktionsleiterin werden«, »die Flugangst überwinden« … Wenn Sie sich nicht klar darüber sind, legen Sie den »Klarheitsgrid« auf.

Aufschluss über Ihre Erfolgswünsche können Sie auch gewinnen, wenn Sie sich vorstellen, Sie würden am Ende Ihres Lebens zurückblicken. Was hätten Sie sich dann wirklich gewünscht? Mehr Geduld mit sich und anderen? Mehr Gelassenheit und Zuversicht? Ein bestimmtes Talent zu entwickeln?

Wenn wir uns danach fragen, worin und womit wir erfolgreich sein wollen, dann dürfen wir auch prüfen, ob es sich wirklich um unsere eigenen Wünsche handelt oder um die der Familie oder der Gesellschaft. Ist es wirklich Ihr Wunsch, einen Mann und zwei Kinder zu haben, oder fühlen Sie sich in dieser Rolle gesellschaftlich anerkannter als in der eines schriftstellernden Singles? Die Mutter einer meiner Klientinnen empfand es als Erfolg, wenn ihre Kinder zu Besuch kamen und die Nachbarn es bemerkten. Das hat etwas Rührendes, rief aber bei den Kindern, die jedes Mal angewiesen wurden, die Nachbarn zu besuchen, erheblichen Widerstand hervor.

Was tun Sie gerade? Sind Sie momentan dabei, einen unerfüllten Wunsch eines Ihrer Elternteile als den Ihren umzusetzen? Vielleicht studieren Sie, um irgendwann Professor zu sein? Oder tun Sie genau das Gegenteil, um zu rebellieren, obwohl die Sehnsucht der Eltern auch Ihrem eigenen tiefen Seelenwunsch und Talent entspricht?

Um erfolgreich zu sein, ist es sinnvoll, die Prinzipien der Manifestation zu kennen.[1] »Erfolg« bedeutet letztlich, erfolgreich zu kreieren, also Zielvorstellungen erfolgreich umzusetzen. Um Erfolg zu haben, ist es wichtig, zur richtigen Zeit die richtige Idee zu haben, die richtigen Aktionsschritte zu unternehmen und die richtigen Menschen zu treffen – und vor allem, die Zielvorstellung zu lieben und in ihrer Umsetzung konsequent, verpflichtet und ausdauernd zu sein. Klar, dass dies leichter gelingt, wenn eine starke Verbindung zur Schöpfung besteht, zur Intuition, zur eigenen Seele.

Die Seele empfindet es als erfolgreich, wenn sie die Dinge erfahren kann, die sie sich für diese Inkarnation zu erleben vorgenommen hat. Manche Seelen wollen sehr schnell sehr viel. Es ist also nicht unbedingt »Ego«, wenn jemand von einem Projekt zum nächsten springt, mehrere Berufe gleichzeitig ausübt, enorm viel Geld verdient und obendrein noch berühmt ist. Die Seele möchte es einfach erleben. Ego kommt beispielsweise dann ins Spiel, wenn die Person dabei über Leichen geht. Nun kann man sagen, dass die Seele vielleicht auch diese Erfahrung machen will – das ist durchaus möglich. Wir haben allerdings immer den freien Willen, mit unserer Seele in Übereinkunft zu treten und zu entscheiden, dass diesen Schritt zu überwinden, eine noch höhere Erfahrung bedeutet.

Benutzen Sie den Grid »Erfolg« für die Dinge, mit denen Sie erfolgreich sein möchten. Legen Sie den Grid in die eine Schleife des Moebius, ihr Bild und den Namen des Projektes in die andere, zum Beispiel: »Gesunde XY Kilo«, »Diät« oder »Buchprojekt«.

Erlaubnis

Erlaubnis ist die Energie, die viele Menschen dazu benötigen, um erfolgreich ein Ziel zu realisieren, zum Beispiel einen guten Geldzufluss.

Viele von uns meinen (unbewusst), ihre Vorstellungen erst dann erfolgreich umsetzen zu können, wenn sie eine Erlaubnis von Mutter, Vater oder einer anderen übergeordneten Autorität haben, vielleicht die der Regierung oder der Schöpfung. Dieses oft unbewusste Bedürfnis nach Genehmigung beruht auf kindlichen Anteilen in uns, die verinnerlicht haben, dass man für jedes neue Unternehmen eine Er-

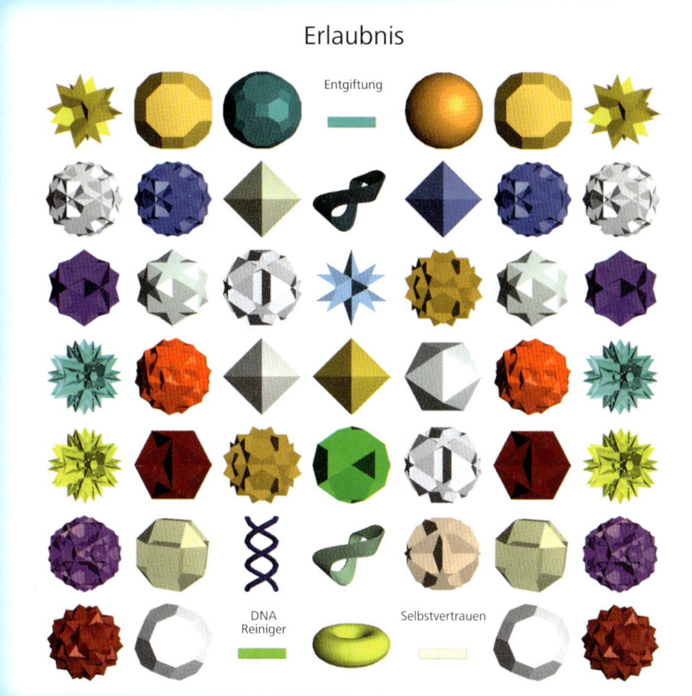

laubnis der Eltern benötigt. Ich erinnere mich, dass ich manchmal Dinge tat, die nicht gestattet waren, zum Beispiel, mit den Nachbarskindern auf der Straße zu spielen. Ich log meine Mutter deswegen sogar an und schämte mich gleichzeitig sehr dafür. Viele meiner, selbstverständlich nur mich selbst betreffenden Entscheidungen beruflicher und privater Natur sind mir auch als ich schon erwachsen war, leichtergefallen, wenn ich wusste, dass meine Mutter sie »guthieß«. Man darf ein solches Bedürfnis nach Billigung ruhig als einen Ausdruck von Co-Abhängigkeit bezeichnen. Weitaus mehr Leute, als man annehmen möchte, verhalten sich ähnlich. Zahlreiche Frauen widmen immer noch die kraftvollste Zeit ihres Lebens vornehmlich ihrer Familie, weil diese nicht damit »einverstanden« sein könnte, wenn sie sich auch Zeit für ihre eigene Entwicklung gönnte. Damit geben diese Frauen natürlich sich selbst keine Erlaubnis, ihr Potenzial zu entfalten.

Das Gegenteil von »Erlaubnis« ist »Verbot«. Für bestimmte Ziele oder Qualitäten, wie zum Beispiel Erfolg, besitzt der ein oder andere ein inneres »Verbot«. Sie sind untersagt, weil man nicht »gut genug« ist oder weil man mit einem Etikett behaftet ist, das die eigene Identität garantiert und daher nicht angerührt werden darf. Zum Beispiel »lieb und hilfsbereit« zu sein im Gegensatz zu »führungsstark und durchsetzungsfähig«. Sie sind verboten, weil wir es »nicht wert« sind oder weil wir uns sonst »gegen« bedeutende Bezugspersonen stellen würden etc.

Auf dem Weg in unsere Bewusstheit und Macht sind wir selbst es, die entscheiden, was wir dürfen oder nicht. Wir sind die Autorität, die uns Erlaubnis erteilt. Es gibt keine andere Obrigkeit, die etwas zu genehmigen hätte. Wir selbst sind diese Instanz.

Betrachten Sie den Grid »Erlaubnis« als ein von Ihnen selbst ausgestelltes Dokument, als Urkunde, die Ihnen nicht nur gestattet, Ihr Ziel zu erreichen, sondern Ihnen auch hohe Kräfte mit auf den Weg gibt, um Sie darin zu unterstützen. Mit dem Grid erteilen Sie sich selbst die Genehmigung, die Dinge anzufangen und erfolgreich zu Ende zu führen, die Ihnen am Herzen liegen. Als klarer Mitschöpfer sind Sie sich der Verantwortung bewusst, die Sie bezüglich der Entscheidungen haben, für welche Anliegen und zu welchem Zweck Sie sich Erlaubnis erteilen möchten.

Sie können dafür wie üblich den Grid verwenden, indem Sie Ihr Bild in die eine und den Grid in die andere Schleife legen. Damit geben Sie sich quasi die Erlaubnis, die Person zu sein, die Sie sind, was höchst ratsam ist. Dadurch kann ein Prozess in Gang kommen, der Ihnen zunächst einmal vermittelt, was nicht zu Ihnen gehört, also was Sie von anderen übernommen haben und wo Sie sich verbogen haben. Oder Sie geben sich eine Erlaubnis, von der Sie nicht wissen, welche es sein könnte. Sie übergeben den Vorgang also vertrauensvoll in die Hände der Schöpfung.

Sie können sich aber auch die Erlaubnis für ein Projekt erteilen, für einen neuen Partner oder dafür, in die Antarktis zu ziehen … Dann schreiben Sie Ihre Absicht auf einen Zettel und legen ihn über Ihrem Bild in die eine Schleife des Moebius. In die andere fügen Sie, wie immer, den Grid.

Ermächtigung

Jahrtausendelang lebte der größte Teil der Menschheit in dem Bewusstsein, relativ machtlos zu sein. Die Macht war bei Gott, der Kirche, den Magiern, Königen, Engeln. Sie lag bei Kräften, die sich außerhalb der großen Masse befanden. Macht besaßen auch die Regierungen, die die Strukturen vorgaben, denen die Menschen sich unterordnen mussten. Die Macht lag auch in der »anonymen« DNS unserer Vorfahren, die wiederum die DNS der Nachfolger bestimmte, ohne dass diese etwas daran ändern konnten. Macht befand sich außerhalb des einzelnen Menschen, aber nicht in ihm. Wir haben uns lange Zeit in der Rolle des ohnmächtigen Opfers befunden, das den Machenschaften äußerer Gewalten hilflos ausgesetzt war.

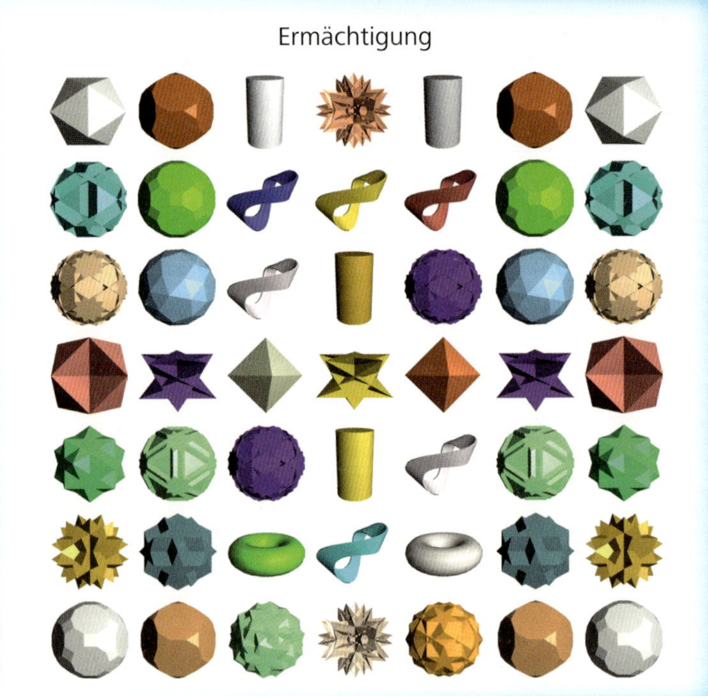

Alte ethnische Kulturen, universelle Prinzipien, die Lehren der neuen Zeit, inklusive der Wissenschaft, öffnen unser Bewusstsein dafür, dass Macht nicht allein von außen kommt, sondern eine Kraft ist, die wir in uns selbst finden. Möglicherweise war der breiten Masse niemals zuvor so viel Information wie heute zugänglich, die ihr dabei hilft, zu verstehen, warum dies so ist und wie sie ihre Macht bewusst in Anspruch nehmen und einsetzen kann. Noch nie konnte sich der Einzelne seiner Verantwortung so bewusst sein, die er für sich selbst trägt, aber auch für die Gemeinschaft und sogar für den Kosmos.

Alte Kulturen wie die Curanderos, Indianerstämme vieler Kulturen oder die hawaiianischen Schamanen besaßen dieses Wissen und gaben es untereinander weiter. Das Gesetz der Resonanz und das Gesetz von Ursache und Wirkung sind beispielsweise kosmische Prinzipien, die uns unsere Macht erläutern. Diese Gesetze besagen nicht nur, dass wir selbst uns unsere Lebenssituationen gegenwärtig kreieren, sondern dass wir in vorhergehenden Inkarnationen bereits die Weichen für unsere heutige gestellt haben. In diesem Kontext lehren uns die alten Kulturen auch, dass wir als Seele vor der Konzeption entscheiden, welche DNS wir benötigen, um den Herausforderungen zu begegnen, die wir für unser Wachstum brauchen. Wir sind also die Schöpfer unserer Existenzen der Vergangenheit, Gegenwart und Zukunft. Wir sind machtvolle Geschöpfe, und jeder und alles besitzt die gleiche Macht.

Nach Auffassung der Schamanen haben nicht nur die Menschen Macht, sondern jedes Wesen und auch Objekte. Wir wissen von den Eigenschaften und dem Charakter der verschiedenen Tiere – der Liebe und Treue des Hundes, dem Freiheitssinn der Katze, der Nachtsicht der Eule. Schamanisch Aufgeschlossene erfahren, wie man von diesen Kräften lernt und sie für sich nutzbar macht. Um Macht verantwortungsvoll ausüben zu können, ist Reife notwendig. Zur Reife gehört es, jedes Wesen zu ehren und zu schätzen und seine Macht, ebenso wie die eigene, anzuerkennen und zu ehren.

Wenn wir unsere Macht verstehen, dann wissen wir um unser Mitschöpfertum und unsere Autorität. Die Formel zur Wunscherfüllung, die wir heutzutage lernen, ist kein »schüchternes Anklopfen« einer bedürftigen Kreatur. Sie ist eine selbstbewusste Bekundung, davon ausgehend, dass wir das Gewünschte bereits besitzen.

Jesus sprach mit Gewissheit und Autorität: »Steh auf, und geh«. Er gab keinen Zweifeln Raum, indem er etwa bat: »Versuchen Sie doch mal, aufzustehen, ich will sehen, ob es funktioniert«. Skepsis im Hintergrund schwächt jede Manifestations- und Machtformel. Wir dürfen eben noch viel üben.

Eine spirituelle Lehrerin erzählte mir einmal, wie sie ihren Ehemann kennenlernte: Sie forderte von der Schöpfung, während sie trotzig mit dem Fuß aufstampfte: »Schöpfung, wenn ich diese Arbeit machen soll, dann musst du mir einen Ehemann besorgen.« Der »erschien« wenige Tage später, als sie ihre Freundin besuchte. Mir selbst ging es ähnlich: Ich reklamierte: »Schöpfung, für die Partnersuche möchte ich keine Minute Zeit verlieren.« Die Schöpfung schickte den Klavierstimmer.

In vielen Situationen fühlen wir uns immer noch ohnmächtig – aber wir können uns die Zusammenhänge immer wieder klarmachen, zum Beispiel die Tatsache, dass wir sie selbst verursacht und daher auch die Macht haben, neue Wege zu gehen. Gerade in wirtschaftlich schwierigen Zeiten ist das Gefühl des Ausgeliefertseins massiv, wenn wir um unseren Job bangen müssen oder ihn gar verlieren. So, wie es ein Einzelkarma gibt, existiert auch ein Gruppenkarma. Wenn eine Gesellschaft oder die ganze Welt von einem wirtschaftlichen Niedergang bedroht ist, dann ist das Gruppenkarma. Aber auch dem müssen wir nicht resigniert unterliegen, wenn wir uns auf unsere Fähigkeiten als Mitschöpfer besinnen. Liegt unser Fokus angsterfüllt darauf, in den Sog des Unheils mitgezogen zu werden, dann beginnen wir bereits, dieses Schicksal zu kreieren. Wir haben immer die Möglichkeit, den allgemeinen Trend zwar zu registrieren, aber unsere kreative Aufmerksamkeit auf unsere Möglichkeiten zu legen. Angst, Opferrolle und Pessimismus nutzen da wenig, Optimismus, Selbstvertrauen, Vertrauen ins Leben und Dankbarkeit umso mehr.

Der Grid »Ermächtigung« dient der Selbstermächtigung. Wenn Sie spüren, dass Ihnen das Bewusstsein für Ihre Macht abhanden gekommen ist, benutzen Sie ihn. Legen Sie ihn in die eine Schleife und Ihr Bild oder Ihren Namen in die andere.

Sie können den Grid auch verwenden, wenn Sie sich ohnmächtig fühlen, weil sie sich von unzuträglichen Verhaltensweisen wie beispielsweise übermäßigem Essen bestimmen lassen. Legen Sie den Grid in die eine Schleife des Moebius, in die andere Ihr Bild und darauf einen Zettel mit der Aufschrift »Gesundes Essverhalten«.

Sie können den Grid auch dazu einsetzen, um Gegenstände zu ermächtigen, zum Beispiel einen Kristall. Dann legen Sie den Grid in die eine Moebius-Schleife und in die andere den Gegenstand oder einen Zettel mit der Aufschrift »Kristall von M. M.«. Ihre Absicht ist deutlich auf das betreffende Objekt gerichtet, daher ist klar, welches der Kristall ist, der ermächtigt werden soll. Wenn Sie ganz akribisch sein möchten, fotografieren Sie den Kristall, und legen Sie das Bild in die Schlaufe unter ihren Zettel.

Freude

Freude ist die Lust am Leben. Wenn wir Freude empfinden, geht unser Herz auf. In einem solchen Moment gibt es keine sorgenvollen Ablenkungen, nur vollkommene Akzeptanz und Hingabe.

Wenn wir von der Schönheit und dem Duft einer Blume oder der Perfektion eines Kristalls hingerissen sind, dankbar für und glücklich über die Existenz eines Wesens, das wir lieben, dann befinden wir uns im Zustand von Freude. Es ist eine Art der Selbstvergessenheit, in der alles andere ausgeblendet ist: Gedanken, Sorgen, Zweifel, Angst … Dieses Gefühl entsteht in allen Momenten höchster Verbundenheit

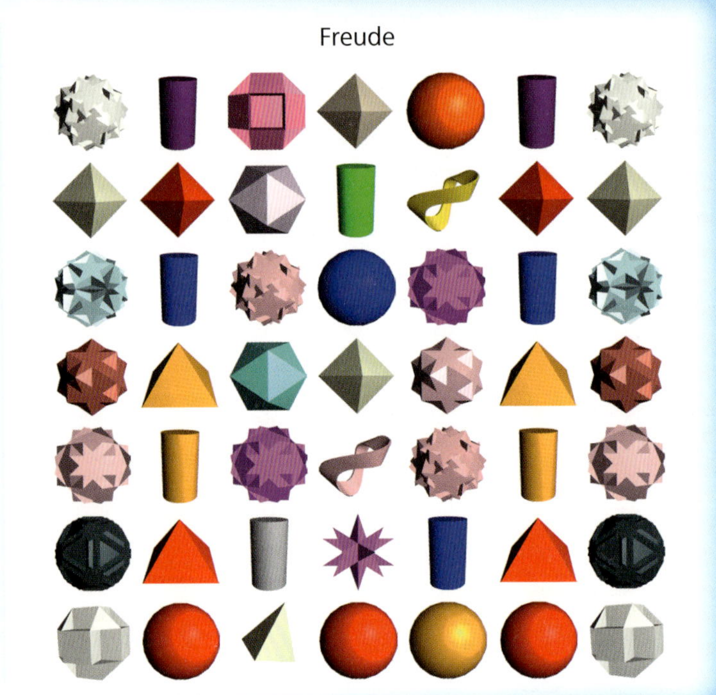

und Hingabe – wenn wir tanzen, Musik hören oder eine Arbeit mit Liebe verrichten. Sicher wird jeder auch schon einmal ohne äußerliche Anregung Freude empfunden haben. Man freut sich einfach am Leben, an der puren Existenz. So wie eine Katze, die sich genussvoll auf die Seite rollt und streckt. Freude ist unsere Essenz, denn sie geht mit Liebe einher.

Ein Mensch, der in seinem Leben bereits vieles geheilt hat, ist frei für länger anhaltende Zustände der Freude. Das Gefühl der Freude verlässt ihn auch in schwierigen Lebensabschnitten nicht. Vielleicht ist es zu manchen Zeiten weniger präsent, aber es ist immer latent vorhanden. Freude ist kein Ausdruck rasenden Glücksgefühls, nie enden wollenden Jubels – es ist ein Zustand von Dankbarkeit, Akzeptanz, Genuss und Liebe.

Ziel der Gesamtheit unserer Inkarnationen ist Freude, reine, göttliche Freude an der Existenz. Von Leben zu Leben bahnen wir uns unseren Weg dorthin. Glücklicherweise liegt die Freude nicht erst am Ende der Strecke, sondern sie begleitet uns bereits für längere oder kürzere Abschnitte immer wieder auf unserem Pfad. Während unsere persönliche und spirituelle Entwicklung voranschreitet, kommen wir der Freude immer näher, öffnen uns mehr und mehr für sie, um schließlich vollkommen in ihr aufzugehen.

Der Grid »Freude« soll Ihnen dabei helfen, sich für Leichtigkeit und Freude mehr zu öffnen, egal was geschieht und was Sie tun. Sie können den Grid in die eine Schleife legen, Ihr Bild in die andere.

Sie können den Grid aber auch dazu verwenden, mehr Freude in eine bestimmte Angelegenheit einzubringen, sodass sie leichter wird und Sie sie schneller erledigen können. Sie legen also den Grid in die eine Schleife, Ihr Bild mit einem Zettel darauf, auf dem beispielsweise »Gartenarbeit« oder »Steuererklärung« steht, in die andere.

Gelassenheit

Wenn wir gelassen sind, dann haben wir (von) etwas »gelassen« – unsere innere Anspannung, unser Gefühl von Stress, Ängste, den Klammergriff unserer Sorgen. Gelassenheit üben wir, wenn wir einen Schritt zurücktreten, wenn wir uns aus der Situation herausbewegen und Abstand nehmen, vor allem von unseren Emotionen. Dies verlangt die Wachheit des losgelösten Beobachters, der gegenwärtig dazu in der Lage ist, zu bemerken, was geschieht.

Gelassenheit folgt der Entscheidung, sich nicht von den eigenen Emotionen bestimmen zu lassen. Um Gelassenheit üben zu können,

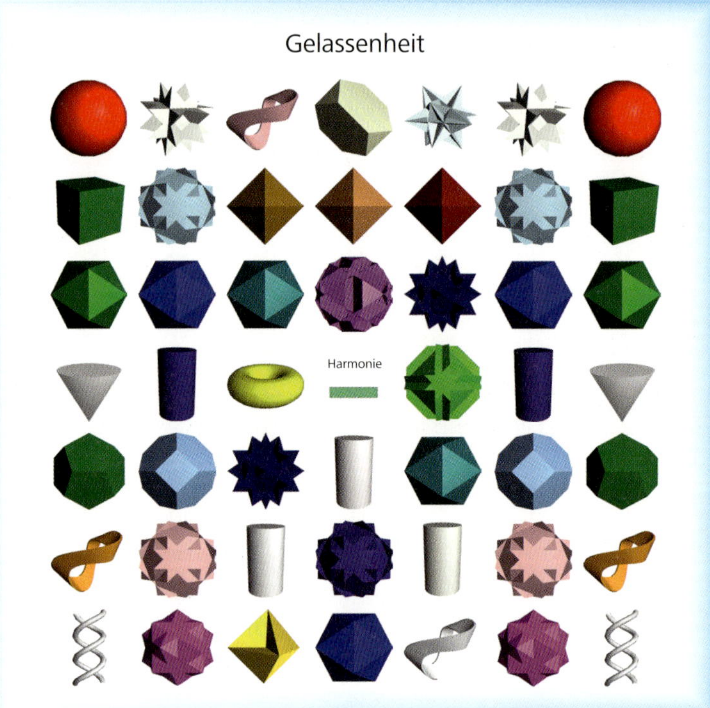

hilft es vielleicht, zu wissen, dass wir nicht mit unseren Gefühlen identisch sind und ihnen daher auch nicht ausgeliefert sein müssen. Wir empfinden diese Gefühle, wir fühlen sie, aber sie machen uns nicht aus. Wir glauben das in dem Moment, in dem wir uns mit ihnen identifizieren. Das ist aber nicht sinnvoll, denn in einem Augenblick haben wir dieses Gefühl, im anderen, jenes. Wir haben die Möglichkeit, unsere Gefühle jederzeit zu ändern.

Ein gelassener Mensch reagiert nicht auf eine Situation, er antwortet darauf. Das heißt, er lässt sich weder in seine eigenen noch in die Emotionen anderer hineinziehen oder sich von ihnen provozieren. Er verzichtet darauf, »angesteckt« zu werden: Er wird beispielsweise angeschrieen, muss jedoch selbst nicht wütend werden oder zurückschreien.

Unter »reaktivem Verhalten« verstehe ich die umgehende, automatische Reaktion auf einen »Knopfdruck«. Ehepartner wissen meist sehr gut, wie sie sich gegenseitig auf die Palme bringen können: »Hast du schon wieder zugenommen?«, kann die »unschuldige« Frage lauten. Die Reaktion darauf hängt davon ab, wie eine Person mit ihren dadurch ausgelösten Emotionen umgehen kann: Schuldgefühle, Wut, Angst. Reaktives Verhalten könnte darin bestehen, sofort eine Diät anzufangen, auch wenn das im Moment gar nicht dem eigenen Wunsch entspricht. Es könnte sich auch in einer Verteidigungshaltung ausdrücken: »Ist doch klar, dass ich bei all dem Stress nicht auch noch eine Diät machen kann.« Gelassenheit würde bedeuten, diese Aussage annehmen zu können, ohne sofort darauf reagieren zu müssen.

Um Gelassenheit zu üben, ist es also eine gute Sache, sich auf das, was andere Menschen sagen, einzulassen und es anzunehmen. Das heißt nicht, dass sie recht haben, es bedeutet einfach, ihre Aussagen »aufzunehmen«, ohne sofort ablehnend darauf reagieren zu müssen. Das kann mehr oder weniger versteckte Kritik sein: »Ist diese Hose nicht ein bisschen kurz?« Reaktives Verhalten besteht darin, diese Bemerkung sofort abwehren zu müssen: »Ich habe eben so lange Beine!« Gelassenheit erlaubt sich, die Aussage entspannt zu hören. Die Antwort könnte aus einem schlichten »Danke« bestehen. Das war's. Keine Erklärungen, Rechtfertigungen, Begründungen.

Ich besuchte einmal eine Filmvorführung in Anwesenheit des Regisseurs. Er wurde später bei der Diskussion von einem Mann aus dem Publikum in etwas besserwisserischem Ton gefragt: »Hätte man diese eine Szene nicht auch ganz anders drehen können?« Die Antwort des gelassenen Regisseurs lautete: »Ja.«

Umgehendes, automatisches Reagieren, bei dem man den Emotionen, in den meisten Fällen Angst und Wut, die Zügel überlässt, wirkt sich schwächend aus. Nicht die provozierende Bemerkung als solche ist beeinträchtigend, sondern die Handlung, die sie auslöst. Reaktives Verhalten mindert die eigene Kraft und Macht. Ein selbstbewusster Mensch, wie der oben zitierte Filmregisseur, wird es also vermeiden, sich durch die Feststellungen anderer aus der Fassung (seiner geometrischen Form)[1] bringen zu lassen.

Genauso kopflos, wie wir oft auf persönliche Bemerkungen reagieren, begegnen wir auch größeren Zusammenhängen wie beispielsweise der Wirtschaftskrise oder düsteren Prognosen für die Zukunft der Welt etc. Durch die eigenen angstvollen Emotionen in »Ko-Kreation« mit denen der anderen entsteht oft ein verhängnisvoller Sog. Es erfordert einen bewussten Umgang mit den eigenen Ängsten, um sich nicht hineinziehen zu lassen. Wenn sich jeder dies bewusst machen könnte, sähe die Weltsituation anders aus.

Um gelassener zu werden, empfiehlt es sich, sich auf das eigene Herz zu fokussieren. Die amerikanische Autorin Catherine Ponder rät, die Konzentration auf das eigene Herz zu richten, während man liebevolle Gedanken hat.[2] Diese Idee entwickelte der amerikanische

Autor und Komponist Doc Childre vom »Institute of HeartMath« etwas »anwenderfreundlicher« weiter. Um, egal in welcher Situation, sofort eine liebevolle Schwingung zu entwickeln, schlägt er vor, an etwas Schönes zu denken oder an einen Menschen oder ein Tier, den oder das man liebt, während man sich auf sein Herz fokussiert.[3]

Es versteht sich, dass wahre Gelassenheit nichts mit Gleichgültigkeit oder Verdrängung zu tun hat. Gelassenheit ist ein reifer Zustand. Gelassenheit entsteht in Verbindung mit dem tiefen inneren Wissen, aus Besonnenheit heraus, zur richtigen Zeit machtvoller und gesünder handeln zu können, was sich auch in Nichthandeln äußern kann.

Den Grid »Gelassenheit« können Sie, wie immer, ganz allgemein oder im Hinblick auf eine bestimmte Angelegenheit verwenden. Legen sie den Grid in die eine Schleife des Moebius und in die andere Ihr Bild mit einem Zettel, auf dem beispielsweise »Mathematikprüfung« steht.

Geld

»Geld« ist neben »Beziehung« das Thema, das wohl die meisten Irritationen bei Menschen hervorruft. Geld ist notwendig, um für die täglichen Grundbedürfnisse wie Essen, Trinken und Schutz, also Kleidung und Wohnung und im besseren Falle noch für ein angenehmes Leben sorgen zu können.

Das Geldverdienen nimmt bei den meisten Menschen den größten Teil ihrer Zeit und Aufmerksamkeit in Anspruch. Es ist also essenzieller Bestandteil des täglichen Lebens und schon deswegen von großer Bedeutung. Wie wir mit Geld umgehen, welche Rolle wir Geld in unse-

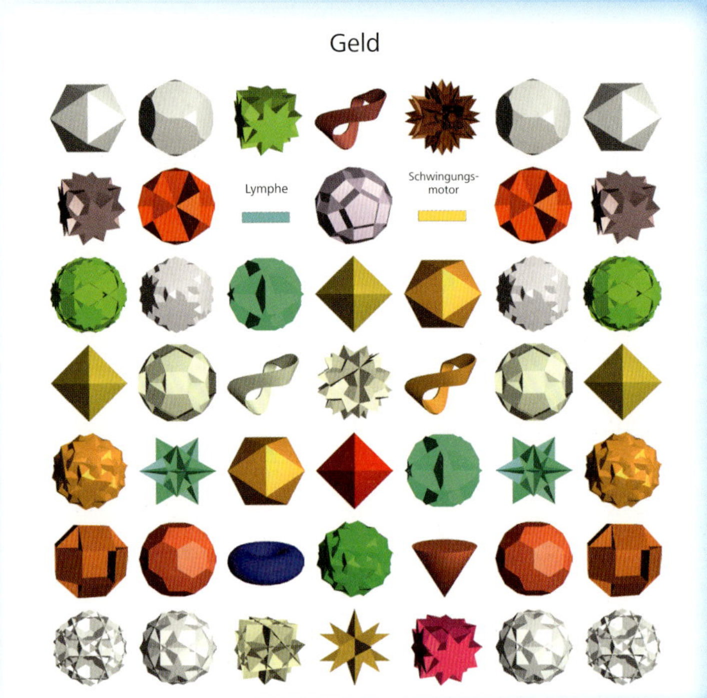

rem Leben zukommen lassen, hängt von den Gedanken und Gefühlen ab, die wir bezüglich des Geldes und vor allem uns selbst haben. Es hat einen spirituellen Sinn, dass unser Zahlungs- und Hauptüberlebensmittel bis heute Geld ist und dass wir uns Wege einfallen lassen dürfen, es zu bekommen. Aber damit nicht genug. Es gibt in der Folge noch weitere Varianten im Geldspiel, als da sind, mit dem Geld auszukommen, die Höhe des Einkommens zu vergrößern, Geld wieder auszugeben, es zu vermehren und Rücklagen zu bilden. Zudem können wir wählen, auf welcher moralischen Grundlage unser Geldverdienen abläuft. Wir können dafür sorgen, dass wir niemandem damit schaden oder, noch besser, dass alle gewinnen. Wir haben aber auch die Wahl, auf Kosten anderer zu leben. Obendrein gibt es noch die Möglichkeit, zu entscheiden, ob und wie wir mit dem Geld anderen dienen.

Viele Leute spekulieren auf eine Wende, eventuell nach dem magischen Jahr 2012,[1] die uns von den leidigen Geldangelegenheiten erlösen könnte. Sie hoffen auf andere, neue Wege zur Existenzerhaltung bzw. zum Abgleich für den Austausch von Gütern und Dienstleistungen. Das kann sein oder auch nicht. Solange die Gesellschaft sich noch nicht für tragfähige Alternativen öffnet, bleibt uns nichts anderes übrig, als uns nach wie vor mit Geld auseinanderzusetzen. Für die, die das Beste daraus machen, ist es ein spannendes Spiel, für viele jedoch bedrückend, aufreibend und Angst erregend. Wie auch immer, es ist schlicht Fakt, dass wir Geld benötigen, um damit momentan unsere Existenz auf der Erde finanzieren.

Die Auffassung, dass Geld unspirituell ist, kursiert nach wie vor. Man kann Spiritualität jedoch nicht getrennt von der physischen Existenz und der Materie sehen. Gott oder die Schöpfung oder der höchste Geist ist in jedem Wesen, jeder Pflanze, jedem Objekt auf der Erde repräsentiert. Alles ist Ausdruck der Schöpfung: »Wenn du eine gute Mahlzeit bekommst, wunderbare Musik genießt, mit der Natur kommunizierst, wisse, dass du dich mit Gott verbindest«, betont der indische Guru Siva Baba.[2]

Wir benötigen Geld zur Absicherung unserer Existenz auf der Erde, für unser Überleben als Seele in einem physischen Körper. Es ist also genauso unspirituell oder spirituell wie jede Existenz im Universum. Es dient ganz einfach unserer Entwicklung, ebenso wie jede andere Herausforderung auch, der wir auf diesem Planeten begegnen. Geld ist eine Energie, die wir zum höchsten Wohle oder zum Schaden aller anwenden können. Wir haben die Entscheidungsfreiheit, welche Macht wir dem Geld in unserem Leben zukommen lassen. Wir können ihm beispielsweise Macht über uns einräumen, in Form von Gier oder Angst.

Wir können uns jedoch auch selbst die Macht über das Geld zugestehen und uns gestatten, im Umgang mit Geld zu wachsen und unser Leben, und das anderer, damit auf jeder Ebene zu »bereichern«. Das ist ein spiritueller Prozess. Eine solche Sichtweise erlaubt uns, alle Prozesse, die mit Geld zusammenhängen, als spirituelle Übung zu betrachten und von daher auf einer höheren Ebene mit diesem Thema umzugehen.

Manche spirituelle Lehrer bezeichnen eine solide Geldgrundlage sogar als die notwendige Basis für spirituelles Wachstum. Dan Millman schreibt in seinem Buch »Erleuchteter Alltag« von einem indischen Heiligen und Yogi, Shivapuri Baba, der gefragt wurde, wie man ein spirituelles Leben am besten beginnt. Er riet, zunächst einmal für ein finanzielles Fundament zu sorgen.[3] Diese Auffassung korrespondiert mit der persönlichen Geschichte eines Bekannten: Er wollte eine Ausbildung bei einer von ihm sehr verehrten spirituellen Lehrerin machen. Sie wies ihn, einen bereits sehr umfassend ausgebildeten und verpflichteten Menschen, ab, mit der Begründung, dass er noch zu sehr in finanziellen Turbulenzen stecke.

Was Geld anbelangt, sind wir in unserem Verhalten oft ungeheuer gespalten. Wir lehnen es mehr oder weniger bewusst ab, weil aufgrund von Geld derart viele Tragödien passieren. Wir betrachten es als »die Wurzel allen Übels«. Auf der anderen Seite wünschen wir es. Auf einer weiteren Ebene gestehen wir es uns deswegen nicht zu, weil wir denken, wir seien es nicht wert, bzw. unsere Arbeit sei es nicht wert. Klar, dass Selbstwert und Geld eng zusammenhängen. »Wie viel Geld bin ich wert?« Eine heikle Frage. Wenn ich dazu tendiere, mich unwert zu fühlen, ist es wahrscheinlich, dass sich das auch in meinem Geldfluss bemerkbar macht. Warum sollte ich Geld wert sein, wenn ich mich selbst nicht als besonders wertvoll empfinde?

»Über Geld spricht man nicht«, heißt es ebenfalls. Wahrscheinlich stammt dieser Satz von jemandem, der vermeiden wollte, dass andere zu Geld kommen. Gerade Leute, die viel verdienen, haben jeden Anlass, über Geld zu sprechen. Mit irgendjemandem muss man immer über Geld sprechen, sei es mit dem Immobilienverwalter, der Bankerin, den Joint-Venture-Partnern, den Kunden oder anderen Geschäftskollegen. Man sollte ohnehin viel öfter über Geld reden. Auf diese Weise wird man weitaus schneller in den Genuss von kreativen Anregungen zum »Geld machen« kommen, als wenn man sich darüber ausschweigt. Über Geld zu sprechen, heißt allerdings nicht, über Geld oder seine Abwesenheit zu jammern. Es bedeutet, sich darüber auszutauschen.

Um den Geldzufluss zu vergrößern, dürfen wir uns zunächst unserer Glaubenssätze über uns selbst und Geld bewusst werden. Es gibt mittlerweile eine Reihe von wunderbaren Selbsthilfemethoden, um sie aufzulösen, wenn wir wirklich ernsthaft daran interessiert sind. Allerdings ist Kontinuität gefragt. Wenn wir für unseren Wert einstehen können, sinken auch die Widerstände, den Chef um eine Gehaltserhöhung zu ersuchen oder als Selbstständiger ein angemessenes Honorar zu verlangen. Je bewusster wir werden, desto eher erlauben wir uns, gegen den Strich zu denken und kreativ zu sein. Dann können sich neue Möglichkeiten eröffnen, um Geld zu verdienen.

Man soll sich zwar nie selbst begrenzen, aber wenn jemand immer wieder Schwierigkeiten hat, ein angemessenes Auskommen zu erwirtschaften, dann sollten keine Reichtümer, sondern ein realistischer Geldbetrag als Ziel anvisiert werden, der die laufenden Kosten abdeckt und noch eine Summe zum Leben übrig lässt, die erlaubt, nicht jeden Cent umdrehen zu müssen. Zudem ist es wichtig, die eigene Disziplin bezüglich des Geldausgebens zu prüfen.

Es erscheinen jedes Jahr zahlreiche neue Ratgeber zu den Themen Geld und Manifestation. Viele mit ausgezeichneten und durchführbaren Ideen. Sie nutzen aber nur, wenn man sie dauerhaft anwendet und nicht zwischendrin resigniert aufgibt. »Bei mir nutzt eh nie was«, ist beispielsweise ein weiterer Glaubenssatz, der den unerfreulichen Status quo festschreibt. Natürlich sind auch die Tipps zur Manifestation, wie im Kapitel »Manifestation« beschrieben, eine Hilfe.

Der Grid »Geld« soll Sie in Ihrer Geldmanifestation unterstützen. Sie können ihn auch einsetzen, bevor Sie um eine Gehaltserhöhung ersuchen. Legen Sie den Grid in die eine Schleife des Moebius, in die andere Ihr Bild mit einem Zettel »Gehaltserhöhung«. Schauen Sie sich in diesem Zusammenhang auch andere Gridthemen an, die zur Verbesserung Ihrer Geldsituation dienlich sein können, zum Beispiel »Selbstwert«, »Dankbarkeit« oder »Erlaubnis«.

Gesunde Grenzen

Besonders sensible Personen erleben immer wieder, dass sie für die Energien anderer zu aufnahmebereit sind und sich in deren Emotionen hineinziehen lassen. Oft können sie dann auch nicht mehr unterscheiden, was ihre eigene Stimmung ist und was sie von anderen aufgenommen haben. Das kann so weit gehen, dass sie aufgrund ihres offenen Energiefeldes psychische Schwierigkeiten bis hin zu Erschöpfungszuständen und sogar schweren geistigen Krankheiten haben.

Eine solche Hypersensibilität entwickeln Menschen oft aus Angst – meist bereits in früher Kindheit. Vielleicht befürchten sie, die Mutter

könnte böse sein oder sie sind besorgt, einen weiteren Menschen verlieren zu können, wenn bereits eine wichtige Bezugsperson verschwunden ist. Also fahren sie alle Antennen aus, um zu erspüren, was die bedeutenden Menschen in ihrer Umgebung benötigen könnten, um zufrieden zu sein und nicht ärgerlich zu werden und ebenfalls wegzugehen. Eine Klientin, die aufgrund ihrer lustigen Art allseits beliebt ist, erzählte mir von einer Situation, in der sie als Kind bangte, ihre Oma könnte ungehalten werden. Sie konnte die Lage durch einen »niedlichen« Scherz sofort entschärfen. Dieses Verhalten behielt sie ihr ganzes Leben lang unbewusst bei, um zu verhindern, möglicherweise jemanden gegen sich aufzubringen.

Sehr sensible Menschen lassen die Dinge nah an sich herankommen und sind in ihren Gefühlen leicht verletzbar. Kritik trifft sie ins Herz, sie empfinden tief, und wenn andere Leute leiden, leiden sie auch. Sie fühlen sich in Massenansammlungen alles andere als wohl. Zudem sind sie hilfsbereit und stellen oft das Unterstützen anderer über ihre eigenen Interessen. Eventuell sind ihnen diese nicht einmal bewusst, weil ihr Fokus so stark auf die Wünsche anderer Menschen gerichtet ist. Häufig sind sie die »Aliens« in einem Familienverband. Eher introvertiert, fühlen sie eine tiefe Mission, Heilung und Frieden in die Welt zu bringen, die Welt vor sich selbst zu retten und einen sicheren Ort aus ihr zu machen. Ihre eigene Übersensibilität lehnen sie für gewöhnlich ab und fühlen sich »falsch«. Das hat man ihnen oft auch so vermittelt.

Eine solch einfühlende Persönlichkeit erlebt die seelischen Zustände anderer als ihre eigenen. Dies ist einerseits eine kostbare Begabung, die viele Heiler besitzen, aber sie ist verständlicherweise auch äußerst verwirrend. Man wird sich ständig fragen müssen, ob der gegenwärtige Zustand auf eigenen Emotionen beruht oder auf denen anderer, für die man offen war. Wenn wir dies nicht klar zu definieren in der Lage sind, können wir als Heiler bei einem Klienten wenig ausrichten. Wir müssen lernen, gesunde Grenzen zu ziehen. Erst dann haben wir den angemessenen Abstand, den wir brauchen, um einer

Person wirklich helfen zu können. Dies ist ausgeschlossen, wenn wir uns in ihre Stimmungen hineinziehen lassen.

Gesunde Grenzen zu setzen, heißt auch, für die eigenen Bedürfnisse einzutreten. Dazu gehört, sich nicht stören oder ablenken zu lassen. Gerade Frauen fühlen sich oft chronisch für die Anliegen der anderen zuständig. Wenn Sie sich für eine halbe Stunde zurückziehen, um zu meditieren und Ihr Mann ins Zimmer kommt, um zu fragen, wo der Spüllappen liegt, sind Sie gestört worden. Es liegt an Ihnen, hier klare Absprachen zu treffen und mit den dabei aufkommenden Gefühlen umzugehen. Wenn Sie klipp und klar sagen, was Sie möchten, kann es mit unangenehmen Empfindungen einhergehen, zum Beispiel dem Gedanken, ungeziemend egoistisch zu sein.

Ich saß einmal im Kino und hatte meine Tasche auf dem Sitz neben mir abgelegt. Eine Frau wollte sich während des Films auf eben diesen Stuhl umsetzen und hob meine Tasche ungefragt herunter. Ein solches Verhalten ist eine klare Grenzüberschreitung. Man kann sich darüber ärgern oder gelassen bleiben. Wir haben, wie immer, die Wahl. Ich entschied mich damals übrigens dazu, mich zu ärgern. Der nächste Schritt ist es, sich zu fragen, wie man zu einem solchen Übergriff beigetragen hat.

Grenzüberschreiter sind beispielsweise auch Vordrängler an der Kasse, Werbeanrufer, Spam-Verschicker, Leute, die einem ständig ins Wort fallen, »Energievampire« und natürlich Menschen, die bewusst Dinge verkaufen, die anderen schaden (unseriöse Anlageobjekte etc.). Wenn wir uns umschauen, werden wir sie überall ausmachen können. Auf sie aufmerksam zu werden, bedeutet, Bewusstsein für die eigenen, gesunden Grenzen zu entwickeln.

Auf der anderen Seite dürfen wir uns auch immer wieder selbst prüfen, wo wir selbst es sind, die Grenzen überschreiten: Möchten Sie bei Ihrer Tochter durchsetzen, was Sie für den Enkel am zuträglichsten halten? Rufen Sie täglich bei Freunden oder Ihren Kindern an? Geben Sie unerbetene Ratschläge?

In die Kategorie der Grenzüberschreitung fällt es auch, Menschen ihr Leid (unbewusst) abnehmen zu wollen. Einem sensiblen Menschen mit eigenen schwachen Grenzen ist es unerträglich, einen geliebten Menschen leiden zu sehen. Das ist nur zu verständlich. Es handelt sich jedoch immer um eine Grenzüberschreitung, wenn wir einem anderen Menschen seinen eigenen, selbst gewählten Weg abnehmen wollen (meist unbewusst).

Bewusstheit ist wieder einmal das Zauberwort. Wir sollten beobachten, wo wir für die Emotionen und Stimmungen von Menschen zu aufnahmefähig sind oder Übergriffe zulassen. Ebenso aufmerksam dürfen wir sein, wenn wir uns in die ureigenen Themen der anderen einmischen.

Gesunde Grenzen fehlen auch dann, wenn wir uns leicht dazu überreden lassen, Dinge zu tun, die wir »eigentlich« gar nicht wollen, uns verpflichtet fühlen, wenn wir ablenkbar sind oder uns zu sehr von Angelegenheiten stressen lassen. Gesunde Grenzen sind auch dann nicht vorhanden, wenn wir der Freundin ständig unser Ohr überlassen, damit sie immer wieder über dasselbe Thema monologisieren kann, zum Beispiel ihre Partnerprobleme. »Nein« ist ein wichtiges Wort im Lernprogramm für »Gesunde Grenzen«.

Beim Thema »Gesunde Grenzen« geht es nicht um Abschottung. Viele Menschen in unserer Gesellschaft errichten Barrieren und haben Schwierigkeiten, sich für andere zu öffnen. Sie grenzen aus. Ein solches Abstoßen kreiert Trennung. Das ist nicht, was wir wollen – wir möchten auf möglichst gesunde Weise interagieren.

Wenn ein Mensch auf einer Ebene Abgrenzungsschwierigkeiten hat, heißt das nicht, dass er sich auf einer anderen nicht wiederum selbst ausgrenzt. Das kann zum Beispiel bei »spiritueller Abgehobenheit« der Fall sein, wenn jemand für eindringende Energien sehr offen ist, und auf der anderen Seite Menschen ablehnt, weil sie solch »unreine« Schwingungen aussenden. Niemand von uns hat einen völlig sauberen feinstofflichen Bereich. Wir sind alle Menschen.

Der Grid »Gesunde Grenzen« soll die Fähigkeit fördern, schwächende Energievermischungen zu vermeiden. Er sorgt außerdem dafür, dass man achtsamer für übergriffiges Verhalten wird und es schließlich nicht mehr zulässt. Dadurch ist man weitaus mehr »bei sich«, klarer und geerdeter.

Selbstverständlich ist auch dieser Grid in einem größeren Zusammenhang einsetzbar: Wenn Sie in eine der beiden Moebius-Schlingen ein Zettelchen mit der Adresse Ihres Hauses oder Ihrer Wohnung legen und in die andere den Grid, so wird er auch in diesem Fall seinen Dienst tun. Sie können intuitiv entscheiden, ob Sie für diesen Zweck lieber diesen Grid oder den Grid »Sicheres Heim« verwenden wollen.

Gesunder Schlaf

Der Grid »Gesunder Schlaf« ist nicht für Schlafstörungen gedacht, die auf organischen Ursachen oder anderen körperlichen Dysbalancen beruhen oder auf eine psychische oder psychiatrische Grunderkrankung zurückzuführen sind. Er soll einem besseren und ruhigeren Schlaf dienen.

Viele Menschen haben mehr oder weniger häufig Schwierigkeiten mit dem Ein- oder Durchschlafen. Die gängigste Ursache dafür ist die Tatsache, dass man nicht aufhören kann, ein Problem zu wälzen, für das man unbedingt eine Lösung finden will. Die nächste Sorge be-

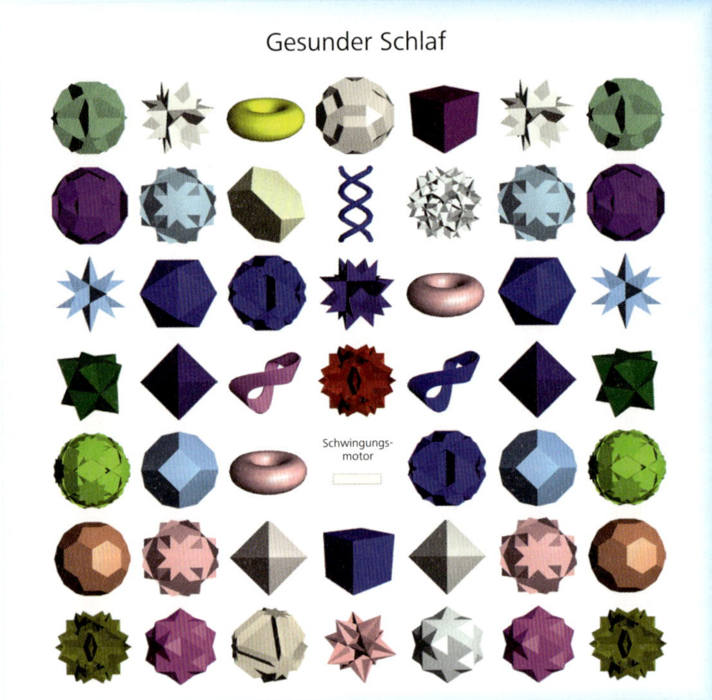

steht dann in der Schlaflosigkeit selbst. Ein- oder Durchschlafschwierigkeiten können aber auch dann entstehen, wenn man zu lange gearbeitet, zu spät noch Sport getrieben, zuviel gegessen oder zuviel Alkohol getrunken hat.

Auch Elektrosmog kann zu einer Verminderung der Schlafqualität führen. Man möchte also darauf achten, möglichst keine elektrischen Geräte im Schlafzimmer zu haben. Das betrifft auch den Wecker. Ebenso empfiehlt es sich bei länger anhaltenden Schlafproblemen, das Schlafzimmer auf geopathische Störungen zu prüfen.

Für eine bessere Schlafqualität dienen Meridiantechniken wie EFT, regelmäßiger Sport, Atemübungen und Übungen, die den Energiekörper ausgleichen wie Yoga, Tai Chi oder Qigong.

Benutzen Sie den Grid »Gesunder Schlaf« abwechselnd oder gleichzeitig (gehen Sie nach Ihrem Gefühl) mit den Grids für »Entspannung«, »Gelassenheit«, »Vertrauen« und »Entstressung«.

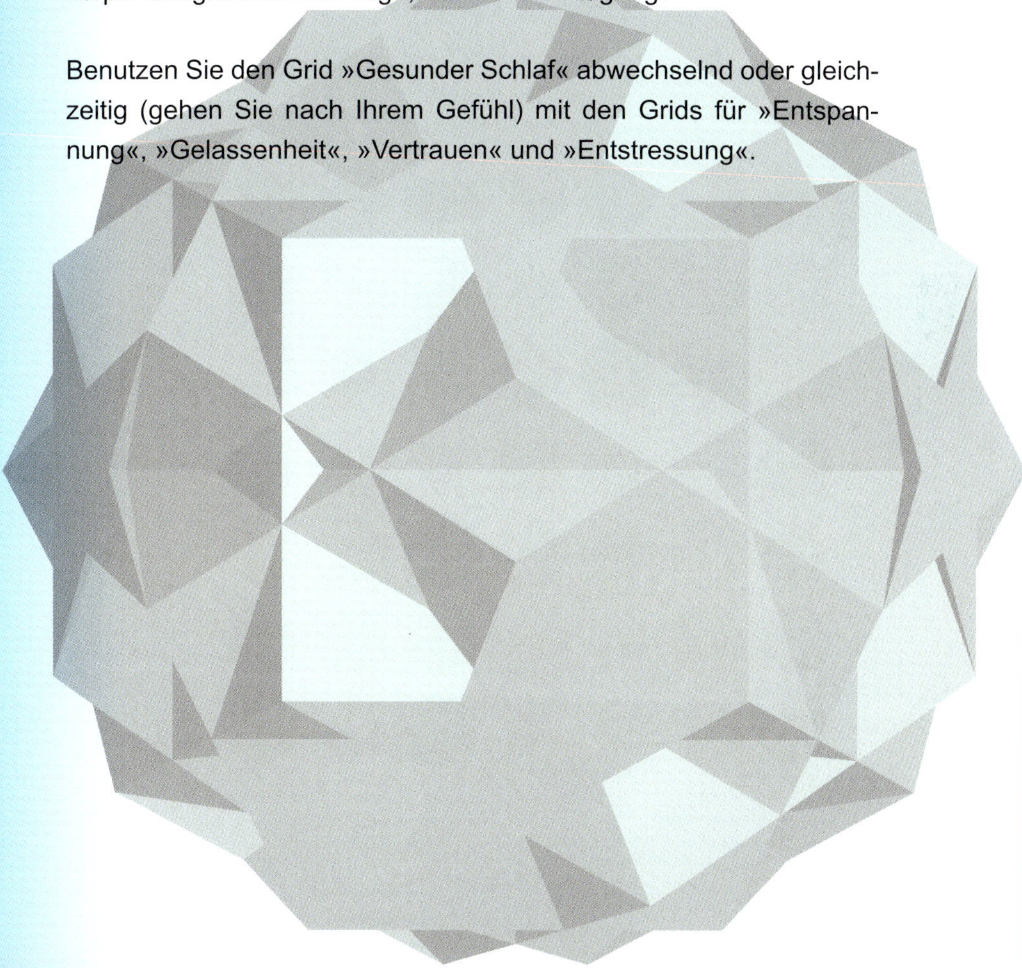

Herzchakra-Regeneration

Die liebevolle Grundschwingung eines Menschen wirkt wie ein Magnet. Die Menschen spüren die Wärme und Akzeptanz dieser Person und fühlen sich angezogen, angenommen, aufgehoben und sicher. Eine liebevolle, »warme« Herzschwingung ist eines der größten Erfolgsgeheimnisse.

Im Herzen tragen wir aber auch unsere größten Verletzungen, meist verursacht durch die Menschen, die wir am meisten lieben, aber vor allem durch den Umgang mit uns selbst. Kein Wunder, dass der häufigste Sterbegrund in Deutschland der Herzinfarkt ist. Natürlich ist Fehl-

ernährung ein Faktor. Vom energetischen Standpunkt aus gesehen, steht der Herztod jedoch für unerlöste Liebesangelegenheiten in all ihren Facetten. Das betrifft nicht nur die »romantische Liebe«, sondern jede Spielart von Liebe – vor allem auch die Liebe zu sich selbst.

»Mein Herz ist gebrochen«, »Es war, als würde mir das Herz aus dem Leibe gerissen«, »Mir ist das Herz so schwer«, »Ich dachte, mir bleibt das Herz stehen« – diese Wendungen zeigen die massive Reaktion des Herzbereiches auf Liebesschmerz und Schock.

Eine Mutter erzählte mir unter Tränen: »Nachdem meine (erwachsene) Tochter das zu mir gesagt hatte, hat mein Herz physisch geschmerzt.« Eine andere Frau bekam Herzschmerzen, weil ihr – schon lange von ihr geschiedener – Exehemann mit psychischen Störungen in eine Klinik kam und sie sich entschieden hatte, sich um ihre Arbeit und nicht um ihn zu kümmern – trotz seiner Bitten. Sie empfand es als angemessener, diese Aufgabe ihren Nachfolgerinnen zu überlassen.

Es gibt keinen »guten« Grund für Herzleid. Es gibt nur die persönliche innere, unbewusste Auffassung, das eigene Muster, das dem unterliegt, was sich der einzelne »zu Herzen nimmt«. In den oben angeführten Fällen: »Ich habe alles für sie getan, und so dankt sie es mir jetzt«, oder »Ich bin eine egoistische Frau, weil ich den Notleidenden weggeschickt habe«.

Einen weiteren Grund für Herzprobleme nennt William Shakespeare: »Der Kummer, der nicht spricht, nagt am Herzen, bis es bricht.« Wenn wir also alles in uns »hineinfressen« und uns nicht mitteilen, dann belastet es unser Herz.

Auch die Dinge zu ignorieren, die uns »am Herzen liegen«, kann uns später das »Herz schwer« werden lassen: »Der Verstand kann uns sagen, was wir unterlassen sollen. Aber das Herz kann uns sagen, was wir tun müssen«, sagt der Dichter Joseph Joubert. Nichtsdestoweniger, auch die Dame, die dafür eintrat, sich um das zu kümmern, was ihr wirklich am Herzen lag, nämlich ihre Arbeit, reagierte mit Herzweh. Sie war ihrem Exgatten immer noch *herz-lich* zugetan, entschied sich aber für gesunde Grenzen. Eine klare Entscheidung, die ihr dennoch sehr »zu Herzen« ging.

Das Herzchakra ist also ein Ort, dem wir besondere Aufmerksamkeit widmen sollten. Wir tragen unsere Wunden davon, gehen tapfer durch den Schmerz, marschieren immer weiter und ignorieren, dass unser Herz auf all diesen Wegen Trost und Zuwendung benötigt.

Jede Art von Transformation im Leben steht in Verbindung mit der Herzebene. Es wundert daher nicht, dass keinem anderen Chakra so viele Redewendungen gewidmet sind wie unserem Herzzentrum. Auf einer entsprechenden Seite im Internet sind 69 Einträge diesbezüglich angegeben.[1] Wir sprechen auch von »Herzenswünschen«: »Mein Herz sehnt sich nach …«, »… alles, was das Herz begehrt« etc. Ein Herzenswunsch entspricht einem tiefen Sehnen der Seele. Wenn wir etwas wirklich von Herzen wünschen, bietet es sich an, den Wunsch bewusst und direkt mit dem Herzchakra in Zusammenhang zu bringen. Richten Sie die Aufmerksamkeit auf Ihr Herz. Nehmen Sie Kontakt mit dem Herzen auf, sprechen Sie mit ihm, und teilen Sie ihm mit, was Sie ihm sagen möchten. Erlauben Sie sich, zu fühlen, wie Ihr Herz auf diese womöglich ungewohnte Beachtung reagiert. Danken Sie ihm. Sie können dabei auch die Hände auf das Chakra legen. Wählen Sie, liebevolle Gefühle zu empfinden. Erst dann vermitteln Sie dem Herzen Ihren Wunsch mit Ihren Worten, beispielsweise:

»Mein liebes Herz,
Ich übergebe dir das Sehnen meiner Seele nach …
Damit du es mit deiner Liebe tränkst.
Damit wahr wird, was wahr sein soll.
Die Wahrheit meiner Seele.«

Lassen Sie die Hände noch etwas weiter auf dem Chakra, und hüllen Sie Ihren Wunsch in Liebe.

Der Grid »Herzchakra-Regeneration« lenkt die Aufmerksamkeit auf unser »Zentrum der Schöpfung«.[2] Er ist vor allem dazu gedacht, das Herzchakra zu revitalisieren und zu stärken. Denken Sie auch an die Grids für »Liebe« und »Selbstliebe«, die natürlich ebenfalls der Erweckung des Herzchakras dienen.

Sie können den Grid »Herzchakra-Regeneration« aber auch dafür benutzen, Ihre Herzenergien mehr in eine bestimmte, bisher vernachlässigte Angelegenheit einzubringen. In diesem Fall legen Sie den Grid in die eine Schleife der Übertragungsform, in die andere Ihr Bild und darüber einen Zettel mit dem Titel des Projekts. Sie können so abwechselnd oder gleichzeitig auch mit dem Grid »Liebe« verfahren. Denken Sie immer daran, mit den Grids auch für die Gemeinschaft zu arbeiten.

In die Gänge kommen (Prokrastination beenden)

Hinter jedem unserer, zumindest lang anhaltenden, Probleme und Widerstände steckt auch ein Gewinn. Eine meiner Klientinnen profitierte dadurch von ihrer schweren Krankheit, dass sie nicht mehr in einer ihr höchst unangenehmen Umgebung arbeiten musste – sie konnte überhaupt nicht mehr arbeiten. Der Gewinn von Ungeschicklichkeit kann darin bestehen, nicht um Hilfeleistungen gebeten zu werden. In den meisten Fällen sind wir uns dessen allerdings nicht bewusst.

In die Gänge kommen

Auch Angelegenheiten zu verschleppen und auf der Stelle zu treten, kann gewinnbringend sein. Verschleppung oder Prokrastination bedeutet, dass wir Projekte vor uns herschieben. Wir beginnen sie nicht, oder wir beginnen sie, ohne sie zu beenden. Das kann beispielsweise die Steuererklärung sein, das Studium, die Diät oder die berufliche Veränderung.

Verschleppung ist ein überaus unangenehmer und zehrender Zustand. Er geht mit Gefühlsschwankungen einher und raubt Kraft und Energie. Manchmal sind wir offensichtlich wütend und hassen uns für unsere Verzögerungstaktik oder das Projekt selbst, oder wir verdrängen diese Gefühle, was dazu führt, dass sie ihr Unwesen im Verborgenen treiben. Auch die Ersatzhandlungen, die wir ausführen, um den Beginn oder die Beendigung des Projektes hinauszuschieben, gehen auf Kosten der eigenen Vitalität und Lebensenergie.

Verschleppung beruht auf ungelösten Emotionen, meist Angst oder Wut, aber auch Rebellion, natürlich ebenfalls durch Gefühlsverstrickungen ausgelöst. Der unbewusste Grundsatz »Niemand darf mir sagen, was ich zu tun habe«, ist verbreiteter, als man glauben möchte. Wenn niemand einem sagen darf, was man zu tun hat, dann darf man selbst das natürlich auch nicht tun.

Der unbewusste Vorteil, ein Projekt auf die lange Bank zu schieben, kann in der Hoffnung liegen, dass auf diese Weise niemand merkt, dass ich ein Versager bin. Wenn ich die angestrebte Ausbildung nicht mache, dann werden ich und andere auch nicht feststellen müssen, dass ich gar nicht dazu fähig bin, diesen Beruf auszuüben. Ich erspare mir also unangenehme Kritik oder gar Hohn und Spott. Das Gleiche gilt für Vorträge, Bücher etc. Lasse ich mich erst gar nicht auf die Prüfung ein, dann kann ich auch nicht durchfallen. Dies ist auch einer der Gründe, warum ich selbst extrem lange studiert habe.

Sich als Selbständiger mit einem Mangel an Kundschaft abzufinden und es zu vermeiden, das Geschäft voranzutreiben, kann unter anderem in der Angst begründet liegen, dass das eigene Angebot nicht gut genug ist. Menschen, die im heilerischen Bereich tätig sind, denken oft, sie seien unfähig, wenn Klienten nicht bereits in der ersten Sitzung eine deutlich spürbare Erleichterung erfahren. Wie soll man für seine Arbeit eintreten und Werbung für sich machen können, wenn man die eigenen Qualitäten anzweifelt?

Andere wiederum prokrastinieren, weil sie bestimmte Menschen nicht durch ihren Erfolg verletzen möchten.

Manche Prokrastinierer haben ein Gefühl von Selbsthass, oft mit der mehr oder weniger bewussten Vermutung einhergehend, sich selbst zerstören zu wollen. Dies ist oft bei Menschen der Fall, die immer wieder ihre eigene Absicht unterwandern, ein gesundes Essverhalten zu kultivieren oder mit dem Rauchen aufzuhören. Der Verdacht auf Selbstsabotage sorgt oft für große Resignation und Traurigkeit. Meist geht es aber gar nicht darum, die eigene Person ganz und gar vernichten zu wollen, sondern darum, einen unbefriedigenden Lebensbereich zu ändern, wie etwa die Verpflichtung einer anderen Person gegenüber. Es kann auch ein tief vergrabenes, unerträgliches Gefühl sein, das durch die Ersatzhandlungen zerstört werden soll, beispielsweise das Gefühl, unwert oder ungeliebt zu sein. Andererseits kann Selbstsabotage durch ungesundes Verhalten auch wiederum Ausdruck der Frustration einer Person darüber sein, dass sie in irgendeinem Bereich prokrastiniert.

Laut Umfragen prokrastinieren etwa 20 % der Bevölkerung.[1] Ich glaube, dass es mehr sind. Viele Menschen bemerken gar nicht, dass sie etwas verschleppen. Auch ständiges Zuspätkommen, unter womöglich tausenderlei Varianten von »überzeugenden« Begründungen, passt beispielsweise in dieses Bild. Prokrastinierer verschwenden Zeit, Energie und Lebensqualität, ganz abgesehen davon, dass sie sich selbst beschränken und ihr Leben in der Warteschleife verbringen.

Der Grid »In die Gänge kommen« soll Ihnen dabei helfen, aktiv zu werden, wenn Sie zu Verschleppung tendieren. Sie können ihn auch für spezielle Angelegenheiten einsetzen, zum Beispiel, um sich an Ihre Steuererklärung zu machen. Legen Sie den Grid in die eine Schleife des Moebius, in die andere Ihr Bild und einen Zettel mit der Aufschrift »Steuererklärung«.

Intuition

Jeder kennt Geschichten von Menschen, die sich – ohne zu wissen, warum – im letzten Augenblick dazu entschieden hatten, ihren Flug nicht anzutreten und die Maschine dann abstürzte. Sie folgten einer bewusst kaum wahrnehmbaren inneren Botschaft, vermittelt durch ihre Intuition. Intuition ist Ausdruck unserer Verbindung mit unserer tiefen inneren Weisheit, die nur am Rande mit dem zu tun hat, was der Kopf uns mitteilt.

Auf dem Weg in ein bestimmtes Lokal kam eine Freundin einmal an meiner Wohnung vorbei. Dabei dachte sie an mich und wünschte

sich, mich zu treffen. Einige Augenblicke später überkam mich der Impuls, zum Essen in dieses eine Restaurant zu gehen, obwohl ich das ursprünglich gar nicht vorhatte. Natürlich begegneten wir uns dort. Ich war unbewusst und intuitiv dem durch ihre Gedanken ausgelösten Impuls gefolgt. Ich nehme an, die Botschaft kam bei mir an, weil ich die Freundin auch gern treffe. Es wurde einer der schönsten Abende, die ich seit langer Zeit erlebt hatte. Dass jemand intensiv an mich dachte, hatte ich zwar zuvor an einer körperlichen Reaktion bemerkt, aber mir war nicht klar, dass sie etwas damit zu tun hatte, dass ich aufstand, um essen zu gehen.

Man kann Intuition auch als Bauchgefühl oder als Ahnung bezeichnen. Wir alle sind intuitiv veranlagt. Jeder besitzt diese Fähigkeit im gleichen Maße, sie ist nur unterschiedlich stark entwickelt. Oft ist das Talent erheblich verschüttet, weil es nicht ernst genommen wurde. Ein entsprechender Impuls erscheint unvernünftig, passt nicht in den geplanten Ablauf oder wird von einer anderen Person abgewertet. Im Falle des nicht angetretenen Fluges könnte der Verstand zum Beispiel sagen: »Du kannst das teure Ticket nicht verfallen lassen.« Wäre Angst die Art, auf die sich die Intuition in dieser Situation bemerkbar macht, dann würde der Verstand mahnen: »Stell dich nicht so an, du Memme«. Das alles ist logisch völlig richtig, kann aber tödlich ausgehen.

Unser rationaler Verstand ist begrenzt. Wie ein Computer verarbeitet er die Informationen, die er erhält, und stellt logische Schlussfolgerungen an. Unsere Intuition hat Zugang zu der unendlichen Fülle von Wissen, die auf vielen Ebenen gelagert ist. Der intuitive Geist steht nicht nur in Verbindung mit der Weisheit der Seele und des Unterbewusstseins. Er hat Kontakt zum universellen Bewusstseinfeld, zum Hyperfeld, in dem alles Wissen und alle Erfahrungen gespeichert sind.[1] Er streckt seine telepathischen Fühler in alle Richtungen aus und ruft die notwendige Information ab, ist also in der Lage, uns aktuell mit dem im Moment angemessenen Wissen zu versorgen.

Die Intuition ist also Ausdruck einer umfassenden Verbindung, einer Kommunikation mit allem, was ist, um uns lebenswichtige Hinweise zur Verfügung zu stellen. Damit geht sie weit über das hinaus, was uns unser Verstand bieten kann.

Man ist also gut beraten, die Intuition zur führenden Kraft im Leben zu machen. Dies geschieht, indem man sie trainiert. Eine klare Absicht steht, wie immer, am Anfang des Weges: »Ich entscheide mich, mehr in Kontakt mit meiner Intuition zu sein.« Wie oft haben Sie schon Ihre intuitiven Eindrücke angezweifelt? Die Skepsis ist der Feind der Intuition: »Ich glaube nicht, dass ich so etwas kann …«, »Das ist aber eine dumme Idee« etc.

Um mit der Intuition in Kontakt zu sein, ist es wieder einmal hilfreich, die eigenen Emotionen aufmerksam wahrzunehmen. Ein einfaches Beispiel veranschaulicht dies: Wenn ich satt bin, jedoch aufgrund eines Impulses zum Kühlschrank gehe, um etwas zu essen, entspricht es in der Regel nicht der Intuition. Der Motor ist Unruhe, basierend auf einer (un-)bewussten Emotion, meist Angst. Wenn ich unter Flugangst leide, werde ich die Stimme der Intuition, die mich davor warnt, ins Flugzeug zu steigen, nicht hören können, denn ich glaube, es handelt sich wieder um meine »normale« Angst, die mich gerade befällt.

Unbeachtete, verzerrte Emotionen sind neben Zweifeln der Ballast, der unseren intuitiven Kanal verstopft. Ein anderes Beispiel: Während man einer Person in einem spontanen Ausdruck von Wut »die Meinung sagt«, kann dies die intuitiv richtige Entscheidung sein, um diese Person auf einen anderen, für sie gesünderen Weg zu führen. Handelt es sich um unaufgearbeitete Emotionen wie Angst oder Hass, kann sich dies allerdings zerstörerisch auswirken. Auch wenn wir besorgt sind und sagen »Das klappt ohnehin nicht«, handelt es sich oft nicht um eine intuitive Vorahnung, sondern um einen limitierenden, auf Angst beruhenden Glauben, der zur sich selbst erfüllenden Prophezeiung werden kann. Wir sind also umso eher in der Lage, mit der Weisheit unserer Intuition in Verbindung zu stehen, je mehr wir unseren Emotionalkörper geklärt haben und je bewusster wir uns über unser Verhalten sind.

Das soll aber nicht heißen, dass Sie nicht jederzeit mit dem Intuitionstraining beginnen können. Achten Sie darauf, wie Sie sich fühlen. Wir haben in jedem Moment Gefühle. Meist ignorieren wir sie, weil sie gerade stören. Sie zu bemerken, ist für unsere Bewusstheit jedoch wichtig. Diese Gefühle sind sowohl Ausdruck unserer Befindlichkeit als auch der unserer inneren Stimme. Vielleicht spüren Sie ein Ziehen im Solarplexus, oder Sie fühlen sich in einem bestimmten Moment insgesamt »unwohl«. Dann ist das der Augenblick, in dem Sie sich fragen dürfen, was Ihnen gerade durch den Kopf geht. In der Regel ist es ein unangenehmer Gedanke, gepaart mit der entsprechenden Emotion: »Ich fühle gerade Angst, weil ich morgen das Gespräch mit E. habe«, »Ich bin wütend auf P., weil er mir das Geld immer noch nicht zurückgegeben hat …« Sich Aufmerksamkeit zu schenken und die Bereitschaft, jeden Ausdruck unserer Existenz wahrzunehmen, bringt uns in Verbindung mit unserem intuitiven Geist.

Die Intuition zu üben, macht Spaß. Fragen Sie sich bei jedem Klingeln des Telefons, wer am anderen Ende der Leitung ist. Fragen Sie sich morgens, wer Ihnen zuerst in Ihrer Firma begegnen wird. Beachten Sie das erste Tier, das Ihnen morgens über den Weg läuft (außer Ihrem Haustier), und fragen Sie sich, welche Botschaft es für sie hat. Vertrauen Sie dabei dem ersten Gedanken, der Ihnen in den Kopf kommt. Es ist in 80 % der Fälle der richtige. Fragen Sie sich, wie Ihr Chef heute gelaunt ist. Seien Sie wieder offen für den ersten Gedanken. Achten Sie zum Beispiel auch darauf, ob Sie schon wieder sagen: »Jetzt muss ich mal ganz dumm fragen …« Damit dokumentieren Sie, dass Sie das, was in Ihr Bewusstsein kommt, zweifelhaft finden und Angst davor haben, was die anderen über Sie denken. Solche Urteile mindern den Zugang zur Intuition.

Um es noch einmal zu betonen: In Kontakt mit unserer Intuition sind wir umso stärker, je mehr Aufmerksamkeit und Achtung wir unseren Empfindungen zukommen lassen.

Der Grid »Intuition« soll für einen besseren Zugang zur eigenen Intuition sorgen. Sie können ihn auch für konkrete Vorgänge benutzen, zum Beispiel, wenn Sie einen neuen Mitarbeiter einstellen möchten und sich dabei verstärkt auf Ihre Intuition verlassen wollen. Wie immer legen Sie dann den Grid in die eine Schlaufe des Moebius und einen Zettel mit dem Thema auf Ihrem Bild in die andere.

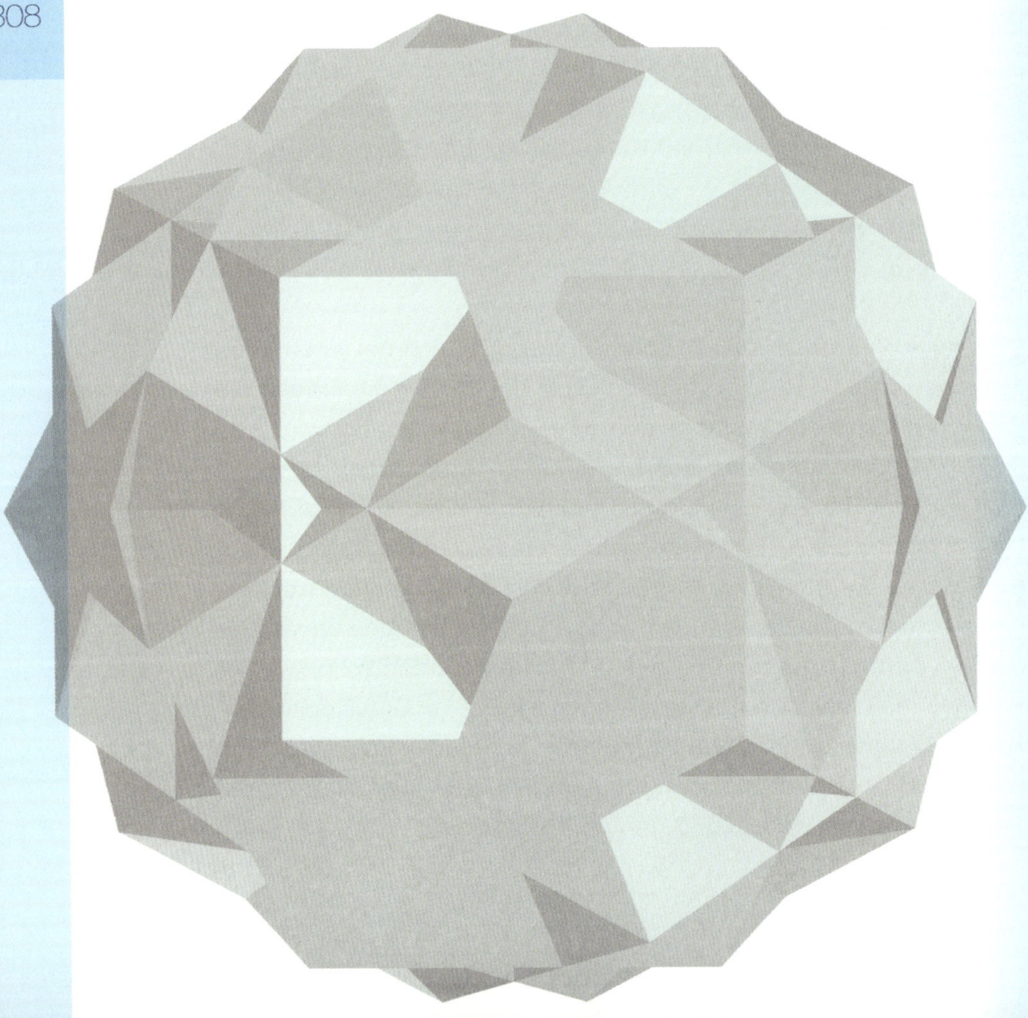

Klarheit

Sich ratlos und vielleicht etwas gelähmt zu fühlen, scheint manchmal angenehmer zu sein, als Klarheit haben. Klarheit könnte Entscheidungen zur Folge haben. Entscheidungen könnten Ungemütlichkeit mit sich bringen, zum Beispiel ein grundsätzliches Gespräch, eine Trennung, eine Änderung der Lebensgewohnheiten.

Klarheit zu haben, bedeutet jedoch, unnötige Umwege zu vermeiden. Wenn ich mir klar darüber bin, dass Treue ein Wert ist, auf den ich nicht verzichten möchte, fällt es mir leichter, mich schneller von meinem chronisch untreuen Lebensgefährten zu trennen.

Klarheit

Klarheit ist eine Grundvoraussetzung, um manifestieren zu können. Wenn ich mir nicht darüber im Klaren bin, was ich eigentlich möchte, werde ich keinen entscheidenden Einfluss auf meine Kreationen im Leben haben. Eine »klare Absicht setzen«, heißt es in diesem Buch immer wieder. Eine klare Absicht bedeutet, sich dazu zu bekennen, etwas von ganzem Herzen zu wollen. »Ich setze die klare Absicht, dass ich heute etwas Entscheidendes dazulerne«, »Ich setze die klare Absicht, dass ich heute Nacht die Lösung für Problem XY erfahre«. Eine klare Absicht zu haben, bringt uns in Verbindung mit den Ebenen, die uns dabei unterstützen, unsere Ziele zu manifestieren. Wir bekunden unsere Macht als Mitschöpfer (zum höchsten Wohle aller), wenn wir ein Ziel klar benennen, und dies setzt bekannte wie unbekannte Kräfte in Bewegung, die uns beim Erreichen des Ziels zur Seite stehen.

Soll ich die Stelle bei Firma X oder Firma Y annehmen? Soll ich Buchhalter oder Koch werden? Soll ich Heinz oder Eduard heiraten? Soll ich nach Mallorca fliegen oder in ein Retreat gehen? Wir sind ständig gefordert, uns zu entscheiden. Entscheiden können wir, wenn wir klar sind. Wirkliche Klarheit entsteht im Einklang von mentaler und emotionaler Ebene oder, anders ausgedrückt, von Kopf und Herz. Verwirrung auf der Emotionalebene, zum Beispiel aufgrund von Angst, unterwandert mentale Klarheit. Wenn es mein Wunsch ist, Schauspielerin zu sein und meine Emotion diesbezüglich Angst, zum Beispiel, weil ich nicht genug Geld verdienen könnte oder nicht schön genug bin, dann kann ich so lange keine klare Entscheidung treffen, bis ich entweder das blockierende Gefühl erlöst oder mich dazu entschieden habe, es mutig zu versuchen.

Aber nicht nur für aktuelle Entscheidungen benötigt es Klarheit, sondern auch für die Beantwortung von Lebensfragen bzw. das Lösen von Blockaden. »Ich hätte so gern einen Partner, warum finde ich keinen?«, »Warum bekomme ich in jedem Job nach einem Jahr die Kündigung?«, »Wieso bin ich immer mit Frauen zusammen, die keine

Lust auf Sex haben?« Hier geht es darum, dass Hintergründe klar werden, damit die Weichen anders gestellt werden können.

Manche Menschen haben zahllose Möglichkeiten, weil sie enorm viele Ideen haben und unendlich viele Wege einschlagen könnten. Das ist großartig, kann sich aber ebenso lähmend auswirken wie ein Mangel an Perspektiven. Weil sie nicht wissen, für welchen Kurs sie sich entscheiden sollen, unternehmen sie lieber gar nichts. Auch hier ist verständlicherweise Klarheit vonnöten.

Der Grid »Klarheit« dient Ihnen dazu, persönlich klarer zu werden und dazu, klarere Entscheidungen zu treffen. Legen Sie den Grid in die eine Schleife des Moebius, in die andere Ihr Bild mit der Frage auf einem Zettel, beispielsweise »Karsten oder Peter?«

Kreativität

Gemeinhin denken wir, Kreativität sei etwas, was insbesondere Künstlern zusteht. Das ist nur ein Teil der Wahrheit. Der andere ist, dass wir alle auf unser kreatives Potenzial zurückgreifen möchten, um ein erfülltes »lebendiges« Leben führen zu können. Kreativität benötigen wir in jedem Lebensbereich: als Manager einer Firma, um Kinder aufzuziehen oder zu unterrichten, als Psychoanalytiker, als Koch usw. Kreativität ist auch dann gefragt, wenn die Dinge festzustecken scheinen und wir uns für neue Wege öffnen möchten.

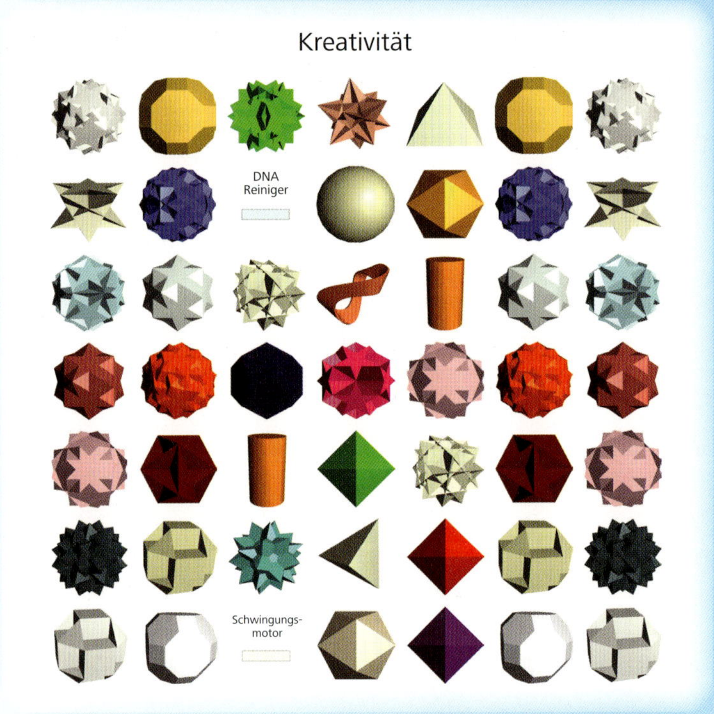

In dem Bewusstsein zu leben, dass es immer eine neue, kreative Möglichkeit gibt, macht das Leben spannend. Eine 90 Jahre alte, überaus vitale Frau aus einem Adelsgeschlecht wurde von einem Reporter einer Tageszeitung nach dem Geheimnis ihrer Fitness gefragt. Die Antwort war »Neugier«. Sie sei jeden Morgen neugierig auf das, was der neue Tag bringt. Neugier ist, wie das Wort bereits sagt, eine »Gier auf Neues«. Das Wort »Gier« wirkt verstörend, und deshalb lehnen viele Leute den Ausdruck bewusst oder unbewusst ab. In der Tat gibt es Menschen, die nach Neuigkeiten oder Katastrophen gierig sind, um das Leid anderer zu beobachten oder tratschen und sich den Mund zerreißen zu können. Das ist die destruktive Seite der Neugier, die andere hingegen hat mit Lebenslust zu tun. Daher schlage ich vor, im Falle der konstruktiven Neugier das Wort »Gier« durch den Begriff »Begehren« zu ersetzen. Begehren ist, wie wir bereits gehört haben, einer der Schlüssel zur Manifestation.[1] Die alte Dame hat also ein Begehren nach Neuem, ein »Neubegehren« sozusagen. »Neubegehren« ist auch ein Tor zur Kreativität. Wenn jemand »neubegehrend« ist, dann ist er offen für neue Ideen, Möglichkeiten und Alternativen. Er begehrt sie ja regelrecht. Es ist daher nicht verwunderlich, dass diese Dame seit mehr als 50 Jahren auch als Fotografin kreativ tätig ist.

Damit wir uns für Neues öffnen können, möchten wir limitierende Einstellungen erkennen und loslassen. Hinderlich für den Fluss der Kreativität sind einmal mehr starke Emotionen, zum Beispiel Angst, wie die Angst, nicht gut genug zu sein und die damit verbundene Angst vor Kritik. Auch Stress bremst die Kreation. Ein wenig Stress kann erfrischend sein, zu viel davon lähmt die Einfallskraft. Natürlich fesseln uns auch limitierende Glaubenssysteme, einschließlich Prinzipienreiterei. Wenn wir darauf beharren, wie die Dinge sein müssen, dann verschließen wir uns neuen Sichtweisen, die unseren Horizont erweitern könnten, und verstopfen so unseren eigenen Kreativitätskanal. Wir sind also gefordert, »loszulassen«, um mehr in Verbindung mit unserer Kreativität zu sein.

Ein wirklich kreativer Mensch erlaubt sich, unkonventionell zu sein. Unkonventionelle Leute sind spielerisch. Sie gestehen es sich zu, mit Gedanken und Möglichkeiten zu jonglieren, die außerhalb des üblichen Denkens liegen. Unkonventionalität muss nicht im Extrembereich liegen. Eine meiner Klientinnen suchte kurzfristig einen neuen Job, weil ihr eigenes Geschäft nicht florierte. Sie war 54 Jahre alt, was die Suche nicht erleichterte. Als sie die Anzeige von Patentanwälten entdeckte, die eine Sekretärin mit Sprachkenntnissen suchten, schrieb sie sofort eine E-Mail, ohne die üblichen Bewerbungsunterlagen mitzusenden. Am folgenden Montag arbeitete sie bereits aushilfsweise in der Kanzlei und sortierte erst einmal den Stapel von konventionellen Bewerbungszuschriften, die nach und nach auf die Anzeige hin eingingen. Sie war dort so lange tätig, bis sie sich selbst dazu entschied, die Stelle aufzugeben, weil ihr eigenes Geschäft wieder aufblühte.

Wir können Unkonventionalität trainieren. Viele spirituelle Lehrer bieten äußerst kreative und spannende Übungen dafür an.[2] Sie sollen uns – zumindest kurzfristig – dazu dienen, aus unseren gewohnten Programmen auszusteigen und dadurch unsere eingerosteten Denkschablonen zu ölen. Es fühlt sich bequem an, wenn wir uns im sicheren Rhythmus unserer Gewohnheiten bewegen. Wir befinden uns dann in der sogenannten »Komfortzone«. Damit wir uns für neue Ideen öffnen können und kreatives Handeln lernen, möchten wir uns jedoch in unbekannte und daher unbequemere Bereiche begeben.

Kreativität ist auch die Fähigkeit, aufzuhorchen und Querverbindungen herzustellen. Serge Kahili King schreibt beispielsweise in seinem Buch »Der Stadt-Schamane«[3] in wenigen Abschnitten über eine hawaiianische Methode namens »Kahi«, mit der man Schmerzen dadurch löst, dass man jeweils einige Finger beider Hände an zwei verschiedenen Stellen des Körpers auflegt und sich auf beide gleichzeitig konzentriert. In jüngster Zeit erschienen zwei durchaus umfangreiche Bücher, in denen genau diese Methode als Grundlage für ein auf vielen Ebenen wirkendes energetisches Heilverfahren beschrieben wird.[4] Ich weiß nicht, ob die beiden Herren die Darstellung von King kannten, aber sollte es so sein, dann ist es eine kreative Leistung, die Idee mit eigenen Erfahrungen zu verknüpfen und daraus ein tiefgreifendes, neues Heilverfahren zu kreieren.

Kreativität sollte unser gewohnter Zustand sein. Manche Leute sind nicht mit ihm in Einklang, weil sie ihre Gedanken und Einfälle nicht für bedeutend genug halten. Es fehlt ihnen an Vertrauen in die eigenen Fähigkeiten. Oft sind dies Menschen, die andere in ihrer Kreativität unterstützen. Durch ihre Selbstzensur blockieren sie jedoch ihren Ideenfluss. Jeder scheinbar geringe Einfall möchte wahr- und ernst genommen werden. Wer will schon zu jemandem kommen, der einem bedeutet, dass man unwichtig ist.

Zu einer anderen »Kategorie« von Menschen gehören diejenigen, die Schwierigkeiten mit ihrer Kreativität haben, die ihre Einfälle nicht auf die Erde bringen, sie also nicht umsetzen können. Hier empfiehlt sich der »Erdungsgrid«. Wieder andere haben sich ihrer Kreativität regelrecht verschlossen, weil sie andernfalls so von Ideen überflutet werden, dass sie sich überfordert fühlen und daher den Kanal »dicht« gemacht haben. Menschen, die sich ihren Einfällen verpflichten, sie also wichtig und ernst nehmen, können in der Tat durch den Ansturm ihrer Ideen wahrhaft in Konflikt kommen. Beispielsweise strömt es gerade dann, wenn »nicht der richtige Zeitpunkt« ist. Man steht vor der Gewissensfrage, ob man sich nun den Eingebungen widmet oder die Verabredung absagt und Auseinandersetzungen riskiert. Oder man ist mitten in einer Terminarbeit, aber die Ideen, die einem gerade zu einem anderen Thema einfallen, wollen auch berücksichtigt werden. Eine hohe Kreativität kann in der Tat anstrengend sein. Es ist oft bequemer, nicht allzu kreativ zu sein und zu wissen, dass man einem geregelten, ungestörten Tagesablauf folgen kann.

Der Grid »Kreativität« soll Ihnen dabei helfen, Ihre »Kreativitätskanäle« zu öffnen. Denken Sie auch daran, dass Kreativität mit einer guten Verbindung zur inneren Stimme zu tun hat, also mit Intuition. Es ist also ein guter Gedanke, wenn Sie den Grid abwechselnd oder gleichzeitig mit dem für »Intuition« benutzen und auch mit dem für »Vertrauen«. Sie können den Grid »Kreativität« auch dazu einsetzen, um kreativer in der Umsetzung konkreter Projekte zu sein. Legen Sie den Grid in die eine Schleife des Moebius, Ihr Bild in die andere und fügen Sie den Namen des Projekts hinzu.

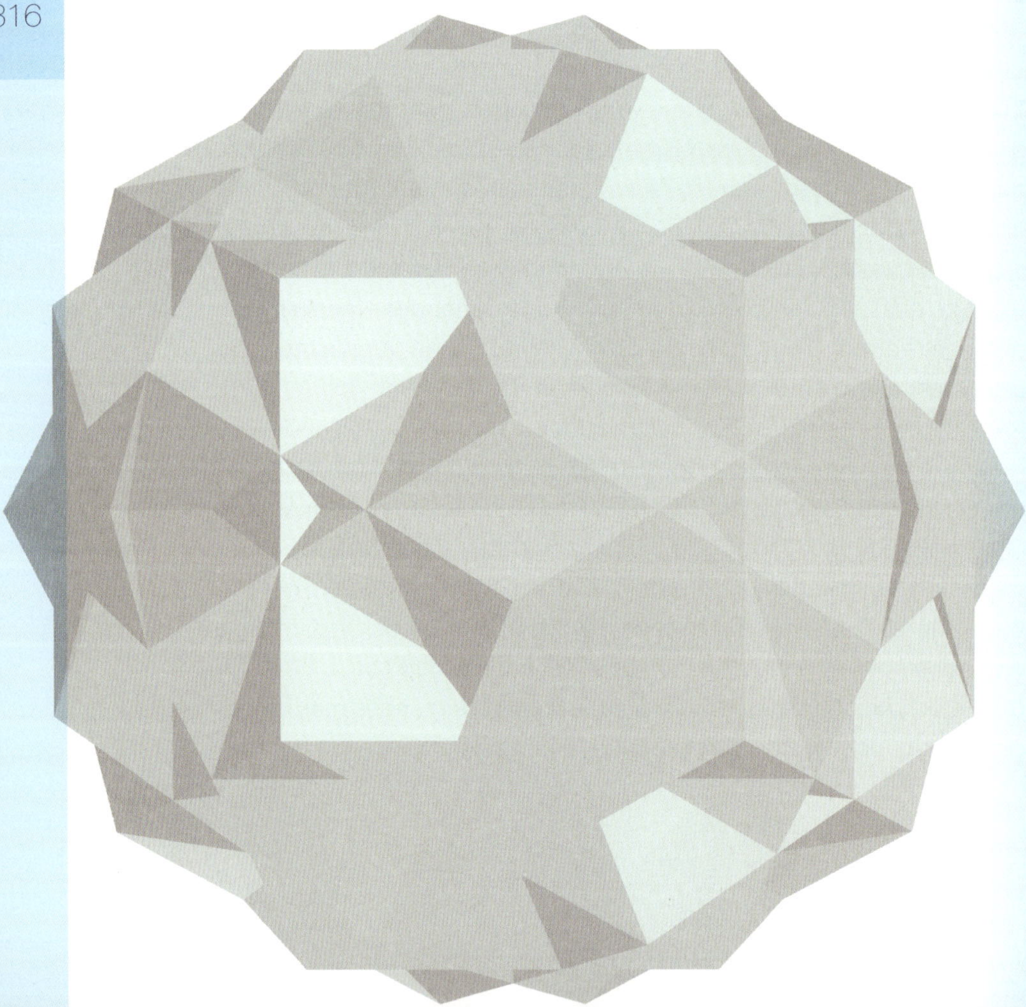

Lebensaufgabe

»Was ist meine Lebensaufgabe?« Diese Frage wird mir oft gestellt. Ich beantworte sie meistens mit drei Worten: »Freude zu haben«. Andere sagen nur zwei Worte: »Zu leben«. Das ist den meisten Leuten zu wenig, was ich gut verstehen kann.

Es ist für viele Suchende ebenfalls sehr enttäuschend, wenn sie hören, dass ihre Lebensaufgabe in der Regel exakt das ist, was sie gerade tun. Sie haben eine andere Vorstellung davon, allerdings auch keine Klarheit darüber, was genau es sein könnte. Deshalb fragen sie ja spirituelle Lehrer, die es ihnen sagen sollen. Die Antwort kann

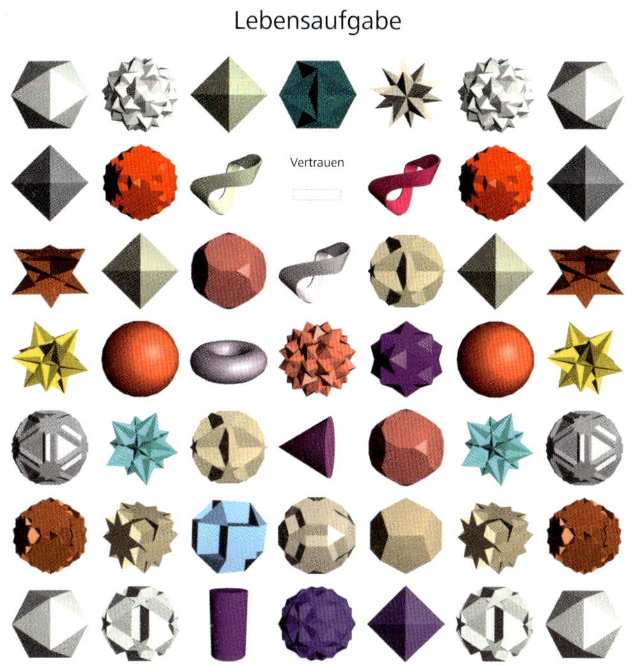

einem aber niemand geben – man möchte sie selbst finden. Wenn mir eine Autorität sagt, meine Lebensaufgabe sei es, in Indonesien Reis anzubauen, und diese Idee von dem, was ich gerade tue oder mir selbst insgeheim vorschwebt, weit entfernt ist, dann würde ich das für eine Fehlauskunft halten. Die Information hat mir also außer Verwirrung wenig gebracht.

Ich habe einmal eine meiner Lehrerinnen gefragt: »Warum arbeite ich jetzt mit Energieübertragung?« Heimlich erhoffte ich mir, sie würde antworten, weil ich so ungeheuer begabt dafür sei und ich in Ausübung dieser Aufgabe eine wahre Offenbarung für die Welt bedeuten würde. Sie sagte aber: »Weil deine Seele das jetzt gerade mal erproben will.« Ich war sehr enttäuscht. In der Tat ist Energiearbeit momentan eine meiner Lebensaufgaben. Ich hätte nur gern gehabt, dass sie sich etwas begeisterter über meine Fähigkeiten äußert. Was ich damit sagen will: In unserer Ego-Zentriertheit wünschen wir uns oft etwas Außerordentliches als Lebensaufgabe und sind enttäuscht, wenn dem scheinbar nicht so ist.

Wenn ich auf mein Leben zurückblicke, dann ist mir klar, dass es genau so verlaufen musste, wie es verlaufen ist. Es war für lange Zeit meine Lebensaufgabe, zunächst einmal eine Menge Karma abzubauen und immer und immer wieder bestimmte Situationen zu wiederholen, um endlich zu begreifen, worin mein Beitrag zu diesem Teufelskreis lag. Es hat seine Zeit gedauert. Danach war der Weg für andere Aufgaben frei.

Die Lebensaufgabe zeigt sich in unseren Begabungen und unseren Interessen, in den Themen, die uns die größte Freude bereiten. Indem wir uns diesen Angelegenheiten widmen, nähren wir unsere Seele. Der Weg, diese Bereiche wahrzunehmen und umzusetzen, ist, wie wir an meinem Beispiel gesehen haben, zunächst oft durch die persönlichen Probleme blockiert. Die emotionalen Geröllhalden, die den Pfad versperren, sind mitunter so gigantisch, dass unser Blick auf ihn versperrt ist. Daher kann die Lebensaufgabe zunächst darin bestehen, die großen Brocken beiseitezuräumen. Das empfiehlt sich zwar auch für den Rest des Lebens, aber die massiveren Stücke verlangen erst einmal die ganze Aufmerksamkeit. Ich war mit 20 Jahren unendlich fasziniert von Carlos Castanedas Büchern. Bis ich so weit kam, näher in dieses Gebiet einzutauchen, weil es, ohne dass mir dies klar war, mit meiner Lebensaufgabe zu tun hat, vergingen Jahrzehnte. Aber ist deshalb die Lebenszeit vor der jetzigen, großartiger erscheinenden, weniger bedeutend oder weniger wert? Es entspricht unseren Denkschablonen, dies so zu kategorisieren.

Je mehr emotionaler Müll beiseite geschafft ist, desto eher können wir auch unsere Intuition entwickeln und ihr vertrauen. Dann werden wir feststellen, dass wir unseren Interessen und Talenten näherkommen.

Die Lebensaufgabe muss nicht in einer einzigen bestimmte Aufgabe bestehen, die dann kontinuierlich für den Rest des Lebens verfolgt wird. Menschen, die ihren Weg gefunden haben, stellen oft fest, dass er sich in viele weitere Abzweigungen gabelt, denen zu folgen ebenfalls Freude macht. In unserer Gesellschaft war es lange Zeit üblich, nur einem einzigen Beruf nachzugehen, oft wird es sogar immer noch als negativ angesehen, »auf mehreren Hochzeiten zu tanzen«. Ein Mensch, der sich von seinen Blockaden frei gemacht hat, kann aber durchaus eine Vielzahl unterschiedlicher Aufgaben, die ihm am Herzen liegen, erfolgreich erfüllen.

Sollte die Lebensaufgabe im energetisch/heilerischen Bereich liegen, dann muss das nicht zwangsläufig mit »Handauflegen« verbunden sein. Wenn jemand fähig ist, durch seine Art und Präsenz die Schwingung in seiner Firma zu erhöhen, dann ist er ein Heiler. Es ist also nicht unbedingt notwendig, den Beruf zu wechseln, wenn man soweit mit ihm zufrieden ist. Vielleicht kann die Person in dieser Position weitaus kraftvollere Arbeit leisten als unter vier Augen in einer Heiler-Klient-Sitzung. Vielleicht besteht seine Lebensaufgabe zu diesem Zeitpunkt auch gerade darin, seine spirituellen Fähigkeiten genau an diesem Ort einzusetzen.

Hat man die Lebensaufgabe gefunden, ist es auch nicht unbedingt sinnvoll, sie sofort zum einzigen »Brot-Beruf« zu machen. Mehrgleisig zu fahren, bis die neue Aufgabe ihre Person ernährt, hat schon vielen Leuten relativ stressfrei aufs Pferd geholfen.

Auch die grandioseste Lebensaufgabe kann mitunter anstrengend, stressig und frustrierend sein. Das ist die natürlichste Sache der Welt. Es wäre sogar erstaunlich, wenn dem nicht so wäre. Das Leben verläuft in Wellen, wie jede Energie. Zum einen sind wir immer wieder mit unseren Widerständen – will heißen, blockierenden Emotionen – konfrontiert. Zum anderen kann die Lebensaufgabe auch sehr fordernd sein, denn die Seele hat sich ja damit auch ein paar entscheidende Entwicklungsaufgaben gestellt. In jedem Falle fühlen wir uns weitaus erfüllter, geforderter, zufriedener, kompletter und, um auf den Anfang zurückzukommen, freudvoller, wenn wir im Einklang mit unserer Seele arbeiten. Denn das tun wir, wenn wir unserer Aufgabe nachkommen.

Der Grid »Lebensaufgabe« soll Ihnen dazu dienen, diese Aufgabe zu finden oder ihr näherzukommen. Sie können sich auch ein bestimmtes Thema zur »Lebensaufgabe« machen, zum Beispiel, geduldiger zu werden. Legen Sie den Grid in die eine Schlaufe des Moebius, Ihr Bild in die andere und, je nachdem, noch einen Zettel darauf, auf dem beispielsweise »Meisterschaft im Flirten« steht.

Liebe – Selbstliebe

Du sollst deinen Nächsten lieben wie dich selbst.[1] Ich erlaube mir die Interpretation dieses Gebots dahingehend: Du sollst deinen Nächsten lieben, ebenso auch dich selbst. Es muss nicht näher erläutert werden, dass wir oft nicht gut miteinander umgehen … Im Großen wie im Kleinen dokumentiert es sich in kriegerischen Auseinandersetzungen, anderen Formen von Gewalt, Drohungen, Betrug, Manipulationen etc. Wie wir mit anderen umgehen, ist Ausdruck dessen, wie wir uns selbst behandeln.

Der Einstieg zur Nächstenliebe beginnt bei der Selbstliebe. Wenn wir uns selbst lieben können, dann können wir auch andere lieben. Denn, wie kann man anderen Menschen wirklich zugetan sein, wenn man es sich selbst gegenüber nicht ist? Und wie können wir erwarten, geliebt zu werden, wenn wir uns selbst nicht lieben? »Ich liebe mich nicht, aber du sollst mich lieben«? Wir leben in einer Welt der Polaritäten. Eine der Polaritäten von Angst ist Liebe. Solange wir uns nicht von Herzen schätzen – uns selbst von Herzen zugetan sind –, ist es die Angst, die uns treibt. Unsere Entwicklung, unser inneres Wachstum bringt es mit sich, dass die Liebe zu der Kraft wird, die uns führt.

Selbstliebe bedeutet bedingungslose Selbstakzeptanz und -achtung. Es heißt, alle Facetten unseres Selbst zu ehren. Wenn es Seiten an uns gibt, die wir nicht mögen und die wir regelrecht bekämpfen, dann arbeiten wir nicht für uns, sondern gegen uns. Energie folgt der Aufmerksamkeit. Wir legen unseren emotionsgeladenen Fokus auf das, was wir ablehnen, und dadurch verstärken wir das Problem. Genauso machen wir es mit anderen Menschen. Wir fixieren uns oft auf das, was wir an ihnen nicht mögen. Der Chef kann uns noch so viel loben, aber es bleibt unangenehm, dass er immer recht haben will. Wir sind magisch angezogen von dem, was nicht zu stimmen scheint. Eine Dame, die Firmenseminare hält, erzählte mir einmal, was mit ihr passiert, wenn von 20 Teilnehmern eine Person nicht richtig mitzieht. Auf diese Person richtet sich ihre ganze Aufmerksamkeit. Ihre Konzentration ruht also auf dem einzigen negativ orientierten Menschen unter allen zugewandten Kursteilnehmern. Genauso verhalten wir uns oft bezüglich unserer eigenen Person. Wir sind gebannt von unseren Schwächen und vernachlässigen daher den Blick auf unsere Stärken. Und vor allem versäumen wir es, uns für unsere Schwächen zu lieben. Wenn es Seiten gibt, für die wir uns insgeheim ablehnen oder für die wir uns schämen, dann liegt es nahe, dass wir auch an anderen Menschen Seiten finden, die wir hassenswert finden und für die sie sich schämen sollten. Achten Sie darauf, was Sie an anderen Menschen nicht mögen, und stellen Sie die Verbindung zu sich selbst her. Es ist mehr als wahrscheinlich, dass Ihre Abneigung mit einer Ihrer eigenen ungeliebten Seiten zu tun hat. Erlauben Sie sich, diesen Anteil von sich wahrzunehmen und anzuerkennen. Lieben Sie sich dafür, dass Sie ihn haben.[2] Es gibt eine wunderbare, einfache Übung, von der ich leider nicht mehr weiß, von wem sie stammt. Die Empfehlung lautet: Wenn Sie etwas für Sie Unangenehmes an einer anderen Person bemerken, dann sagen Sie: »Das habe/mache ich auch.« Tun Sie dasselbe, wenn Sie etwas Positives an einer Person feststellen.

Die Grids »Liebe« und »Selbstliebe« sollen Ihnen dazu dienen, sich mehr für die Liebe zu öffnen, liebevoller mit sich umzugehen und liebevoller mit anderen zu sein. Versuchen Sie jedoch nicht, irgendetwas zu erzwingen, nur weil Sie jetzt den Grid verwenden. Seien Sie ehrlich und besonders aufmerksam für die Widerstände, die der Grid zutage fördern kann. Es sind die Gefühle, die Sie bisher davon abgehalten haben, wirklich liebevoll (mit sich) zu sein.Sie können den Grid »Liebe« auch dazu benutzen, um mehr Liebe in eine bestimmte eher ungeschätzte Situation oder Handlung einfließen zu lassen. Sie können die Grids abwechselnd mit dem Grid für »Herzenskraft« einsetzen. Natürlich können Sie die Grids auch verwenden, um die Schwingung in Ihrer Wohnung entsprechend zu erhöhen. Denken Sie daran, dass Sie sie auch zum Wohle einer Gemeinschaft einsetzen können.

Liebe

Selbstliebe

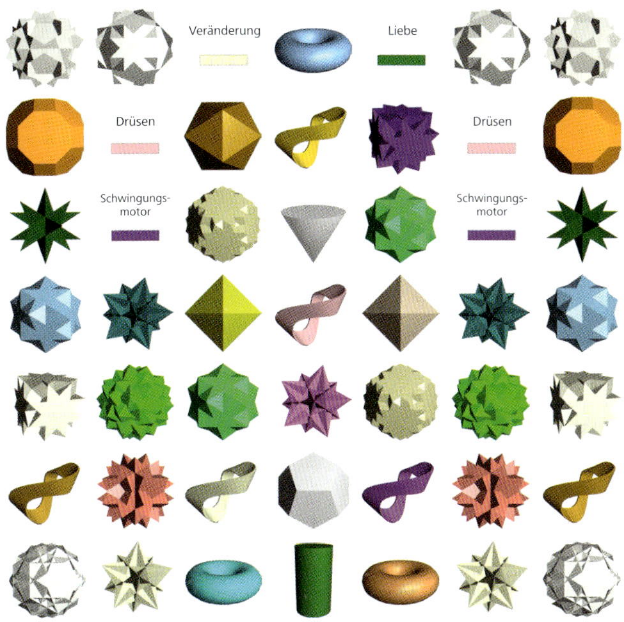

Loslassen

Wir sind in jedem Moment unseres Lebens dazu aufgefordert, etwas loszulassen. Wenn wir die Tür hinter uns zumachen, »verlassen« wir unsere Wohnung, wenn auch nur für eine gewisse Zeit. Verabschieden wir uns von unserem Liebsten, lassen wir ihn ebenfalls eine Zeit lang los. Wir entsorgen alte Kleidungsstücke, nicht mehr gebrauchte oder kaputte Gegenstände. Künstler trennen sich von ihren Werken, Verkäufer von ihren Waren. Die Kinder gehen aus dem Haus, jemand stirbt, geht in eine andere Stadt, wir verlieren die Arbeit und lassen zum Schluss das Leben ganz los.

Jeder Zugewinn, also jedes Wachstum, bringt es mit sich, dass wir uns von Altem trennen müssen, das uns nicht mehr dient, um Raum für Neues zu schaffen. Ganz praktisch gesehen bedeutet das, wenn ich mir zum Beispiel einen Hund anschaffe, muss ich eventuell mein mir liebgewordenes Verhalten aufgeben, bis um zehn Uhr zu schlafen oder nur selten aus dem Haus zu gehen. Die neue Fernbeziehung erfordert, dass ich mich von einem Stück Bequemlichkeit trenne. Wer etwas erhalten will, muss etwas loslassen. Wenn ich etwas kaufe, trenne ich mich von meinem Geld. Wenn ich eine berufliche Position mit mehr Verantwortung annehmen möchte, muss ich vermutlich die Eigenschaft loslassen, alles selbst machen zu wollen. Um mehr Authentizität in die Partnerschaft zu bringen, ist es erforderlich, auf bestimmte Lügengewohnheiten zu verzichten. Bekanntlich gibt es Menschen, die viel Geld im Lotto gewinnen und es alsbald wieder verlieren. Der Geldfluss kam, ohne dass sie vorher losgelassen haben, zum Beispiel Gier, Maßlosigkeit und Großmannssucht. Man kann keine konstruktiven Veränderungen etablieren, ohne vorher den Boden dafür bereitet zu haben.

Wenn wir uns schnell weiterentwickeln wollen, ist es auch ratsam, dass wir uns ganz bewusst regelmäßig von materiellen Gegenständen trennen, also entrümpeln. Wenn wir alte Kleider entsorgen und unnützen Nippes aussortieren, symbolisieren wir dem Unterbewusstsein, dass gerade Raum für Neues geschaffen wird. Loslassen möchten wir selbstverständlich auch energetischen Müll: Gedankengerümpel, limitierende Einstellungen, Sabotageverhalten, alte Traumata etc.

Da wir träge Gewohnheitstiere sind, fällt uns das Loslassen oft schwer. Auch unser Unterbewusstsein macht uns gern einen Strich durch die Rechnung. Wenn man beispielsweise Leute, die unbedingt an Gewicht verlieren möchten, kinesiologisch testet, so stellt sich oft schnell heraus, dass das Unterbewusstsein genau die gegenteilige Absicht vertritt. Es ist mit dem Vorhaben nicht einverstanden und möchte nicht loslassen. Deshalb reiben sich Diätwillige gern im Widerstreit zwischen den Wünschen des Bewusstseins und denen des Unterbewusstseins auf.

Das Unterbewusstsein möchte uns schützen und uns dienen. Es meint es also »gut«. Vielleicht würde eine Person – wäre sie schlank – viel ausgehen und flirten und weniger »Gewicht« auf ihre Arbeit legen, und deswegen will das Unterbewusstsein sie vor Faulheit schützen. Das Unterbewusstsein einer anderen Person, die Missbrauch erlebt hat, möchte sie eventuell vor weiteren sexuellen Übergriffen bewahren und betrachtet die Anhäufung von unattraktivem Fett als ideale Lösung.

In einem anderen Fall empfindet das Unterbewusstsein ein Singledasein womöglich als sicherer und dienlicher, weil eine Liebesbeziehung auch immer die Gefahr von Verletzung birgt. Es versteht sich von selbst, dass hier tiefer greifende Lösungen gefunden werden möchten als die mentale Entscheidung, abzunehmen oder in einer Partnerschaft sein zu wollen.

Ganz besonderes schwierig ist das Loslassen oft nach einer Trennung. Es ist allerdings unumgänglich, die alten Energien zu *be-reinigen* und den Raum zu klären, damit man schließlich eine neue Beziehung eingehen kann. Es gibt Menschen, die noch nach zehn oder mehr Jahren nicht von einem Partner losgelassen haben. Sie nähren ihre Hoffnung, man könne doch wieder ein Paar werden. Natürlich blockieren sie dadurch die Chance auf eine neue Partnerschaft. Durch ihr Festhalten kreieren sie ein Schild im feinstofflichen Bereich, das besagt »Ich bin vergeben.« Während unseres Heilungsprozesses, in dem wir unseren Expartner und alle Illusionen über die Beziehung loslassen, können wir uns gleichzeitig dafür öffnen, auch alle verzerrten Emotionen, die in dieser Zeit eine Rolle gespielt haben, gehenzulassen, damit wir dann auf einer neuen Ebene eine neue Beziehung eingehen können. Der Prozess des Loslassens wird durch die klare Absicht und die feste Überzeugung erleichtert, dass nur etwas Besseres nachkommen kann.

Wir können das Loslassen auf spielerische Weise üben. Machen Sie sich die Momente bewusst, in denen sie etwas loslassen. Jedes Mal also, wenn Sie etwas entfernen oder weggeben, sagen Sie »Ich lasse los.« Wenn Sie Ihren Müll wegwerfen, sagen Sie »Ich lasse los.« Setzen Sie bei den alltäglichen Wegwerfaktionen auch gleich die Absicht, energetischen Müll mit loszulassen.

Wenn wir unsere Nase putzen, schnäuzen wir Schleim aus. Viele Leute stecken das gebrauchte Taschentuch wieder ein. Dann geht die devitalisierte, verbrauchte Energie zurück ins aurische Feld. Sie wurde also nicht losgelassen. Die zweijährige Tochter einer meiner Klientinnen weigerte sich, ein Taschentuch zweimal zu benutzen, sehr zum Unmut ihrer Mutter. Dem Kind war das Prinzip des Loslassens von verbrauchten Körperflüssigkeiten unbewusst völlig klar, und es wollte danach handeln. Lassen Sie also auch alles, dessen sich ihr Körper entledigt, bewusst los. Wie fühlen Sie sich, wenn Sie etwas kaufen? Haben Sie eine unangenehme Empfindung, wenn Sie das Geld dafür hinlegen oder es von der Bank holen müssen? Wie geht es Ihnen, wenn Sie Trinkgeld »loslassen« müssen? Üben Sie, wenn Sie bezahlen, das Geld bewusst und gern weiterzugeben.

Können Sie von bestimmten Verhaltensweisen loslassen? Zum Beispiel von dem Bedürfnis, recht haben zu müssen? Fragen Sie sich zwanglos: »Könnte ich diese Meinung loslassen?« Vielleicht kommen Sie dann zu völlig neuen Erkenntnissen, warum diese Überzeugung für Sie so bedeutungsvoll zu sein scheint. Festzustellen, dass es nicht lebensnotwendig ist, auf einer Meinung zu beharren, kann eine große Erleichterung bedeuten.

Loslassen können ist ein Akt des Vertrauens. Wir wissen, wir können etwas gehen lassen, weil etwas Besseres nachkommt – und wenn es ein Stück neu gewonnene Freiheit ist. Wenn wir es aufgeben können, an einer Situation oder an einer konkreten beruflichen Position festzuhalten oder auf einem bestimmten Glauben zu beharren, dann machen wir den Weg frei für neues, entspanntes Wachstum.

Der Grid »Loslassen« soll Ihnen dabei helfen, sich von Ballast jeder Art zu befreien. Sie können ihn allgemein verwenden oder um einen bestimmten Glauben, ein Muster, leichter gehen lassen zu können. Legen Sie den Grid in die eine Schleife, Ihr Bild in die andere, und legen Sie einen Zettel darauf, mit dem, was Sie loslassen möchten, zum Beispiel »recht haben wollen«.

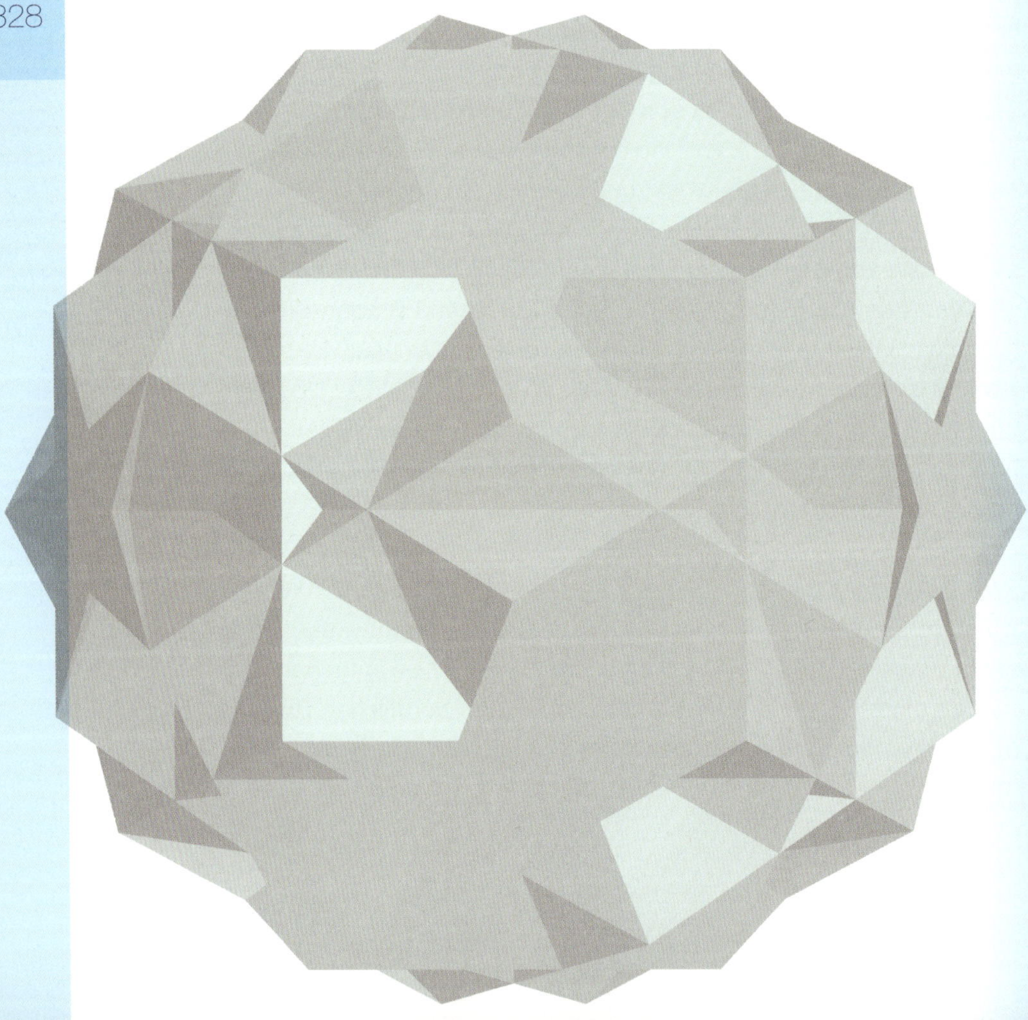

Mitgefühl

Der sehr sensible Menschentyp, der bei »Gesunde Grenzen« beschrieben wurde, ist oft »mitleidend« statt mitfühlend. Wenn wir mit den anderen leiden, lassen wir uns zu sehr in ihre Angelegenheiten hineinziehen. Das Resultat ist, dass sich die Situation für beide verschärft. Das Ausmaß des Dramas wird größer. Ein Mensch, der mitleidet, besitzt nicht den notwendigen Abstand. Mitleid schwächt sowohl die Kraft des »Leidtragenden« als auch die des Mitleidenden. Mitleid macht den Bemitleideten zum Opfer und destabilisiert ihn weiter, statt ihn zu stärken.

Eine junge Frau erzählte mir, wie sie in einem Café eine alte Dame beobachtete, die in Tränen ausbrach, weil sie ihren Tee umgeschüttet hatte. Das zerriss der jungen Frau schier das Herz. Bevor sie der Dame einen neuen Tee schenken konnte, hatte die Bedienung es schon getan. Sie fühlte trotzdem grenzenloses Mitleid und litt noch wochenlang unter der Geschichte. In der Situation selbst war sie wie gelähmt. Mitgefühl bedeutet, die Situation mit dem Herzen wahrzunehmen, wenn möglich Hilfe zu leisten – jedoch ohne in das Leiden selbst mit einzusteigen. Mitgefühl kommt von einem Ort zugewandter Distanz, man fühlt mit dem anderen, lässt sich jedoch nicht in sein Leid hineinziehen und bleibt in sich zentriert. Dadurch behält man seine Kraft und kann sich auf diese Weise viel nützlicher machen, wenn es sich anbietet.

Sehr mitleidende Menschen sind, ganz abgesehen davon, dass sie oft hochsensibel sind, auf irgendeine Weise selbst traumatisiert. Extremes Mitleid kann auch mit Selbstmitleid in Verbindung stehen. Der Zusammenhang ist selbstverständlich oft nicht bewusst. Der verborgene Glaube der jungen Frau könnte zum Beispiel darin bestehen, wie ungerecht und gemein die Welt mit hilflosen Menschen umgeht. Unbewusst identifiziert sie sich mit den Opfern.

Oft gehen mitleidende Menschen gar nicht so gut mit sich selbst um. Sie schenken ihren Gefühlen wenig Aufmerksamkeit. Häufig sind sie unter den patenten Leuten und den Starken zu finden, die »alles gebacken bekommen«, natürlich auch für die anderen. Weil sie sich über lange Zeit selbst fürsorgliche Anteilnahme versagen, finden sie sich urplötzlich im Selbstmitleid wieder. Natürlich wird diese Emotion schnell verdrängt, weil sie ein vollkommenes Tabu darstellt, vor allem unter Menschen, die sehr auf »vernünftige« und konstruktive Gefühle achten und denen vollkommen klar ist, dass sie sich mit Selbstmitleid und daraus resultierendem Jammern in die Rolle des hilflosen Opfers bringen. Dennoch ist es ein Gefühl, das, wie alle anderen auch, etwas mitzuteilen hat und wahrgenommen werden will.

Als Unterstützung für einen liebe- und achtungsvolleren Umgang mit den eigenen Gefühlen von Rat-, Hilflosigkeit und Selbstbedauern empfehle ich, eine »offiziell genehmigte« Jammerzeit einzuplanen. Verabreden Sie sich mit einer Freundin oder einem Freund, um gemeinsam zu jammern und zu klagen. Das kann am Telefon sein, kürzer oder länger vonstatten gehen. Vielleicht möchten Sie auch vereinbaren, dass Sie sich gegenseitig anrufen dürfen, wenn etwas akut ist, dann können Sie fragen: »Darf ich fünf Minuten über meine Mutter jammern?« Dem Jammern bewusst einen Raum einzuräumen, bedeutet eine große Erleichterung und ist eine wunderbare Methode, auf leichtherzige Weise mit Schattengefühlen umzugehen.

Der Grid »Mitgefühl« soll Ihnen dazu dienen, mehr Mitgefühl zu entwickeln. Vor allem für sich selbst. Oft gehen wir mit uns selbst gnadenlos um. Wir preschen durch unser Dasein und versuchen, perfekt zu sein und alles anstandslos auf die Reihe zu bekommen. Den eigenen Gefühlen wird dabei wenig Beachtung geschenkt. Aber wir alle fühlen uns von Zeit zu Zeit mehr oder weniger bedürftig, hilflos und überfordert (um nur ein paar wenige Beispiele zu nennen).

Sie können den Grid auch benutzen, wenn Sie mehr Mitgefühl für eine bestimmte Person haben möchten, zum Beispiel eine Person, mit der Sie Meinungsverschiedenheiten haben. Sie können ihn in diesem Fall beispielsweise gemeinsam (auf zwei Übertragungsformen) oder alternativ mit dem Grid »Vergebung« verwenden.

Denken Sie daran, dass Sie die Grids auch für die Gemeinschaftsarbeit einsetzen können. Vielleicht wird in einem Bereich, der Ihnen bekannt ist, mehr Mitgefühl benötigt. Dann legen Sie den Grid in die eine Schleife des Moebius, in die andere einen Zettel mit beispielsweise der Aufschrift »Bewohner des Altenwohnheims XY«. Die klare Absicht in diesem Fall ist natürlich, dass den Altenheimbewohnern mehr Mitgefühl zuteilwird.

Neue Wege

Das Leben kann langweilig sein. Alles wiederholt sich, jeden Tag passiert das Gleiche. Wir möchten etwas verändern, wissen aber oft nicht einmal, was wir überhaupt wollen. Oft sind wir in unseren Gewohnheiten so festgefahren, dass wir auch nicht daran glauben, dass es überhaupt Alternativen gibt.

Um unserem Leben eine Wende zu geben, ist es notwendig, etwas in uns zu verändern. Alte Verhaltensweisen halten uns in alten Umständen fest.

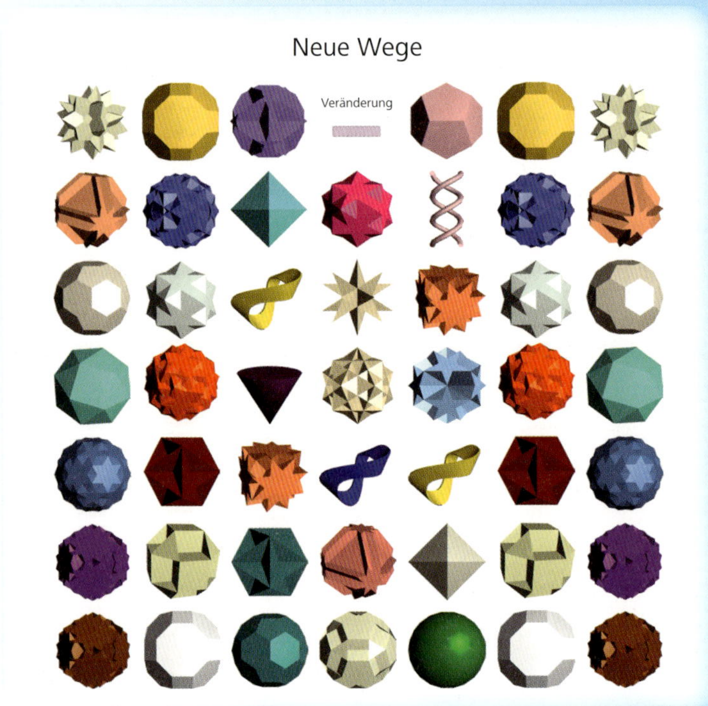

Wenn wir ein wichtiges Ziel ins Auge gefasst haben, beispielsweise das, eine Beziehung zu heilen oder mehr Geld zu verdienen, und es bisher nicht geklappt hat, dann sollten wir die Methode ändern, also unseren Weg. Hat der bisherige »verständnisvolle« Ansatz in der Beziehung nicht gefruchtet, dann funktioniert vielleicht der, ein wenig mehr Distanz zu üben. Wenn wir glauben, nur unser derzeitiger Job könne als Geldquelle dienen, dann können wir uns verpflichten, innerhalb der nächsten 14 Tage mindestens fünf neue alternative Einkommensquellen zu benennen.

Vielleicht fehlt es uns auch einfach an Mut, eine mehr oder weniger radikale Änderung vorzunehmen. Neue Wege zu gehen, ist immer mit Angst verbunden. Also möchten wir uns auf die Emotionalebene begeben, um die Hintergründe der Unflexibilität zu erforschen.

Um neue Wege einschlagen zu können, müssen wir eventuell die ein oder andere vertraute Gewohnheit aufgeben. Wir gehen auch das Risiko ein, wichtige Menschen zu verlieren, die sich mit der Änderung nicht anfreunden können. Ich weiß von Personen, die an ihrer Krankheit festhalten »müssen«, um weiterhin frühpensioniert zu bleiben. Aus diesen Gründen öffnen sich viele auch nicht ernsthaft für neue Möglichkeiten und verharren im Status quo. Man kann sich also einmal mehr fragen: Was hält mich wirklich davon ab, mein Leben zu verändern? Resignation? Angst, zu versagen? Angst, besser zu sein als andere? Angst, zu viel arbeiten zu müssen? Angst, dass es im Grunde leicht ist und ich eventuell feststellen muss, dass ich den größten Teil meines Lebens damit vergeudet habe, es mir schwer zu machen?

Manchmal braucht es nur einen kleinen Anstoß, um den Blick für neue Wege zu klären und frischen Wind aufkommen zu lassen: ein kurzer Ortswechsel, die Verpflichtung, ein tägliches Routineritual aufzugeben, ein Gespräch, der Gedanke, stärker mit der Schöpfung verbunden zu sein, die Geistführer um Hilfe bitten, eine Verhaltensänderung, wie zum Beispiel aufzuhören, »äh« oder »gell« zu sagen. Spielerisch zu sein, ist eine wundersame Weise, sich für neue Möglichkeiten zu öffnen. Sie könnten zum Beispiel sich die Absicht setzen, einen Tag lang das Wort »und« zu vermeiden. Eine bekannte Münchnerin berichtet in einem Wochenblatt über ihre Experimente, mit denen sie ihr Leben spannender macht. Das letzte bestand darin, eine Woche lang keinen Abfall zu produzieren.

Sie meinen, das bringt nichts, es ist zu banal? Wie lange möchten Sie noch auf die wirklich bedeutende Eingebung warten, die großartig genug erscheint, Ihnen neue Türen zu öffnen?

Die oben genannten Aktionen vermitteln dem Unterbewusstsein, dass Sie für neue Impulse offen sind. Außerdem dienen sie dazu, Spaß zu haben. Beides öffnet die Pforten zu weiteren Einsichten und damit für neue Wege.

Ein Vorschlag des Dalai Lama lautet, sich alle sechs Monate an einen Ort zu begeben, an dem man zuvor noch nie war. Dadurch dehnen wir uns aus. Auch damit dokumentieren wir unserem Unterbewusstsein, dass wir bereit sind, unseren Horizont zu erweitern.

Der Grid »Neue Wege« soll Ihnen dabei helfen, sich in neue Richtungen zu bewegen. Wenn Sie Alternativen im Leben benötigen, benutzen Sie ihn auf die »normale« Weise, indem Sie den Grid in die eine Schlinge legen, Ihr Bild in die andere.

Verwenden Sie den Grid auch für konkrete Vorhaben. Legen Sie ihn in die eine Schlinge des Moebius, in die andere Ihr Bild und einen Zettel mit beispielsweise der Aufschrift »Berufliche Selbstständigkeit«.

Reinigung

Es ist selbstverständlich für uns, unseren Körper zu reinigen. In der Regel vergessen wir, dass auch unser aurisches Feld belastet wird, sowohl durch unsere eigenen Energien als auch die von anderen. Daher ist auch hier Klärung notwendig.

Unsere Aura gibt ständig Energie ab, nimmt aber auch Energien von den Menschen auf, mit denen wir in Kontakt treten. Dadurch kommt es zu einer Veränderung des feinstofflichen Bereichs. Wenn wir mit vielen Menschen zu tun haben, ist der Energieaustausch umso größer. Manche stellen fest, dass sie sich am Ende des Tages ausge-

Reinigung

laugt fühlen. Das kommt daher, dass sie eine Menge Energieabfall aufgenommen haben. Je mehr Menschen uns im Laufe des Tages begegnen, desto eher kann das passieren, zum Beispiel, wenn wir in einem Kaufhaus arbeiten oder einkaufen. Vielleicht hat man sogar seltsame Ideen im Kopf, Gefühle, die einem fremd sind, oder man spürt verstärkt die eigenen Ängste und andere Emotionen.

Jeder kennt das Empfinden, sich im eigenen Körper nicht wohlzufühlen und von den eigenen Emotionen verwirrt zu sein. Teilweise haben diese Gefühle gar nichts mit uns selbst zu tun, sondern sie sind Energien, die wir »aufgepickt« haben. Die Subtilkörper mancher Leute betätigen sich geradezu als Schwämme, die die Energien anderer regelrecht aufsaugen. Die fremden Schwingungen können auch dazu beitragen, unsere eigenen negativen zu verstärken, sodass wir noch stärker mit ihnen konfrontiert sind. Ebenso kann andererseits der Einfluss von positiven Schwingungen dazu führen, dass sich unsere eigenen positiven Gefühle intensivieren.

Bei einigen Menschen haben wir auch buchstäblich das Gefühl, sie saugen uns aus; dies wurde bereits bei dem Thema »Gesunde Grenzen« gestreift. Energiesauger können, müssen aber nicht, unter den Menschen zu finden sein, die immer wieder große Aufmerksamkeit beanspruchen, die andere in »Zuhöregeiselhaft«[1] nehmen und obendrein die Stimme erheben, wenn die sich auch einmal Gehör verschaffen wollen, die immer dieselben Geschichten erzählen, die immer wieder um Rat fragen, auf den sie mit »ja aber« reagieren, die sich für alles und jedes entschuldigen, vor allem dafür, wie dumm sie sind, die meinen, alles weitschweifig erklären zu müssen.

Energie saugen muss sich jedoch nicht unbedingt im Gesprächsstil einer Person bemerkbar machen. Sich nach dem Zusammensein mit einem Menschen geschwächt zu fühlen, weist darauf hin, dass wir ihm erlaubt haben, Energie von uns zu ziehen. Da wir ja zu den bewussten Zeitgenossen zählen, lautet die Frage, welchen Beitrag wir dazu leisten, dass uns Energie abgesaugt wird. Zudem dürfen wir in diesem Zusammenhang auch darauf achten, wann und wo wir selbst es sind, die Energie saugen. Auch dies trägt zur Kontaminierung der eigenen Energien bei.

Es ist also wichtig, regelmäßig die Aura zu reinigen und auszugleichen, damit sie stets klar und energiegeladen ist. Ein Aufenthalt in der Natur oder Sport im Freien wirkt auf die Aura reinigend und kräftigend. Wir können auch die Seelen, Wesen oder einfach die Kraft der Bäume oder eines Gewässers bitten, uns bei der Klärung unseres eigenen Feldes behilflich zu sein. Wir erinnern uns: Alles ist belebt und damit beseelt.

Ein weiterer Weg, die Aura zu reinigen, besteht in Licht-Visualisierungen. Physisches Duschen mit Wasser klärt ebenfalls das aurische Feld, wenn die entsprechende Absicht gesetzt wird. Darüber hinaus sind Salzbäder eine hervorragende Methode, den Subtilbereich zu säubern. Meersalz zieht die Verschlackungen aus dem aurischen Feld.

Selbstverständlich kann auch ein Raum energetisch verschmutzt sein. Jeder Raum trägt die positiven wie belastenden Energien seiner Bewohner, Vorbewohner und der Menschen, die dort verkehren. Auch hier ist energetische Reinigung notwendig, um die Lebensqualität zu bewahren und zu erhöhen.

Sie können den Grid »Reinigung« dazu verwenden, Ihre eigene Aura oder die von Orten zu klären. Sie können auch Objekte und Steine mithilfe des Grids reinigen. Legen Sie den Grid dazu in die eine Schlinge der Schleife und das Objekt oder sein Bild in die andere. Sie können auch einen Zettel mit beispielsweise der Aufschrift: »Wohnzimmer von …« hineinlegen.

Seelenverbindung

Die Seele ist ein Mysterium, mit dem sich viele Weise aller Zeiten, nicht erst seit Platon und Aristoteles, auseinandergesetzt haben. Die Seele ist bis in unsere heutige Zeit Hauptaspekt vieler theosophischer und metaphysischer Diskussionen. Natürlich lässt sich dieses Phänomen nicht in wenigen Sätzen abhandeln; im Anhang finden Sie Hinweise auf weiterführende Literatur.[1]

Die Seele spiegelt sich in der gesamten menschlichen Existenz: im Körper, in den Gefühlen, im bewussten Verstand, im Unterbewusst-

Seelenverbindung

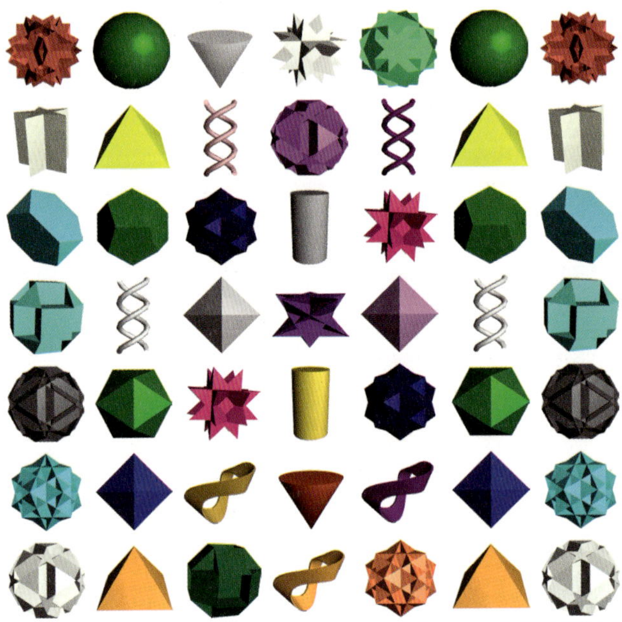

sein, in der Persönlichkeit, in den Talenten und im Geist. Unser komplettes menschliches Sein ist also Ausdruck unserer Seele. Es versteht sich von selbst, dass die Seele darüber hinaus viel mehr als die Summe unserer Teile ist. Es gibt Aspekte der Seele, die weit über unser Vorstellungsvermögen hinausreichen. Natürlich ist die Seele auch Teil und Vertreter göttlichen Bewusstseins. Durch ihre Erfahrungen in verschiedenen Welten, Formen und Seinsbereichen dient sie der weiteren Evolution göttlichen Potenzials. Auf der irdischen Ebene hat die Seele beispielsweise die Möglichkeit, andere Formen der Liebe kennenzulernen, für die ein physischer Körper notwendig ist und bei denen Raum und Zeit eine Rolle spielen. Die Erfahrungen aus diesem Seinsbereich kann sie wiederum dem universellen Bewusstseinsfeld vermitteln. Eine weitere Herausforderung, auf die sich die Seele auf der irdischen Ebene einlässt, ist der Umgang mit Polaritäten. Alle Phänomene der Erdebene gehen mit mehreren konträren Extremen einher, zum Beispiel »kalt« versus »heiß« oder »kühl« versus »warm«. Liebe und Angst sind ein Polaritätenpaar genauso wie Liebe und Hass etc. Die Berührung mit diesen Polen dient ebenfalls dem Wachstum der Seele. Während die eine Seele spüren möchte, wie es ist, vollkommen in den Polaritäten aufzugehen, sich also in ihnen zu verstricken, möchte die andere in einem weiteren Schritt lernen, die Ladung wegzunehmen. Dazu gehört die Erkenntnis, dass alles Konträre derselben Wurzel entstammt. Das heißt, es ist letztlich eins, und jeder Pol bedingt den anderen. Ihre Vereinigung führt zu genau dem Originalzustand von Einheit, dem die Seele entstammt, ist also einem erleuchteten Zustand gleichzusetzen. Weitere Seelenvorhaben bestehen unter anderem darin, Karma aufzulösen und den Seelenvertrag zu erfüllen, also zum Beispiel die Lebensaufgabe.

Da sich unsere Seele in allen unseren Aspekten spiegelt, können wir auch alle unsere Anteile in Betracht ziehen, um bewusst stärker mit ihr in Kontakt zu kommen. Unsere Seele macht sich auf vielerlei Weise bemerkbar. Wenn sich jemand zum Beispiel ein Bein bricht, dann ist die körperliche Ebene das Vehikel, das die Seele benutzt, um zu der Person zu sprechen. Vielleicht will sie ihr mitteilen, dass sie ihren Lebensweg »einrenken« soll oder ein klarer Bruch mit etwas oder jemandem ansteht. Über die emotionale Ebene kommuniziert die Seele mit uns, wenn wir beispielsweise ein bestimmtes Muster immer wiederholen und uns dadurch viel Schmerz zufügen. Eine solche Endlosschleife ist Ausdruck der Seelenabsicht, die Ursache des Themas zu heilen und es schließlich zu überwinden. Wir möchten also aufmerksam beobachten, was in unserem Leben abläuft, wenn wir bewusster in Verbindung mit unserer Seele leben möchten.

Eine der Herausforderungen in diesem Prozess ist, zwischen der Stimme der Seele und der des Ego zu unterscheiden. Der Mystiker Osho bezeichnet das Ego des Menschen als »Ursprung all seiner Probleme, aller Kriege, aller Konflikte, aller Eifersucht und allen Neides, aller Ängste und Depressionen.«[2] Ego kann sehr subtil daherkommen. Es kann sich hinter einem Helfersyndrom bzw. erdrückender Liebe genauso verstecken wie es sich in einem dominant vertretenem Machtanspruch deutlich offenbaren kann. Es ist sinnlos, das Ego zu verteufeln. Es gehört zu unserem Leben, und wir benötigen es für unsere Entwicklung. Dazu müssen wir frei entscheiden können, auf welche Stimme wir hören möchten, auf die des Egos oder auf die der Seele. Mitunter kann das Ego der Seele sogar dabei behilflich sein, ihre Absicht durchzuführen. Wenn es der Seelenvertrag beispielsweise vorsieht, dass eine Person im Mittelpunkt des Geschehens steht, sei es als Schauspieler, Lehrer oder Politiker, die Person aber schüchtern ist und sich lieber im Hintergrund halten möchte, kann das Ego genau die treibende Kraft sein, die die Wende bringt, einen Impuls, es endlich einmal allen zu zeigen, sich an denen zu rächen, die die Person übersehen oder gering geschätzt haben etc. So dient das Ego quasi als Motor, um das Gefährt des Seelenvertrages in Gang zu bringen. Natürlich gehört es zu diesem Prozess, das Ego zu gegebener Zeit höflich wieder auszuladen und den Weg Hand in Hand mit der Seele weiterzugehen. Es ist keine schlechte Idee, dem verteufelten Ego von Zeit zu Zeit für seine Interventionen zu danken, sozusagen, um ihm Ehre zu erweisen, damit es sich nicht so stark auf sich aufmerksam machen muss. »Danke, dass du so gut für mich sorgen willst …«

Wie immer verlangt es Bewusstheit, Aufmerksamkeit und die Rolle des losgelösten Beobachters, um die Zusammenhänge im eigenen Leben erkennen und wahrnehmen zu können, welche Energien beteiligt sind. Sobald ein Urteil über das, was im Gange ist, gefällt wird, ist bereits wieder das Ego im Spiel.

Wenn wir in Verbindung mit unserer Seele sind, dann sind wir auch aufmerksam für ihre Bedürfnisse. Die Seele möchte genährt werden. Alles, was wir im Exzess tun, nährt unsere Seele nicht. Unser physischer Anteil möchte Essen, Sex und Geld und kann dabei durchaus gierig sein. Unsere Seele ruft nach Nahrung, Liebe und Werten. Sie bevorzugt Qualität. Es gibt außer exzessivem Verhalten noch andere Symptome oder Gefühle, die uns zeigen, dass wir uns von unserer Seele entfernt haben, zum Beispiel öde Beziehungen, Sehnsucht nach Intimität, Selbstzweifel, Mangel an Verpflichtung, Freudlosigkeit, etc. Wenn Ihnen an Ihrem Leben etwas besonders missfällt, dann missfällt es auch Ihrer Seele. Indem Sie prokrastinieren,[3] zu viel Wut in sich tragen, zu viel Geld ausgeben, zu wenig lachen, zu wenige Abenteuer erleben, zu wenig spielen, zu viel auf die Meinung der Leute achten oder an alten Verletzungen festhalten, entfernen Sie sich von Ihrer Seele.

Es gibt Orte, an denen sich die Seele am stärksten offenbart. Das sind in erster Linie unsere Sehnsüchte, Talente und Vorlieben. Sich für sie zu öffnen, sie ernst zu nehmen und Wege zu finden, sie zu leben, intensiviert den Seelenkontakt.

Treffen Sie eine einfache und klare Entscheidung: Lassen Sie Ihre Seele das Ruder übernehmen. Sie müssen nicht wissen, »wie man das macht«, die Absicht genügt. Den Rest wird Ihnen Ihre Seele schon zeigen. Halten Sie immer wieder einen Moment inne: Fragen Sie sich: »Was könnte der Wunsch meiner Seele sein?« Notieren Sie es, auch wenn Ihnen die Antwort absurd vorkommt.

Der Grid »Seelenverbindung« soll Ihnen dabei helfen, Ihrer Seele näherzukommen, mit ihr zu kommunizieren und für ihre Absichten empfänglicher zu sein. Sie können ihn auf die übliche Weise benutzen oder um eine stärkere Seelenverbindung zu einem Wesen herzustellen oder zu einem Menschen, der damit einverstanden ist oder zu der Firma, in der sie arbeiten. Vielleicht möchten Sie auch mehr in Verbindung mit der Natur, bestimmten Pflanzen oder Ihrem Krafttier kommen. Legen Sie den Grid in die eine Schlinge des Moebius, in die andere Ihr Bild mit einem Zettel, auf dem beispielsweise »Linde vor meinem Haus« steht.

Selbst-Wertschätzung

Der Selbstwert gehört zu den Grundthemen des Menschen. Mangelnde wie auch überzogene Wertschätzung des Selbst hat mit Urteilen zu tun. Urteile, die man über sich selbst hat, die andere haben, oder von denen man glaubt, andere könnten sie über einen fällen.

Viele kennen die innere Stimme, die sagt: »Jetzt hast du dich aber zu weit aus dem Fenster gelehnt«, »Ich habe kein Recht, eine Gehaltserhöhung zu fordern«, »Lieber schweigen, als etwas Dummes sagen«, »Ich bin nicht gut genug«, »Ich habe es nicht verdient«, »Das

ist nicht für mich, es ist für andere«, »In Gegenwart von Autoritäten halte ich mich lieber zurück.«

Es ist die Stimme des »Ich-bin-schlechter-als-andere«, die sich hier meldet. Sie wird von der Quelle der Angst gespeist. Sie ist Ausdruck der Art und Weise, auf die wir gelernt haben, über uns selbst zu denken und Ausdruck der damit einhergehenden Befürchtung, wie andere über uns denken könnten.

Eine andere Stimme wiederum kann feststellen: »An meiner Autorität lasse ich nicht rütteln«, »Ich muss recht haben«, »Ich weiß besser Bescheid«, »Ich sehe aber besser aus«.

Hier spricht die Stimme »Ich-bin-besser-als-andere«. Auch sie ist eine Formel von Angst. Beide Stimmen entspringen derselben Wurzel und zeugen von mangelndem Selbstwert.

Die Basis dafür, wie wir unseren Wert einschätzen, wird spätestens im Mutterleib gelegt. Unser Selbstwertgefühl hängt davon ab, wie unsere Umwelt auf uns reagiert. Dies spüren wir atmosphärisch bereits als Ungeborene. Wenn man uns freudig erwartet und geduldig, liebevoll und anerkennend mit uns umgeht, dann ist das selbstverständlich ein fruchtbarer Boden dafür, seine eigene Person als wertvoll zu betrachten. Ein Kind, das unerwünscht ist und/oder von klein auf mitgeteilt bekommt, dass es »falsch« ist, sich nicht richtig verhält, stört oder dumm ist, wird sich dementsprechend fühlen und mit diesem Ballast während seines ganzen weiteren Lebens umgehen müssen.

Auf welche Weise wir uns selbst bewerten, kann bereits in unseren Genen begründet liegen, denn sie hat mit dem Selbstwertgefühl der Ahnen zu tun. Mangelnder Selbstwert ist nicht nur eine Einstellung, die sich in Stimmungen und Handlungen niederschlägt, die wiederum als Umweltfaktoren auf die Nachkommen einwirken. Er ist, wenn er von Generation zu Generation weitergereicht worden ist, schon lange in den Genen verankert. Die Themen, auf denen unser emotionaler Fokus liegt, prägen sich in die DNS und werden über sie weitervererbt. Wurde eine Gruppe von Menschen über Jahre und Jahrhunderte verfolgt, dann hat sich auch dies, mit entsprechenden Auswirkungen, in den Genen niedergeschlagen. Ich bemerke immer wieder, dass es Personen aus schwierigen Familienkonstellationen sind, die sich (un-)bewusst entscheiden, solche Muster erlösen zu wollen. Das sind Menschen, denen ihre Heilung ganz besonders am Herzen liegt. Indem diese Personen sich ihrer Entwicklung verpflichten, tragen sie dazu bei, dass ihre gesamte Blutslinie, oder Teile davon, also auch die Ahnen, von altem Ballast befreit werden.

Man muss sich nicht grundsätzlich in allen Bereichen unwert fühlen. Eine Person kann durchaus ein hervorragendes Selbstbewusstsein als mitreißender Redner bei offiziellen Ansprachen haben, im persönlichen Gespräch jedoch schüchtern und zugeknöpft sein. Oder umgekehrt. Unser Gefühl für unseren Wert ist also auch abhängig von verschiedenen Situationen und Lebensbereichen.

Die meisten Menschen definieren ihren Wert in der Regel durch die Einstellung ihrer Umwelt. Sie machen ihn folglich abhängig von ihrem Glauben, wie andere sie beurteilen. Welche Art von Reaktion der Einzelne benötigt, um sich wert zu fühlen, hängt vom Individuum ab. Für manche Menschen ist es besonders wichtig, für ihr Aussehen anerkannt zu werden, andere definieren ihren Selbstwert anhand ihrer beruflichen Erfolge. Wieder andere fühlen sich wert, wenn sie ein gut funktionierendes Familienleben vorweisen können. Diese Voraussetzungen erlauben es ihnen, sich als *liebens-wert* oder *wert-voll* zu empfinden.

Sind diese Bedingungen nicht mehr gegeben, beispielsweise aufgrund von Alterung, Arbeitslosigkeit oder Scheidung, um bei den genannten Beispielen zu bleiben, bröckelt das Fundament. Die britische Psychologin Susan Pinker weist darauf hin, dass »einer von sieben

Männern innerhalb eines halben Jahres nach dem Verlust des Arbeitsplatzes depressiv wird. Weil er sein Selbstwertgefühl verliert.«[1] Das Selbstwertgefühl der Männer hängt im Allgemeinen immer noch mehr als bei Frauen von ihrer beruflichen Aufgabe ab.

Wir machen unseren Wert also von bestimmten Lebensumständen oder Qualitäten oder der Nachfrage abhängig, weil wir glauben, dass diese uns die höchstmögliche Zuwendung bringen. Liebe ist Thema Nummer eins auf dem Planeten Erde, und daher tun wir alles Erdenkliche, um uns geliebt zu fühlen.

Sich selbst wertzuschätzen, heißt, zu sich zu stehen. Das schließt (vermeintliche) Fehler mit ein und ist auch dann noch der Fall, wenn andere Leute eine andere Meinung haben. Eine meiner Klientinnen hat klare Vorstellungen von dem, was sie für sich als angemessen empfindet. Wenn jemand sich jedoch darüber beklagt, weil er ihre Haltung nicht richtig findet, relativiert sie ihre eigene Ansicht umgehend und geht sofort auf die andere Person zu. Ihr Fundament wird schwach. Das kleine zurechtgewiesene Mädchen in ihr übernimmt die Oberhand und schämt sich für seine »Anmaßungen« und seinen Egoismus.

Ein gesunder Selbstwert benötigt wenig Bestätigung von außen. Er beruht auf dem tiefen Vertrauen: »Ich bin ein wertvoller Mensch so, wie ich bin. Ich bin in Ordnung so, wie ich bin. Wenn ich etwas möchte, dann kann ich es erreichen. Ich lasse mich bei der Umsetzung meiner Ziele nicht davon beeinflussen, was andere von mir denken. Ich finde heraus, ob ich mein eigenes Leben lebe, oder nach den Vorstellungen der Gesellschaft oder denen meiner Eltern. Ich achte bewusst darauf, ob ich mich oder andere verurteile. Ich kann andere Menschen so lassen, wie sie sind, ohne mich bedroht zu fühlen. Ich setze die Maßstäbe für mein Leben. Ich gehe gut mit mir um und sorge für meine Bedürfnisse. Ich übernehme mich nicht durch ständiges Überarbeiten und schade mir auch nicht durch andere Dauerexzesse. Ich höre sehr gut auf das, was andere mir zu sagen haben. Wenn ich es als für mich sinnvoll empfinde, dann befolge ich es, wenn nicht, dann gehe ich einen anderen Weg. Wenn ein Weg nicht »funktioniert«, dann habe ich viele weitere Möglichkeiten. Mein Wert hängt nicht von meiner Aufgabe ab. Ich muss nicht von jedermann gemocht werden. Ich achte den Wert anderer Menschen und muss sie nicht kleinmachen. Ich bin dankbar für mein Leben …«

Es versteht sich von selbst, dass ein Mensch mit gesundem Selbstwert freier, unabhängiger und flexibler in seinem Handeln ist. Er kann seine Ideen besser wahrnehmen, weil er offener für die eigenen Einfälle ist als eine Person, die jeden ihrer Gedanken kritisiert, hinterfragt und als zu belanglos ablegt. Ein Mensch, der sich selbst wertschätzt, kann sein Potenzial schneller, unkonventioneller und erfolgreicher umsetzen. Er steht zu sich und geht das Risiko ein, Fehler zu machen. Er ist in der Lage, andere Menschen zu schätzen, auch wenn sie einen anderen Weg gehen.

Niemand wird sich zu 100 % wertschätzen. Dann wäre höchstwahrscheinlich die Inkarnation beendet – sozusagen erfolgreich abgeschlossen. Der Grid »Selbst-Wertschätzung« ist dafür gedacht, den Prozess des Sich-Selbst-Wertschätzens anzuregen und mehr ins Bewusstsein zu bringen. Es kann zu Aha-Erlebnissen kommen, wenn Sie feststellen, in welchen Bereichen Ihres Lebens es bisher an Wertschätzung gemangelt hat. Vielleicht kommt auch ein Wunsch an die Oberfläche, den Sie bisher erfolgreich als »unrealisierbar« unterdrückt haben. Vielleicht treten Sie mehr für sich ein. Seien Sie aufmerksam, auch auf subtile Veränderungen in Ihrem Leben.

Sicheres Heim

Wir Menschen haben ein starkes Bedürfnis nach Schutz und Sicherheit. Je mehr wir in uns selbst vertrauen, in unsere innere Führung, in unsere Verbundenheit mit Erde und Schöpfung, desto sicherer können wir uns fühlen. Wir müssen unsere Sicherheit dann nicht von expliziten Schutzmaßnahmen abhängig machen. Wenn wir Energie dazu aufwenden, uns bedroht zu fühlen und uns immer wieder genötigt sehen, uns zu schützen, errichten wir auf der anderen Seite auch ungesunde Grenzen. Eine »Gegen«-Einstellung fokussiert auf das, was wir nicht möchten, und kreiert nach dem Gesetz der Resonanz mehr davon. Je stärker wir uns also auf Bedrohung konzentrieren, desto eher ziehen wir sie an – denn unsere Gedanken kreieren unsere Realität.

Aus diesem Grunde verzichten die Curanderos gern auf Schutz. Sie meinen, geschützt seien wir dann, wenn wir vollkommen zentriert sind, also bewusst und dauerhaft mit Erde und Schöpfung verbunden und gleichzeitig im Jetzt präsent. Das gelingt momentan noch den wenigsten Leuten. Insofern ist es verständlich, dass das Bedürfnis nach Schutz groß ist.

Es gibt viele Maßnahmen, gesunde Grenzen für sich und sein Heim zu setzen. Sie können beispielsweise jederzeit Engelsenergien darum bitten, Ihr Haus zu behüten. Mit diesen können Sie sich natürlich auch selbst umgeben.

Betrachten Sie den Grid »Sicheres Heim« als eine weitere Variation zum Thema »Gesunde Grenzen«. Sie können ihn für sich selbst oder für Ihr Heim benutzen. Legen Sie ihn in eine Schleife des Moebius, in die andere die Adresse Ihrer Wohnung. Sie können ihn aber auch benutzen, wenn Sie sich an einem anderen Ort sicher und aufgehoben fühlen möchten. Seien Sie, wie immer, kreativ in der Anwendungsweise.

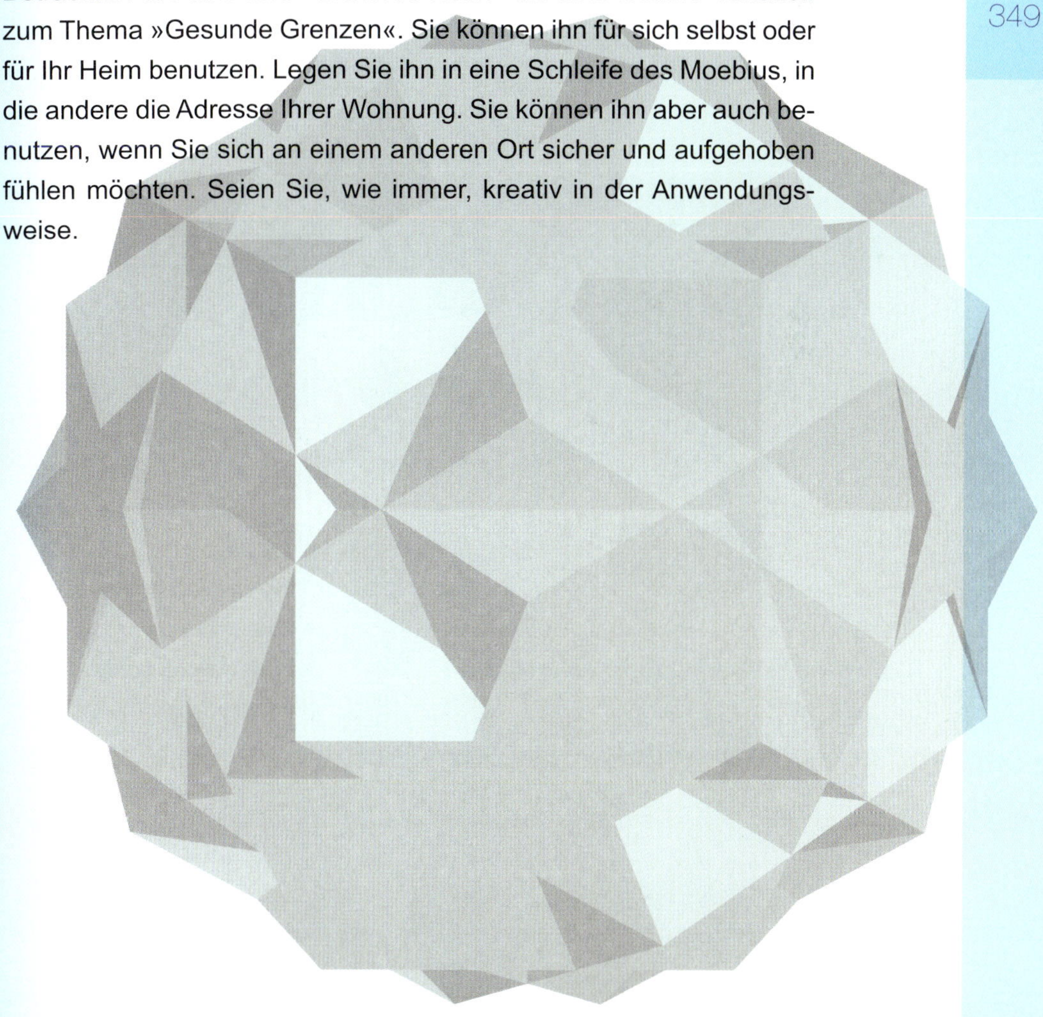

Trauerverarbeitung

Der Verlust eines geliebten Menschen oder eines Tieres geht mit Trauer einher. Wir können aber auch über das Ende eines Lebensabschnitts oder eines schönen Urlaubs trauern. Der Verlust eines Gegenstandes, des Jobs oder von Besitz kann ebenso mit Trauer verbunden sein. Trauer gehört zum Leben. Wir müssen während des ganzen Lebens immer wieder Abschied nehmen.

Die vertrauten Menschen um uns herum vermitteln uns den Eindruck von Sicherheit und Geborgenheit. Auch die Umgebung, in der wir leben und die Dinge, die wir besitzen, tragen dazu bei, dass wir

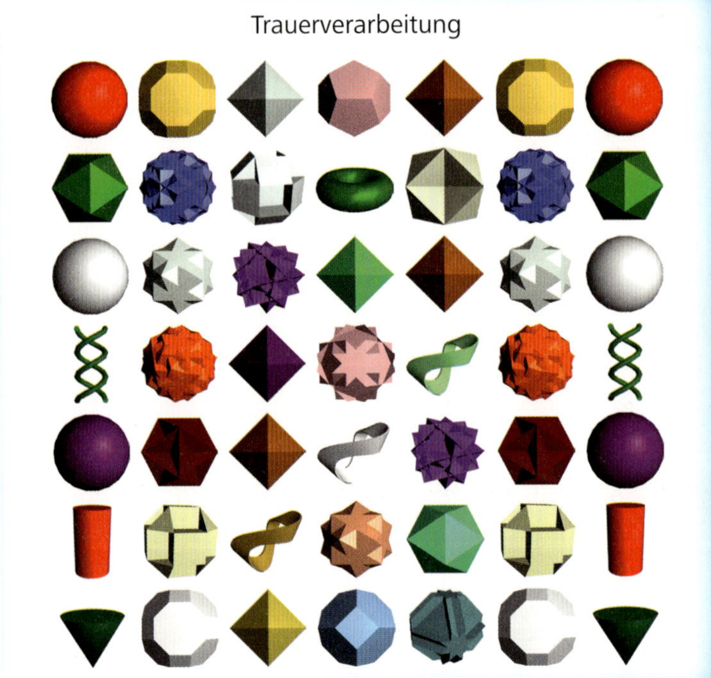

uns geborgen fühlen. Sogar unsere ungeliebten Muster geben uns ein Gefühl von Vertrautheit, weil sie uns eine Art Identität vermitteln. Wenn wir etwas im Leben verlieren, was uns wichtig ist, werden wir uns unserer Verletzlichkeit und der Tatsache bewusst, dass alles in steter Veränderung begriffen und auf der physischen Ebene endlich ist. Nichts kann uns vor Verlust schützen. Der einzige »Schutz« davor besteht in der Bereitschaft, Veränderung zu akzeptieren und daran zu wachsen.

Es ist natürlich und wichtig, über einen großen Verlust zu trauern, zum Beispiel den Tod eines geliebten Menschen. Dieser Prozess führt durch extreme Gefühle und Empfindungen wie Sehnsucht, Verzweiflung, Wut und Entfremdung von der Umwelt. Die eigene Leistung in diesem Ablauf besteht, wie der Sterbeforscher Bernard Jacoby sagt, letztlich darin, zur Akzeptanz des Todes zu gelangen.[1]

Im Folgenden sind, in Anlehnung an die Erkenntnisse der Sterbeforscherin Elisabeth Kübler-Ross,[2] vier verschiedene Phasen beschrieben, die Teil eines Trauerprozesses sind:

1) Verleugnen
Verleugnung des Unabänderlichen

2) Chaotische Emotionen
Zum Beispiel Schmerz, Zorn, Wut, Schuld

3) Erinnern, Loslassen
Das gemeinsame Leben wird noch einmal durchlebt. Schließlich erklärt man sich mit dem Verlust einverstanden.

4) Ein neuer Bezug zu sich selbst und der Welt
Der Betroffene, der sich von der Welt zurückgezogen hat, bewegt sich auf andere zu.

Alle Phasen, besonders die Phasen 2–4, können sich immer wieder miteinander vermischen. Diese vier Stufen des Trauerprozesses lassen sich auch auf andere Erfahrungen von Verlust übertragen, zum Beispiel den Verlust der Arbeitsstelle oder den Verlust eines Partners aufgrund einer Trennung. Wenn die Akzeptanz des Unabänderlichen schließlich mit Liebe und Vergebung einhergehen kann, ist ein großer Wachstumsprozess erfolgreich abgeschlossen.

Wenn Kinder sich früh für immer von einem Elternteil verabschieden müssen und nicht die notwendige Unterstützung in ihrem Trauerprozess erfahren, ist es mehr als wahrscheinlich, dass keine wirkliche Ablösung erfolgen kann. Die unerlöste Trauer hinterlässt während des weiteren Lebens tiefe Spuren. Ein kleines Mädchen beispielsweise, das seinen Vater früh verloren hat, könnte sich in späteren Lebensphasen immer wieder, in verschiedenen Variationen, einer Verlustsituation aussetzen. Sie wird sich also in Männer verlieben, die sie verlassen oder, im Falle, dass der jeweilige Mann es nicht tut, wird sie diejenige sein, die sich trennt. Begleitet wird das jeweilige Drama von Gefühlen tiefer Verzweiflung und Wertlosigkeit. Dieser zermürbende Teufelskreis funktioniert so lange, bis er, auf welche Art auch immer, erlöst werden und die Frau ihren Vater und all ihre mit seinem Tod zusammenhängenden blockierenden Emotionen loslassen kann.

Der Grid »Trauerverarbeitung« soll Sie in einem Prozess von schmerzhaftem Verlust und Trauer unterstützen und stärken. Verwenden Sie ihn mit anderen Grids gemeinsam oder abwechselnd, wie zum Beispiel »Entstressung«, »Herzenskraft« oder »Liebe«. Sie können ihn auch für einen schon länger zurückliegenden schwerwiegenden Verlust einsetzen. Dann legen Sie den Grid in die eine Schleife des Moebius, in die andere Ihr Bild mit einem Zettel darüber, auf dem beispielsweise »Vater« steht.

Verbindung mit der Schöpfung

Unsere Verbindungen zu Erde (Wurzelchakra) und Schöpfung (Kronenchakra) sind unsere Lebensanker. Sie sind die Kanäle, die uns mit den Kräften von Erde und Geist versorgen. Wenn die Ausrichtung stark ist, dann fühlen wir uns sicher und den Erfordernissen des Lebens gewachsen; wir vertrauen und haben Zugang zur Weisheit unserer Seele. Oft sind die Verbindungen mit Erde und Geist jedoch geschwächt. Der erste Schritt zu ihrer Stärkung ist der, sie sich immer wieder ins Bewusstsein zu rufen. Über die Erdverbindung wurde bereits im Kapitel »Erdung« gesprochen.

Wenn wir morgens aufstehen, das Zahnputzglas fallen lassen, uns den Zeh am Stuhl stoßen und zu guter Letzt die Tram verpassen, sind wir »aus der Verbindung gefallen«. Das heißt, unsere Verbindung ist geschwächt. In dem Moment, in dem wir uns das klarmachen und die Absicht setzen, uns rückzuverbinden, können wir sie wieder stärken und auf diese Weise weitere mehr oder weniger große Störungen verhindern.

Es ist ebenfalls ein Zeichen mangelnder Verbindung, wenn wir uns in »neutralen« oder »beliebigen« Zuständen aufhalten, also in einer unbewussten, geistesabwesenden Verfassung sind.[1] Dies ist in der Regel unser gängiges Befinden.

Auch wenn jemand ein ungesundes Muster bedient, »fällt er/sie aus der Verbindung«. Das kann sich beispielsweise so äußern:

- Sie bekommen einen Brief vom Finanzamt und essen eine Tafel Schokolade.
- Der Chef rügt Sie, und Sie gehen einkaufen und geben zu viel Geld aus.
- Jemand macht dubiose Andeutungen, und Sie werden nervös und fühlen sich hilflos.
- Sie möchten in einer Angelegenheit unbedingt recht haben. (Dies kann auch ein unbewusstes Rechthaben betreffen, zum Beispiel der verborgene Glaube »Wir sind heutzutage so vielen Allergenen ausgeliefert, also muss ich eine Allergie haben.«)

Oft bemerken wir sogar, dass wir gerade dabei sind, wieder in ein altes Muster zu verfallen, könnten uns also »umentscheiden«, uns anders verhalten, tun es aber nicht. Das heißt, wir geben dem Muster die Macht. Das mindert unsere Verbindung, und gleichzeitig ist es auch Ausdruck einer bereits geschwächten Ausrichtung.

Ein ungesundes Muster beruht auf unerlösten, oft verschütteten Emotionen. In dem Moment, in dem wir in übermäßige Emotionen verfallen wie große Angst, Wut, Zweifel oder Verzweiflung, ist unsere Verbindung geschwächt. Das heißt nicht, dass man Gefühle unterdrücken soll. Die ganze Bandbreite von möglichen Gefühlen gehört zum menschlichen Leben. Wenn wir den Emotionen aber die Zügel überlassen und, zum Beispiel aus Angst, zu versagen, jede Veränderung scheuen, aus Zweifel über unsere Fähigkeiten feststecken oder durch unkontrollierte Wutausbrüche unsere Beziehungen zunichtemachen, dann sind sie beeinträchtigend und Ausdruck eines alten verborgenen Traumas. In diesem Zusammenhang sei bemerkt, dass »Trauma« für jeden etwas anderes bedeutet. Für eine Person ist es der Missbrauch, für die andere ein Mückenstich. Es kommt immer darauf an, wie der Einzelne die auslösende Situation empfindet und interpretiert.

Je mehr wir unsere Emotionen und/oder deren Ursachen geheilt haben, umso einfacher ist es, die Verbindung zum Geist kraftvoll und dauerhaft herzustellen. Wir sind wacher und können uns aufmerksamer beobachten. Wenn wir wieder einmal bemerken, dass wir dabei sind, zum scheinbar »machtlosen Opfer« unserer eigenen Muster und Wahnvorstellungen zu werden, dann vermögen wir diesmal wirklich, eine neue, gesündere Entscheidung zu treffen. Dies stärkt wiederum unsere Verbindung. In Verbindung zu sein, heißt, bewusst zu sein und dadurch rechtzeitig zu erkennen, wann wir als »Opfer« eigener, ungesunder Glaubenssysteme und Verhaltensweisen agieren.

Es ist laufendes Thema dieses Buches, dass wir alle Ausdruck von Gott, der höchsten Macht oder der Schöpfung sind. Wir sind machtvolle Schöpfer unseres Lebens. Wir besitzen die Macht, unser Leben zu kreieren. In dem Moment, in dem schwächende Gedanken, Gefühle und Aktionen unser Leben bestimmen, haben wir die Macht abgegeben und sind »aus der Verbindung gefallen«. Wir glauben, solche Zustände seien unsere Wahrheit. Spirituelle Weltanschauung hingegen bezeichnet sie als Illusion. Macht ist unsere Wahrheit.[2] Die starke Verbindung mit der Schöpfung ist die Nabelschnur zu unserer eigenen Macht und Göttlichkeit.

»In Verbindung gehen« nennt man den Vorgang absichtsvoller Ausrichtung auf die Schöpfung. Gemeinsam mit der Erdverwurzelung ist dies für einen Heiler während einer Behandlung besonders wichtig, weil er sie in die Lage versetzt, zentriert arbeiten zu können. Gleichzeitig erlaubt die Verbindung den Energien des Geistes, die Führung zu übernehmen. Der Heiler ist überdies durch die Kräfte der beiden Felder gestärkt. Er kann sie darüber hinaus zu Hilfe rufen, damit sie den Heilraum und alle dort befindlichen Wesen von frei werdenden energetischen Schlacken befreien.

Aber nicht nur Heiler sollten eine bewusste Verbindung anstreben. Jeder Mensch, der in allen Bereichen seines Lebens in seiner Kraft sein möchte, ist gut beraten, seine Antennen kontinuierlich immer wieder auf den Geist auszurichten. Meditationen, Gebete, Rituale oder das Aufsagen von Mantras helfen dabei.

Um verbunden zu sein, muss man aber nicht einmal spirituell sein. Es gibt exzellent verbundene »unspirituelle« Leute. Sie sind unter Menschen zu finden, die ein gutes Selbstwertgefühl haben, ein liebevolles Herz und persönliche und ethische Ziele, denen sie verpflichtet sind.

Der Grid »Verbindung mit dem Geist« dient Ihnen dazu, Ihre Verbindung auszurichten, zu stärken oder/und beiseitezuräumen, was dem im Wege steht. Legen Sie Ihr Bild in die eine Schleife des Moebius, in die andere den Grid.

Sie können den Grid auch benutzen, wenn ein Wesen oder eine Pflanze krank ist und Sie die Verbindung dieses Wesens stärken möchten, um den Heilvorgang zu beschleunigen. Dann legen Sie in die andere Seite der Schlaufe das Bild oder den Namen des Wesens. Sie können mit diesem Grid auch ein Projekt mit den Kräften der Schöpfung verbinden.

Vergebung

Es gibt gesellschaftliche Erwartungen, wie Menschen sich zu verhalten haben, damit sie einigermaßen gut miteinander auskommen. Diese Erwartungen sind in den Gesetzen der Länder niedergelegt. Die zehn Gebote und die universellen Gesetze verkörpern die Gesetze der Schöpfung, die nicht nur den Weg weisen, wie der Einzelne ein effektives und harmonisches Leben führen kann, sondern auch, wie alle miteinander existieren oder, besser noch, ko-kreieren können.

Ebenso hat jeder einzelne Mensch bestimmte Erwartungen, wie sich andere ihm gegenüber zu verhalten haben. Was für den einen wichtig

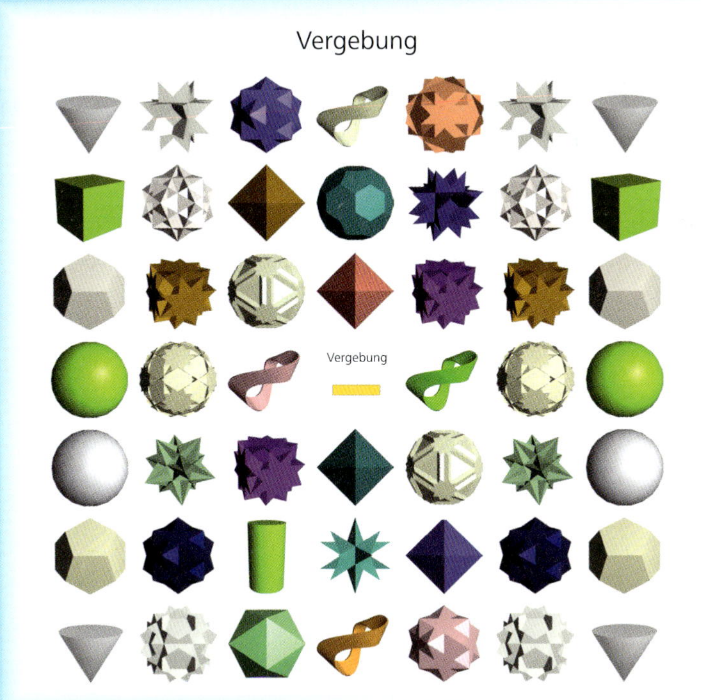

ist, ist für den anderen unbedeutend. Zum Beispiel: Eine Person mag nicht, wenn jemand zu spät kommt, die andere freut sich über gewonnene Zeit, während der sie die Zeitung lesen kann. Viele dieser Erwartungen decken sich allerdings mit den gesellschaftlichen Vorstellungen, zum Beispiel denen, nicht verletzt, betrogen oder getötet werden zu wollen.

Wenn den persönlichen Erwartungen nicht entsprochen wird, zum Beispiel der Erwartung, dass der Ehemann auf seiner Geschäftsreise dreimal am Tag zu Hause anruft, dann kommt es zu Enttäuschung, Verletztheit, Wut, Angst, Vorwürfen, Beschuldigungen etc.

Um den »Erwartungs-Erfüllungs-Stress« zu reduzieren, ist es sinnvoll, sich zu fragen, ob man sich von bestimmten Vorstellungen lösen kann. Große Anforderungen, wie die Dinge sein sollten, führen natürlich auch zu erhöhtem Stress – nicht erst dann, wenn sie sich wirklich anders als erwünscht entfalten, sondern bereits durch die Sorge, dass sich die Erwartung womöglich wirklich nicht erfüllen könnte. Eine andere Möglichkeit, mit dem Druck umzugehen, wäre schlichtweg die, insgesamt entspannter zu sein.

Vergebung ist eine weitere – und sogar die wichtigste – Art, Emotionen zu entzerren, die durch das Verhalten eines anderen Menschen ausgelöst wurden. Wir können Rachegedanken haben, hassen, grollen, verbittert sein über die Menschen im Allgemeinen, konkrete Personen im Besonderen und das Leben an sich. Mit diesen zerstörerischen schweren Energien schaden wir uns jedoch selbst und belasten unser weiteres Leben. Daher dient der Akt der Vergebung nicht der Befreiung anderer von der Verantwortung für ihr Tun, sondern vor allem der Erlösung von eigenen, bitteren und letztlich krankmachenden, »kränkenden« Gefühlen. Vergebung bedeutet ergo nicht, eine Tat zu entschuldigen, sondern ihre Auswirkungen, ihre emotionalen Konsequenzen, zu *ver-geben*, also wegzugeben.

Vergebung wird in vielen spirituellen Ratgebern angemahnt. Das ist oft leichter geschrieben als getan. Wenn jemand nicht vergeben kann, dann kann er nicht vergeben. Vergebung funktioniert nicht durch eine Willenserklärung. Sie steht am Ende eines kürzeren oder längeren Prozesses, der den Raum bereitet, um Vergebung möglich zu machen. Wenn ein Kind missbraucht wurde, wenn Eltern ihres Kindes beraubt wurden etc., dann ist es verständlich, dass es unendlich schwer sein kann, zu vergeben. Es bedarf tiefer Heilung, um den Mut, den Willen, die Liebe und das Vertrauen aufzubringen, diese Entscheidung nicht nur als Absichtserklärung ins Leere laufen zu lassen, sondern wirklich auf jeder Ebene loszulassen.

Oft sind wir es allerdings selbst, denen wir am wenigsten vergeben können. Wir vergeben uns nicht, dass wir in diesem mittelmäßigen Umfeld aufgewachsen sind, wir vergeben uns unsere Schattenseiten wie Lügen, Überheblichkeit, Neid oder Gier nicht; wir vergeben uns nicht, was wir vor neun Jahren zu unserem Vater gesagt haben; Vergewaltigungsopfer vergeben sich nicht, dass sie missbraucht wurden etc. Für unseren persönlichen Frieden ist es jedoch notwendig, dass wir uns selbst, ebenso wie anderen, vergeben können, um uns von den zerstörerischen Emotionen wie Wut, Schuld und Scham, die die (un-)bewussten Vorwürfe mit sich bringen, zu befreien.

Vielen Leuten ist gar nicht klar, dass Sie sich selbst etwas nicht vergeben. Es gilt also zunächst einmal, herauszufinden, was das sein könnte. Das heißt, sich einmal mehr für den eigenen ungeliebten Schatten zu öffnen und tief zu graben. Um ein Beispiel zu nennen: Es gibt Menschen, die zu sogenannter »falscher Bescheidenheit« neigen. Sie geben vor, wenige oder keine Wünsche zu haben und/oder lassen anderen großzügig den Vortritt. Damit kommen sie in der Regel auch gut an, weil sie niemandem den Platz streitig machen. Die missbilligte Eigenschaft, die dahintersteckt und die sich solche Menschen zum Beispiel nicht vergeben könnten, wenn sie ihnen bewusst wäre, ist Gier.

Selbstvergebung hat also wieder einmal mit Akzeptanz zu tun, einem liebevollen Umgang mit sich selbst. Die meisten von uns wollen »gute Menschen« sein, anständige Leute, die die »Berechtigung« haben, mit sich im Reinen zu sein. Daher dürfen ungeliebte Gefühle nicht wahrgenommen werden. Wir werden aber nicht zu »sauberen« Menschen, wenn wir uns nicht erlauben, unseren Schatten wahrzuhaben. Schattengefühle entstehen vor allem dann, wenn wir es bereits vermeiden, unsere natürlichen Gefühle zu spüren und zu akzeptieren. Nach Elisabeth Kübler-Ross gibt es fünf natürliche, gesunde Grundgefühle: Trauer, Neid, Wut, Angst und Liebe.[1] Wenn diese nicht erlaubt werden, entstehen Gefühlsverzerrungen, die Auslöser für schwere Blockaden sind.

Quantensprünge in der Entwicklung sind dann möglich, wenn wir mit möglichst vielen unserer bislang ungeliebten Seiten freundschaftlich eins werden. Es kann passieren, dass Leute, die auf ihrem spirituellen Weg sind, zu einem Punkt kommen, an dem sie glauben, nun habe sich alles zum Besten gelöst. Gerade dann passieren oft unvorhergesehene Zusammenbrüche. Ein Grund dafür liegt meist darin, dass sie sich Illusionen hingegeben haben, weil sie ihren Schatten verdrängt haben.

Der Grid »Vergebung« soll Ihnen eine Hilfe dabei sein, sich und anderen vergeben zu können. Benutzen Sie ihn in seiner allgemeinen Funktion oder beispielsweise, um sich selbst für etwas Bestimmtes vergeben zu können, zum Beispiel für Gier, die sich, wie wir wissen, auch in unangemessenem Essverhalten niederschlägt. Legen Sie den Grid in die eine Schleife des Moebius, in die andere Ihr Bild mit einem Zettel, auf dem »Gier« steht. Denken Sie auch daran, dass ein weiterer Grid in diesem Prozess hilfreich sein kann, zum Beispiel der für »Selbstliebe«. Denken Sie auch immer an die Gemeinschaft.

Verpflichtung

Verpflichtung ist ein »Anti-Wort« in unserer Gesellschaft. Im Deutschen klingt das Wort durch die »Pflicht« noch bedrohlicher als das englische Pendant »Commitment«. Englisch Sprechende verknüpfen aber auch mit diesem Ausdruck wenig angenehme Empfindungen. Der indische Guru Siva Baba legt indes ungerührt den Finger in die Wunde: »Wir verpflichten uns dazu, uns nicht zu verpflichten«.[1] »Verpflichtung« und »Disziplin« sind von Kindheit und Schulzeiten her Reizworte.

Klare Absicht und Verpflichtung sind jedoch die Basis für unsere Entwicklung auf jeder Ebene. Wenn wir den spirituellen Weg einschlagen,

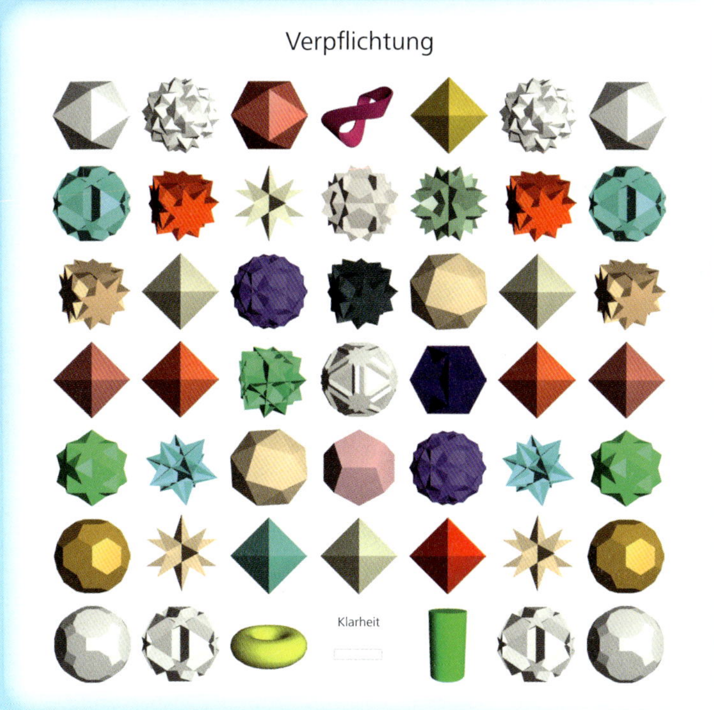

hatten wir uns irgendwann dazu verpflichtet, uns auf ihn zu begeben. Das muss nicht unbedingt ein bewusster Beschluss gewesen sein, denn unsere Seele hat uns geführt. Die Seele ist dem Weg, den sie gehen will, immer verpflichtet. Ihre oft schwere Arbeit ist es, uns ihre Absichten durch den Wall unserer Ängste hindurch zu verdeutlichen.

Bedingungslose Verpflichtung ist auch oft deswegen so schwierig, weil anderweitige Verpflichtungen, die uns nicht mehr bewusst sind, sie verhindern. Vielleicht hat sich eine Person dazu verpflichtet, in den nächsten zwei Jahren eine an internationalen Bühnen tätige und somit erfolgreiche Opernsängerin zu sein. Sie setzt die klare Absicht und verpflichtet sich diesem Ziel. Sie hat Talent, sie arbeitet an ihrer Stimme, nimmt Gesangsunterricht bei den besten Lehrern, bewirbt sich, arbeitet mit ihren Gedanken und Emotionen. Die Verpflichtung, die das Ziel jedoch boykottiert bzw. sein Erreichen verlangsamt, kann eine unbewusst getroffene entmächtigende Entscheidung sein: »Mutter wollte auch Sängerin werden, aber sie hatte nicht die Möglichkeit dazu. Ich will sie nicht verletzen.«

Störfaktoren, die das Vorhaben untergraben können, sind auch gegenteilige Verpflichtungen aus einem Vorleben, zum Beispiel Schwüre. Ein Armutsgelübde etwa, aus einem Leben, in dem man einem Orden angehörte, für welchen dieser Akt als Demutsbeweis gegenüber Gott zwingend war. Im jetzigen Dasein jedoch erschwert dieses alte, nicht mehr in der Erinnerung präsente Gelübde, den Versuch, den notwendigen Lebensunterhalt mit mehr Leichtigkeit zu generieren.

Es ist wichtig, diese alten Verpflichtungen aufzudecken und zu erlösen. Nach einer unglücklichen Beziehung (in diesem Leben) verpflichtet sich eine Person vielleicht (un-)bewusst dazu, niemals mehr einem Mann oder einer Frau zu vertrauen. Je stärker die Emotion dahinter ist, desto größer ist die Bannkraft einer solchen Entscheidung. Die Folge ist eine stete Suche und die Verwunderung darüber, dass diese erfolglos bleibt.

Verpflichtung ist vor allem eine Abmachung mit sich selbst. Sie soll dem eigenen Heil und Wachstum dienen. Wie oft haben Sie etwas begonnen und es nicht zu Ende geführt oder es immer wieder untergraben? Eine Diät, ein Projekt, eine neue Freundschaft, eine Beziehung? Verpflichtung bedeutet allerdings nicht, zwangsläufig immer alles zu Ende führen zu müssen. Vielleicht merken wir mitten auf der Strecke, dass wir in die falsche Richtung gegangen sind; warum sie nicht ändern? Womöglich passt eine Diät nicht mehr zu dem Weg, den wir gehen wollen. Oder es wird klar, dass das Projekt, das wir begonnen haben, nichts mit uns zu tun hat, sondern mit den Wünschen unserer Eltern. Warum sollte man es dann nicht aufgeben?

Schlimm ist das Aufgeben einer Absicht dann, wenn jemand aus reiner Emotion heraus ein Tier aufnimmt, um dann festzustellen, dass er nicht bereit ist, sich zu verpflichten, weil es Zeit, Kraft und Geld kostet. Es versteht sich auch, dass man für nicht eingehaltene Versprechen, die man einem Kind gibt, in der Verantwortung ist.

Oft genug aber verpflichten wir uns nicht unseren Herzenswünschen, also dem Weg unserer Seele, weil es uns ausgeschlossen erscheint, sie realisieren zu können. Vielleicht empfindet man es auch als zu mühsam, viel Energie aufzuwenden, um etwas zu erreichen. Viele Menschen haben Träume, aber diese Träume bleiben in nebulösen Vorstadien stecken. Es soll wie von selbst gehen. Fernsehen, Cocktails und Small Talk sind die Formen der Bequemlichkeit, die sich angenehmer anfühlen, als sich einem Projekt zu verpflichten. Betrachtet man allerdings Menschen, die Maßstäbe setzen, wird man feststellen, dass sie zu 100 % verpflichtet sind. Wenn ein Wissenschaftler seinen Forschungen verbunden ist, dann wird er herzlich wenig darauf achten, wie viele Stunden er in sterilen, künstlich beleuchteten, ungemütlichen Laboren verbringt und am Ende eine Soap verpasst. Viele erfolgreiche Schriftsteller schreiben nicht dann, »wenn sie die Muse küsst«, sondern setzen sich zu festgelegten Zeiten an den Schreibtisch. In diesem Zusammenhang ist auch die Untersuchung der amerikanischen Wissenschaftlerin Ellen Winner interessant: Sie beobachtete chinesische Schüler, die sich im ersten Schuljahr für eine künstlerische Tätigkeit entscheiden mussten, entweder für Kalligrafie oder für Malerei. Die gewählte Tätigkeit musste sechs Jahre lang intensiv betrieben werden, ohne Widerreden, ohne Aufgeben. Nach dieser Zeit befragte sie den Lehrer, was passiert ist, wenn ein Kind die Lust verlor oder lieber etwas anderes machen wollte. Er sagte: »Das ist niemals passiert.« Die Kinder selbst waren durchweg glücklich mit ihrer Wahl.[2] Die Konsequenz aus einem verpflichteten Verhalten ist also »Empathie«.[3] Konsequentes Üben bringt Meisterschaft, und damit wächst die Begeisterung. Begeisterung ist Lebendigkeit.

Wir tendieren dazu, unsere Energien zu zerstreuen. Es fällt uns schwer, uns klar auszurichten. Für manche Menschen besteht der Hinderungsfaktor obendrein in der ihnen ebenfalls kaum bewussten Sorge, wichtige Dinge wegen der starken Konzentration auf ein spezielles Vorhaben zu übersehen. Wahrscheinlich gehört das zu unseren archaischen Urängsten. Wir müssen uns vergewissern, dass alles in Ordnung ist. Es gibt Seminarleiter, die den Teilnehmern ans Herz legen, nicht mit »Zuhause« zu telefonieren, während sie für eine Woche einem Kurs beiwohnen. Das hält kaum jemand durch. Wir müssen uns versichern, dass wir nicht verlassen wurden, dass jemand an uns denkt, dass zu Hause alles gut läuft usw. Ich erlebte auch einmal eine Frau völlig aufgelöst, weil sie ihre 30-jährige Tochter an Silvester nicht telefonisch erreichen konnte. Das Ziel der Dame war, so nehme ich an, sich auf der Silvesterparty zu amüsieren. Es war aber von dem Moment an begraben, ab dem ihre Tochter unauffindbar war. Ein unwichtiges, harmloses Beispiel? Im größeren Zusammenhang kann es sich so präsentieren: Man bekommt eine lang ersehnte, fantastische berufliche Chance in einer fernen Stadt, und nimmt sie nicht an, weil man Angst hat, allein zu sein, weil sich alle Freunde und Kontakte im Heimatort befinden.

Zur wahllosen Verteilung von Energien gehört auch, dass wir die Sportschau nicht missen wollen oder lieber putzen, als die Seminararbeit zu schreiben. Auch hier ist die treibende Kraft: Angst. Wenn wir uns darüber klar werden, auf wie vielen Wegen und warum wir unsere Kraft verpulvern, können wir uns dazu verpflichten, sie zu bündeln und sie für unsere wahren Interessen zu nutzen. Davor steht die Entscheidung, sich der Angst zu stellen.[4]

Der Grid »Verpflichtung« dient dazu, sich zu verpflichten: sich selbst gegenüber, einem Projekt, dem eigenen Wachstum … Sie können ihn in die eine Hälfte der Schlinge legen, in die andere Ihr Bild.

Sie können aber auch spezifischer werden und »Pünktlichkeit« oder »Fertigstellung der Bilder für Ausstellung bis XY« auf einen Zettel schreiben. Diesen Zettel legen Sie über Ihr Bild.

Denken Sie in diesem Zusammenhang auch an andere Grids, zum Beispiel »In die Gänge kommen« oder »Erlaubnis«.

Vertrauen

Sicherheit ist ein Grundbedürfnis von uns Menschen. Wir sind verletzliche Wesen. Unser Körper ist empfindlich und unser Geist ist es auch. Daher möchten wir uns geschützt und aufgehoben fühlen. Viele Kinder wachsen mit dem Gefühl auf, dass die Welt kein sicherer Ort ist. Vielleicht waren sie nicht erwünscht, womöglich haben die Eltern sogar über eine Abtreibung nachgedacht. Vielleicht haben sie ihnen vermittelt, wie schwierig und gefährlich das Leben ist und dass man sich auf andere nicht verlassen kann. Vielleicht haben sie sich durch gebrochene Versprechungen selbst als nicht vertrauenswürdig offenbart.

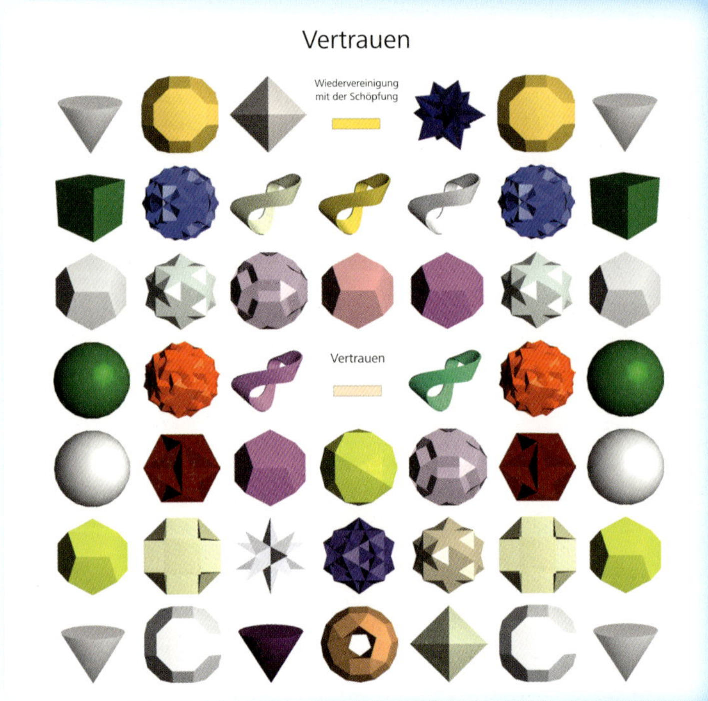

Um uns sicher fühlen zu können, brauchen wir Vertrauen. Vertrauen ins Leben, die Zuversicht, dass sich alles zum Besten entfaltet, dass die Dinge sich fügen. Eine andere Variante des Vertrauens ist das *Selbst-Vertrauen*. Die Gewissheit in die eigene Kraft, die Gewissheit, Einfluss nehmen und unsere Aufgaben und Herausforderungen bewältigen zu können. Menschen, die wichtige Angelegenheiten immer wieder vor sich herschieben, verlieren das Vertrauen in sich selbst. Höchstwahrscheinlich ist das Prokrastinieren[1] bereits Folge von mangelndem Selbstvertrauen, und so befindet man sich mitten im Teufelskreis. Wenn die Befürchtung besteht, sich selbst nicht trauen zu können, wird der Gang durchs Leben zum Eiertanz: »Kann ich mir vertrauen, dass ich diese Diät konsequent durchhalte? Das Rauchen aufgebe? Kann ich meinen Fähigkeiten vertrauen? Kann ich mir vertrauen, dass ich mich wirklich jeden Tag acht Stunden hinsetze und das Projekt zum konkreten Zeitpunkt abliefere? Kann ich mir vertrauen, dass ich mich sicher durch den Straßenverkehr bewege? Kann ich meinen Ideen vertrauen? Kann ich mir vertrauen, dass ich für mein Überleben sorgen kann?«

Eine weitere Art des Vertrauens besteht darin, anderen Menschen zu vertrauen. Das Gegenteil von Vertrauen ist Misstrauen. Wenn wir anderen Menschen mit Misstrauen gegenübertreten, strahlen wir aus, dass wir nicht unbedingt Positives von ihnen erwarten. Wie werden Menschen auf eine solche Haltung reagieren? Wahrscheinlich ebenfalls zurückhaltend oder ablehnend. Menschen lieben es, wenn sie Herzenswärme spüren. Dann fühlen sie sich sicher und aufgehoben. Aber nicht, wenn sie mit der Kühle und Distanz eines misstrauischen Menschen konfrontiert sind, der sich selbst nicht sicher und geborgen fühlt. Das, was wir ausstrahlen, erhalten wir zurück, sagt das Gesetz der Resonanz. So, wie wir mit anderen umgehen, gehen sie mit uns um. Unser Unterbewusstsein warnt uns vielleicht, dass wir uns verletzbar machen, wenn wir zu offen auf Menschen zugehen. Das passiert aber nur, wenn wir zu *vertrauens-selig* sind. Ein solcher Zustand hat aber nichts mit Vertrauen zu tun, sondern mit mangelndem Urteilsvermögen, beruhend auf dem Fakt, dass wir uns nicht auf dem

Boden der Tatsachen befinden, sondern in einem Bereich »seliger« Vernebelung. Will sagen, wir sind nicht in Kontakt mit unserer inneren Stimme und unserem gesunden Menschenverstand. Dies führt zu *Ent-Täuschung*, also genau zu dem Zustand, der uns offenbart, dass wir die Situation nicht klar eingeschätzt, uns also getäuscht haben. *Ent-Täuschung* kann dann wiederum als Beweis dafür dienen, dass wir unbedingt misstrauisch sein müssen. Wenn wir große Zweifler sind und mit dem Vertrauen Schwierigkeiten haben, dann nutzt es wenig, zu sagen: »Ab heute vertraue ich.« Ein erster Schritt besteht jedoch darin, zu beobachten, wann wir uns selbst, anderen oder der Situation nicht vertrauen.

Beobachten Sie auch Ihr Kontrollverhalten. Haben Sie das Gefühl, dass Sie in bestimmten Situationen übermäßig kontrollieren? Meine Mutter rief mich, als ich studierte, manchmal morgens um acht Uhr an, um zu prüfen, ob ich in der Vorlesung war. Das ist extremes Kontrollverhalten basierend auf mangelndem Vertrauen.

Ein weiterer Schritt zu mehr Vertrauen besteht in der Erlösung der Emotionen, die dem Vertrauensmangel zugrunde liegen, d. h. wie so oft der Angst. Grundsätzlich ist es sinnvoll, sich an die eigene, innere Führung zu erinnern und die Absicht zu setzen: »Ich vertraue meiner inneren Führung.« Wenn Sie ihr nicht vertrauen, bitten Sie sie in Ihrem Prozess um Hilfe und Unterstützung.

Benutzen Sie den Grid »Vertrauen«, wenn Sie mehr Vertrauen entwickeln möchten, dass die Dinge sich zu Ihrem höchsten Wohle entfalten, mehr Vertrauen in Ihre Fähigkeiten, in Ihre Möglichkeiten … Sie können ihn auch anwenden, bevor Sie den Grid »Loslassen« einsetzen. Vielleicht benötigen Sie erst Vertrauen, bevor Sie etwas gehen lassen können. Wie immer können Sie ihn auch für spezifische Situationen benutzen, zum Beispiel für ein Vorstellungsgespräch. Legen Sie den Grid in die eine Schleife des Moebius, in die andere Ihr Bild mit einem Zettel »Vorstellungsgespräch bei Firma XY« oder »Alles wird gut.«

Vitalität

Vitalität ist Ausdruck geballter Lebenskraft. Je gesünder wir auf all unseren Ebenen sind, umso vitaler sind wir. Ein vitaler Mensch ist auf einem optimalen Energieniveau. Durch Sorgen, Selbstzweifel, Ängste, Beziehungsprobleme und berufliche Schwierigkeiten, Verschleppung, und Überarbeitung verschleudern wir unsere Energien.

Auch wenn wir uns ständig Gedanken machen, ob es richtig ist, was wir sagen, was wir tun, wie wir sind, ob man uns mag, raubt uns das Lebensenergie. Ein gesundes Tier, das sich um solche Angelegenheiten nicht kümmert, sondern einfach »ist«, ist immer Ausdruck von vitaler Lebenskraft, auch wenn es schläft oder die Größe einer Fliege hat. Natürlich haben sich Menschen mit anderen Themen herumzuschlagen als Tiere; ein Blick auf die Selbstverständlichkeit, mit der eine Katze ihre Bedürfnisse lebt, kann allerdings hilfreich sein.

Ein gigantischer Vitalitätsräuber ist auch Verschleppung – das Aufschieben von Angelegenheiten wie zum Beispiel der Steuererklärung oder der Diät. »Ich fange morgen an, nein morgen, morgen aber wirklich …« Auch Perfektionismus kann unendlich zermürbend sein. Er ist einer der Ursachen für Verschleppung. Wir fangen wichtige Dinge gar nicht erst an, weil wir es ohnehin nicht gut genug machen würden, oder wir beenden sie nicht, weil sie nie perfekt genug sind.[1]

Vitalität ist die Lust am Leben. Sie ist ein klares »Ja« zum Leben. Um vital zu sein, ist es selbstverständlich auch notwendig, die Bedürfnisse des Körpers wahrzunehmen und zu respektieren. Dazu ist ein ausgewogenes Essverhalten notwendig, ausreichend Schlaf und Bewegung. Genauso wichtig ist es, die psychischen Vitalitätsräuber wie Stress, Angst, Einsamkeit oder Sorgen auszumachen und zu behandeln. Auch eine reduzierte Nahrungsaufnahme sorgt, zum Leidwesen vieler Genießer, für einen Zuwachs an Vitalität. Nicht umsonst gilt die Einschränkung der Kalorienaufnahme nachgewiesenermaßen als lebensverlängernd. Methoden zur Energiegewinnung und -harmonisierung, wie Yoga, Tai Chi, Qigong, eignen sich ebenfalls hervorragend dazu, das Vitalitätsniveau zu erhöhen.

Auch wenn es erstaunlich klingt – manche Leute sind von ihrer eigenen Vitalität überfordert. Ein Freund von mir erfuhr dadurch, dass er aufhörte, zu rauchen, einen gigantischen Energieschub. Leider wusste er nicht, was er mit der neu gewonnenen Kraft anfangen sollte. Er dämmte sie daher wieder ein, diesmal durch übermäßiges Essen. Erlauben Sie sich also, herauszufinden, ob Sie überhaupt dazu bereit sind, mit einem Mehr an Vitalität umzugehen, und planen Sie, wie Sie Ihre neuen Reserven einsetzen werden.

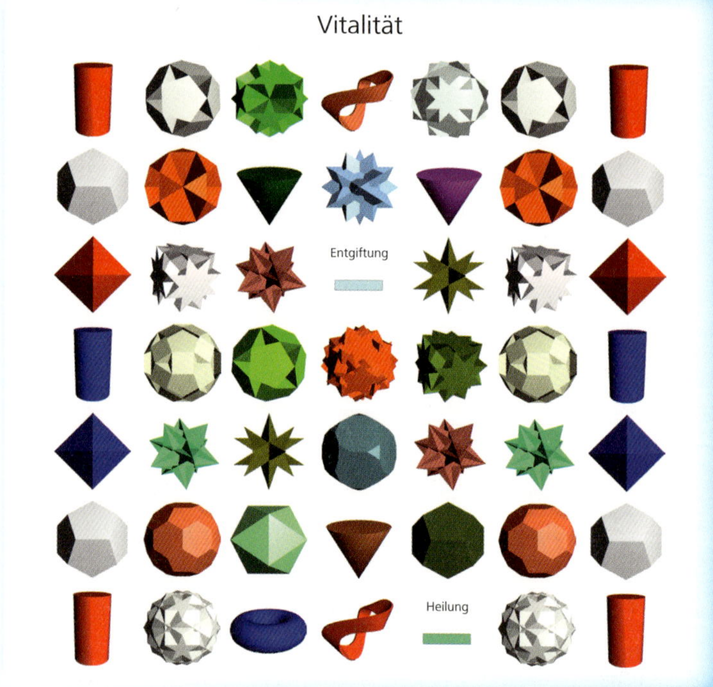

Der Grid »Vitalität« soll Sie in Ihrem Entschluss unterstützen, mehr für Ihre Vitalität zu sorgen und die diesbezüglich notwendigen Aktionen zu unternehmen. Seine Verwendung allein kann bereits zu einer Zunahme an Vitalität führen, allerdings kaum, wenn Sie auf Dauer durch Ihre Lebensweise »dagegen« arbeiten.

Der Grid kann auch Vitalität in Ihre Projekte bringen, sie also ankurbeln und mit neuer Lebensenergie versorgen. Vielleicht möchten Sie eine vitalere Kreativität besitzen, eine vitalere Darmfunktion, einen vitaleren Geldfluss oder ein vitaleres Geschäft. Legen Sie den Grid in die eine Schleife des Moebius, in die andere ihr Bild gemeinsam mit einer Notiz über ihre spezielle Absicht, zum Beispiel »Geldzufluss« oder »Verkäufe«. Setzen Sie den Grid auch abwechselnd mit anderen Grids wie »Geld« oder »Ermächtigung« ein.

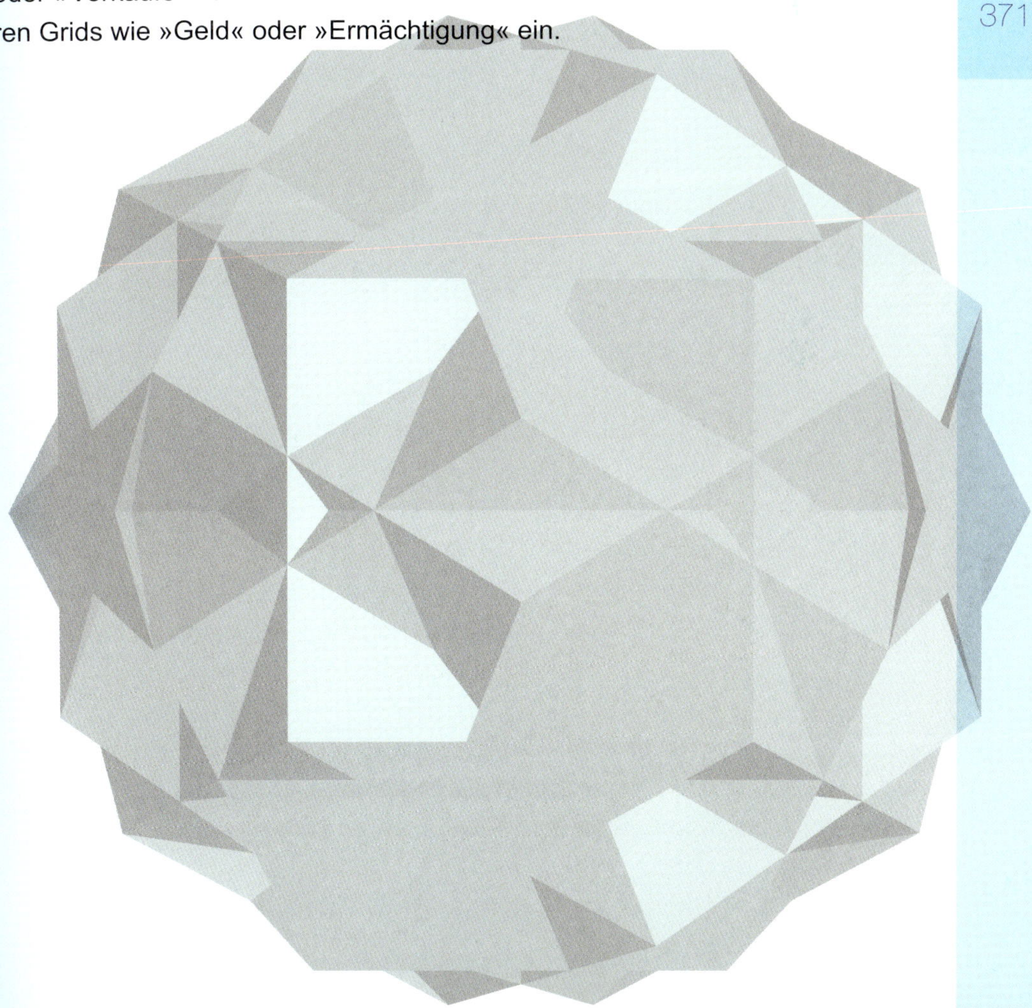

Wahre Stimme

Die »wahre Stimme« zu benutzen, heißt, für sich selbst einzutreten, für die eigenen Anliegen, Überzeugungen, Visionen und Gefühle. Wenn wir mit unserer wahren Stimme sprechen können, dann stehen wir für uns ein, egal was andere denken.

Wenn eine Frau einen Mann verlässt und er sich dadurch verletzt fühlt, dann spricht er mit seiner »wahren Stimme«, wenn er seine Gefühle darüber ausdrückt. Er zeigt seinen Schmerz und äußert ihn. Cool bleiben und so tun, als sei es egal, ist vielleicht ein Muster, in das jemand flüchtet, um sein Gesicht zu wahren, es ist aber kein authentischer Ausdruck. Ein Mensch, der zu sich steht, verschwendet keine Energie damit, eine Maske zu pflegen. Die Frau zu beschuldigen, wäre eine verständliche Reaktion, aber auch das ist nicht Ausdruck der »wahren Stimme«, es ist Ausdruck des Opfers, das sich ausgeliefert und betrogen fühlt. Wir sind aber keine Opfer. Wir sind machtvolle Mitschöpfer.

Die meiste Zeit unseres Lebens spielen wir eine oder mehrere Rollen im sogenannten »Drama-Dreieck«. Das Drama-Dreieck bietet faszinierende Parts, zwischen denen wir ständig hin- und herspringen: das Opfer, der Verfolger und der Retter. Im Falle der verletzten Gefühle könnte es sich so abspielen: Der Mann fühlt sich als Opfer. Er hat viel für die Frau getan, sie geliebt, und nun wird er verlassen. Er könnte sich einen Freund suchen, dem er sein Leid klagt und der ihn in der Ansicht bestätigt, wie liederlich die Frau sich verhalten hat. Das wäre dann sein Retter. Die Frau selbst ist der Verfolger, weil sie den Mann verlassen hat.

Auf einen kurzen Nenner gebracht, symbolisiert die Rollenverteilung: »Ich bin o.k., du bist nicht o.k.« Der Retter hilft dem Opfer, indem er dessen Einstellung teilt: »Du Opfer, du bist o.k. Wir beide sind o.k.

Der Täter ist nicht o.k.« Das Opfer wiederum wird entweder denken »Ich bin o.k., der Verfolger ist nicht o.k.«, oder »Ich bin nicht o.k., ich war egoistisch, der andere ist o.k.«

Die Rollen wechseln ständig. Beginnt der Verlassene, seine Ehemalige zu traktieren, übernimmt er die Rolle des Verfolgers, und nun könnte sie zum Opfer werden. Eventuell sucht sie sich jetzt selbst einen Retter. In einem Drama nimmt meist jeder alle Rollen an. Der Retter könnte wiederum zum Opfer werden, wenn sich Verfolger und Opfer verbünden und nun gemeinsam auf ihn losgehen.

Ein Retter kann auch eine Person sein, die sich ungefragt in die Angelegenheiten anderer einmischt: Die Oma will nicht, dass die Tochter das Enkelkind in die Kinderkrippe gibt, damit sie arbeiten kann. In

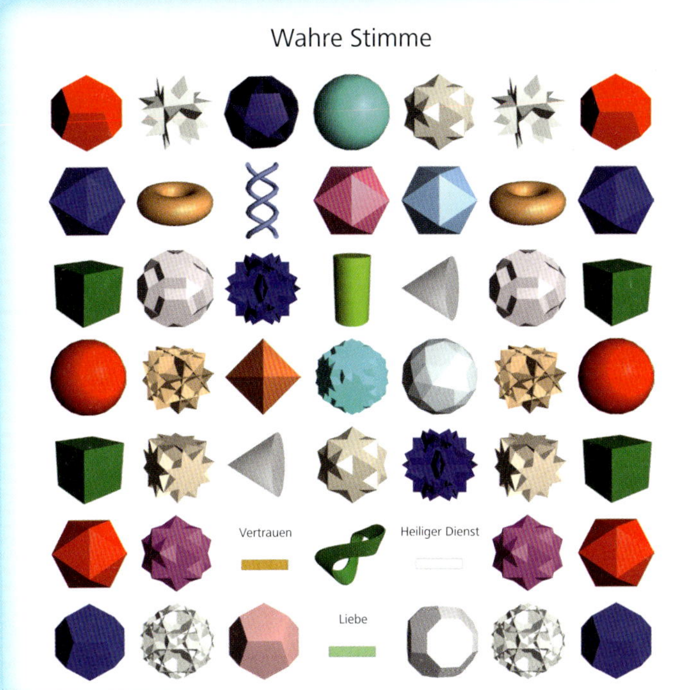

diesem Moment sieht sie das Enkelkind als Opfer, die Tochter ist der Verfolger, für die Tochter ist aber ihre Mutter die Verfolgerin usw.

Ein Mensch, dem seine Entwicklung am Herzen liegt, wird die Entscheidung treffen, aus diesen Dramen auszusteigen. Er macht sich klar, wo und wann er einer der Protagonisten im Spiel ist. Oder anders ausgedrückt: Da wir im Leben immer Spieler in zahlreichen Spielen sind, wird er sich für bewusstere und intelligentere Spiele entscheiden, im besten Falle eines, in dem alle Gewinner sind.

Beim Drama-Dreieck kann es sich um eine schlichte Version handeln, mit einem überschaubaren Thema wie vielleicht der Wahl des Urlaubsziels. Oft ist das Stück, in das man verstrickt ist, jedoch weitaus komplexer, sodass man nicht so leicht bemerkt, welche Rolle man darin spielt. Das könnte der ganz normale Alltag einer Ehe sein oder eine Firmensituation. Mobbing ist immer Ausdruck des Drama-Dreiecks mit oft schnell wechselnden Rollen.

Um sich des eigenen Standorts klar zu werden, darf man sich immer wieder fragen: »Befinde ich mich gerade in einer Rolle, und wenn ja, in welcher?«

Zum Ausstieg dient der Einsatz der »wahren Stimme«. Dies bedeutet, man wird …

- ∞ … zu seinen Gefühlen stehen.
- ∞ … seine Gefühle ehrlich ausdrücken, ohne andere zu beschuldigen.
- ∞ … natürlich auch positive Gefühle ausdrücken.
- ∞ … herausfinden, was man möchte.
- ∞ … dieses Bedürfnis äußern.
- ∞ … klar Ja oder Nein sagen – und dazu stehen.
- ∞ … Ehrlichkeit ertragen können.
- ∞ … die eigenen Unaufrichtigkeiten wahrzunehmen bereit sein.
- ∞ … sich darüber klar sein, dass jeder für sein Leben selbst verantwortlich ist.

Es gibt in manchen Beziehungen stumme Absprachen: »Ich konfrontiere dich nicht mit meinen Problemen und du mich nicht mit deinen«, »Ich gehe nicht allein aus, also gehst du auch nicht allein aus« usw. Auch über diese stillen Vereinbarungen sollte man sich klar werden, um das Drama-Dreieck hinter sich zu lassen und einen aufrichtigen Umgang miteinander herzustellen.

Die wahre Stimme ist nicht im Einsatz, wenn man dem Chef sagt, dass er ein Idiot ist. Das mag der Ausdruck ehrlicher Meinung sein, hat aber mehr mit Selbstzerstörung zu tun, sofern man noch keine bessere Stelle hat. Wer dann das Opfer ist, ist klar. Mit der wahren Stimme könnte man in einem solchen Fall um ein Gespräch bitten, angemessen die Gefühlslage darstellen und konstruktive Änderungsvorschläge machen.

Die wahre Stimme ist auch weit davon entfernt, nett, süßlich oder einschmeichelnd zu sein. Das könnte die mehr oder weniger verkappte Manipulationstaktik eines Opfers sein. Eine wahre Stimme äußert ihre Bedürfnisse und Wünsche, sie befiehlt nicht, sie schmeichelt nicht, sie beschuldigt nicht, sie sagt einfach klar, was sie wünscht.

Zur wahren Stimme gehört Mut. Wenn die Dinge offen auf dem Tisch liegen, dann besteht die Gefahr, dass sich bestimmte Situationen nicht mehr aufrechterhalten lassen und Entscheidungen getroffen werden müssen, die eventuell schmerzhaft sind: »Ich möchte mit dir zusammen sein, aber ich will dich nicht heiraten«, »Ich liebe dich, aber Matthias liebe ich auch«, »Ich werde weiterhin jedes zweite Wochenende zum Paragliding gehen«, »Herr Meier, Sie sind ein exzellenter Controller, aber als Abteilungsleiter sehe ich Sie nicht«, »Ich möchte einmal die Woche ohne dich ausgehen.«

Wir sind in der Regel weit davon entfernt, unsere wahre Stimme zu benutzen, also klar und authentisch zu sprechen, für uns einzustehen und damit in unserer Kraft als bewusster Mitschöpfer zu sein.

Der Grid »Wahre Stimme« soll Ihnen dabei helfen, zu Ihrer eigenen Wahrheit zu stehen. Dadurch erlauben Sie mehr Ehrlichkeit – sich selbst gegenüber und im Umgang mit anderen. Wenn Sie Ihre »wahre Stimme« zulassen, dann achten Sie sich und Ihre Bedürfnisse und treten für sie ein.

Legen Sie in die eine Moebius-Schleife Ihr Bild, in die andere den Grid. Das Thema »Wahre Stimme« ist auch ein Selbstwertthema. Also können Sie beispielsweise gleichzeitig auch den Grid »Selbstwert« einsetzen.

Wenn Ihr Partner damit einverstanden ist, können Sie auch auf einen Zettel schreiben: »Beziehung Anna H. und Walter M.« und ihn in eine der Schlingen legen. Das sorgt für mehr Aufrichtigkeit in Ihrer Beziehung, alle möglichen daraus resultierenden Konsequenzen eingeschlossen. Ist Ihr Kind besonders schüchtern, dann schicken Sie Ihrem Kind die Energie über die Übertragungsform.

Weisheit

Weise wird man in der Regel nicht geboren, Weisheit entwickelt man im Laufe des Lebens, was nicht bedeutet, dass Alter mit Weisheit gleichzusetzen ist. Weisheit ist Ausdruck von Reife. Weisheit geht weit über das hinaus, was wir gemeinhin als Intelligenz bezeichnen. Wahrscheinlich erfordert diese Qualität nicht einmal eine besondere Intelligenz. Sie ist auch nicht mit Kenntnis, Klugheit oder Schlauheit gleichzusetzen, denn beim Thema Weisheit sind alle Chakren gleichermaßen involviert. Über das sechste Chakra haben wir Zugang zu unserer tiefen, inneren Weisheit, zu Wissen und Erfahrungen aus all unseren verschiedenen Existenzen. Um diese Fähigkeiten von Grund auf aktivieren zu können, bedarf es einer Ausgewogenheit aller Chakren. Weisheit repräsentiert eine Vervollkommnung auf allen Ebenen. Wer weise ist, hat sich von Ängsten so weit befreit, dass sie die Wahrnehmung nicht mehr vernebeln. Ein weiser Mensch ist in Kontakt mit seiner Seele und sieht dadurch das größere Bild. Er besitzt ein liebevolles Herz und akzeptiert sich und die Dinge so, wie sie sind. Weisheit beruht auf der Wachheit des losgelösten Beobachters, der die Lebenserfahrungen kreativ und aufbauend verarbeitet und in einen konstruktiven und, im besten Falle, dienenden Kontext bringt.

Auch wenn wir uns noch weit davon entfernt fühlen, ein umfassend weiser Mensch zu sein, können wir Weisheit doch bereits in Teilbereichen haben oder entwickeln. Die Weisheit eines Menschen, der ein Produkt bewirbt, kann in seiner Fähigkeit liegen, Menschen so zu berühren, dass sie es kaufen. Ein Tierpfleger besitzt in der Regel viel Weisheit im Umgang mit seinen Schutzbefohlenen. Die Weisheit eines Therapeuten liegt im Gespür dafür, welche Art des Umgangs für den einzelnen angemessen ist. Und nicht nur das – ein weiser Mensch kann einem anderen Menschen durch ein einziges Wort den Anstoß zu tiefer Transformation geben.

Der Grid »Weisheit« dient dazu, Sie mit der Weisheit Ihrer Seele stärker in Verbindung zu bringen. Sie können ihn aber auch dazu verwenden, um in konkreten Situationen weiser zu sein, zum Beispiel bei einem Treffen, in Zusammenhang mit einer Seminararbeit, im Umgang mit dem Ehemann usw. In diesem Fall legen Sie den Grid in die eine Schlinge des Moebius, in die andere Ihr Bild und einen Zettel mit dem Wunsch, zum Beispiel »Umgang mit Matthias«, »Gespräch mit dem Koalitionspartner«.

Weisheit

Anmerkungen

Teil I

Die Autorin

1 Die Halterin einer ungebrochenen Linie von Curanderos ist die amerikanische Meisterheilerin, spirituelle Meisterin und Autorin Starr Fuentes. Sie ist auch Leiterin der »Starr Fuentes School for Energy- and Lightwork«. Starr Fuentes brachte im Auftrag ihrer Curandera-Lehrerin die Lichtsprache aus Südamerika in die USA und von dort aus über ihre Meisterschülerin Selena Rodriguez nach Europa. Mehr über Starr Fuentes erfahren Sie unter www.starrfuentes.com. Von Starr Fuentes autorisierte internationale Lehrer/innen sind unter der Website www.lightlanguage.com zu finden. Europa-Co-Repräsentantinnen der Starr Fuentes-Schule für Energie- und Lichtarbeit sind Gabriele S. Bodmer und Kirke vom Scheidt.

Zitat auf Seite 20

1 *Albert Hofmann und die Entdeckung des LSD – Auf dem Weg nach Eleusis.* Herausgeber: Mathias Bröckers, Roger Liggenstorfer© Nachtschatten Verlag, 4502 Solothurn, Lizensausgabe: AT Verlag, Baden, Schweiz.

Vorwort von Selena Rodriguez

1 »Ko-Kreation« ist Mitschöpfung. Gemeint ist bewusstes gemeinsames Kreieren mit den Kräften der Schöpfung, anderen Menschen etc.

2 Im Englischen wird der Sinn noch klarer, denn man erkennt, dass die Worte »wichtig« und »Materie« beide als »matter« übersetzbar sind: »What matters to you becomes matter«.

Einleitung

1 »Grid« heißt »Gitter«. Da der Begriff im Deutschen sächlich ist, sollte man also von »das Grid« sprechen. Da ich ihn, wie viele andere, aber immer als »der Grid« bezeichne, bleibe ich bei der männlichen Form.

Begegnung mit der Lichtsprache

1 »Den Körper verlassen« ist ein Ausdruck, der beschreiben soll, dass ein Mensch nicht mehr vollkommen präsent ist. Seine Seele hat sich ein Stück weit vom physischen Körper entfernt. In der Psychologie bezeichnet man dies als Dissoziation. Dieser Zustand tritt auf, wenn alte, belastende Themen an die Oberfläche drängen, und der Mensch fürchtet, davon überwältigt zu werden.

2 Kuby, Clemens: *Unterwegs in die nächste Dimension*. Mind Films, 2004.

3 »Divine Intervention« ist eine Energieübertragungsmethode der Curanderos. Anwender von »Divine Intervention« haben Zugang zu einer bestimmten Dimension, die es ihnen ermöglicht, devitalisierte Energien aus dem Körper zu schleusen.

4 Von »Holding« spricht man, wenn eine Person eine andere desselben Geschlechts auf bestimmte Art hält, damit sie sich in einem Moment großer emotionaler Not sicher und geschützt fühlt.

5 Siehe Abschnitt »Lichtsprache im morphogenetischen Feld«.

Die Lichtsprache

1 Ein Polyeder ist ein dreidimensionaler geometrischer Körper (Vielflächner).

Die Curanderos

1 Die feinstofflichen Bereiche sind die »unsichtbaren« Energiekörper um den physischen Körper des Menschen.

Die Grundlagen der Lichtsprache

Der Schöpfungscode

1 Arndt, Ullrich: *Edelstein-Essenzen: Lebenselexiere nach den Lehren von Alchemie und Ayurveda*. Hans-Nietsch-Verlag, Freiburg 2001. S. 46.

2 Das Hexagonale Kristallsystem ist ein Kristallsystem, das ein regelmäßiges Sechseck als Grundfläche besitzt.

3 Die Matrix ist die energetische Grundlage unserer Existenz. Sie ist die Blaupause, die potenziell alle Möglichkeiten enthält. Die Quantenphysik spricht hier vom »Nullpunkt Feld« oder schlicht vom »Feld«. Einstein soll einmal formuliert haben, dass das Feld unsere einzige Wirklichkeit sei.

4 Es gibt eine Ordnung, welcher der Kosmos folgt. Der Kosmos an sich ist Ausdruck dieser Ordnung; Kosmos = Ordnung. Die göttliche Ordnung ist in den universellen Gesetzen repräsentiert.

5 Siva, Sri: *Life Changing Mantras: Tools From The Other Side*. Tripura Foundation 2002.

6 Arndt, Ullrich: *Edelstein-Essenzen: Lebenselexiere nach den Lehren von Alchemie und Ayurveda*. Hans-Nietsch-Verlag, Freiburg 2001.

7 Klug, Sonja Ulrike: *Kathedrale des Kosmos: Die Heilige Geometrie von Chartres*. München: Hugendubel, 2001.

8 Melchizedek, Drunvalo: *Die Blume des Lebens.* Band 1 und 2. Koha Verlag, Burgrain 2000.

9 Siva, Sri: *Life Changing Mantras, Tools From The Other Side*. Tripura Foundation 2002. S. 20.

10 Johannes Keplers Kosmische Harmonie. Herausgegeben und übertragen von W. Hamburger. Leipzig 1925. S. 35f.

Schneller als Licht

1 Vergleiche Bell's Theorem (Die Bellsche Ungleichung).

Geist und Erde verbinden

1 Metaphysik kann man als Anspruch bezeichnen, Erkenntnisse außerhalb der Grenzen der sinnlichen Erfahrung zu formulieren.

Mitschöpfung

1 Siehe Kapitel »Schwingung prägt die DNS«.

Die Neue Zeit

1 Braden, Gregg: *Fractal Time*, Koha Verlag, Burgrain 2009.

2 Der Münchner TU-Professor Dr. Winfried Otto Schumann ließ seine Studenten in den 50er-Jahren des letzten Jahrhunderts die Resonanzfrequenz des Planeten errechnen.

3 Fosar, Grazyna/Bludorf, Frank: *Schumann-Frequenzen, Gruppenbewußtsein und Individualität*. www.fosar-bludorf.com/schumann_gruppen/index.htm

4 Vergleiche Kapitel »Schwingung prägt die DNS«.

5 Siehe Kapitel »Die feinstofflichen Ebenen des Menschen«.

6 Ebenda.

Der Bewusstseinswandel

1 Vitale, Joe: *Zero limits: The Secret Hawaiian System for Wealth, Health, Peace, and More*. John Wiley & Sons, Hoboken 2007.

2 Ho'oponopono – Zitat von Bärbel Mohr im Online-Lexikon für Glück und Erfolg von Thomas Klüh: http://www.thomasklueh.de/lexikon/ho-oponopono

In Kontakt mit der Seele

1 Man kann sich das Bewusstseinsfeld als Grundlage vorstellen, als ätherische Blaupause. Sie enthält auf feinstofflicher Ebene alle Vorbilder bzw. Vorlagen für die Vorgänge und Existenzen im Kosmos. Siehe auch im Kapitel über das »Morphogenetische Feld«.

2 Braden, Gregg: *Im Einklang mit der göttlichen Matrix: Wie wir mit allem verbunden sind.* Koha Verlag, Burgrain 2007. S. 11 ff.

3 Siehe Kapitel »Die feinstofflichen Ebenen des Menschen«.

4 Ich vermeide im Folgenden weitestgehend das Wort »müssen«, denn wir müssen gar nichts, und ersetze es durch das Wort »möchten« oder »sollten«.

III Nachtschule

1 Siehe Kapitel »Die feinstofflichen Körper«.

Deine Gedanken erschaffen deine Realität – Das Gesetz der Resonanz

1 Lipton, Bruce: *Intelligente Zellen: Wie Erfahrungen unsere Gene steuern.* Koha Verlag, Burgrain 2006. S. 176.

2 Siehe Kapitel »Das Gesetz der Schwingung«.

Manifestation

1 Siva, Sri: *The One Minute Guide to Prosperity and Enlightenment.* Vaaak Sounds, Canada 2002. Chapter 10.

Das Gesetz von Ursache und Wirkung – Du bist zu 100 % für deine Realität verantwortlich

1 »Dharma« kann man kurz als »Aufrechterhaltung der göttlichen Ordnung« bezeichnen. Wenn man erfolgreich dazu beiträgt, sie durch Gedanken und Taten zu etablieren, kreiert man gutes Karma, also Dharma.

Alles schwingt – Das Gesetz der Schwingung

1 Mudras sind bestimmte Handgesten zur Lenkung des Energieflusses.

Schwingung prägt die DNS

1 Bauer, Joachim: *Das Gedächtnis des Körpers*. Eichborn Verlag, Frankfurt am Main 2002. S. 9.

Die Chakren

1 Arndt, Ullrich: *Edelstein-Essenzen: Lebenselexiere nach den Lehren von Alchemie und Ayurveda*. Hans-Nietsch-Verlag, Freiburg 2001. S. 36

Das Sakralchakra

1 Siehe auch Kapitel »Scham«.

Das Herzchakra

1 Mulrow, Patrick J.: *The Heart is an Endocrine Gland*, Trans Am Clin Climatol Assoc. 1986; 97: 105–114. Artikel abrufbar unter: http://www.pubmedcentral.nih.gov/articlerender.fcgi?artid=2279695

2 Millman, Dan: *Erleuchteter Alltag: Die zwölf Entwicklungsschritte des friedvollen Kriegers*. Econ Verlag, München 2001. S. 349.

3 Ablass, Werner: *Leide nicht – liebe: Über die Liebe zur Liebe ohne Objekt*. Omega-Verlag, Aachen 2004.

4 Golas, Thaddeus: *Der Erleuchtung ist es egal, wie du sie erlangst*. Heinrich Hugendubel Verlag, München 2003.

5 Emotional Freedom Techniques; mehr darüber auf www.emofree.com.

6 Siehe auch Kapitel »Mitgefühl« im zweiten Teil dieses Buches.

7 Siehe auch Kapitel »Vergebung« im zweiten Teil dieses Buches.

Chakren- und Farbbewusstsein im kollektiven (Unter-)Bewussten

1 Siehe Kapitel »Lichtsprache im morphogenetischen Feld«.

Beispiele aus dem Farbspektrum der Lichtsprache

1 Ich erlaube mir der Einfachheit halber, »Weiß« als Farbe zu bezeichnen.

Die feinstofflichen Körper

1 Vergleiche Abschnitt »Nachtschule«.

2 Siehe auch Kapitel »Aurakraft« im zweiten Teil dieses Buches.

3 Siehe auch Kapitel »Reinigung« im zweiten Teil dieses Buches.

Die platonischen Körper

1 Melchizedek, Drunvalo: *Die Blume des Lebens.* Band I, Koha Verlag, Burgrain 2000. S. 168.

2 Ebenda, S. 160.

3 Ebenda.

4 Ebenda, S. 161.

Lichtsprache im morphogenetischen Feld

1 Dr. Holger Berges: http://www.youtube.com/watch?v=WRJel9s-Su0.

2 Ebenda.

Das Herzzentrum

1 Arndt, Ullrich: *Edelstein-Essenzen: Lebenselexiere nach den Lehren von Alchemie und Ayurveda*. Hans-Nietsch-Verlag, Freiburg 2001. S. 37.

2 Ebenda.

3 http://www.sahajawissen.org/page4/page4.html.

Die Zahl Zwölf

1 Melchizedek, Drunvalo: *Die Blume des Lebens.* Band I und II, Koha Verlag, Burgrain 2000.

2 Melchizedek, Drunvalo: *Die Blume des Lebens.* Band I, Koha Verlag, Burgrain 2000. S. 186.

Die Wahl des Themas

1 Siehe Kapitel »Selbst-Wertschätzung« im zweiten Teil dieses Buches.

Macht

1 Predigttext Matthäus 21,12–17, Einheitsübersetzung der Heiligen Schrift ©1980 Katholische Bibelanstalt, Stuttgart.

Torus und Moebius

1 Melchizedek, Drunvalo: *Die Blume des Lebens*. Band I, Koha Verlag, Burgrain 2000. S. 165.

Der Künstler und das Kunstwerk

1 Braden, Gregg: *Im Einklang mit der göttlichen Matrix*. Koha Verlag, Burgrain 2007. S. 92 ff.

Fragen und Antworten zu Lichtsprache

1 *Albert Hofmann und die Entdeckung des LSD – Auf dem Weg nach Eleusis.* Herausgeber: Mathias Bröckers, Roger Liggenstorfer© Nachtschatten Verlag, 4502 Solothurn, Lizensausgabe: AT Verlag, Baden, Schweiz.

2 *Johannes Keplers Kosmische Harmonie*. Herausgegeben und übertragen von W. Hamburger. Leipzig, 1925. S. 35f.

Teil II

Aurakraft

1 Siva, Sri: *The One Minute Guide to Prosperity and Enlightenment*. Vaaak Sounds, Canada 2002. Chapter 6.

2 Ardagh, Arjuna: *Leap before You Look*. Sounds True Inc., Boulder 2008. Übung 23.

3 Andrews, Ted: *Die Aura sehen und lesen*. Schirner Verlag, Darmstadt 2004. S. 158.

4 Siehe auch Kapitel »Reinigung«.

5 Autorisierte Anwender/innen sind zu finden über die Vertreter/innen der Starr Fuentes-Schule für Energie- und Lichtarbeit.

Bewusstheit

1 Vergleiche Kapitel »Das eigene Feld ausrichten« im ersten Teil dieses Buches.

2 Vergleiche Kapitel »In Kontakt mit der Seele« im ersten Teil dieses Buches.

3 www.youtube.de – Siva Baba: »Awaken Your Inner Power«, Parts 1–3.

Dankbarkeit

1 In diesem Falle wäre der Grid für »Neue Wege« eine Möglichkeit.

Erfolg

1 Vergleiche Kapitel »Manifestation« im ersten Teil dieses Buches.

Gelassenheit

1 Vergleiche Kapitel »Das Bewusstsein der Formen« im ersten Teil dieses Buches.

2 Ponder, Catherine: *Die Heilungsgeheimnisse der Jahrhunderte*. Goldmann bei Random House, München 1992. S. 106.

3 Childre, Doc: *Die Herzintelligenz entdecken*. VAK Verlags GmbH, Kirchzarten 2006.

Geld

1 Vergleiche entsprechende Literatur, zum Beispiel, Braden, Gregg: *Fractal Time*. Koha Verlag, Burgrain 2009.

2 Siva, Sri: *The One Minute Guide to Prosperity and Enlightenment*. Vaaak Sounds, Canada 2002. Chapter 2.

3 Millman, Dan: *Erleuchteter Alltag*. Econ Ullstein Verlag, München 2001. S. 145.

Herzchakra-Regeneration

1 http://www.redensarten-index.de.

2 Yogi Mataji, Shri: http://www.sahajawissen.org/page4/page4.html.

In die Gänge kommen (Prokrastination beenden)

1 Untersuchung von Prof. Joseph Ferraris (DePaul University Chicago) Laut: http://www.prokrastination.net/umfrage/.

Intuition

1 Vergleiche Kapitel »In Kontakt mit der Seele« im ersten Teil dieses Buches.

Kreativität

1 Vergleiche Kapitel »Manifestation« im ersten Teil dieses Buches.

2 Ardagh, Arjuna: *Leap before You Look*. Sounds True Inc., Boulder 2008. Callahan, Clint: *Abenteuer Denken*. Genius Verlag, Bremen 2003.

3 Kahili King, Serge: *Der Stadt-Schamane*. Verlag Alf Lüchow, Freiburg i. Br. 1999. S. 96 ff.

4 Kinslow, Frank: *Quanten Heilung*, VAK Verlags GmbH, Kirchzarten 2009. Bartlett, Richard: *Matrix Energetics*. VAK Verlags GmbH, Kirchzarten 2009.

Liebe – Selbstliebe

1 Predigttext Matthäus 22,34–40, Einheitsübersetzung der Heiligen Schrift, ©1980 Katholische Bibelanstalt, Stuttgart.

2 Vergleiche Kapitel »Die Chakren – Das Herzchakra« im ersten Teil dieses Buches.

Reinigung

1 Wortneuschöpfung aus einem Artikelbeitrag der Süddeutschen Zeitung.

Seelenverbindung

1 Für mehr Information siehe zum Beispiel Bücher von Varda Hasselmann und Frank Schmolke.

2 Osho: *Das Buch vom Ego: Von der Illusion zur Freiheit*. Ullstein Verlag, Berlin 2004. S. 9.

3 Vergleiche Kapitel »In die Gänge kommen«.

Selbst- Wertschätzung

1 Interview in der Süddeutschen Zeitung am Wochenende, 14./15./16. August 2009: »Susan Pinker über Männer«.

Trauerverarbeitung

1 Jakoby, Bernard: *Alles wird gefügt.* ©2005 Langen*Müller* in der F.A. Herbig Verlagsbuchhandlung GmbH, München. S. 178.

2 Kübler-Ross, Elisabeth u.a.: *Dem Leben neu vertrauen: Den Sinn des Trauerns durch fünf Stadien des Verlusts finden.* Kreuz-Verlag, Freiburg 2006.

Verbindung mit der Schöpfung

1 Vergleiche Kapitel »Manifestation«.

2 Vergleiche Kapitel »Macht«.

Vergebung

1 Jacoby, Bernard: *Die Brücke zum Licht.* ©2002 Langen*Müller* in der F.A. Herbig Verlagsbuchhandlung GmbH, München. S. 199. (Es gibt andere Systeme, die die Grundemotionen anders zuordnen. Das für mich überzeugendste ist das von Kübler-Ross.)

Verpflichtung

1 Siva Baba, San Francisco Seminar 2009.

2 Aus: Brigitte Balance, Nr. 3/2009, »Kann man Leidenschaft lernen?«

3 »Leidenschaft«, wäre auch eine Bezeichnung. Ich ziehe »Empathie« vor, weil ich auf das Wort »Leiden« verzichten möchte.

4 Siehe auch Kapitel »In die Gänge kommen«.

Vertrauen

1 Siehe auch Kapitel »In die Gänge kommen«.

Vitalität

1 Siehe auch Kapitel »In die Gänge kommen«.

Literaturverzeichnis

Ablass, Werner: *Leide nicht – liebe: Über die Liebe zur Liebe ohne Objekt*. Aachen 2004.

Andrews, Ted: *Die Aura sehen und lesen: Feinstoffliche Energien wahrnehmen und deuten*. Darmstadt 2004.

Ardagh, Arjuna: *Leap Before You Look: 72 Shortcuts for Getting out of Your Mind and into the Moment*. Boulder 2008.

Arndt, Ullrich: *Edelstein Essenzen: Lebenselixiere nach den Lehren von Alchemie und Ayurveda*. Freiburg 2001.

Bartlett, Richard: *Matrix Energetics: Die Kunst der Transformation: Radikale Veränderung mit der Zwei-Punkt-Methode*. Kirchzarten 2009.

Bauer, Joachim: *Das Gedächtnis des Körpers: Wie Beziehungen und Lebensstile unsere Gene steuern*. Frankfurt am Main 2002.

Braden, Gregg: *Fractal Time*. Burgrain 2009.

– *Im Einklang mit der göttlichen Matrix: Wie wir mit allem verbunden sind*. Burgrain 2007.

Bröckers, Mathias/Liggenstorfer, Roger (Hg.): *Albert Hofmann und die Entdeckung des LSD: Auf dem Weg nach Eleusis*. Baden/Schweiz 2006.

Callahan, Clint: *Abenteuer Denken: 52 Abenteuerreisen zu größeren Möglichkeiten*. Bremen 2004.

Childre, Doc: *Die Herzintelligenz entdecken: Das Sofortprogramm in fünf Schritten*. Kirchzarten 2006.

Fosar, Grazyna/Bludorf, Franz: *Vernetzte Intelligenz: Die Natur geht online: Gruppenbewußtsein, Genetik, Gravitation*. Aachen 2003.

Fuentes, Starr: *Night School: Meditation CD*. 2006.

– *Sacred Grids of Light: Keys to Energies of Planet Earth*. Hotsprings 2009.

Golas, Thaddeus: *Der Erleuchtung ist es egal, wie du sie erlangst*. München 2003.

Jakoby, Bernard: *Alles wird gefügt: Hilfe im Umgang mit Tod und Trauer*. München 2005.

– *Die Brücke zum Licht: Nahtoderfahrung als Hoffnung*. München 2002.

Kahili King, Serge: *Der Stadt-Schamane: Ein Handbuch der Transformation durch Huna, das Urwissen der hawaiianischen Schamanen*. Freiburg im Breisgau 1999.

Kinslow, Frank: *Quantenheilung: Wirkt sofort – und jeder kann es lernen*. Kirchzarten 2009.

Klug, Sonja Ulrike: *Kathedrale des Kosmos: Die heilige Geometrie von Chartres*. München 2001.

Kübler-Ross, Elisabeth/Kessler, David/Schaup, Susanne: *Dem Leben neu vertrauen: Den Sinn des Trauerns durch fünf Stadien des Verlusts finden*. Freiburg 2006.

Lipton, Bruce: *Intelligente Zellen: Wie Erfahrungen unsere Gene steuern*. Burgrain 2006.

Melchizedek, Drunvalo: *Die Blume des Lebens*. Band 1 und 2. Burgrain 2000.

Millman, Dan: *Erleuchteter Alltag: Die 12 Entwicklungsschritte des friedvollen Kriegers*. München 2001.

Osho: *Das Buch vom Ego: Von der Illusion zur Freiheit*. Berlin 2004.

Ponder, Catherine: *Die Heilungsgeheimnisse der Jahrhunderte: Die 12 Geisteskräfte des Menschen*. München 1992.

Sheldrake, Rupert: *Das schöpferische Universum: Die Theorie des morphogenetischen Feldes*. Berlin 2009.

Siva, Sri: *Life Changing Mantras: Tools from the Other Side*. Tripura Foundation 2002.

– *The One Minute Guide to Prosperity and Enlightenment*. Vaaak Sounds 2002.

Stiegnitz, Peter: *Die Lüge: Das Salz des Lebens*. Edition Va Bene 1997.

Vitale, Joe/Hew Len, Ihaleakala: *Zero Limits: The Secret Hawaiian System for Wealth, Health, Peace, and More*. Hoboken 2007.

Bildnachweis

Alle nicht gesondert aufgeführten Einzelabbildungen sowie die Einzelformen für die Grids wurden von Jerry Pegden zur Verfügung gestellt.

Seite 34

DNS-Spirale: ©Creative Images, www.fotolia.de, #1234733

Nautilus: ©David Kelly, www.fotolia.de, #1010399

Schneeflocken: ©Cédric FROEHLICH, www.fotolia.de, #2536329

Bienenwabe: www.sxc.hu

Sonnenblume: ©Sergey Goruppa, www.fotolia.de, #3800293

Seite 35

Sri Yantra Mandala: ©Schirner Verlag

Blume des Lebens: ©Murat Karaçay

Seite 133-134

Alle drei Abbildungen: ©Koha Verlag

Seite 139

Sterndodekaeder: ©Gabriele S. Bodmer

Seite 143

Katze: ©House of Unique, www.fotolia.de, #2574870

Seite 150

Bild des GMS: ©Wilfried Menke

Seite 154

Petits Fours: ©Gabriele S. Bodmer

Seite 223

Royal Gem-Pyramide: ©Joyce Ann Stech

Haftungsausschluss

Die Angaben sowie die vorgeschlagenen Methoden und Mittel zur Selbsthilfe wurden von der Autorin nach bestem Wissen zusammengestellt. Die Inhalte wurden mit größter Sorgfalt geprüft. Fehler können trotzdem nicht vollständig ausgeschlossen werden. Inhaltliche Fehler eröffnen keinen Haftungsanspruch gegen den Autor oder den Verlag. Beide übernehmen daher keine Garantie.

Die Inhalte dieses Werkes sind keine Heilzusagen und ersetzen in keinem Fall die Diagnose und Therapie von Erkrankungen und anderen körperlichen Störungen durch einen Arzt oder Heilpraktiker. Autor und Verlag distanzieren sich daher ausdrücklich von Heilaussagen und Heilversprechen. Alle Informationen sollen Ratsuchenden eine unverbindliche Hilfe sein.

Die Lichtsprache-Grids

Aurakraft

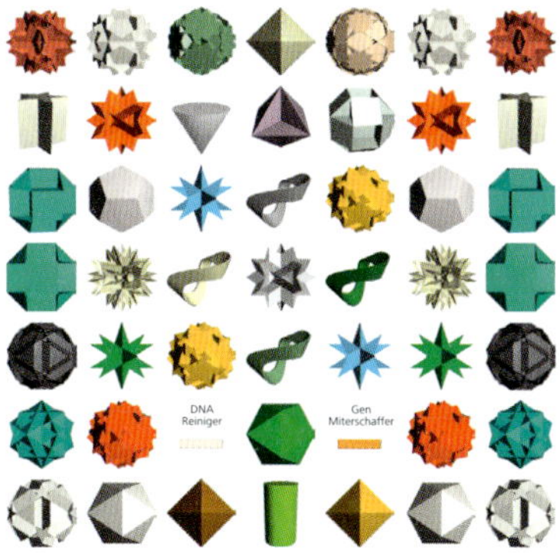

Bewusstheit

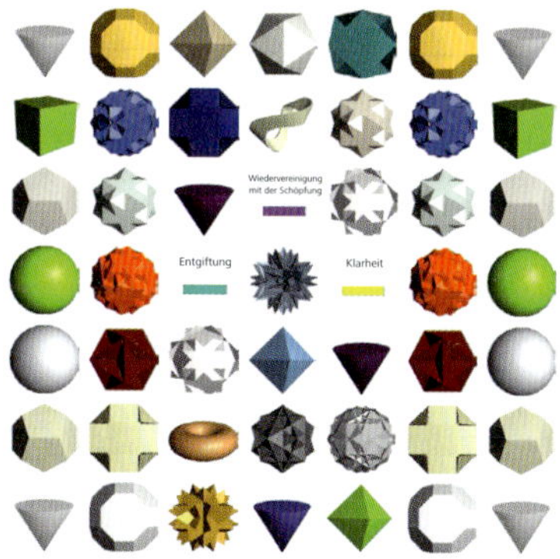

Dankbarkeit

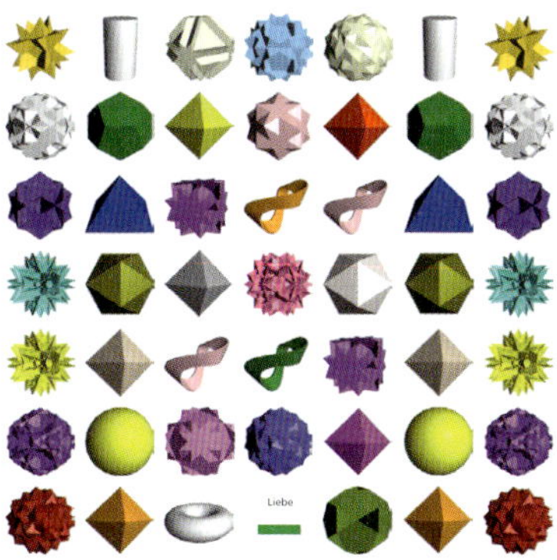

Entstressung

Erdung

Erfolg

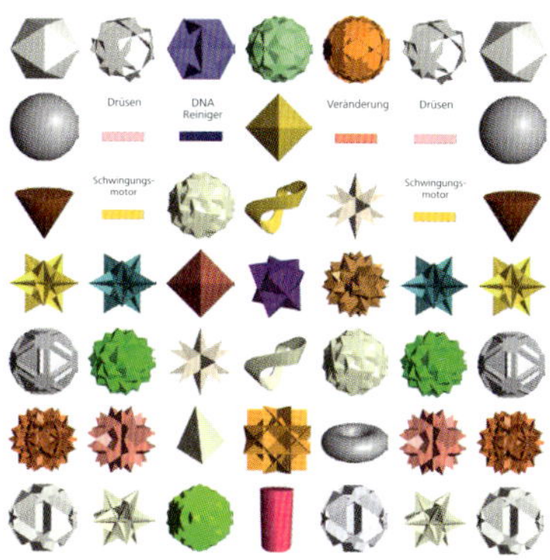

Erlaubnis

Ermächtigung

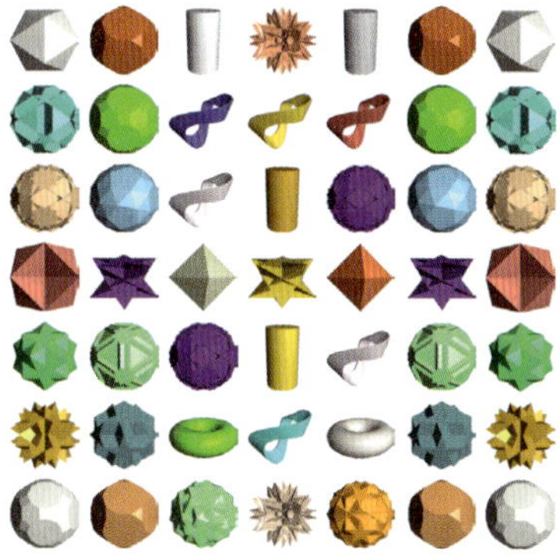

Freude

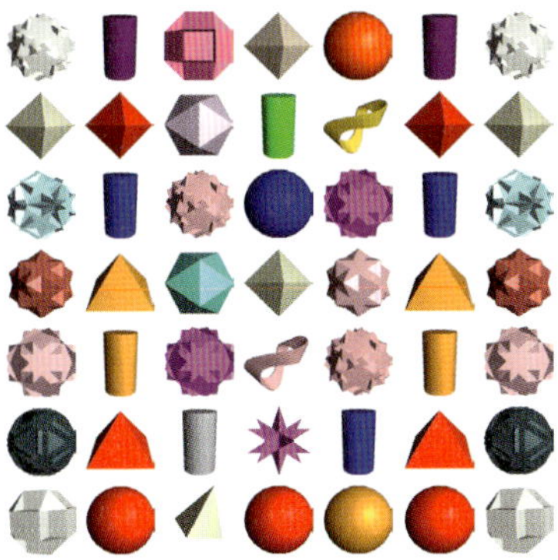

Gelassenheit

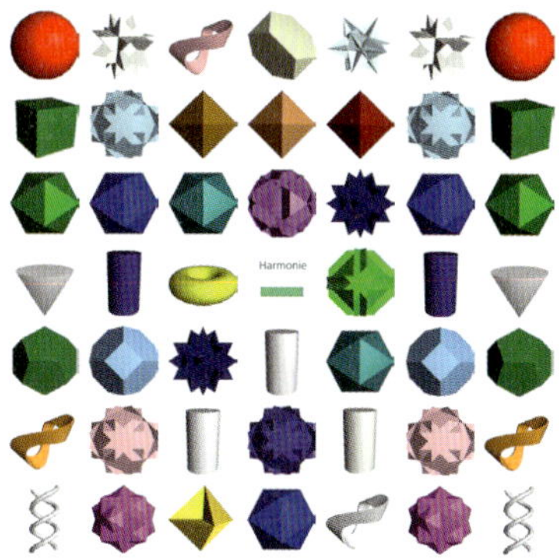

Geld

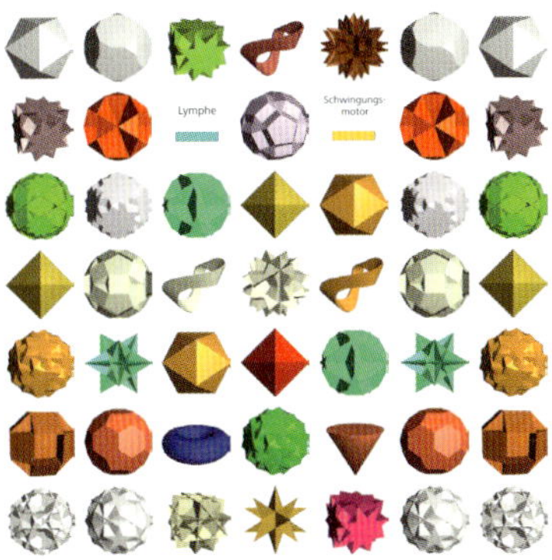

Gesunde Grenzen

Gesunder Schlaf

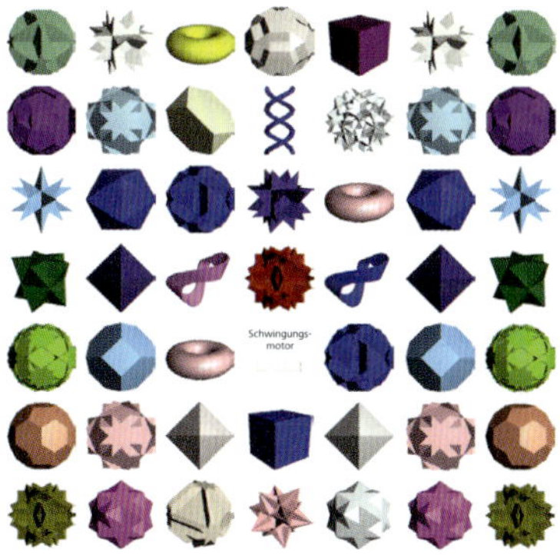

Herzchakra-Regeneration

In die Gänge kommen

Intuition

Klarheit

Kreativität

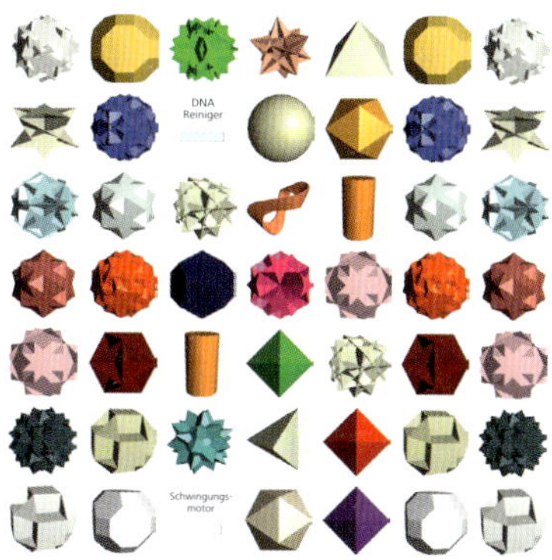

Lebensaufgabe

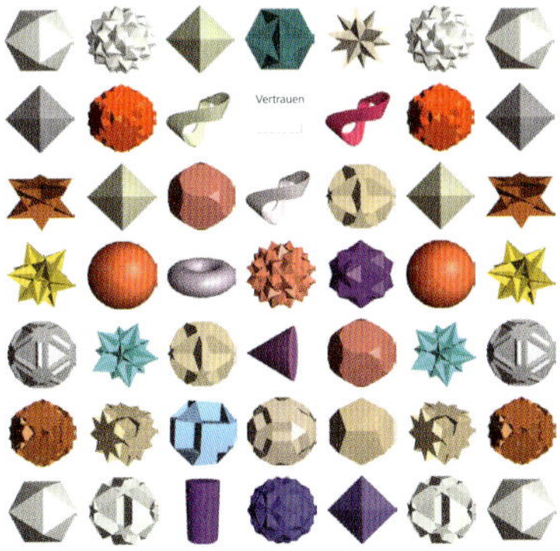

Liebe

Loslassen

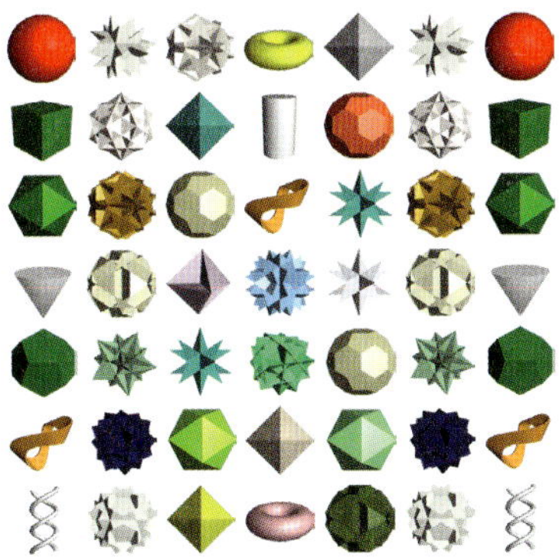

Mitgefühl

Neue Wege

Reinigung

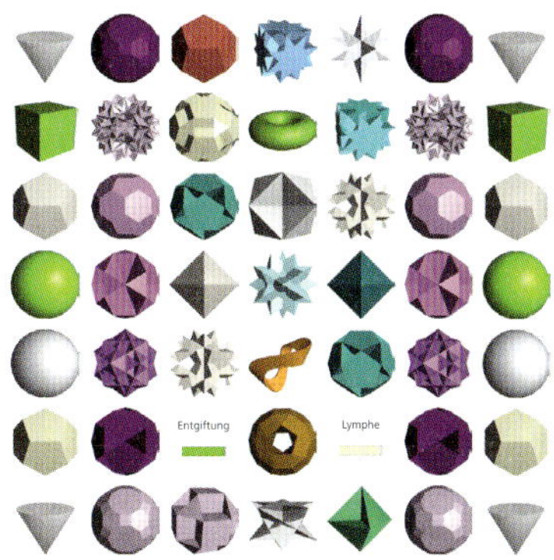

Seelenverbindung

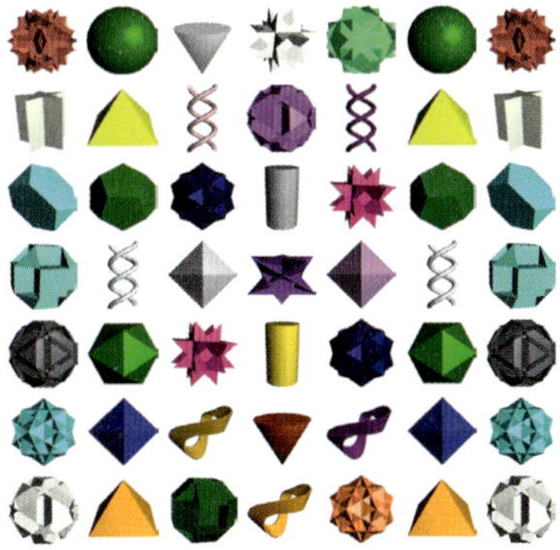

Selbstliebe

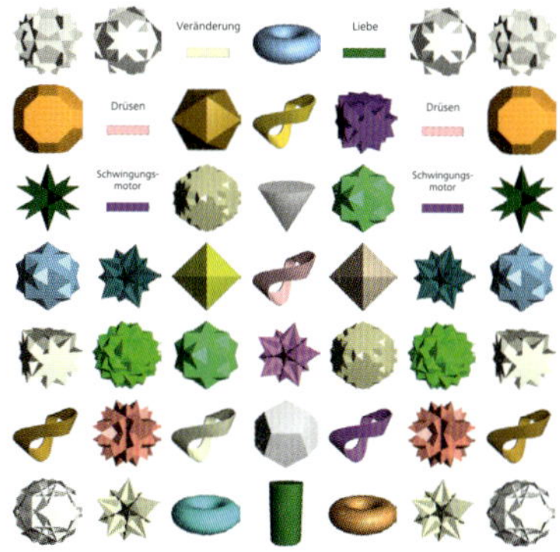

Selbst-Wertschätzung

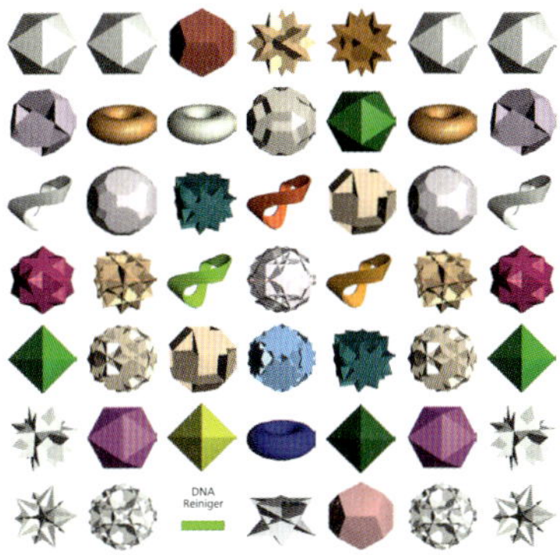

Sicheres Heim

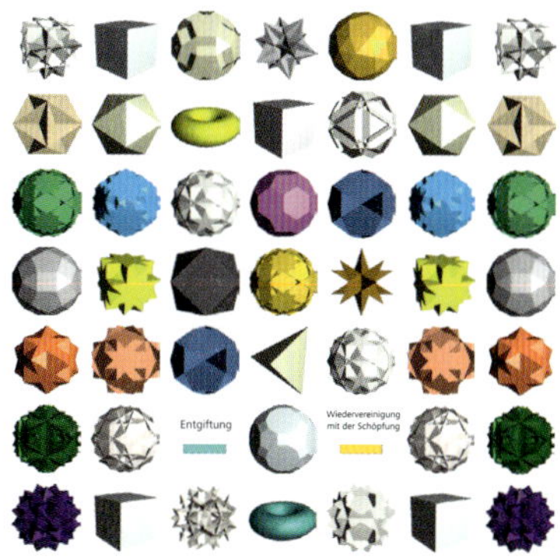

Trauerverarbeitung

Verbindung mit der Schöpfung

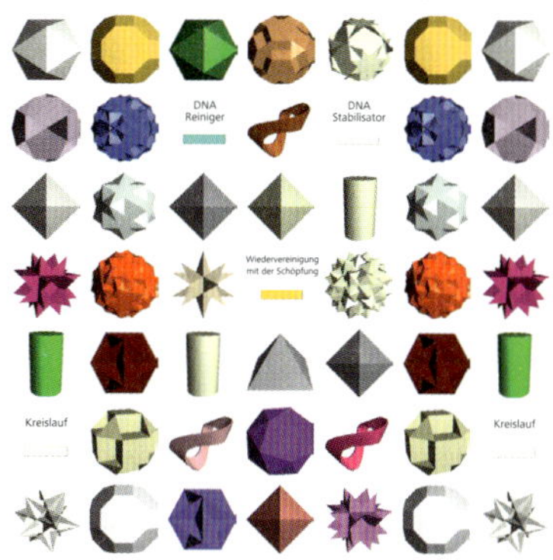

Vergebung

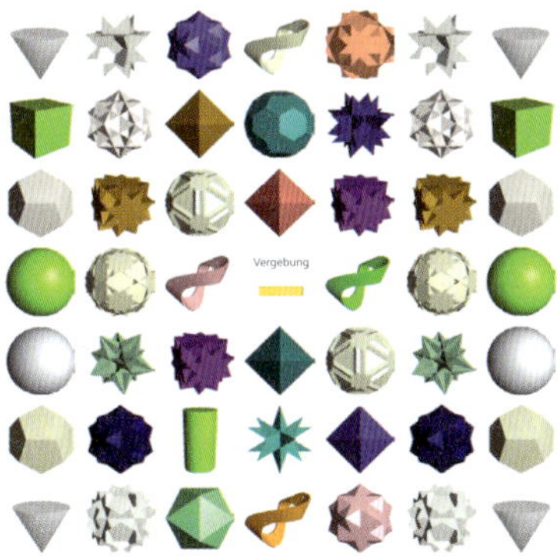

Verpflichtung

Vertrauen

Vitalität

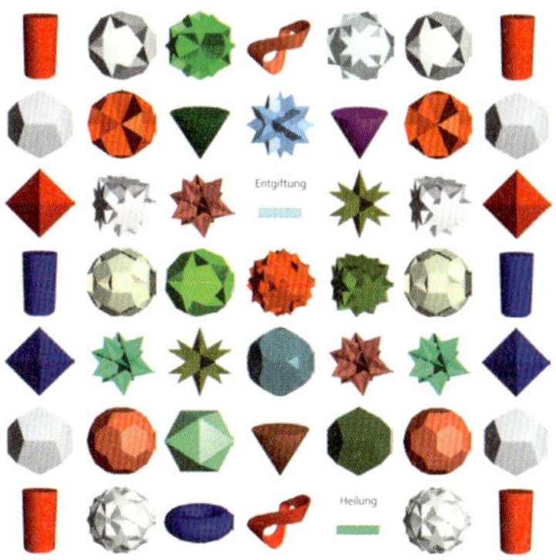

Wahre Stimme

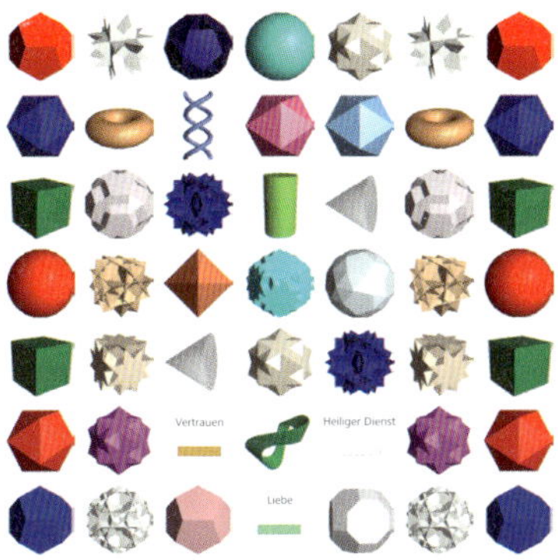

Weisheit

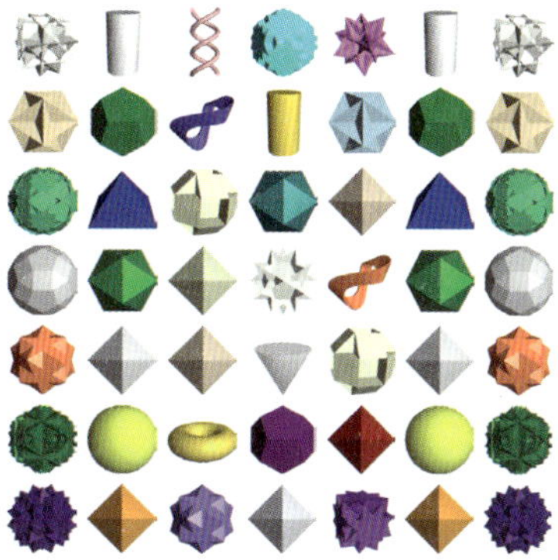